高等院校"十三五"工商管理经典案例丛书

企业策划学

Business Planning

主　编　孙晓光　周　鸿

副主编　康秀梅　孙浩光　李瑞峰　马天驰

经济管理出版社
ECONOMY & MANAGEMENT PUBLISHING HOUSE

图书在版编目（CIP）数据

企业策划学/孙晓光，周鸿主编. —北京：经济管理出版社，2017.6
ISBN 978-7-5096-5247-3（2020.12 重印）

Ⅰ.①企…　Ⅱ.①孙…　②周…　Ⅲ.①企业管理—经营决策　Ⅳ.①F272.3

中国版本图书馆 CIP 数据核字（2017）第 168352 号

组稿编辑：王光艳
责任编辑：任爱清
责任印制：司东翔
责任校对：张晓燕

出版发行：经济管理出版社
　　　　　（北京市海淀区北蜂窝 8 号中雅大厦 A 座 11 层　100038）
网　　址：www. E-mp. com. cn
电　　话：(010) 51915602
印　　刷：北京晨旭印刷厂
经　　销：新华书店
开　　本：720mm × 1000mm/16
印　　张：24.25
字　　数：421 千字
版　　次：2017 年 8 月第 1 版　2020 年 12 月第 2 次印刷
书　　号：ISBN 978-7-5096-5247-3
定　　价：58.00 元

主　编：孙晓光　周　鸿

副主编：康秀梅　孙浩光　李瑞峰　马天驰

参　编：李俊英　屈燕妮　薛　君　马铭辰　黄驿迪

前　言

当代社会，科学技术水平突飞猛进，商品经济高度发达，企业竞争日趋激烈。面对复杂多变的社会竞争，企业唯有多谋善断，精于策划，方能在千变万化的市场竞争中，以弱胜强，以少胜多，不断发展壮大，并立于不败之地。

自有人类社会和商品生产及交换以来就有策划术，人类社会的发展史和商品经济的发展史，就是策划业的创造史和实践史。因此，古往今来，杰出的政治家、军事家、谋略家无不重视对策划的研究，无不善于策划、善于决策，无不以谋取胜、以智胜人。

企业策划是一门新兴学科，它是管理学的一个分支，也是多种学科的交叉学科。但是，企业策划目前并未引起全社会的足够重视，很多经济类专业并未开设"企业策划学"课程。本书为满足教学的需要，在集众家所长的基础上，力求从理论到实践进行系统的阐述，并尽可能简洁明了，避免重复。

本书依据国内外有关策划理论，大量采撷企业策划实例，在回顾历史、分析现状、展望未来的基础上，揭示了策划的一般原理、方法和技巧。愿此书对各企业、广大读者在市场竞争中进行有效的策划助一臂之力。

本书由内蒙古财经大学孙晓光副教授策划并和周鸿主编。本书各位作者长期从事企业管理理论的研究和教学工作，并参与了部分本土企业策划的实践，本书就是在理论研究、教学经验以及企业实践活动的基础上系统概括而成的。本书各章的作者如下：第一章由孙晓光编写；第二章由孙晓光、周鸿编写；第三章由孙晓光编写；第四章由马天驰、薛君编写；第五章由康秀梅、李俊英编写；第六章由孙晓光编写；第七章由李瑞峰、屈燕妮编写；第八章由周鸿、马铭辰编写；第九章由孙晓光、周鸿编写；第十章由孙浩光、黄驿迪编写；第十一章由孙晓光编写。贺玉花、周晔、全如愿、程璐、周志超、郝梦婧、郝欣茹、常乐乐、孙小琪、李博浩、赵明丽、武文杰、刘志鹏帮助查阅、搜集了大量的信息资料，赵明丽、周志超、李博浩、刘志鹏参加了课件制作，最后由孙晓光统稿定稿。

在编写过程中，参阅和借鉴了大量国内外近年来出版的有关论著，在此向译著者表示感谢！

由于编者水平所限，加之时间仓促，书中难免有不当或错误之处，对此，恳请专家同行及广大读者不吝赐教。

2017 年 8 月

目　录

‖第一章‖
企业策划概论

【教学目标】

通过本章学习，了解策划的内容和发展，明确企业策划的基本过程和各个阶段的基本内容，掌握企业策划的特点和作用。

【教学要求】

知识要点	能力要求	相关知识
策划的定义	通过策划的定义延伸到企业策划的定义，对企业策划有自己的理解	策划的定义、内涵及划分
企业策划的历史背景与发展	通过企业策划的历史背景与发展，深入了解企业策划在中国的发展形势及环境	国内外的企业策划发展历史及企业策划在中国的发展
企业策划的特点与作用	掌握企业策划的特点和作用，为分析企业策划奠定基础	企业策划的特点对企业所产生的积极作用
世界著名策划机构简介	作为学习策划的辅助知识进行了解，以延伸知识面	著名策划人及成功策划案例解析

【开篇阅读】

"为发烧而生"的小米

小米公司成立于 2010 年 4 月，是一家专注于高端智能手机自主研发的移动互联网公司。创办至今的小米科技，已经成为了中国智能手机市场一颗冉冉升起的新星。小米手机的首次预售，34 小时内就收到了 30 万张订单。而 2012 年 5 月，小米在新浪发微博，要向大学生推出 15 万部青春版手机，售价 1499 元。第三天，15 万部手机上线销售，10 分钟内便被宣布销售一空。对于一家在 2011 年 8 月份销售出第一部智能手机的公司而言，取得这样的成绩给人留下了深刻的印象。

在竞争日益激烈的科技环境中，小米为何会成功？

小米科技的创始人雷军在谈到史蒂夫·乔布斯（Steven Jobs）时，一直对他赞不绝口，充满了钦美之情。

"当乔布斯在世时，他是最棒的。"雷军在接受采访时表示，"没有人能够超越他，也没有什么能够超越 iPhone 手机。"无论是粉丝还是批评者们，都把小米手机称为"中国的 iPhone"。有人还亲切地把小米手机称为"苹果的小兄弟"。这为小米的成功销售提供了一个巨大的噱头。

在手机的研发上，小米拥有最强劲的创业团队。雷军是小米的董事长兼CEO。小米科技能够在众多苹果的挑战者中脱颖而出，雷军自身也起到了一定的作用。雷军是中国最知名的软件公司之一——金山公司的联合创始人，而且依然是这家成立已有 20 多年公司的董事会主席。雷军同时也是一名成功的投资人，对数家中国创新公司进行了投资。他当年投资的卓越网曾是中国最大的网络图书、音乐和电影零售商，在 2004 年作价 7500 万美元出售给了亚马逊。手机 ID 设计全部由小米团队完成，该团队由原谷歌中国工程研究院副院长林斌、原摩托罗拉北京研发中心高级总监周光平、原北京科技大学工业设计系主任刘德、原金山词霸总经理黎万强、原微软中国工程院开发总监黄江吉和原谷歌中国高级产品经理洪锋组成。

与其他智能手机公司不同，小米准许用户协助设计自己的操作系统。当地时间每周五的下午 5 点，小米科技都会向中国和西方国家用户发布最新款的软件更新信息。在数个小时之内，数以千计的粉丝都会在小米论坛上描述出现的漏洞以及发表用户反馈。雷军还亲自写微博，天天更新。小米科技还有一个 20 人的微博团队，包括技术人员也亲自上阵。另外还组织了 400 个非外包的客服人员回答问题以及与网友互动。

在销售上，小米手机为电子商务的功能做了很好的诠释。小米手机没有传统意义上的终端，即传统意义的店铺，它只有网络，它的销售终端就在网上。消费者不需要逛街，就可以在网上了解到小米手机的方方面面，不需要出门，就可以收到中意的商品。此外，小米手机最先采用的是抢购的模式，当抢购的模式出现问题后，他们采用的是预订的方式，只需要预交 100 元钱，就算预订成功。在收到发货通知后，消费者只需要补齐余款，就可以坐在家里收到小米手机。小米也没有大量的广告宣传，不依赖传统广告方式，而使用 IT 网站、论坛、微博等新媒体，在大量的发烧友之间口碑相传。

小米在短短的几年内，成为了继苹果公司和三星公司之后，第三个最会赚钱的手机公司。而值得注意的是，在《福布斯》2013 年度全球富豪榜中，智能手机制造商小米科技共同创办人、主席兼行政总裁雷军首次上榜，排名第 868 位，净资产 17.5 亿美元，更被誉为"中国版的乔布斯"。

案例讨论：

1. 结合上述策划案例谈谈什么是策划。

2. 结合上述策划案例谈谈小米公司企业策划的特点。

3. 如何做出成功的策划？

"策划学"是最近几年才出现的一个新名词，但"策划"一词的使用则有悠久的历史。"策划"一词最早可见于《后汉书·隗嚣传》，意思为计划、打算，而"策划"作为使用频率较高的词汇之一出现则是在最近几十年。中国实行改革开放后，"策划"一词可以说是最时髦的词汇之一。策划在现代经济中发挥了重要的作用，特别是在信息社会中，随着信息产业、文化产业、创意产业的发展，策划的作用日趋突出。

归纳起来，策划就是对某件事、某个项目有何计划、打算，用什么计谋，采取何种谋策、划策，然后综合实施运行，使之达到较好的效果。

策划学是专门研究策划的一门学科。

随着中国加入 WTO 和经济全球化时代的到来，企业竞争成为企业综合实力的竞争，包括品牌包装、经营管理、产业结构、价格制定、信息技术和服务网络等各方面的内容。企业效益的持续高速增长，取决于上述各因素的综合运作水平。中国策划业因其大到为社会经济发展研究制定战略规划，小到为企业制定品牌包装方案，受到政府和企业界的广泛关注。

第一节　企业策划释义

一、策划的定义

什么是策划？百家争释，众说纷纭。

"策划"一词最早出现在《后汉书·隗嚣传》中，其中"画"与"划"相通互代，"策画"即"策划"，有谋划、筹划、策略、计划、计策、对策等意思。今天人们所说的"策划"，除了有《后汉书·隗嚣传》中的"计划、打算"之意以外，又有了一些新的含义，如统筹、安排、酝酿、计谋、谋策、划策等。目前，关于策划的定义有以下几种描述。

其一，日本策划家和田创认为：①策划是通过实践活动获取更佳效果的智慧，它是一种智慧创造行为。②策划是一种对未来采取的行为做决定的准备过程。③策划是一种构思或理性思维程序。

其二，陈放的《策划学》认为：①策划是指运用人的智慧，对未来所做的事情进行预测、分析，使之有效完成。②策划是人类通过思考而设定目标，为达到目标最单纯、最自然的思维过程。③策划就是策略、谋划，是为达到一定目标，在调查、分析有关材料的基础上，遵循一定的程序，对未来某项工作或事件事先进行系统的、全面的构思、谋划，制订和选择合理可行的执行方案，并根据目标要求和环境变化对方案进行修改、调整的一种创造性的社会活动过程。

其三，著名策划专家叶茂中认为：将合适的产品用合适的方法，在合适的时间、合适的地点卖给合适的消费者的一种技巧，就是营销策划。

其四，美国哈佛企业管理丛书编委会把策划定义为：策划是一种程序，在本质上是一种运用脑力的理性行为。基本上所有的策划都是关于未来的事物，也就是说，策划是针对未来要发生的事情做当前的决策。换言之，策划是找出事物的因果关系，衡度未来可采取之途径，作为目前决策之依据。亦即策划是预先决定做什么，何时做，如何做，谁来做。

综合以上的各种定义，其中美国哈佛企业管理丛书编委会对策划的定义最为全面。策划实际上是一种理性思维活动，根据事物的因果关系做出决策。作为针对未来事物的策划，在具有创新性的同时应该具备可操作性。

二、策划的主要内涵

1. 策划的内涵

策划的内涵主要包括以下四个方面：

（1）策划实质上是一种理性思维活动。首先，策划的基础是要有资源的。这种资源可能是物质资源，也可能是关系资源或是政府资源。其次，资源要有整合的可能性，也就是说能够使用的资源应该是能够整合在一起的资源，如果没有整合性，也就没有使用性。因此这就决定了策划必须脚踏实地，不是一种魔术、点子、无中生有，而是基于实际情况考虑的科学程序。

（2）策划是针对未来事物的，是关于未来的策划。因此，策划必须是创新的。概念创新和理念创新是策划的本质特征，将资源整合在一起之后，能不能产生新的绩效、有没有创新，这是策划的关键。资源整合所聚集的能量就是创新，没有创新的资源整合过程不是策划，最多算是实施计划。策划不同于计划、规划的地方就在于策划是软性的。它追求创新，综合创意、设计、机遇利用等因素一起发挥作用；计划、规划则是硬性的，具有硬指标的意义，是一种定量分析的指导方案。

（3）策划是根据事物的因果关系而做决策的。策划必须注重现实与创意的结合，认识规律（天时、地利、人和），预测趋势（宏观、中观、微观），超越常规思维，审时度势，捕捉机遇。

（4）策划要有一个具体"做"的方案。策划必须将各种资源，包括实物的、信息的、历史的、现实的进行分析整合，设计一套可操作的、能有效达到目的的方案。我们做任何事情都具有一定目的性，策划更应如此。策划是一个行为过程，它不仅是人的行为过程，也是资源配置的行为过程。目的性在一定程度上的量化过程就成为目标，因此，达到预期目标是策划的目的。

2. 策划的分类

（1）策划按不同行业可以分为企业策划、事业策划、文化策划、政府策划、军事策划：

其一，企业策划。企业策划又称商业策划，即企业界进行的各种经营管理活动的策划。企业策划是企业的一种管理程序，其任务是发展和维持企业的资源、目标与千变万化的市场机会之间切实可行的配合。

其二，事业策划。事业策划即事业单位进行的各种策划。例如，各大学为招生所进行的策划、为吸引优秀教师所进行的策划，社会团体为树立良好的形象所进行的策划及社会公益策划等。

其三，文化策划。文化策划为举办各种文化娱乐活动进行的各种策划，如大型演唱会的策划。

其四，政府策划。政府策划是政府部门进行的各种策划，如政府为推行某一项工程所进行的策划、政府为招商引资所进行的策划及政府为选举所进行的策划等。

其五，军事策划。军事策划指在军事活动中实施的各种策划。

（2）策划按不同职业可以分为选题策划、产品策划、专题策划、项目策划、体育策划、影视策划等。

（3）策划按不同手段可以分为新闻策划、营销策划、广告策划、形象策划、公关策划等。

以上策划是相互联系的，但又有其独特的个性。所以，策划都是为了保证组织活动的顺利进行，并使之有效地达到预期的目标。

本书将重点讲述的是企业策划，其他的如政府策划、军事策划、事业策划等，则可再阅读其他有关书籍。

三、企业策划的含义

究竟什么是企业策划呢？我国和西方国家的理论家从各自不同的角度对企业策划进行了独特的注释，各有见地、各有所长，比较有代表性的观点有以下四种：

1. 规划说

我国台湾地区的郭泰先生在其《企划案》一书中有一种解释："企划就是企业的策略规划，是企业整体性与未来性的策略，它包括从构思、分析、归纳、判断一直到拟定策划、方案实施、事后跟踪与评估的一系列过程。简言之，它是企业完成目标的一套程序。"

我国著名策划专家屈云波在其主编的《企划人实战手册》中说："企划就是在考虑现有资源的情况下，激发创意，制定出有目标的、可能实现的、解决问题的一套策略规划。"

2. 事前设计说

事前设计说又称"事前行为说"。这种说法的基本观点是：企业策划是策划者为实现一定目标，在行动之前，对为达到目标所要采取的行动进行设计，策划就是事前来做决定，计划做何事以及如何做。

美国学者威廉·纽曼（William H. Newman）在《组织与管理技术》一书中指出：一般来说，策划即在事前决定做何事，计划是经过设计后的妥善的行动路线。

3. 联动优化说

我国学者李宝山、张利庠在他们编著的《企业策划学》一书综合了各种策划学说，指出："企业策划就是企业为实现特定的目标，聘请专业的策划公司和策划人与企业优势互补组成策划团队，运用科学的方法，设计、选择、执行、评估最佳方案，将拥有有限资源的企业与动荡复杂的环境联动优化、巧妙衔接以实现最佳投入产出比的科学和艺术。"其理论依据是系统科学，他们强调企业策划必须让策划和企业结合起来，有意识地进行联动优化，以体现智力资本的本义。

4. 管理咨询说

此种观点以英国管理咨询协会（MCA）的观点为代表，英国管理咨询协会认为企业策划就是"针对有关的管理诊断提供独立的建议和帮助。它一般包括确定和考察相关的问题以及机会，推荐合适的行动方案，并且为所提出的建议提供帮助"。这一说法，实际上是认为企业策划是一种广义的管理行为。

从这些论述中可以获得启示，策划是一种智慧。综合这些提法，可以把企业策划界定为：企业策划是一种通过对企业环境和自身状况进行调查、分析、研究，并遵循科学的策划程序，运用科学的方法创意、构思，实现企业一定活动目标的最佳举措与途径的活动。其实质是为企业找到获取企业社会经济活动最大成功的途径或方法。

【案例赏析】

尤伯罗斯——让奥运省金

长期以来，世界奥林匹克运动会一直就是巨额亏损的。1976年加拿大蒙特利尔第21届奥运会亏损10亿美元，1980年苏联莫斯科第22届奥运会亏损90亿美元，同样，1984年7月美国洛杉矶第23届奥运会也面临着亏损难题。为此，洛杉矶市一度拒绝举办，国际奥委会紧急决定第23届奥运会不由主办城市出经费，改由商业运作集资。人们最终请第一旅游公司的老板尤伯罗斯来力挽狂澜。

尤伯罗斯冒险卖掉自己的第一旅游公司筹得1040万美元作为启动资金，开始了无比伟大的金融筹划运作。

他将奥运会的电视转播权作为专利来拍卖，四处游说，筹集到2.8亿美元巨款。为了让各大公司进行更多的赞助，它采用了市场饥饿游戏法公开规定只接受30家正式赞助单位，每个行业只选一家，以400万美元的起点拍卖，出售奥运会指定商品专卖权，引起各大公司激烈竞争，集资3.85亿美元。将希腊奥林匹克村圣火在美国的传递商业化，全长1.5万公里，规定圣火接力者每跑1公里，交3000美元，集资4500万美元。实施"赞助计划票"，制作各种纪念品出售，集资数千万美元。结果，长期亏损的奥运会竟盈利1.5亿美元。尤伯罗斯就是这样一个天才。

课堂讨论：

1. 结合奥林匹克运动会策划案例，谈谈策划的定义。

2. 结合奥林匹克运动会策划案例，论述企业策划的意义有哪些。

第二节　企业策划的历史背景与发展

一、企业策划的历史背景

在人类历史的长河中，为了达到特定的目的，人们总是有意无意地进行策划活动，如战国时的"完璧归赵"、汉初时的"鸿门宴"等。在中国古代的军事战例中，许多都是军事策划的范例，最具代表性的就是"火烧赤壁"。可以说，历史上的孙武和诸葛亮等人，"运筹于帷幄之中，决胜于千里之外"，"谋变而后动"，就是在进行军事策划。

随着科学的不断发展、社会的不断进步，人类社会活动日趋复杂，对策划的要求也越来越高。"智者千虑，必有一失"，古今中外，任何一个精明的策划者都懂得：单靠个人的经验和才智，没有理论和科学作指导越来越行不通。策划者向群体参与发展，策划的目标由一元转向多元，策划的内容、范围也从过去的政治、军事为主扩展到经济、科技、文化等领域。20 世纪 50 年代，在经济发达国家就开始出现了大批的"智囊团""思想库"。最著名的有美国的兰德公司和日本的野村综合研究所。

兰德公司是 1948 年由美国空军创建的非营利性的策划机构，为美国政府策划了第一代军用卫星和洲际导弹的战略性决策计划，从而成为美国白宫和五角大楼进行决策的"思想库"。今日的兰德公司拥有十几个专门从事政治、军事、经济、社会发展等方面的策划部门，重点研究的是战略决策问题，在国际上颇为引人注目。

日本的野村综合研究所，建立于 1965 年，是日本最早成立的"智囊团"之一，它接受政府和企业的委托研究任务，专门从事具体政策课题和经营问题等方面的研究。

"中华征信所"是我国台湾地区规模最大的市场资讯调查研究机构，在全世界大部分国家和地区均设立了分支机构，充分利用现代高科技，为各企业提供市场服务。

香港贸易发展局是我国香港特别行政区企业开拓市场的半官方策划咨询机构。我国的国务院社会经济发展研究中心，是我国社会经济发展战略的策划机构，是国家的"智囊团"。

现代策划在经济领域中的运用越来越广泛。企业作为国民经济的主体，毫无疑问，离不开策划。随着我国改革开放政策的实施和由计划经济向市场经济的转变，企业不再是温室里的花朵，必须经受市场经济的风吹雨打。优胜劣汰的原则，迫使企业重新审视自己的位置，给自己重新定位，制定策略，去搏击风浪。我国的企业策划就是在这个时候应运而生的。

二、企业策划在中国的发展

从企业层面上来看，策划经历了四个时期：摇篮期、成长期、成熟与转变期、发展期。

1. 个人型构想法——策划方法的摇篮期

这一时期在美国以经济开始迅速发展的时期（1940~1950 年）为代表，在日本以战后经济高速成长期（20 世纪 40 年代中期到 50 年代中期）为代表。摇篮期的企业策划，以个人构想为主要特征，策划主要是个人行为，以个人创意——"点子"为主。

2. 集团型构想法——策划方法的成长期

20 世纪 50 年代到 60 年代，在美国，"头脑风暴法"风行，这是集团型构想法的雏形。这种方法以集团构想为主要特征，就是集合众人的智慧，综合许多人的构想，用于产品创新。之后用到策划上，就成为策划的集团型构想法。

3. 信息支援型构想法——策划方法成熟与转变期

自 20 世纪 70 年代开始，随着信息技术的发展，信息支援型构想法出现，并逐渐普及。这时，策划强调以信息为基础开发新观念，进行卓有成效的事前决策。此种构想法的要点是：以相关的信息为策划的依据，在客观事实（信息）的基础上做出主观的判断（决策或策划的方案），这使策划不再仅仅是艺术，还融入了科学的成分。策划由此成为一套由现代化信息技术与信息理论作支撑的体系。因此这一时期的策划以信息支援型构想为主要特征。信息支援型构想法的出现与普及，标志着策划方法进入了成熟期。

4. 战略型构想法——战略型策划的发展期

自 20 世纪 80 年代末开始，人们在策划时越来越注重从企业的战略角度考虑问题，并且企业战略本身也成为策划的一个重要内容。战略型构想要求策划者站在企业战略的高度认识策划内容，进行构想的开发。例如，对于市场营销的策划，不能只着眼于营销本身，要把营销看成能为企业带来竞争优势的重要一环；企业的营销活动要服务于企业的总体战略，要有助于企业总体战略的实现。这一时期的策划，以战略型构想为主要特征。

中国策划业起源于 20 世纪 80 年代改革开放之初，它是中国改革开放后实行自由竞争带来的必然产物。随着改革开放的深入，原来许多由国家政府部门统一的、计划的行为转变成了自由竞争。特别是经济方面，由原来政府统一的计划经济转变成了市场经济，这样就必然形成商业的自由竞争，也就加剧了各种商业的竞争程度。

进入 20 世纪 90 年代，一方面，在商业实践中出现了一批实战派的策划家，以营销实务策划见长，其代表人物是屈云波、王志纲、叶茂中、孔繁任等人，他们的营销策划给中国众多的企业插上了跨越式发展的翅膀；另一方面，此时，中国民间智业异军突起，国外咨询机构纷纷入驻中国，中外交流的结果是形成了一批企业策划学的研究成果。很多市场销售的理论及派别也开始在中国出现，主要有以下派别：

广告派→CIS 派→点子派→咨询派→公关派→营销派→策划派

上述派别的发展不一定是按照时间的顺序排列，但它受社会的热衷程度影响，基本上是按这种顺序排列，目前社会上最热衷的可能只剩下营销派和策划派，点子派、CIS 派、咨询派提的人已经越来越少。有趣的是，企业部门设置及称谓是这些派别在社会上热衷程度的"晴雨表"。在计划经济时代，这些部门统称宣传部，后来改为广告部，后来又改为 CIS 战略部，再后来叫公关部，现在很多企业改为营销部或策划部，其中以策划部居多。

第三节 企业策划的特点与作用

一、企业策划的特点

企业策划与其他策划相比，有着鲜明的特点：

1. 全局性

这是企业策划的最基本特征。古人云："不谋万世者，不足谋一时；不谋全局者，不足谋一域。"在企业策划中，不论哪一种具体的策划都应该体现企业全局的发展需求和利益。这就要求企业策划人员必须具有整体意识、宏观意识，统筹兼顾、分清层次，全方位进行思考，防止顾此失彼，不能"只见树木，不见森林"，要把策划放在全局的高度，研究全局与局部之间，以及各局部之间相互制约、相互影响的关系，从中找出规律性的东西，制定正确的策划方案。

2. 创新性

策划方案要不落俗套，不人云亦云，要富有新意，或者说要有创意。企业策划没有创新，企业就难以充满生机和活力，就难有大的发展。墨守成规，终究要被市场竞争的经济规律所淘汰。当然，创新并不是要求策划方案从形式到内容都是崭新的，某一点或某一个方面有新意，就可给人以全新的震撼感，从而激发员工的积极性。

3. 长远性

虽然企业策划中的任何一种具体策划总是针对某一领域的目标，围绕着具体活动进行的，但它在考虑组织的具体目标和活动时，其基本出发点是组织长远的利益。它把每一项具体的活动仅视为实现这种长远利益的手段和措施。春秋时的商人计然提出的"旱则资舟，水则资车"的待乏原则，就是强调不要只看眼前，必须要"谋长远"。由此可见，在进行策划时，不能只顾眼前利益，更应重视长远利益。立足当前，放眼未来，协调当前和未来发展的关系，是策划的关键。

4. 可行性

任何策划都必须建立在可行性的基础上，如果脱离现实的物质基础，策划就会变成无源之水，无本之木，最终成为空中楼阁。因此，进行企业策划时应用系统的观点和方法，全面分析、研究企业经营中的问题。当然，在某些条件还不太成熟时，要创造条件，使策划方案能够顺利实施。

5. 竞争性

在竞争中求生存、求发展，是现代组织面临的重大课题。随着社会的发展，企业之间的竞争程度将日益激烈。可以说，企业的所有行为都是以提高组织的竞争力为基点，而各种充满竞争性的策划，正是一个组织敢于竞争、善于竞争、富有活力的生动体现。同时，它也是提高一个组织的生存能力、发展能力和竞争能力的有效手段。

6. 风险性

任何策划都不可能是在信息绝对充分的条件下做出的，由于环境的多变性和复杂性以及企业自身条件的不断变化，使得任何策划都不可能犹如神机妙算一般，而是都带有某种程度的风险性。某一机会价值的大小，往往取决于企业当时的地位、实力和素质等条件，很多机会往往是瞬间即逝，失不再来。而且机会与威胁经常是互相转化的。一次机会就是一种有利的资源。谁能及时抓住，抢先利用，谁就会得到有利的时机；而对于失去机会的企业来说，可能会遭遇更大的威胁。20 世纪 70 年代的石油禁运，对于各主要工业国家几乎都是沉重打击，而许多日本企业却从中争取到了更多有利的竞争地位就是典型的例子。

二、企业策划的作用

其一，企业策划使企业的经营目标统一，避免企业活动的盲目性。企业为实现其经济目标和社会目标，必须将总体的运行目标分解成一个个"小"目标，即具体的可操作的工作任务。这些"小"目标应相互协调，并紧紧围绕着最终总体目标而展开，具有共同的指向性。策划就是统筹谋划，实现各个"小"目标正确指向的最佳手段。依据目标原则进行策划活动，有利于使各级目标协调一致，从而有效避免企业经营活动中的盲目性。

其二，企业策划活动可促使企业系统、有序地开展生产经营活动。策划就是从零散而混乱的各项活动中，理出一套合理的运行程序，有效实现企业的运营目标。实施策划方案的过程实质上就是企业的经营管理活动。为了达到策划的目的，企业活动必须遵循方案设定的工作路线，从而保证企业经营活动系统而有序地进行。

其三，企业策划有助于有效使用可利用的经营资源，促使浪费最少化。企业进行策划时，除了要考虑策划的目的外，还必须考虑企业资源的状况。策划工作的任务就是设法以尽可能少的资源投入，带来尽可能多的产出，从而提高经济效益。针对某种资源状况，进行精密策划，可以有效提高资源使用效率，避免浪费。资源状况不同，往往就决定采取不同的策划方案。

其四，企业策划是竞争者制胜的关键。当代的市场竞争风云变幻，要想从众多的竞争者中脱颖而出，赢得市场，必须借助于策划。如果缺乏充分的策划，企业将陷于极为不利的地位，所以一个企业要在市场竞争中适应环境的变化，就必须在被迫做出调整前进行主动的策划，才能在市场竞争中立于不败之地。

其五，成功的企业策划不仅能带来经济效益，还能带来良好的社会效益。追求利润是企业的主要目标，策划可谓是经济效益的源泉。作为社会性的创造活动，它不仅能带来经济效益，还能带来社会效益，更有利于树立企业良好的社会形象。

总之，企业策划对企业来讲，是一种有效的管理，策划能有效协调经营目标，避免盲目性，使经营行为系统而有序，有利于增强产品的竞争力，提高企业凝聚力。策划的外部功能则体现在有利于企业经营资源的高效运用，有利于发挥社会效益，建立起良好的社会形象，创造出有利于企业发展的经济环境。

【案例赏析1】

酒醉后的领悟

　　某知名啤酒品牌在发展之初，啤酒的推销难度极大。当时的总经理带着一个助手步行了几天，却一瓶啤酒也未卖出。在一个炎炎夏日的中午，总经理又疲劳又饥饿，于是，在一棵大树下，他与助手喝了用来推销的啤酒直至酩酊大醉，然后把剩下的全都砸烂。自此之后，他明白，公司没实力，产品不出名，要推销出去是多么艰难。要想公司成功运作，就必须对公司做出改革。他开始对公司各方面进行策划。结果，啤酒很快得到了消费者的认可，再也不需要自己出去推销，相反代销商都主动找上门来订购产品。公司经过几年的策划运作，很快占领了本市及周边的市场。

【案例赏析2】

"赔钱"的策划

可口可乐在打入中国市场时，公司不惜巨资，进行了前期的策划。但它却在中国赔了 10 年钱，从 1981 年无偿地赠送中国生产线开始，就一直在赔钱。而现如今，可口可乐在中国赚钱赚疯了。一些数据表示：可口可乐每年为中央和地方税收部门上缴利税约为 16 亿元人民币，每年为中国经济创造的间接产值约为 300 亿元人民币。可口可乐已经深入中国的城市、农村。在中国的品牌知名度调查中，可口可乐名列榜首，在中国的市场占有率超过全球主要竞争对手的 30 倍，在中国的营业增长点保持在 30% 以上。

课堂讨论：

1. 结合啤酒销售策划案例，谈谈策划的作用。
2. 结合可口可乐公司的策划，论述可口可乐企业策划取得成功的关键因素。

第四节　世界著名策划机构简介

今天，世界著名的策划机构在经济生活中扮演了越来越重要的角色，全球以企业策划为特征的管理咨询公司的业务额已经超过了 1000 亿美元，而且它和 IT 行业结合起来，正呈现着高速发展的趋势。下面介绍一些著名的策划机构。

1. 安永咨询

安永咨询（Ernst & Young）是一家以会计业务为基础的咨询公司，它是由一家英国公司 Ernst & Whinney 和一家美国公司 Arthur & Young 于1989 年合并为 Ernst & Young，之后经过精心准备，进入咨询领域。在英国，其 1996 年咨询收入占总收入的 17%，而咨询收入大部分来自于 100 万英镑以上的大客户咨询项目。

1997 年 7 月，Ernst & Young 在英国宣布终止同 Kalchas 的联盟关系，并且寻求收购一家公司，提升 1997~1998 年度的咨询收入。在英国，咨询业务是 Ernst & Young 增长最快的业务。但是，对于一家涉足各个领域的全方位咨询公司，站在长远的角度来讲 Ernst & Young 的规模还很小，生存下去还有很大的难度。1997 年，Ernst & Young 开始同 KPMG 进行兼并会谈，但是不久就终止了。虽然此次兼并行动被人们描述为"会计咨询公司的兼并"，但是人们都很清楚，其真正的动机是扩大公司的咨询业务规模。

2. 麦肯锡公司

麦肯锡公司是美国教授詹姆斯·麦肯锡（James O'McKinsey，1889~1937）于1926 年创建的，现在已经当之无愧地成了全球最著名的管理咨询公司。麦肯锡咨询公司在其漫长的发展历程中并非一帆风顺，其间一直受到来自行业内，诸如波士顿咨询公司等其他强大对手的竞争压力。但是，麦肯锡公司通过有效的知识管理和卓越的学习机制，培育公司的核心竞争力，与时俱进，在压力和挑战面前立于不败之地。

麦肯锡的核心业务是公司战略，其中，公司战略是咨询行为中收费最高的业务。麦肯锡也是咨询行业中人均咨询收入（每位咨询顾问所创造的咨询收入）最高的公司。因此，在 1997 年，虽然麦肯锡所拥有的咨询顾问仅 4000 名，但是其全球收入几乎同拥有 11000 名咨询顾问的 Ernst & Young（在规模上是麦肯锡最接近的竞争对手）的全球收入持平。

麦肯锡的盛名源于它那"对管理问题的冷静和分析的模式，挑战各种既定的假设，抛弃想入非非的思维"，以及它那"无情的逻辑"（Byrne & Mc Williams，1993）战略。

3. 波士顿咨询公司

波士顿咨询公司（The Boston Consulting Group，BCG）是一家著名的美国咨询公司，是全球公司战略的创新者，其排名进入了全球最大的 20 家咨询公司的行列。BCG 及其创始人布鲁斯·D.亨德森（Bruce D.Henderson）因创建公司战略学而举世闻名，这家 1963 年创办的咨询公司今天有许多创新概念，成为中国企业耳熟能详的概念，诸如"金牛""经验曲线""以时间为基础的竞争""以能力为基础的竞争"，等等。

4. 埃森哲公司

埃森哲（Accenture）公司原名是安盛公司（Andersen Consulting），于 2001 年更名，是全球最大的管理和信息技术（IT）咨询公司。它从安达信脱离出来，并且现在成为安达信旗下完全独立的一个业务部门。

安盛咨询的成长是一个奇迹。在 1989~1995 年之间，它的全球收入从 10 亿美元增至 42 亿美元，翻了两番，1996 年的全球收入又提高了 26%，达到 53 亿美元。同时，它也是一个重要的外包公司，1996 年的外包收入提高了 46%，达到 5.82 亿美元。

安盛咨询在咨询问题的解决方法体系以及培训和研究两个方面颇负盛名。据说安盛咨询的利润中有 20%投入到研究和培训上。按照《经济学家》（*The Economist*）（1996）的资料，安盛咨询的核心业务是"为客户提供信息技术的运用方式，虽然它的多元化业务进入了一些比较玄乎的业务，如战略咨询，但是仍然保留着实践的手笔"。

第五节 中国策划学的主要派系及代表人物

一、何阳

对于企业界来说，中国的策划最初来源于风靡一时的"点子"。在 20 世纪

80 年代，"点子"风靡中国，其代表人物是何阳。他的策划学理论可以简单概括为点子策划学，也就是给企业出点子。

二、王志纲

他的策划学理论可以简单概括为新闻策划学，也就是整个策划过程中，与各种新闻媒体结合起来，用大量新闻来引起轰动以产生效果。

王志纲毕业于兰州大学经济系，于 1985~1994 年任新华社记者。正是他新华社记者的身份，使他的新闻策划有了得天独厚的条件。王志纲的经典案例是广东碧桂园的房地产策划，被誉为房地产界的策划典范之作。

1993 年由于房地产过热，中国采取银根紧缩措施，这使得很多房地产项目开始降温并陷入低潮，碧桂园当时也在劫难逃。

碧桂园坐落于顺德与番禺的交界地，前不着村，后不靠镇。当时已经投资逾亿元人民币，最初开发商确定的宣传点是，此地为"金三角的交会点"，但前来购房的人少得可怜。

后来经过王志纲的精心策划，碧桂园开创了中国房地产的奇迹。

1994 年新年伊始，《羊城晚报》上刊出了以《可怕的顺德人》为标题的一系列广告，立即引起轰动，碧桂园很快取得了成功。

碧桂园的成功就在于新闻的配合。王志纲作为新华社记者，凭着新闻界的人缘与对新闻的驾驭，加之自身的素质，还有对新闻的把握度，使整个过程有意或无意地吸引了很多媒体加入到这场新闻热点中，新闻的聚集起了关键性的作用。

王志纲有一个理念：房地产不等于卖钢筋水泥。名牌的背后是文化，房地产也要用文化的方式去运作。

三、陈 放

他的策划学理论可以简单概括为创意策划学。陈放强调创意是策划的核心。他认为："'创意'就是创造性的意念，它是一切思维成果的最初萌芽和最富价值之所在，是一切创造性思维主体最宝贵的思维结晶和生命价值的体现。"其代表作为《策划学》。

四、吴粲

他的策划学理论可以简单概括为整合策划学。吴粲长期致力于策划学的理论研究并注重实战。他认为策划是一个整合、系统的过程，策划学作为一门学科，有自己独立完整的理论体系，它既不是能让企业很快爆发的"点子"，也不是自作聪明的小手段，更不是能让企业起死回生的灵丹妙药，它是对新闻、广告、营销、公关、谋略等手段的综合实施运行。策划应该立足现实、着眼长远，而不应为了眼前利益只追求所谓的轰动效果，结果只是昙花一现，或者得不偿失。

五、叶茂中

他的策划学理论可以简单概括为广告策划学。其实叶茂中的广告策划学理论基础应该是来自国外，他在提出的一些策划方面的理论中加进了自己的一些创新。作为一名本土优秀广告人，对中国策划学的发展起到了很大的推进作用，这里也暂且把他列为中国策划学派之一。

1989 年涉足广告以来，叶茂中自己制作、拍摄了电视广告片 10 多条，广告以新、奇、特的定位手段和表现手段著称。其代表作为《策划经济学》《广告人手记》。

六、余明阳

他的企业策划学理论可以简单概括为品牌策划学。余明阳的品牌策划学理论基础应该是来自国外，他的企业形象策划有其自己独到的观点，并在策划咨询、营销策略、研究品牌等策划领域取得不俗的成就。其获得的荣誉有"2000 年中国最具影响力的策划家""2002 年中国十大策划风云人物"。服务的客户有沱牌曲酒、雅戈尔、曲美、建设银行、古越龙山、奥德臣、长安汽车等。

著作有《品牌学》《咨询学》《品牌传播学》《世界顶级品牌》《城市品牌》《大学品牌》《品牌管理学》等。

第六节 关于策划的认识误区

策划是一项综合性的活动，一项成功的策划，涉及战略、管理、营销、广告等多方面内容，往往是多种方法、多个部门通力合作的结果。但人们常常对策划产生一些理解和认识上的误区。对这些常见的认识误区，我们有必要加以说明，以利于大家正确认识策划，具体比较见表 1-1。

表 1-1 类似策划名词比较

比较项目 ＼ 比较名词	策划	点子	决策	计划	谋略	战略	策略	咨询
研究对象	不限	具体	不限	不限	复杂	不限	具体	不限
预谋性	高	一般	不一定	一般	高	高	较高	一般
创造性	一定有	一定有	不一定有	不一定有	一定有	一定有	不一定有	不一定有
科学性	高	一般	高	较高	较高	高	较高	较高
艺术性	高	高	一般	低	较高	高	较高	较高
可行性	高	一般	高	较高	一般	较高	高	一般
知识面	广泛	较广泛	专业性	专业性	专业性	广泛	较广泛	广泛
方案	正规	一般	不一定	一般	不一定	正规	较正规	正规
相近的英文词	Strategy Planning	Idea	Decision	Planning	Strategy	Strategy	Scheme	Consulting

一、策划不等于"点子"

所谓的"点子"，就是人们通常所说的出主意。有为数不少的人把策划等同于点子，等同于小发明、小主意，或等同于一些喧嚣一时的促销招数。这种想法是不正确的。

在我国改革开放的初期，有些人，如曾经的"点子大王"何阳等，先从点子入手，为一些企业提供服务，红极一时，这是中国计划经济向市场经济过渡中所特有的现象。

以一个绝妙的点子赚了 40 万元的何阳，登上了 1992 年《人民日报》的头版头条——《何阳卖点子，赚了四十万——好点子也是紧俏商品》，从此他由一名北京化工学院高分子专业毕业的某企业工程师，转向开咨询公司，专门给人出谋划策。何阳游历各省，到处应邀帮企业出点子、想办法，也的确造就了不少市场热点。一时间，何阳以"点子"多并将其商品化而闻名，他成了全国性的风云人物，在全国各地作报告 400 多场，还担任了北京大学、中国人民大学等 12 所高校的兼职教授。之后短短几年，中国涌现出大量策划人和策划公司，当时有媒体报道称，中国进入"点子"时代。一时间，策划热潮席卷大江南北，"点子大师"或"策划人"成为当时最炙手可热的群体。这也就使得许多人误认为点子就是策划，策划就是出点子。

实事求是地讲，正是何阳的"点子"推动了中国策划业后来的发展。在中国策划处于完全的混沌阶段时，作为最早提出点子可以卖钱的人，何阳的点子适应了当时社会的某种需求，以何阳为首的"大师们"凭借敏锐的思维轻易成为营销的奇兵，在当时的社会环境下，也堪称是一种进步。

《中国青年报》1996 年 12 月 23 日刊出《追查"点子大王"》，一时间各方质疑和大肆渲染充斥坊间。2001 年 3 月 15 日，"点子大王"何阳最终因以做广告之名，涉嫌诈骗百万巨款，被判有期徒刑 12 年，在宁夏银铛入狱。中国策划业也由狂热走向理性。何阳的成败从另一角度说明，一是"对于点子的作用过于夸大的宣传，导致中国的企业家们过于迷信'灵丹妙药'的点子"；二是"点子并不等于科学的全面策划，点子着眼于跨越眼前的障碍，而无法对企业的长远发展战略提出整合的方案"。

其实，一些偶然的、"灵光一现"的点子，短期内可能会使企业的问题得以解决，带来些许辉煌。但点子就是点子，之所以不能成为策划，因为点子没有详细的执行过程，没有针对市场具体的分析和论证，不能复制，没有风险的评估系统，这些都是企业迫切需求和策划应该提供的。因此，简单的点子可以成为企业经营的一种参考，而不能成为持续发展的动力。

【案例赏析】

服装厂的积压产品销售"妙计"

有一家服装厂积压了很多衣服，于是厂里请来一个据说擅长策划的人来策划怎样把服装销售出去。这个所谓的"策划大师"想了一条自认为的"妙计"，他利用平时人们爱贪小便宜的心理，建议先把价格提起来，当批发商来进货的时候，悄悄地在每十件衣服的包装里故意多放一件。货确实很快发出去了，但前来退货的批发商也越来越多，而退回来的每件包装里却只有包装上标明的十件衣服，这是典型的误把"小手段""小聪明"当策划的案例。耍"小手段""小聪明"只是一种短期行为，往往会舍本逐末，捡了芝麻丢了西瓜。

课堂讨论：

策划等同于点子吗？

显然，策划不等于点子。关于策划与点子之间的关系如下：

其一，点子是零散的，只是一个主意、一点思想火花而已。点子是一个"点"，策划是一个"面"或"体"。

其二，一般出点子的任务比较简单，出点子的人只要把点子想出来，任务就算完成了；而策划则不同，提出方案只是策划过程中的一个环节，在提出方案前、提出方案后还有许多工作要做。所以说，点子只是策划中的一个环节，策划应该是一个整体的、系统的过程，而不是一个片面的环节。

其三，我们区别点子与策划并不等于否认点子的价值作用。点子是策划过程中一个重要、关键性的一环。一个好的点子是策划必不可少的基础与核心，许多大的策划往往从一个点子开始，一个杰出的策划往往就因为有一个好的点子。策划离不开点子，一个一个点子连起来就是一个好的策划，充分运用点子，有利于策划的形成。

其四，点子的作用是有限的，它像是珍珠，需要通过策划将其串成项链才有综合的价值。也就是说，一个好点子从产生到获得成功，这中间需要系统的、全面的策划。点子的具体实施就是一个精心策划的过程，必须考虑实施过程中管理、实力、人才等诸多因素，还需要各方面的综合协调、系统实施，才能最终取得成功。每一个细小因素都有可能影响整个点子的成功与否，以及能否达到预期的效果。

其五，策划与点子在规范化上程度不同。科学的策划要求具有理论根据，有科学的论证，更偏重于理性。而点子的提出往往是非规范化的，多数情况下凭的是经验、是直觉，往往是灵机一动，计上心来，一个点子就出来了，点子偏重于感性。有的点子乍一听是好的点子，但在具体实施时却难以实际运行或操作失败，原因就在于有的点子是一些自诩为"点子大师""企划高手"闭门造车或只从理论上进行不切实际的空想，没有从实际的方方面面包括很多细微之处考虑点子能否通过策划实施。例如下面这个案例：

【案例赏析】

荒唐策划，用烈酒来"敬"老银杏

成都某酒厂为使自己的酒能尽快打开销路，给它们的酒取了一个和银杏树同名的酒名，并在产品上市前专门策划了一次活动。酒厂在成都市内找了三个有银杏树的地方，将价值 20 多万元的酒在树下免费向路人发放，但是其中有一处活动地点是在成都市的中心交通要道——天府广场，由于占道促销，造成当地交通一度堵塞。更让人觉得荒唐的是，在活动进行中，这个酒厂的促销员竟然将酒瓶启封，准备把酒倒在银杏树下的土壤里，以此向那棵百年银杏树"敬酒"。这一行为被群众当即阻止。如果酒厂当真把那些酒倒在树下，百年银杏树将"烂醉如泥"，后果不堪设想。市民们对酒厂这种只顾追求所谓的轰动效应的举动非常气愤，纷纷表示他们绝不会喝这种酒。

课堂讨论：
谈谈荒唐点子对企业策划的影响。

其六，一个点子并非对所有企业、单位都是"灵丹妙药"，即使是同一行业的企业，一个点子也许在这个企业能成功，而在那个企业就很难成功或不能成功。因而一定要根据每个企业、每个单位、每一次具体事件想出好的点子，做好策划方案。

二、策划不等于计划

策划是一种非常复杂的创造性活动，不同于计划、规划。策划近似英文strategy 加 plan，而计划则近似于英文的 plan。策划是软性的，是研究"去做什么"，是一种围绕既定目标而开展的具体创意的设计；计划、规划则是硬性的，是研究"怎么去做"，具有硬指标的意义，是一种围绕既定设计而组织实施的具体安排，基本无须创意。因而计划往往具有极端性和单一性，而策划具有丰富性和灵活性。策划更多地表现为战略决策，包括分析情况、发现问题、诊断把脉、优化方案、整合优势。而计划往往表现为在一定的原则和范围下按部就班的工作流程，是具体的实施细则。从对象上来看，策划一般运用于工商企业和商业性活动中，计划一般运用于政府组织的指导性活动中。

策划与计划都需要面临众多的信息处理和反馈。但不同的是，企业在制订计划时，有些计划可以只从企业本身的各种资料中获得信息来源，而策划则一定是需要从企业以外的方方面面获得信息。也就是说，策划要求大量的多方面的各种资源，而计划可以仅需单一的信息资源就可以制定出来，足够的信息来源和对信息的正确运用和处理，会使二者都能获得理想的结果。一旦信息缺失或发生偏差，对计划造成的扭曲就会远远大于对策划造成的误差。

策划与计划的区别还有：策划表现出主动性，是主动地迎接市场挑战，是目标性很强的行为；计划表现为被动性，是被动地选择市场，是规划性很强的行为。因此，二者市场意识不一样，策划时时都在适应市场并力争找到在市场中取胜的手段，而计划只是机械地规划；二者服务市场的态度自然也不一样，策划是主动为市场服务，而计划不考虑服务态度能否被消费者接受。

任何策划都必须有计划，都必须"计划化"，即最终落实到用一个或几个计划来实施，但不是所有的计划都有策划，有的计划是长远的目标打算，不具备现实操作性，有的计划是常规的工作流程，不具备创新性。

计划的理性色彩和策划的多样思维，都应该是企业或经营者所具备的，从这一角度而言，策划与计划是所有企业或策划人都必须具备的。策划人或经营者在进行企业经营决策时，强调策划；而在执行这一策划时则强调计划。计划是体现企业执行力的一个重要因素，策划则更多地展现企业的创造性。因此，企业在不同的时段或阶段，对策划和计划会有不同的重视程度，同时，也会由企业不同的部门来制定或执行。

例如，出版社的编辑，如果他做下列工作：确定出书的方向、开拓图书选题、开发作者群、设计图书的封面和包装等，那就是"策划"。而如果他做下列工作：定标题、校对、联系印刷等，那就是"计划"。也就是说，作为策划的编辑要掌握原则，决定出版什么书，在出书的方向确定后，至于每本书要怎么完成，那就是"文字编辑"的事了。

三、策划不等于决策

决策作为现代管理学上的一个术语，是美国首先使用的——Decision-Making，意思是做出决定。表述明确一些，决策就是个人或群体为实现其目的，制定各种可供选择的方案并决定采取某种方案的过程。决策重在优选方案，以抉择为重点，以聚合思维为主。也就是说，决策的核心是"决"，是"决断"，这是决策活动的本质之所在，离开了"决断"就称不上决策。

1. 策划与决策的联系

策划与决策的联系表现在以下四个方面：

（1）策划与决策都是一种有意识的活动。两者在本质上都属于一种指向未来、运用脑力的理性行为，都是属于自觉能动性的范畴，是人类特有的有意识、有目的的自觉能动性的表现，属于同一个认知过程。

（2）策划与决策相互依赖、相互制约。其一，决策以策划为基础。策划在先，决策在后，先谋后断。没有策划，没有策划出多种可供选择的方案，就谈不上决断；没有经过周密策划，没有经过对不同策划方案的比较、鉴别，就不可能做出科学的决断、决定。其二，策划的质量制约着决策的质量。没有策划就没有决策，但有了策划，还要看策划的质量如何，不同质量水平的策划，直接影响到决策的高下。其三，策划以决策为指导，为决策服务。为什么而策划，策划要解决什么问题，都是由决策决定的。策划拟订的方案，也是为决策者进行抉择做准备的。离开了决策的需求，仅仅是为了策划而策划，那是一种毫无意义的脑力劳动；而偏离了决策思想的指导，策划活动也就迷失了方向；策划的质量如何，最终的评价标准也是根据决策的要求来制定的。

（3）策划与决策相互包含、相互渗透，谋中有断、断中有谋。从策划的全过程来看，决策是其中的一环，策划活动包含有决策。策划是一个制定方案、选择方案和调整方案的持续动态的过程，其中对方案的选定，就属于决策的抉择、决断的环节。没有这样一个环节，策划的实施就不可能进行，也无法对策划进行检验、评价，持续不断的策划活动过程就会中断。在实际操作中，策划者之所以提出某种方案而不提其他方案，或反对某种方案，或提出几种方案供决策者选择，这里面无疑包含有策划者对方案的肯定或否定态度，或倾向性意见，这就具有鲜明的决策思想。

反过来，从决策的全过程来看，决策过程中包含有策划，策划亦是其中的一环。策划是决策过程中抉择、决断的准备工作。否则拿什么去决策？又决策什么呢？而且决策者之所以选择此方案，不选择彼方案，这里不仅仅是拍个板、做个决定了事，它蕴含着对这种策划方案的战略、策略意图的深切了解和对其具体步骤、措施的把握，即在决断、抉择之中蕴含着决策者的智谋和韬略。

（4）策划与决策在一定条件下可以相互转化。一般情况下，策划在前，决策在后。但就人类自觉能动活动的动态过程来说，这两者其实是在同一活动过程中各有侧重点的不同阶段，往往是相互交替的。在做出决策之前，大量的工作是调查研究，收集处理信息，拟订方案的策划工作。一旦方案拟订，便转化为决策阶段，需要对方案做出决定，对今后的行动做出决策。而当决定做出之后，具体如何实施，如何将决策贯彻下去，又需要就其细节进行具体的进一步策划，这时决策又转化为策划。策划的具体细节方案还需经过决策部门评估、审核、批准，也就是选择、决断，之后才能付诸行动，这时策划又转化为决策。

2. 策划与决策的区别

策划与决策虽然密切相连，但两者有着本质的区别。

如果说策划是决定干好干坏，那么决策就是决定干与不干，这是两者的本质区别。这个本质的不同也决定了两者在任务上是不同的。决策的主要任务是确定行动的方向、目标、大政方针；策划的主要任务是制定行动方向、目标、大政方针实施的具体方法。

因此，决策对于行动方向、目标、方针、政策、行动计划、规划、办法、措施、人员的组织、财力物力的调配等有决定权，而且具有必须贯彻执行的权威性。而策划对于上述问题一般只有建议权，没有决定权，它可以影响、左右决策，但不具有权威性。

决策属于对一个事物的判断，并不需要瞬间完成，拍板定案前必须进行一系列活动，否则就会出现主观臆断。它有时候也不需要创意和论证，不需要实施和评估。

策划的四个程序"创意—论证—操作—反馈"在决策中都是不强调的。决策显然是建立在论证调研的基础上，但决策对创意这个环节并不强调，论证只是决策的前奏，某些决策，如经验决策是不需要论证的。策划强调创意创新，这是策划的灵魂，没有创意创新就不是策划。

四、策划不等于创意

英国广告大师大卫·奥格威（David Ogilvy，1911~1999）认为，"好的点子即创意"。当然，我们并不能否定，有些案例的创意是有点子因素的，但我们也应该看到，点子与创意不完全是一回事。点子是每个人都具备的，而创意是要具备专业知识的，这就是两者的本质区别。

所谓创意，是在市场调研前提下，以市场策略为依据，经过独特的心智训练后，有意识地运用新的方法组合旧的要素的过程。从本质上说，创意是创造性的思维活动，它是策略的表达，其目的就是要创作出有效的思想、点子、主意、想法，来实现策划总目标。

策划是一种创新行为，策划活动的关键是创新，而创新是以创意为前提的，并贯穿于策划的始终，通过创意来创造理想的活动效果，才能实现真正的创新，否则，就可能只是翻新，或者顶多是更新。创意成功与否，是策划是否创新的关键，从某种意义上说，创意是策划的灵魂。具有创意的策划，才是真正的策划。

但作为针对未来事物的策划，在具有创新性的同时还应该具备可操作性。创意尚处于策划的观念层面，只是策划的初始阶段，策划的实现需要根据时势、客观条件等现实层面的因素，将创意进一步落实到操作层面。因而依照策划方案的需要，设计的创意还要有实际效果。否则，停留在思想中的创意也只能是创造想象的空中楼阁。空想式的创意只能是幻想，不是策划。

五、策划不等于谋略

策划在古代本质上是一种谋略，由于中国古代诸侯纷争，政治、军事斗争激烈，加之生产力落后，所以产生了层出不穷的斗智斗勇的谋略，"策划"的概念由此而来。由于这种"谋略"更多地运用在政治和军事上，这也在很大程度上制约了其应用和发展。

　　古代谋略可继承，可用于现代策划，但谋略只是策划的创意方面，是机智用计，谋略往往缺乏现实的可操作性，所以它不能等同于策划。

【案例分析】

北京未来广告公司策划

　　2002年初春，广告行业竞争异常激烈，销售额下降，员工跳槽带走公司客户的现象不断发生。在这种情况下，北京未来广告公司邀请了中国人民大学商学院李宝山教授和王连娟博士、李春兰博士等专家为其人力资源进行策划。接受委托以后，专家组共八人首先与未来广告公司的精英人员组成了一个相对稳定的策划团队。为保证策划效果，策划团队在未来广告公司进行了长达六个月的诊断调查，详细地调查了企业内部资源状况、企业环境特点、竞争对手情况、广告行业的发展趋势。经过SWOT分析，写出了长达20万字的详细调研诊断报告，为下一步策划奠定了坚实的基础。在分析诊断过程中发现，北京未来广告公司智力型企业的人力资源管理和知识管理存在着核心竞争力。于是经双方协商，共同确定了知识管理策划和人力资源策划的具体目标。经过五个月的策划活动，最后形成了北京未来广告公司的招聘策划方案、激励与约束策划方案、薪酬制度策划方案、绩效考核制度策划方案、工作分析与全体人员素质模型策划方案和知识管理策划方案等一系列策划方案。所有策划方案均分为理论制度篇和实施操作篇两部分。尤其"员工跳槽将头脑智慧留下来"的三三制知识管理平台取得了相当好的效果。策划方案完成后，策划团队又同企业一起进行了长达五个月的策划实施，在实施操作过程中，又将策划方案根据实施的具体情况进行了调整。实施结束以后，进行了详细的策划评估，写出了策划评估报告。经过艰苦努力，"未来"成为北京广告行业唯一的著名商标，并且在中国本土广告公司营业额统计排名中名列第一位。

　　根据上述案例，试分析：

　　1. 企业策划的含义。

　2. 企业策划的要素有哪些?

　3. 成功策划的关键因素是什么?

【本章小结】

● 策划实际上是一种理性思维活动，根据事物的因果关系做出决策。作为针对未来事物的策划，在具有创新性的同时应该具备可操作性。

● 从企业层面上来看，策划经历了几个时期：摇篮期、成长期、成熟与转变期、发展期。

● 市场销售的理论及派别：广告派→CIS 派→点子派→咨询派→公关派→营销派→策划派。

● 企业策划的特点：全局性、创新性、长远性、可行性、竞争性、风险性。

● 世界著名策划机构简介：安永咨询、麦肯锡公司、波士顿顾问公司、安盛咨询。

● 中国策划学的主要派系及代表人物：何阳、王志纲、陈放、吴粲、叶茂中、余明阳。

【思辨题】

　1. 策划及策划学的定义?

　2. 企业策划与其他策划相比，有什么特点?

　3. 策划是万能的吗? 策划为何会成为最热门的话题?

第二章

企业策划的步骤与撰写

【教学目标】

通过本章学习，了解企业策划的步骤以及方法，学会企业策划的撰写，掌握企业策划每个阶段的主要业务操作。

【教学要求】

知识要点	能力要求	相关知识
企业策划的一般程序	了解企业策划的一般程序，熟悉策划程序的具体过程	目标的选定，方案的设计、抉择和实施
企业策划的方法	学习企业策划的方法，掌握策划方法论，理解"策划学"就是方法论科学	三种策划方法论的定义和基本方法论，策划科学的四种形式
企业策划方案的撰写	准确掌握策划书的基本内容，学习撰写企业策划书的格式与写作方法	策划书的基本内容和写作的方法与格式
企业策划人员应具备的素质	根据所学内容可以分析企业策划人员的素质	企业策划人员具备的素质

【开篇阅读】

万科社区主题活动策划方案

丰富多彩的社区文化建设是万科物业管理为客户提供的一项重要服务内容，通过与业主共同建设具有特色的社区文化，可以充分体现万科物业"全心全意全为您"的服务理念，增强业主对居住区的依恋感，为公司创造良好的社会效应。

出于上述考虑，集团物业管理拟在今年统一组织策划一次集团各地物业管理项目同时进行的主题社区活动，尝试建立万科社区独有的特色文化，并形成品牌效应。如果此次活动效果良好，还可考虑将此活动作为传统项目保留下来，定期举办，形成鲜明的万科社区特色主题。

前期经过多次与各地物业公司专业人员沟通，并收集各方意见，最终确定举办——"万科社区 HAPPY 家庭节"。具体活动策划方案如下：

一、主题活动名称

主题活动名称为"万科社区 HAPPY 家庭节"。

二、活动时间

活动时间为 9 月 8~21 日（两周）。

三、活动主题

活动主题为：家·家庭·家园。

万科社区文化建设的主题是"健康、文化与生活"，包括健康的身心、健康的生活方式、健康的人居关系、健康的社区文明以及万科所倡导的现代生活方式和居住理念。而家是什么？家是遭遇风雨时温暖的避风港，是夜幕降临时召唤回家的灯，是需要帮助时周围关切的眼神……我们围绕"家"这个中心，将所有理念汇集在一起，体现出"家"这个小小居所的深刻含义，体现出自由舒展的单身之家、幸福浪漫的小家、其乐融融的大家的温馨感觉，更展现出大家园温馨舒适、邻里关爱的和谐氛围，同时通过社区活动激发广大业主对生活的热爱，展现出万科社区特有的文化特色。通过活动的引导，加强业主对社区物业管理工作的理解和支持，更进一步争取潜在客户。

四、活动安排

本次活动持续时间为两周，分"万科社区 HAPPY 家庭节开幕式""期间主题活动""万科社区 HAPPY 家庭节闭幕式"三部分。其中"万科社区 HAPPY 家庭节开幕式"安排在 9 月 8 日（星期天），可同时举办家庭趣味竞技比赛，通过活动氛围的营造和渲染，热烈拉开"HAPPY 家庭节"的序幕；期间，各地公司结合各项目的特点，以至少每两天一项活动的频率组织各类社区活动，包括中秋游园活动、业主才艺表演、音乐欣赏会、露天剧院、花卉展、竞技活动、家庭卫生与健康讲座、有奖征文活动等，让业主持续沉浸在节日气氛中；21 日，各地通过一个特定的主题活动使此次"HAPPY 家庭节"圆满落幕。

五、部分推荐节目

部分推荐节目如下：

项目	活动内容	备注
1."万科社区 HAPPY 家庭节开幕式"，并举办家庭趣味竞技比赛	家庭绑腿双人跑、自行车慢骑比赛、乒乓球反弹入网比赛、羽毛球比赛、100 米单腿跳比赛等	侧重比赛的趣味性，烘托热烈气氛
2.中秋游园活动	游园、猜谜、赏月、吃月饼，在每逢佳节倍思亲的情绪笼罩下，体验家庭的温暖、团聚的喜悦	可邀请外籍人员参与其中,在中秋月圆之际,中外人士欢聚一堂
3.业主才艺表演	提倡业主全家共同展示才艺	
4.攀岩比赛		主要面向青年群体，鼓励向上、拼搏的精神
5.家庭摄影比赛	展示小区的美景，贴近平凡的生活	通过点滴平常事，打动热爱生活者的心灵
6.各种棋牌比赛	分别组织围棋、象棋、跳棋、五子棋、桥牌等各类比赛	
7."文明家庭"评选活动	可联系社区、街道出面组织，物业管理处配合	此项活动可对业主文明居住方面进行引导
8."我爱我家""社区建设大家谈"等征文活动		引导业主邻里关爱、共同关注社区的建设和发展
9."万科社区 HAPPY 家庭节暨闭幕式"		

六、活动组织

1. 此次家庭节具体活动由各地公司负责组织、策划、实施，物业管理部负责整个活动主题框架的确定、信息的传递以及必要的协助。

2. 各公司各项目可结合自身特点和计划自行组织活动，但要求符合家庭节主题，体现出万科特色，营造家园氛围，能对日常物业管理工作有所促进的更佳。

3. 活动组织工作应充分调动业主参与的积极性，例如一些集体活动可设置活动召集人，可在业主中选拔。

七、活动奖励

1. 对于各活动项目可通过设立相应的奖项、颁发奖品等形式对业主进行激励。

2. "才艺大赛"提倡业主全家共同展示才艺，评选出最佳才艺奖，建议可奖励全家（三人）异地旅游机会（要求旅游结束后，向当地万客会投稿或附游记一篇，并配照片）。优秀节目可推荐参加集团春节晚会活动。

3. 其他活动可结合实际需要颁发小礼物。

八、活动宣传

1. 9月8日统一在各地主流媒体集中宣传，内容："万科社区首届HAPPY家庭节开幕了"，活动期间可在媒体上陆续刊登各类"软文"。

2. 在内、外部网站设立专题栏目，及时传递"家庭节"活动情况。

3. 活动期间所有项目统一制作"家庭节"宣传海报，由集团组织统一印制，现场张贴。

4. 活动结束后，结合各地万客会出版万科社区"家庭节"特刊一份，经验交流，各地分享，让业主体验到生活在万科大家庭中的快乐。

九、其他

1. 趣味竞技比赛的活动项目可在各地区分别搜集，由物业管理部负责汇总、分享。

2. 活动经费上，可联系地产公司给予支持或联系一些商家对本次活动进行赞助。

3. 对于旅游奖励也可联系当地航空公司或旅行社，以及特定品牌商家等赞助此次活动。

十、活动推进计划

时间	目标
8月19日	讨论确定活动方案
8月20日	活动方案报批
8月22日	各地公司向物业管理部提交详细活动计划，确定活动对接人并开始着手准备

续表

时间	目标
8 月 25 日	物业管理部提交家庭节宣传海报设计，评估后统一印刷或各地自行印刷
8 月 27 日	物业管理部结合各地公司具体实施计划，整理形成详细活动方案，下发供各地公司参考和借鉴
8 月 27 日至 9 月 7 日	准备阶段
9 月 8~21 日	实施阶段
9 月 21~22 日	活动总结，策划出版"家庭节"专刊

案例讨论：

1. 活动策划书应包括哪几方面的内容？

2. 活动策划书中哪部分内容最为重要？

第一节　企业策划的一般程序

按科学程序进行策划是由经验走向科学的必要条件。要科学地进行策划，就要在策划科学理论指导下，按先后顺序，把策划过程划分为若干相对独立又前后衔接的阶段进行运作；要明确先做什么，后做什么；要遵循一定的章法来思考问题，使思维行为符合认识规律。科学策划程序是在时间基础上发现问题、解决问题的过程，一般包括目标的选定、方案的设计、方案的抉择和方案的实施。

一、目标的选定

目标的选定，即对目标所做的策划。这是策划活动的第一步。因为只有先明确了目标，才有行动的方向，才能去考虑如何为实现目标而进行策划。

选定目标是策划进程的起点。而目标的选定，本身也是一个具体的策划过程，并不是一下子可以任意确定的，一般要经历发现问题、分析问题、明确任务、确立目标四个紧密阶段。

1. 发现问题

在实际工作中，人们之所以要进行策划活动，多半是遇到了问题，策划是为了解决某些问题而引起的。现实中的问题是客观存在、多种多样的。但是，难题的发现要靠人们自觉主动地去捕捉，有的人在问题面前视而不见，而有的人却可以从并不显眼的地方发现问题。爱因斯坦曾说过："提出问题往往比解决问题更重要。因为解决问题也许仅是一个数学上或实践上的技能而已，而提出新的问题、新的可能性，从新的角度去看旧的问题，却需要有创造性的想象力，而且标志着科学的真正进步。"任何一个人，要想在工作中争取主动，有所创新，取得成效，善于发现问题是十分重要的。发现问题才可以围绕如何去解决问题而开展策划活动，才能使策划活动具有针对性，而不是盲目的策划。如果一开始就陷入盲目性，其以后所进行的一系列策划活动就将成为无意义的活动过程。

善于发现问题，首先要具有强烈的事业心，一个没有事业心的人，就不会去潜心捕捉问题，就不会有策划的动力。动力来源于事业的需要、应变的需要、创新的需要、塑造良好形象的需要、摆脱困境的需要、提高生产效率的需要、提高自身素质的需要等，这些需要都可能成为策划的动因。因此，主题的需要越迫切，动因也就越迫切、越强烈，发现需要显示之间差距的问题也就越明显，也就易于发现问题。

善于发现问题，对于领导者来说尤为重要，这也是领导者的重要职责，这不仅是因为他们负有经营管理的责任，负有领导群众并对群众负责的责任，而且是因为他们站得高、看得远，应该也便于发现一些带有全局性、关键性的问题。他们发现的问题，往往对于下属部门、群众、专家进一步发现问题具有带动的作用，可以带动下属、群众进一步去探讨问题。

要善于发现问题，就要重视资料、信息的搜集。其一是从历史的资料、信息中发现问题；其二是从现代的资料、信息中发现问题；其三是从自己的活动中搜集资料发现问题。

2. 分析问题

首先，要抓住主要问题。所谓问题，是指客观事物发展的实际状况和应有状况之间的差距，是事物发展的矛盾表现。在现实生活和工作中，矛盾是普遍存在的，问题是层出不穷的，有时甚至是问题成堆。如果我们被纷繁复杂的矛盾所纠缠，不加分析，就会茫无头绪；如果碰到什么问题就去着手解决什么问题，头痛医头，脚痛医脚，就往往会捡了芝麻丢了西瓜。在企业发展过程中，阻碍企业发展的因素既有领导班子不团结的问题，也有技术人员匮乏、资金不足、销售渠道不畅、设备老化等诸多问题，此时，就要根据问题的轻重缓急，排排队，逐一分析，用战略的眼光，筛选出其中占主导地位的问题，以及与此紧密联系的问题。把主要精力放在主要问题上，再兼顾其他问题。而不应将所有问题都并列起来，否则就难以确定主攻方向，真正应该确立的目标也就难以找到。其次，要对问题进行界定。当问题找出以后，就应从性质、特点和范围乃至发展趋势等方面，把问题界定清楚，这样才能抓住问题的本质，以便准确地策划目标。最后，要分析问题产生的原因。仅仅明确了问题的性质、特点、范围和发展趋势是不够的，还必须分析产生问题的原因。分析问题产生的原因对于目标的策划是非常重要的，这就需要从表面原因入手，层层剥皮，对原因从多方面深入分析。有些问题的产生，既有外部原因，也有内部原因，既有客观原因，也有主观原因，既有主要原因，也有次要原因，既有表面原因，也有深层次原因。只有将原因分析透彻了，才能抓准问题，并看出其发展趋势将会带来怎样的后果。对于原因的分析，一定要放在一定的时间地点来分析，不能抽象地分析，因为任何问题都是在一定的时间地点条件下出现的。

分析原因之所以重要，因为问题本身是一种因果关系。问题是由原因引起的结果。如果只是发现了问题，知道了是什么问题，对问题进行了界定，而不去追究问题背后的原因，那么策划工作是无法下手的。

但是，由于原因的多样性和因果联系的复杂性，我们在分析时，就要考虑到有时是一因一果，有时是一因多果，有时是多因一果，还有时候是多因多果，甚至原因后面还有原因。它有时表现为纵向的因果连锁，有时则表现为横向的因果排列。因此，要尽可能多角度、多方位地进行分析，以便从纷繁杂乱之中理出头绪和线索来。只有把问题产生的原因弄清楚了，策划才能有针对性地确立目标。

3. 明确任务

问题及其产生的原因分析清楚之后，就要设法去解决。为此，就要明确策划的任务，确立解决问题的目标。任务是指所要解决的问题，目标是所要达到的具体要求。

一般来说，目标和任务两者在实质上是一致的，有时也交替使用，任务较多侧重于性质方面，目标则较多侧重于量化方面。

4. 确立目标

目标是在明确任务的基础上确立的。目标根据不同的标准，可以分为不同种类。按性质分，有战略目标和战术目标；按时间分，有长期目标、中期目标和近期目标；按重要性分，有关键目标和一般目标；按层次分，有高层目标、中层目标和基层目标。一个企业单位的目标还有效益目标（生产经营目标）、发展目标（科研和新产品开发目标与人才培养目标）、职工福利目标等。策划者在确立目标时，必须分清种类，具体问题具体分析。但无论何种类型的目标，都是策划者在一定价值观念的指导下，为解决特定的问题而提出的事物应该达到的期望状态，对策划的过程起着调控作用。

确立目标的基本要求是清晰、可行。所谓清晰，是指要具体明确，不能含糊，模棱两可，内涵必须是单义的，外延必须是确定的，要使其含义明确而不产生模糊不清的感觉，同时要尽量使策划目标具有可测性，尽可能量化，使之可以加以检验。所谓可行，是指目标的现实可行性。策划的目标可行性是和目标的先进性相对应的，两者是辩证统一的。目标一般反映了策划者追求的理想境界和主观的价值愿望。先进性应在目标中有具体体现，但同时也要考虑实现目标的种种制约因素。目标制定得太低、太保守，是缺失先进性的表现。反之，目标制定得太高而难以实现，则会使整个策划过程遭到失败。

二、方案的设计

方案的设计，即对方案所做的策划，是策划程序中的第二阶段工作，是影响策划效果的关键性环节。所谓方案设计的策划，是指为了实现目标而寻找、设计行动的具体途径、手段和办法。实际上方案的设计也是一个策划的过程。毛泽东曾以"过河为例"说明目标和途径、手段、办法之间的关系。过河已达到彼岸是目标，架桥或是用船过河则是实现目标的具体途径、手段、办法，即具体的方案。也就是说，当任务、目标明确之后，要解决的就是如何去实现，如果没有周密的策划，目标无论怎样清晰、明了，过河的主观愿望无论怎样强烈，都将无济于事，目标和愿望终将成为泡影。由此可见方案策划的重要性。

方案的策划有一个过程，有许多工作要做，在策划时必须以条件许可为基础，但又不能消极地等待条件。要根据方案的需要，积极利用条件、创造条件，开动脑筋，广开思路，精心策划。

1. 方案策划的过程

（1）尊重条件。策划是在特定的环境下进行的，是在一定的时间、地点、条件下进行的。任务明确、目标确定之后，接着就要寻找和分析策划所需要的条件。因为条件对于策划方案具有约束性，它制约着方案的设计，方案策划只能在现有的条件范围内进行，不能超出条件许可的范围。毛泽东曾指出："指导战争的人们不能超越客观条件许可的限度期求战争的胜利，然而可以而且必须在客观条件的限度之内，能动地争取战争的胜利。"军事方案的策划是如此，其他方案的策划也是如此，都必须以客观条件为前提。以往那种"有条件要上，没条件也要上"的说法和做法，已为实践证明其谬误性，是不足取的。

所谓尊重条件，实际也就是尊重策划的客观环境。策划环境是自然环境和社会环境的综合，是所有作用于策划活动的外界影响的总和。在策划方案时，必须对将会产生影响的所有环境因素进行总体的考虑。只有在正视客观环境条件的基础上，才能称得上尊重条件，也只有在尊重客观条件的基础上，才能把握条件。

（2）把握条件。把握条件，就是指在充分尊重条件的基础上，对条件进行认真的分析，不仅要认清条件的性质，还要把握其不同的量对事物发展的指导意义。

围绕目标而进行的方案设计，实际上就是人们对各种现实的或未来条件的构想或整合，都是在对各种条件分析把握的基础上，运用不同的方式，把不同的条件组合成或构想成不同方案的策划过程，是在条件许可的基础上对行动措施、手段所做的一个具体的策划。尊重客观条件是为了把握条件。为了把握好条件，就要进行许多工作。

首先，要开阔视野，尽可能做到全面地把握条件。可以从与策划对象有关的内部条件、外部条件、自然条件、社会条件、时间条件、地域条件、显示条件、可能条件、可控条件、不可控条件、有利条件、不利条件、主要条件、次要条件等出发，尽量多角度、全方位地考虑、把握。

开阔视野，尽可能多地把握条件，并不是要策划者漫无边际地去把握一切条件，而是要围绕策划目标的需要去全面把握。对于与目标无关的东西，就没有必要去花无意义的精力。

其次，要从必要条件中找出具有关键性的条件。在许多必要条件之中，必有对全局起着支配作用的条件，如果这一关键性的条件没有把握好，要策划出一个成功的方案是不可能的。

最后，要将各种条件置于动态变化发展中来考虑，尽早预测各种可能出现的变化和条件。也就是既要注意全面性，又要抓住主要的、关键性的条件，并从事物的发展变化中进行考察、分析和把握。

(3) 大胆设想。尊重条件、把握条件是为精心构思方案服务的，构思方案是整个策划程序的中心环节，是策划工作的灵魂之所在。在这个阶段，思维活动也最为强烈，人的主观能动性也体现得最为明显。方案的策划，不能超越客观条件许可的限度。不应做条件的奴隶，而应该做条件的主人，在现有条件的基础上，应该为实现目标而开动脑筋，大胆设想。

(4) 精心策划。经过轮廓设想阶段的结果往往是比较粗糙的方案雏形，其中很可能包含一些不合理之处。因此，还需要进一步充实、具体化，需要进一步加工，进行仔细的思考，也就是要由粗线条的轮廓设想进入细部的构思和精心策划的阶段。

细部的精心策划，同样要谋，要用心思，要运用创造性思维。但又与轮廓设想阶段有所不同，不能满足海阔天空的大胆设想，而必须要有冷静的头脑和推敲精神，要将各种有关因素加以综合考虑。

在这个阶段，要防止只见树木不见森林、只注意局部不顾及全局的倾向。轮廓设想和细部设计的划分，也不是截然分开的，两者往往交替进行，相互印证。但大致过程是由粗到细，由全局到局部，而且细中还有更细的部分。在整个过程中，始终都应该注意大胆设想与精心策划相结合，创造精神与周密思考相结合。

2. 大胆设想和精心策划应注意以下两个问题

(1) 策划的方案要具有可选择性。方案的策划，核心在谋。谋是智慧的运用。俗话说某人足智多谋，是指其办事办法多，同一问题能想出多种办法来处理。在进行方案的策划时，一定要注意多谋，多提供可选择的方案，而不能只有一种方案。

多策划几种方案，是为了保证方案具有可选择性。因为为了使策划的方案尽可能合理、可行，就要有所比较，没有比较就没有鉴别。要比较就要有两种以上的方案，方案越多，可供比较、选择的余地就越大，越容易比较出优劣，就容易接近合理、可行。

（2）策划的方案要具有齐全性和排他性。所谓齐全性，是指应该把所有可供选择的方案一一策划出来，不使有所遗漏。如果遗漏了某些可供选择的方案，那么，在比较、选择中就有可能把更好的方案漏掉。

所谓排他性，也称为独立性、个性，是指提出的各个方案相互之间应有原则的差异、区别，因为这样才可以进行比较、选择。

对于整体方案的齐全性和个性方案的排他性，在具体策划过程中，既要坚持原则，又要注意灵活，要从实际情况出发。

三、方案的抉择

方案的抉择，总的来说必须先论证后抉择。策划方案设计制作完成以后，就进入了方案的抉择阶段。这个阶段包括两个方面的工作，一是论证和评价策划方案的总体设计思想。这是具有全局性的，关系到策划对象的未来后果。因为事物是不断变化发展的，对象所处的环境也是变化发展的，所以，必须从全局、长远角度来论证、评价方案的总体设计思想是否正确。二是论证和评价策划方案的细节，包括实施的具体措施。如果方案仅仅在总体上具有创新性、远见性，而实施的细节不明确，抽象、笼统，不够具体和精确的话，那么，这个方案就不是完善的方案，就要重新加以补充和修改。当两个条件基本具备了以后，就可以对多个方案进行比较，对各方案中的策划理由、实施措施等进行全面审查、核定，从中权衡利弊得失，从不同角度进行论证，在论证基础上挑选出几个较优方案。在充分论证的基础上，制定策划方案，整理研究成果，撰写出策划研究报告。策划工作可以由企业内部做，也可以委托企业外部相关机构做。可以以高级策划部门为主，有关部门配合，也可以外聘高级策划专家共同组成智囊集团。策划方案的论证评估要由企业决策委员会集体运作，其成员一般由总经理担任主席，副总经理、党委书记、工会主席和各部门负责人担任委员，吸收企业职工代表和外聘专家参加，企业策划部负责人担任秘书，即要组织一个有效的决策领导小组。当然，由于各个企业情况不同，项目的大小和难易不同，人员的组成上，应根据情况和事情需要来决定。总之，要遵循先论证、后抉择、再实施的科学程序来进行，而不能轻率地违背这一科学程序。在现实生活中，一些失败的事例，往往正是违背了这一科学程序。因此，要坚持以下四个原则：

1. 目标原则

策划的方案，每一步都应围绕目标如何实现来进行，既不能相离，更不能相反，即使是围绕目标，也有是否突出目标的差异，对目标的实现也有快慢、好差的差异，这就要论证、选择。同时策划的方案所围绕的目标，也有长期目标、中期目标和短期目标的不同，因此，论证、评审、选择方案的角度、标准也就有所不同。往往在论证过程中出现的某些分歧，就与此有关。所以在策划方案一开始的时候，策划者就要明确自己所策划的方案是怎样围绕目标要求而制定的，而论证和评审者也要明确目标的性质，这样才会得出正确的结论。

2. 可行性原则

对方案的论证、评选，坚持可行性原则，是最重要的一条。所谓可行性原则，就是要以辩证唯物主义为指导，对方案的实施过程中要受到哪些因素的制约有一个全面的认识，实施的制约因素包括自然条件、社会条件、客观条件和主观条件等多个方面。要多方位思考，防止遗漏，尤其是潜在的制约因素。潜在因素往往由于被忽视而成为方案施行中的障碍，甚至导致失败。因此，要求在论证、评选时，不仅要考虑需要，而且也要考虑现实的可能。

3. 价值原则

价值是指方案实施后将会产生的作用、效果、效益、意义，其中包括经济价值、审美价值、学术价值等，在经济价值中既有对企业、单位产生的经济收入效益，也有对整个社会所产生的实际效益。方案的策划是围绕一定的目标进行的，目标总是要求达到一定的收益，论证、评选时，在考虑其可行性的同时，也要考虑其是否有价值及其价值的大小。任何方案都有投入和收益两个方面，没有投入就没有收益，但投入多不一定收益多，有时收益大于投入，有时收益小于投入。在论证、评选时，就要注意投入的人力、物力、财力、时间、精力等代价与收益的比例，是投入大于产出还是相反，从而决定对方案的舍取。

4. 择优原则

论证、评审是为了选择。在论证、评审与选择的关系上，前者是基础，后者是目的。论证、评审以择优为指导，论证、评审是为了从中挑选出好的方案，进而从劣中择优、优中选优以形成最优方案。

四、方案的实施

策划方案一旦被选定之后，便进入了方案的实施阶段。在这个阶段，策划者应该与决策者密切合作，组织具体实施，如果是策划公司和企业单位合作制定的项目，就应该在方案领导的组织下，共同制定具体实施的细节，而不应认为方案一旦通过，就万事大吉。因为如果策划的一方不参与方案实施的细节策划，由于执行者不是策划者，他们对策划者的意图，仅仅只是少数领导者和参与策划的企业人员了解，大多数具体执行人员并不完全清楚，在执行过程中，客观环境、约束条件等也可能会出现变数，甚至出现意料不到的重大变化，因此在策划方案的实施过程中，策划者还有许多工作要做，企业、单位的决策者、策划机构对这一阶段也不能疏忽，仍应与策划公司继续合作，否则就可能在最后阶段因实施不力而造成损失。

在方案的实施阶段，要做的事情很多，一般有组织工作的准备，监控、检查制度的建立和落实，反馈、调整措施的及时采用，以及评估、总结、提高等诸多方面。可以分成几个小的阶段，每个阶段确定其工作的重点。

1. 组织准备

（1）落实领导组织。方案实施前，首先要组织一个强有力的领导小组，其领导成员应以方案需要者（企业或单位）一方为主，策划一方为辅，而不应主次颠倒，喧宾夺主。其次领导小组中对各项具体的实施项目，要有人分工专职负责，分别建立各部门的实施领导小组，使领导的组织工作落到实处。

（2）落实操作组织。在领导小组的领导下，建立一支团结务实、精明能干、能吃苦耐劳的实施操作队伍，使所需人员到位。

（3）落实管理组织。配备专人，负责准备实施所必需的物资和资金，包括实施的设备、原材料、交通运输工具、通信工具、差旅费用、办公用品、资料印刷、广告宣传、公关来往、仪器等设施及开支。对策划、实施人员的补贴、奖励费用也要有所准备。

（4）人员培训。这项工作非常重要，因为方案的实施，最后要落实到具体操作人员，因此，在实施前，应该让每一个操作人员了解方案的目标，实施该项目的意义、要求，以及如何操作，应该注意的事项等，这些内容实施人员了解得越清楚，理解得越深刻，对方案的实施就越有利。否则，只要其中有一个人，由于对方案要求缺乏了解，或操作技艺不当，就会对方案全局的实施造成不利影响，甚至导致失败。此时，关于方案的目标、意义要求，既可以让方案的策划者讲解，也可以由企业、单位的领导者、策划者讲解，而操作工艺技术方面一般由企业、单位的技术人员担任讲解。

（5）组织有关部门相互配合。一个方案的实施，不仅是具体操作部门的事，与实施操作相关的部门都应对方案的实施目的、意义、要求有所了解，以便他们能主动配合，给予支持、理解、参与、协作，形成强大的整体力量，为方案的顺利实施创造有利条件。这就需要企业、单位的领导集体，对各个有关部门提出具体要求，以免在实施的过程中出现不协调现象。.

2. 监控检查

所谓监控，就是对策划组织系统、实施内容、要求操作行为，进行科学的系统分析和严格的监督控制，防止方案在实施过程中走样。这项工作不可轻视，有些项目在实施中失败，往往不在于方案本身存在问题，而在于疏于监控。尤其是一些大的工程项目，社会改革的重大项目，从领导层到操作层，从上到下，要经过很多中间环节，在级级下达的过程中，中间承上启下时，往往会掺杂个人理解、个人主张而加以改变，从而出现在层层下达时，层层改动，结果导致差之毫厘，失之千里，到最后的操作层，已经和最高决策层的意图和方案设计的初衷相距甚远。因此监控工作是非常必要的，必须重视。要建立监控制度、监控组织，设立专门人员，采用合适的监控方案。其中要注意宏观监控与微观监控相结合。

（1）宏观监控。所谓宏观监控，就是将所要实施的操作系统，放到企业、单位与环境联动优化的更大的整体系统中去考察，分析研究该系统与更大的整体系统间的内在联系、所处的地位以及对更大系统的影响程度。这就要坚持并遵循局部利益服从整体利益，短期利益服从长期利益，企业、单位利益服从整体利益的原则来监督控制方案的实施操作。

（2）微观监控。所谓微观监控，就是在宏观监控的基础上，深入研究实施操作系统的内部状况，找出内部结构、要素与整体功能之间的关系，并对其进行监督、控制，以求整体功能达到最优的组合方式，产生最好的操作效应。也就是说对实施操作系统本身的各个环境、诸多要素监督其是否进行联动优化，控制其处于最佳状态，相互协调，达到整体优化组合。如果未能达到，要设法调控，使之达到优化组合。

（3）检查。所谓检查，就是根据方案的要求，看其实际操作时是否达到方案要求。这也是一种监控措施，是保证方案在操作过程中不走样的一种监控措施，也是一种有效方法。例如定期和不定期检查，检查与评比相结合。定期检查是按事先规定好的时间进行，如一月一次，一个季度检查一次。不定期检查是在操作部门无准备的情况下，即检查时间、地点、内容、要求等事先不通知而突然进行的。

检查与评比相结合，是指对具有几个操作小组的工作，在检查过程中可以进行比较，在评比过程中可以检查出各个操作小组存在的优缺点、经验和教训。

3. 反馈调整

（1）反馈。控制与反馈理论是美国学者维纳于1948年在《控制论》一书中提出的。所谓可控制，就是指主控系统对被控系统的一种能动作用，其目的是使被控系统依据主控系统的预定目标而运作，使之最终达到目标的实现。所谓反馈，就是指被控系统再返回到主控系统的反作用，其目的是将主控系统发出的信息，通过被控系统再返回到主控系统，从而对主控系统进行控制。反馈有前反馈和后反馈两种。

前反馈是指尽可能在偏差发生前，根据从外界预测到的信息和实施方案中发现的问题，及时反映到决策部门，采取相应措施，预防偏差的一种反馈。后反馈是在操作实施过程中得到信息后再反映到决策部门。在方案实施时，两种反馈都要应用，尤其是要重视前反馈的应用，将两种反馈结合起来，构成完整的反馈体系，就可以尽量避免控制之后的问题，提高系统的抗干扰能力，避免事后既成事实再来纠正的被动局面。

（2）调整。如果在实施过程中发现目标正确、方案总体合理，但局部存在问题，就对局部进行调整，尽快补充、完善方案。如果发现目标选错或方案的立论出发点有错误，或者由于原来赖以策划的主题和客体以及环境等条件发生了重大变化，则必须根据变化了的情况重新进行策划，要尽量避免方案的盲目实施。

4. 评估总结

（1）评估总结的意义。评估总结，就是在策划理论的指导下，运用科学的方法，对策划方案的制定、实施、操作、最终效果等做出客观公正的判断评估和总结。评估总结是策划方案实施的最后一项工作，也是不可忽视的，其重要意义在于：①通过评估总结，才能在思想认识上有所提高；②通过评估总结，分析成功的经验和失败的教训，便可以积累经验，吸取教训，克服不足，帮助人们丰富策划理论，提高思想认识水平和理论水平，改进策划技能，为今后的策划工作奠定良好基础，也可使企业、单位认识到策划的重要性；③通过评估总结，增强策划者的事业心、责任感；④通过评估和总结，可以使企业、单位、策划者吸取经验教训，同时检验一个人在实施方案过程中的具体表现，从而可以依据其表现进行适当的奖励和惩处，便于企业、单位进行科学管理。

（2）评估总结应遵循的原则。①实事求是原则。要从企业策划操作的实际情况出发，认真分析研究，从中总结出带有规律性的结论，将实施结果与策划目标对照，看其是否达到主客观的一致。对每一个人在其中的表现，要实事求是地评价，对正反经验的总结，既不夸大，也不缩小，要有分寸。②公正透明原则。评估总结的参与者，不应带有任何主观偏见和个人情绪，要站在公正的立场上客观地评价。评价总结的过程和结果，不能搞少数人暗箱操作，应该使之透明、公开，使被评估者了解自己得到这种评价的原因在哪里，这样才能达到巩固成绩、克服不足、以便再战的目的。③标准适度原则。评价应有统一标准，标准不宜偏高偏低，要尽可能适度。标准一旦确立，就应严肃执行，不能因人而另立标准，也不能笼统混淆，有些项目指标成绩的评定，能量化的要尽可能量化。④内容全面、突出重点原则。既要从多方面、多层次、多角度进行评估总结，使评估总结能够充分反映出方案实施过程的全貌，又要防止只见树木不见森林、就事论事、热衷于枝节问题。即要坚持辩证唯物主义的二点论和重点论相统一的观点来分析、总结，既要始终围绕目标这个重点，又要从各个方面进行评估总结。

对于评估总结应注意的方面，由于各个领域项目的不同，评价总结的具体内容也应有所不同。对于企业方面，美国企业策划专家杰克·J.菲利普斯（Jack J. Phillips）认为应注意以下六项指标：第一，在不同的时间段，各种不同的利益相关者对策划的反应和满意度；第二，参与策划过程的人学习各种新技能、过程和任务的程度；第三，随着相应建议过程在实际工作环境中的实施，策划人实际应用和执行的成功度；第四，实施策划项目的工作单元中所体现的实际业务变革，这些测量值不仅包括硬数据，而且也包括软数据；第五，以百分比的形式报告实际投资回报率，这一测量指标所表明的是项目成本的货币汇报；第六，无形测量指标，通常是软数据。当然他所提出的评估策划六项指标，是从外国策划实施中总结出来的，不一定适合我国的实际情况，但他提出了评估应明确一些评估指标，则具有启发性，是有参考价值的。

（3）评估总结的方法。策划的评估总结是一项复杂的工作，其方法也是多样的，一般采用的方法有评议法、对比法、统计法、列表法等，定性定量相结合，形成书面材料后存档。

评议法是较为常用的一种方法。通常是由一些专家评议的同时，策划者、实施者、企业单位也分别各自进行评估，从中总结出具有实质性的结论，以此评价策划实施工作的优劣。其中专家的评议结论有举足轻重的作用。

对比法是指将实施结果与策划目标加以对照，从对比中评议其是否达标及其程度，并分析原因。常见的对比内容有以下九个方面：①看策划结果与预算、预测是否相符；②看操作手段是否科学合理；③看实施是否按原方案进行；④看情报研究判断是否准确；⑤看各部门团结协作是否良好；⑥看创意是否成功；⑦看目标是否达到；⑧看实际效益如何；⑨看双方合作如何，工作表现如何。在对照得出结论后，进一步分析其原因，从而做出总体评价。在实际工作中，往往采取企业在自评的基础上，再结合群众评议和专家评议的方式。也有完全交专家评审组评议的，总之具体方法具体分析。

统计法、列表法多用于量化方面，对于评估的精确化是很有帮助的。统计法要求平时的原始资料的积累，收集整理要全面、完整，如果资料不全、情报不实、数据不准，评估时就困难了。列表法可根据需要，采用百分制与等级制两种不同形式，有利于将策划内容的各种评定因素通过表格的形式展示在人们面前，一目了然，便于评出优劣好坏。

评议总结应注意定量与定性相结合，仅仅从定性上评估总结，会使人感到过于笼统，仅仅从定量上评估总结，也可能使人的视野被数字所局限。把两者结合起来，既可以提高理论水平，拓展视野，又可使认识更为清晰。这对于以后策划水平的提高是非常有利的，也是必要的。

策划的程序大致分为四个阶段或四个步骤，这种划分不是绝对的，可以根据实际情况与要求，或简化，或再细分，但步骤的逻辑程序和科学要求是基本一致的。如在专家、群众对方案的抉择与实施之间，必要时可增加"定点试行"的步骤，即抉择方案后，先选若干个不同类型的点进行试验，以便在试点中检验、修正、补充所抉择的策划方案，进而以点带面地推广，这也是可以的。

策划的程序说明，策划的过程应遵循实践—认识—再实践—再认识，循环重复以至无穷的辩证唯物主义的认识路线。在科学理论和科学实验推动下，方案从提出到确立，从较为粗糙到逐步完善，科学方法和经验方法相辅相成，使每一个步骤都能完成自己的既定任务。

第二节　企业策划的方法

一、基本策划方法

1. 经验判断法

经验判断法是依赖于评选人员的经验、知识、技术水平，对各个方案进行分析比较从而对其优劣做出判断并进行抉择的一种方法。这种方法的有效性与评选人员的政治思想素质、业务素质、性格特征关系较大，所以要尽可能挑选一些公正、负责、经验丰富、学识渊博的人来评选。对于一些比较简单的问题，由一个人进行评选即可。而对于一些较为复杂的问题，一个人进行评选显然不行，有必要多人参与。采取的方式，可以召开评选会议，也可以组成专门机构，或是先向专家组征求意见，再召开评选会议；或用书面及个别访谈形式分别向各位专家或评选人员征集评选意见，再进行归纳统计；或者组织不同意见者共同讨论，让评选人员听取不同看法之后再进行评选。诸如此类，都可根据实际情况灵活应用。其目的都在于尽量使评选工作做到客观、公正、准确，避免个人情感、偏爱、倾向等主观因素掺杂进去影响评选的正确性。正是因为这样，即使是简单的问题，在由个人做出评选抉择时，一般也尽可能多征求各方的意见后，再做出最后的判断。同时，在评审时，往往采取策划者回避的方式，因为策划者一般总是对自己策划的方案有所偏爱，由自己对自己策划的方案做出评估，难免带有主观的色彩。当然这也不是绝对的，不能一概而论。如果策划者能够脱离主观色彩，站在客观公正的立场，以第三方的眼光对自己策划的方案进行审视，并与其他方案进行客观的比较，也是可以做出公正的评估和合理的抉择的。

2. 数学分析法

数学分析法是一种定量化的评审选择方法。经验判断法具有直观性，偏重于定性分析，一般情况下是有效的，而对于某些复杂的数量因素制约的策划方案的评选，往往就难以应付了，应采用数学分析的方法。在电子计算机技术广泛运用的今天，数学分析法在评选中的应用越来越广泛。这种方法是以损益矩阵为基础，建立数学模型，如矩阵法、表格法、决策法、几何法或数学方程等。其优点是可以通过数学符号、数学方程来模拟和分析方案中的各种复杂关系，简明而准确地预测方案的后果，从而判明方案的优劣。

3. 实验法

实验法是通过实验方式进行评审、抉择的一种方法。这种方法在自然科学研究中经常使用，在社会领域也往往通过在小范围实验的方式进行，但一般比自然领域难度要大，较难量化，实验起来较为复杂。对于一些大的工程项目，一般采取模拟实验的方式。大规模的实验要谨慎从事，因为实验是一种实践操作，是要付出代价的。应该尽可能运用原有经验、知识在理论上做了充分论证之后再进行验证。有些项目必须经过实验才能做出最后抉择时，就应该果断地通过实验做出决定，总之，要根据实际情况而定。

策划学上至策划哲学、策划艺术，下至策划工程、策划实践，中间是策划原理、方法、技术……但本质上策划学仍然是一门从头到尾的针对"原理科学"的方法论科学。从艺术原理层次上的定性、抽象到工程、技术中的定量、具体、精确化，其方法的表现形式可以分为：定量与定性分析；策划艺术与策划技术；文化原理与科学原理；经验与方法；核心动力与常规动力；硬策划与软策划（如图 2-1 所示）。

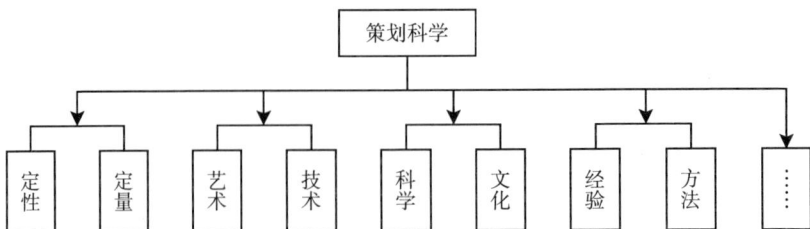

图 2-1　策划学的组织架构

二、定性与定量

1. 定性分析与定量分析的基本定义

在方法论中，运用最广泛和最成熟的应该是以运筹学为理论基础的定性分析方法和定量分析方法。

定性分析是指根据已掌握的资料，运用个人丰富的经验和综合能力对事物的未来发展做出质和量的分析和预测。

定性分析是探索性研究问题的一种重要方法，主要解决事物的因果关系，即回答"为什么""如何""可能的答案有哪些"等疑问。定性分析主要使用诸如比较、归纳、演绎、分析、综合等逻辑方法；同时还要求对分析结果的可信度、有效度和客观性等可靠性指标进行检验和评价。

在寻找处理问题的途径时，定性分析常用于制定假设或是确定研究中应包括的变量。有时候定性分析和资料分析可以构成调研项目的主要部分。因此，掌握定性分析的基本方法对策划来说是很必要的。

定量分析是通过建立数据模型，根据已掌握的数据利用数据模型进行分析，并对事物的未来发展进行分析和预测。定量分析是要寻求将已有数据进行"量"表示的方法，并要采用一些统计分析的形式。定量分析的基本方法对策划来说是很有必要的。定量分析是回答"有多少""比例""哪个因素是最重要的"等类型的问题。

在中国传统的策划推理中，主要以定性分析为主，而在西方国家，主要侧重于定量分析，如麦肯锡模型。

定性分析的方法主要有调查访问法、文献分析法、问卷调查法等。定量分析主要分为三个模块：数据、公式和模型。

定性分析要求必须有基本的计算公式，根据所拥有的信息数据，利用该计算公式进行计算，并以数据和最后的结果作为依据建立模型，由模型建立数据流程图。

2. 定性分析与定量分析的比较

（1）定性分析与定量分析的不同。定性分析的目的：对潜在的理由和动机求得一个定性的理解，由无代表性的个案组成小样本，并将结果从小样本推广到所研究的总体样本，对无结构的、非统计的方法获取一个初步的理解。

定量分析的目的：将数据定量表示，由有代表性的个案组成大样本数据，通过具有结构的数据分析，用统计的方法得出结果、建议最后的行动路线。

（2）定性分析与定量分析的优劣比较。定性分析的优点：①注重事物未来发展上质和量的预测；②灵活性较强；③易于发挥主观能动性；④简单迅速、省事省力。定量分析的优点：①注重事物发展在量方面以及量变化程度的预测；②更多依据历史统计资料，较少受主观因素的影响；③可以利用计算机对大量数据进行处理。定性分析的缺点：①易受主观因素影响；②易受人的知识、经验和能力的束缚和限制；③不能对事物作数量上的精确描述。定量分析的缺点：①比较机械，不能表现出灵活性；②对信息资料的质量和数量要求较高；③不易处理有较大波动的信息资料，更难预测事物的变化。

第三节　企业策划文案的撰写

策划文案，又叫策划书、策划方案、策划报告，名称虽然众多，但都是策划者在对某一项目策划后的书面表达方式。策划文案的撰写是策划者将其对方案的构想、头脑中的思想，外化为有形的可见的文字、图表、图形而展现在人们面前的过程。

策划书的撰写，是策划工作中的一个重要组成部分。策划者为某一单位，为自己单位的决策领导者，为自己从事的事业、工作进行策划，其所策划的方案是否可被采用、实行，往往要征求有关部门或有关人员的意见，经过研究以后，才能做出最后决定。如果不写出策划书，策划者的思想就不能被别人了解，也不便于研究，因此，当策划者在头脑中形成了某一项目的策划思想之后，就应该整理成文。这样，不仅便于别人了解、研究，而且对于策划者本身，也是一个思想升华的过程。在写策划书的过程中，往往会设想一些原先没有想到的问题，便可以加以补充，从而使方案更加完善。

策划书之所以必要，不仅在于上述原因，而且一旦通过，就成为方案实施的指导性文件。有了策划书，实施方案的操作者就有了依据。因此，撰写策划书是整个策划过程中不可缺少的一个环节，具有承上启下的作用。

一、策划书的基本内容

策划书的撰写，首先要明确一般有哪些内容，对于这个问题，国外、国内的学者的观点并不完全一致。

1. 国外学者的观点

一种观点认为，策划书的内容应该包括六个方面，即"六要素说"，这种观点，简称为"5W1H"说。即：

What（什么）——策划什么？策划的目标、对象。

Who（谁）——谁策划？策划的相关人员是谁？

Where（何处）——在何处策划？策划的地点、场所。

When（何时）——何时策划？策划的时间和日程安排。

Why（为什么）——为什么策划？策划的原因、理由。

How（如何）——怎样策划？如何实施？

这种"六要素说"在国外曾经比较流行，为很多人接受和采用。然而，随着策划活动的不断发展许多人感到"六要素说"也不够全面，尤其是忽视了策划活动中的经费问题，策划不能不考虑付出的代价，不能不考虑效果。于是另一些学者提出用"八要素说"来取代"六要素说"：

What（什么）——策划什么？策划的目标、对象。

Who（谁）——谁策划？策划的相关人员是谁？

Where（何处）——在何处策划？策划的地点、场所。

When（何时）——何时策划？策划的时间和日程安排。

Why（为什么）——为什么策划？策划的原因、理由。

How（如何）——怎样策划？如何实施？

How Much（多少）——经费多少？经费的总体预算。

Effect（效果）——策划的效果怎样？策划的结果和效益怎样？

以上两种主张，在实际中都有人采用，并不完全统一。

2. 国内学者的观点

国内学者对于策划内容应具有哪些基本要素看法也并不完全一致，推崇六要素说和八要素说的都有，也有的人提出策划内容不应局限于六要素、八要素，如果列项目，可以列出 12 项：

策划名称（策划主题）；

策划者姓名（小组名称、成员名称）；

策划书制作年月日；

策划目的以及策划内容之简要说明；

策划之经过说明；

策划之内容详细说明；

策划实施之步骤说明，以及策划的时间、人员、费用、操作、计划表等；

策划之期待效果、预测效果；

对本策划问题症结之想法；

可供参考之策划文案、文献、案例等；

如有第二、第三备选方案，列出其概要；

对策划实施应该注意之点及希望事项。

他们认为，如果项目不大，有 1~6 项就可以了，并认为在实际撰写过程中，可根据策划项目要求的情况，对内容适当增减。由于策划活动是多种多样的，策划书的种类也不是完全相同的，因此，其内容也会有所差异。即使都属于经济领域的策划活动，由于各有其特点，对于策划书内容的撰写的具体要求也会有些区别。但是，无论怎样不同，又都有某些共同之处，即同中有异，异中有同。

二、策划书的格式与写作方法

企业策划是灵活多变的，不应有固定不变、呆板统一的格式。

1. 策划书的一般格式

策划书的一般格式按次序排列通常做如下安排：

（1）封面。策划书的封面，如同一个人的脸面衣着，有给人第一印象的作用，封面设计得好，给人的第一印象就好，所以切不可马虎。当然，如果是一个内容较为简单的策划书，不用封面也可以，如果用封面，就一定要认真设计好。封面的写法一般如下：①策划书署名。如×××医药公司××产品营销策划书。②策划者。×××（策划人姓名或策划机构、策划组织名称），一般写上主要策划人的姓名。如果策划人比较多，在封面上不便都写上，可以附在正文主题内容之后，并将策划人的工作单位、职务、职称、学历一并注明。如果是策划公司或某一组织（单位），就将单位的名称写上，具体的执笔人可以附在正文主题内容之后。③被策划单位的名称。×××。④写作时间。年、月、日一般以评审时间为准，也可以把评审前三日的时间写上。如果是修改稿，前后的策划书撰写时间都要标明，即写清楚这是何年何月何日对何年何月何日策划书的修改稿。⑤编号。策划书应该编号，以便于查阅与存档管理。

（2）名称。策划书的名称，是体现策划项目的主题的，应该写得具体、简明，使人一看便知道这是哪种策划书，写的内容、意图是什么，切忌模糊笼统。

（3）内容摘要（或内容提要、内容简介）。一般放在封面之后第一页。它是策划书内容精华的浓缩，以便使阅读的人能在最短的时间内，对策划书主要内容有一个大致的了解，要尽可能将策划书的特色表述出来。文字尽量精练，不宜太长。摘要写得好坏，往往会影响到阅读者对策划书的取舍态度，一定要重视，认真写好。

（4）目录。一般来说，内容简单、文字较短的策划书，可以不写目录。而对于内容较多、篇幅较长的策划书，就必须写目录。

目录可以反映策划书的内在结构、逻辑体系和策划者的思路。同时，也便于阅读者了解策划书的全貌，可以使读者从目录中去查阅所需要了解的部分。目录一般不宜太细，有 2~3 级标题即可。

（5）正文。正文包括前言和策划书的主体内容。①前言。前言如同策划书的大纲，主要阐述策划书写作的背景，策划的宗旨，策划该项目的意义、必要性、可行性。前言应尽量突出主题思想，文字表述尽量清晰、明了。②主体内容。主体内容是全书的核心部分，撰写者应将策划方案的全过程进行细致而有条理的阐述。说清楚为什么要进行该项目策划，策划的目的、意义何在，目标是什么，有哪些有利环境因素和不利环境因素，自身有哪些有利条件和不利条件，准备采取什么策略方针、办法、措施来实现目标，其根据是什么，该方案准备分几步来实施等。应该将策划者的主题思想突出出来，并围绕主题思想有根有据地展开阐述。

（6）附件。附件包括附件说明、注意事项、参考资料和文献。有些大的项目的分项策划书也可放在附件中。一些在正文中无法展开阐述而又需要加以说明的内容，也可以放在附件中，既使策划书对方案策划能全面、周详地反映，又不至于使主体内容显得过于庞杂。

2. 写作方法

写作方法在谈论策划书的格式时已有所涉及，严格说来，撰写策划书并没有千篇一律的固定方法。方法的采用，不仅与策划项目的种类、具体内容有关，也与策划书撰写人的个性有关。所谓文若其人，就是说，从文章的写作风格就可以了解一个人的个性。所以策划书的写作方法一般因人而异。但是有些共同的规律，对于刚刚担任撰写策划的人来说，也是应该掌握的。

（1）策划方案在头脑中形成之后，在考虑如何表现之前，先要明确这个策划书的主题是什么，核心内容是什么，只有先抓住主题、核心，才能纲举目张，在写作时起到提纲挈领、高屋建瓴、势如破竹的效果，为全书的写作形成一条主线，在深入展开阐述时，能放得开、收得住。

（2）要明确这份策划书是写给谁看的。阅读策划书的人希望从策划书中了解一些什么？他们准备怎样来处理应用这份策划书？既要考虑到决策层、客户、实际操作者的希望与要求，又要多站在他们的立场、角度进行文章的构思。一般策划者撰写时仅凭个人喜爱，从自己角度来表述，效果不一定理想，甚至会适得其反。应多考虑阅读者的要求，对于写好策划书，是很有帮助的。

（3）要列出写作提纲。可先设计全书的写作框架结构，列出目录，分析一下各条目录之间的逻辑关系是否合理。在这个基础上准备写什么问题，主要观点、论点是什么，论据用什么材料，包括理论和事实论据，如果引用文献材料，也应写出索引。也就是说，在写作顺序上，要从整体到部分，由粗到细，逐步细化。切忌在没有做整体思考和列出写作提纲时就匆忙动笔，写到哪里算哪里，开无轨电车。

（4）要注意问题和用词。策划书属于说明文类型，它既不同于纯学术研究之类的议论文，也不同于文艺作品的抒情散文。虽然主要是说理，但不宜用过多篇幅引经据典进行理论说教，而应从其实用性考虑，多从显示条件、事实的分析中引出论点。多用现实材料作为论据来论证方案的合理性、可行性。

（5）适当应用图表。图表的特点是可以在视觉上给人以具体的形象，能将策划者要说明的问题，通过图表简单明了地呈现在人们面前，让人一目了然。尤其对于某些单凭文字表述的问题，更具有其独特的作用。有些观点，采用文字与图表结合的方式表达，可以起到图文并茂的特殊效果。

（6）量体裁衣，重视修改。方法是为内容服务的，写作方法的运用，是为了更好地表述出策划者的思想，要根据策划项目的特点，来安排策划书的篇章结构和表述方式。

总之，策划书的写作方法是多种多样的，重要的是要在实践中探索、总结。

第四节　企业策划人员应具备的素质

一、道德修养素质和政治理论素质

任何一个职业都有与其相适应的职业道德。具备良好的职业道德是事业成功的基础。具备良好的社会公德和职业道德，以及由此决定的价值取向，是企业策划人的基本道德修养的重要表现。企业的策划人员应该具备以下道德修养：以天下为己任的博大胸怀，自觉确立人本意识和立志服务社会的策划理念；在策划活动中遵守行业的道德规范；以诚信为本，注重企业的信誉，绝不能为谋取一时的利益而进行欺诈；要严格保守客户和本企业的秘密；切实保证本企业的信誉。

二、知识水平素质

1. 要有必要的基础知识

包括政治、哲学、地理等知识。这是对企业策划人员最起码的文化素质要求。策划艺术与时代文化紧密相关，没有和时代同步的科学文化知识，就无法将新技术、新观点应用于经济协调发展，也不可能产生好的策划方案。《孙子兵法》提出的"奇正""虚实""形势"等，就是以自然辩证法为基础。例如数学知识，不仅给人们提供了计算的方法，更主要的是为策划提供了定量分析的手段，使策划建立在科学的基础上。这就是说，企业策划人员必须具备与时俱进的科学文化知识。

2. 要精通专业知识

这是提高策划水平的核心和主体。在经济活动的实践中，以经济理论原则为指导，从古今中外历史长河中汲取丰富的营养，研究市场发展趋势，掌握市场发展规律。这就要求企业策划人员做到"八知"：知理——经济理论知识；知史——经济历史知识；知人——消费人群习俗知识；知天——气象对产品的影响；知地——消费环境知识；知物——产品技术知识；知彼——行业发展状况；知己——企业实际状况。

3. 要具备相关的辅助知识

现代科学中新兴的现代管理知识和现代科学技术知识，是世界新的思想潮流或最新的技术发明，代表着新技术的发展方向和趋势。这些新的科学成果应用于商业引起了商业领域的一系列变革。可以说，这些相关的辅助知识，在现代知识经济时代为策划插上了翅膀。因此，企业策划人员要努力掌握现代科学技术知识，运用现代管理控制理论，使用自动化手段，以提高策划的可靠性、准确性和时效性。

三、业务素质

企业策划人员要有社交的介入能力、适应能力、控制能力以及协调能力；从无人管理到情报收集整理，从市场营销策划到公司品牌定位，都需要企业策划人员的参与，在此期间，企划人员的公关能力应该被发挥得淋漓尽致。

除此之外，优秀的企业策划人员还应具备以下六种能力：卓越的智力；敏锐的观察力；丰富的想象力；准确的分析判断力；融洽的亲和力；良好的协调力。

【案例分析】

特斯拉体验活动策划书

对很多中国人来说，特斯拉或许还是一个陌生的汽车品牌。特斯拉汽车公司于 2003 年成立于美国硅谷，是一家生产和销售电动汽车以及零件的公司，只制造纯电动车。但到 2013 年 5 月底，年仅"10 岁"的特斯拉市值已经达到 115 亿美元，超过三菱、福特等老牌公司。在美国市场，特斯拉仅凭一款在售车型 Model S，就一举夺得 2013 年第一季度 7 万美元以上豪车销售冠军。

当你一旦发现世上还有这样一台如同性能跑车般可在 4.4 秒左右就带你从静止达到时速 100 公里的飞驰，并且不耗费一滴油的电动车的时候，你是不是已经开始觉得有点酷了呢？而这对于特斯拉能带给我们的新意和惊喜来说，只是刚刚开始。

一、活动名称

活动名称为特斯拉，环保的豪车。

二、活动主题

活动主题为体验特斯拉，感受特斯拉，了解特斯拉。

节约能源，安全舒适，拥有酷炫的车身设计，加速超过宝马 M5，以及 17 英寸超大触摸屏、永远联网的地图导航的特斯拉会给大家带来不一样的感受，让消费者能感受到物有所值，并对环保的意识加深。为地球的生命尽自己的一点微薄之力。

三、活动的目的及意义

在特斯拉即将进入国内的市场时，这场特斯拉旋风也提前刮到了中国市场。但是消费者对电动汽车的性能并不是很了解，所以开展了体验活动。目的是让大家感受特斯拉的安全、快速、节能、舒适等特点，打开中国市场，得到人们的认可。

四、活动的内容

特斯拉地处硅谷，是全美国，乃至全世界所有的尖端技术集成度最高的地方，所以它们很熟悉最前沿的 IT 技术，能把所有的信息和娱乐系统全部整合，把很多的硅谷最先进的技术凝聚在这辆电动车上，使得产品更炫。特斯拉的产品都拥有梦幻式的外观设计，Model S 既优雅大气又动感灵动，具有十足未来科技范儿。Model S 拥有铝质轻量车身，几乎没有多余重量，为了降低风阻，车门把手设计成自动感应，只有当车钥匙接近它的时候才会感应打开，其他时候则收缩到车身之中。由于不用在车头放置发动机，Model S 可以拥有前后两个行李箱，车体从地板向上都是空间。而且 Model S 也拥有媲美目前顶尖燃油跑车的性能，它从静止加速至时速 100 公里只需 4.4 秒。Model S 梦幻式的车内设计和科技功能，更完全突破了人们对汽车的固有印象。车内最引人注目的是一块 17 英寸的 iPad 形式中控触屏。除了双闪灯和副驾储物箱按钮是独立于中控触屏外，所有的控制操作都可以在中控触屏上完成，包括烦琐的导航、音乐、温度、座椅位置调整以及上网等，这种浓郁的高科技色彩是特斯拉出身硅谷最明显的印记。这个大 iPad 还是一个动态系统，能够随时联网自动更新，免费升级，完全像使用一台平板电脑一样，汽车的升级换代从未变得如此简单：不用换一辆全新的车，就能够升级操控系统。首先是在兼具跑车外形、内在实力的基础上，还有着零排放的电动车环保本性。其所带来的与传统燃油汽车的差别化体验和环保优越感想必也是吸引各路先锋们愿意尝鲜的优势所在了。其次是按照客户的订单签约序号体验特斯拉跑车带给人们的优越感。

五、活动地点

活动地点在朝阳区芳草地购物中心。

六、活动宣传

前期宣传，通过不同的媒介做宣传，如电视广告、电台广告、报纸、杂志、招贴、网页、车载广告、邮寄、电话等。

1. 宣传阶段

开展活动前期宣传的时间上大致分为五个阶段，层层递进，逐步掀起高潮。

（1）预热阶段：3月上旬至中旬，属于整个活动前期的宣传预热期，做好特斯拉汽车的员工招聘宣传工作。组织10台宣传车进行特斯拉汽车的车身包装，深入市里，一方面进行资料发放，宣传品牌形象；另一方面到所在市，宣传车停下来打出横幅进行大型现场宣传，届时与当地新闻媒体提前联系，可作为当地的一大新闻热点进行渲染，这样的效果比做纯粹的报纸和电视广告要好且不用花什么钱。

（2）初期阶段：3月中旬至3月下旬，对特斯拉充电跑车的整体形象进行初步的宣传报道，包括员工的军训和业务培训。

（3）中期阶段：4月下旬至5月下旬，对特斯拉充电跑车的整体形象进行深入宣传，重点报道。

（4）高潮阶段：5月下旬，对特斯拉充电跑车的各项筹备工作进行现场深入报道。

（5）结尾阶段：5月下旬至正式活动开展期间，总结回顾开展前期的宣传，分析评估广告投放的效果，以便做好特斯拉充电跑车体验活动正式开展的整体活动宣传策划。

2. 宣传方式

（1）空间上进行辐射式宣传，形成冲击波效应：主要在媒体选择上，朝阳区与地方媒体、各县市媒体、互联网媒体相结合。

（2）立体全方位宣传：报纸、电台、电视台、互联网、DM邮政快递、户外广告等全方位冲击。

根据上述案例，试分析：

1. 策划书的基本要素是什么？

2. 策划书的撰写及特点分析。

3. 策划书的重要性是什么？

【本章小结】

● 企业策划的一般程序：目标的选定、方案的设计、方案的抉择、方案的实施。

● 科学策划程序是在时间基础上发现问题、解决问题的过程。

● 策划书是策划者在对某一项目策划后的书面表达方式。它是策划者将其对方案的构想、头脑中的思想，外化为有形的可见的文字、图表、图形而展现在人们的面前的过程。

● 企业策划人员应该具备的素质：智力、观察力、想象力、判断力、亲和力和协调力。

【思辨题】

1. 什么是策划书？为什么要写策划书？

2. 策划书有哪些内容？

3. 策划书撰写的格式一般情况下是怎样的？

‖第三章‖
企业战略策划

【教学目标】

通过本章学习，掌握企业战略的构成要素，准确分析企业战略的情况，了解企业战略的规划。

【教学要求】

知识要点	能力要求	相关知识
企业战略的构成	了解战略定义 明确企业战略构成要素	企业战略的构成要素以及企业战略的结构图
企业战略分析	进行企业的战略分析，找出企业问题并试着寻找战略对策	发现问题、分析问题 全面认识行业及企业环境
企业战略规划	掌握企业战略规划的内容以及如何做好企业战略规划	企业战略规划的制定及实施 企业战略规划的显著作用

【开篇阅读】

格力电器的战略策划

格力集团成立于1991年，其前身为珠海经济特区工业发展总公司。目前是全球最大的集研发、生产、销售、服务于一体的国有控股空调企业。作为一家专注于空调产品的大型电器制造商，格力电器致力于为全球消费者提供技术领先、品质卓越的空调产品。在全球拥有珠海、重庆、合肥、郑州、武汉、石家庄、巴西、巴基斯坦、越南九大生产基地，八万多名员工，至今已开发出包括家用空调、商用空调在内的 20 大类、400 个系列、7000 多个品种规格的产品，能充分满足不同消费群体的各种需求；拥有技术专利 5000 多项，其中发明专利 710 多项。

公司自成立以来，紧紧围绕"专业化"的核心发展战略，以"创新"精神和"精品战略"（打造精品企业、制造精品产品、创立精品品牌）促进企业发展壮大，以"诚信、务实"的经营理念赢取市场和回报社会，使企业在竞争异常激烈的家电市场中连续多年保持稳步健康发展，取得了良好的经济效益和社会效益。在 2012 年全年销售额突破 1000 亿元大关，在 2013 年更是突破了 1200 亿元。

格力集团销售额的连年递增，正是其战略分析成果的体现。格力集团经过市场分析，制定了以科技创新为主的发展战略，分析我国市场需求推出了更符合中国市场的产品。

分析格力集团的成功主要原因有以下四点：①中国鼓励支持自主创新，要求加快家电行业转型升级；②消费者消费意识转变，更加注重产品品牌和服务；③技术的革新，变频空调、燃气空调、太阳能空调等新产品成功研发；④格力公司良好的战略分析和执行能力。

格力的领导者之所以有很好的执行力，是因为格力有很好的管理方法。格力强调积小胜为大胜，细节决定一切，要认认真真做好每一件事。格力认为，仅仅对事后结果进行奖罚与纠偏，无法保证企业在生存竞争中立于不败之地。必须使企业的每位员工都对每天的目标、绩效以及出现问题的原因和责任十分清楚，企业以自我纠偏为主、监督考核为辅来控制目标的实现和发展。格力时刻不忘检查和监督，用检查和监督规范中层干部的行为，打造中层干部的执行力。强调什么，就检查什么。

格力企业精神：忠诚、友善、勤奋、进取。

升迁要竞争，是指有关职能部门应建立一个明确的竞争体系，让优秀的人才能够顺着这个体系上来，让每个人既感到有压力，又能够尽情施展才华，不至于埋没人才。

届满应轮岗，是指主要干部在一个部门的时间应有任期，届满之后轮换部门。这样做是防止干部长期在一个部门工作，思路僵化，缺乏创造力与活力，导致部门工作没有新局面。轮流制对于年轻的干部还可增加锻炼机会，成为多面手，为企业的发展培养更多的资源。

目前格力有了较大的发展，随着企业外部环境由卖方市场向买方市场的转变，格力再次进行了战略性的组织结构调整：有效利用资源，保质保量达成目标的能力。执行力指的是贯彻战略意图，完成预定目标的操作能力，是把企业战略、规划转化成为效益、成果的关键。执行力包含完成任务的意愿，完成任务的能力，完成任务的程度。对个人而言执行力就是办事能力；对团队而言执行力就是战斗力；对企业而言执行力就是经营能力。而衡量执行力的标准，对个人而言是按时按质按量完成自己的工作任务；对企业而言就是在预定的时间内完成企业的战略目标，其表象在于完成任务的及时性和质量保证性，但其核心在于企业战略的定位与布局，是企业经营的核心内容。

案例讨论：

1. 什么是战略规划？

2. 战略规划在企业发展中有怎样的作用？

第一节　企业战略的释义

一、战略的定义

战略原为军事用语，古代称之为韬略。战略就是作战的计谋，是"作战指挥的艺术"。《辞海》对"战略"一词的定义是"军事名词。指对战争全局的筹划和指导。它依据敌对双方军事、政治、经济、地理等因素，照顾战争全局的各方面、各阶段之间的关系，规定军事力量的准备和运用。"如今，战略已经成为一种广义概念。凡对组织具有全局性或重大影响的计划和措施均被冠以战略。战略本身就是谋略，是一种意在长远的谋划。但谋略并不完全等同于战略。有相当多的谋略主要是化解当前困局的一种技巧和应变，这些技巧和应变往往又是各类战术所常用的方式方法。所以，意在长远的谋略更接近于战略。

二、企业战略的定义

企业战略是对企业各种战略的统称，其中既包括竞争战略，也包括营销战略、发展战略、品牌战略、融资战略、技术开发战略、人才开发战略、资源开发战略等。企业战略是层出不穷的，例如信息化就是一个全新的战略。企业战略虽然有多种，但基本属性是相同的，都是对企业的谋略，是对企业整体性、长期性、基本性问题的计谋。

第二节 企业战略的构成

企业战略一般由经营范围、资源配置、竞争优势和协同作用四个要素构成。

一、经营范围

制定企业战略的第一步工作就是确定企业的经营范围。经营范围是指企业从事生产经营活动的领域。它不仅反映出企业目前与其外部环境相互作用的程度，也可以反映出企业计划与外部环境发生作用的要求。所以，确定企业的经营范围不应该仅依据企业当前的具体产品组合与局部市场领域来确定，而应当既立足当前，又着眼未来，从更为抽象和更为广泛的角度来确定。

二、资源配置

资源配置是指企业过去和目前资源与技能配置的水平和模式。资源配置的好坏会极大地影响企业实现自己目标的程度，是企业的一种特殊能力。企业资源是企业现实生产经营活动的支撑点。企业只有以其他企业不能模仿的方式，取得并运用适当的资源，形成自己的特殊技能，才能很好地开展生产经营活动。如果企业的资源贫乏或处于不利的境况时，企业的经营范围便会受到限制。因此，当企业针对外部环境的变化考虑采取相应的战略行动时，一般都要对已有的资源配置模式加以或大或小地调整，以支持企业总体的战略行为。

三、竞争优势

竞争优势是指企业通过资源配置的模式与经营范围的决策，在市场上所形成的与其竞争对手不同的竞争地位。竞争优势可以来自于企业在产品和市场上的地位，也可以来自于企业对特殊资源的正确运用。竞争优势是企业在特定的产品和市场应追求的目标，同时也是企业在竞争中立于不败之地的根本保证之一。

四、协同作用

协同作用是指企业从资源配置和经营范围的决策中所能寻求到的各种共同努力的效果。就是说，分力之和大于各分力的简单相加的结果。协同作用可以使企业更加充分地运用各种经营资源，更加合理地组织各种经营活动，从而起到一种"加速器"的作用，有效地提高企业的获利能力。企业的协同作用主要表现在投资、作业、销售、管理等方面。协同作用的值可以是正值，也可以是负值。

以上四个企业战略管理要素相辅相成、互不排斥，共同构成了企业战略的内核。

第三节 企业战略分析

企业战略分析是指对企业现在、未来和生存发展的一些关键因素进行分析，包括企业外部环境分析、企业内部环境分析和企业目标分析。

一、企业外部环境分析

企业外部环境分析，是指对企业外影响其业务和活动发展的各种因素进行分析，找出对其有利的因素和不利的因素，确定企业在机会与威胁之间的位置。企业外部环境包括企业宏观环境和企业行业环境两大类。

1. 企业宏观环境分析

（1）政治法律环境。政治法律环境是指对企业经营活动具有实际与潜在影响的政治力量和有关的法律法规等因素。如国家的政治制度、国家的权力机构、国家颁布的政策方针，政治团体和政治优势，法律、法规、法令以及国家的执法机构等因素。政治法律环境对企业行为的影响是比较复杂的，规定了企业可以做什么，不可以做什么，同时也保护企业的合法权益和合理竞争，促进公平交易。

（2）经济环境。经济环境是指一个国家的经济制度、经济结构、产业布局、资源状况、经济发展水平以及未来的经济走势等。企业经济环境主要由经济体制、经济发展水平、社会经济结构、经济政策、社会购买力、消费者收入水平和支出模式、消费者储蓄和信贷等要素构成。衡量这些要素的指标有平均实际收入、平均消费水平、消费支出分配规模、实际国民生产总值、利率和通货供应量、政府支出总额等。

（3）社会文化环境。社会文化环境是指企业所在社会中成员的民族特质、文化传统、价值观念、宗教信仰、教育水平以及风俗习惯等。社会文化环境因素对企业有着多方面的影响，其中有些是直接的，有些是间接的，最主要的是能够极大地影响社会对产品的需求和消费。

（4）科技环境。科技环境主要是指与本企业产品有关的科学技术的现有水平、发展趋势和发展速度。科技是生产力，对企业的影响较大。从工艺制造方面对企业降低成本、提高经济效益产生影响；从新工艺、新材料、新设计方面，对产品的造型、性能方面产生影响；从产品开发方面，对新产品的制造、老产品的改进和换代产生影响；从新思想、新方法、新手段方面，对企业管理产生影响。

2. 企业行业环境分析

哈佛商学院的著名战略管理学者迈克尔·波特（M.E.Porter）在20世纪90年代末，将传统的产业组织与企业战略结合起来，形成了竞争战略与竞争优势的理论。他认为，在一个行业中，存在着五种基本的竞争力量，即潜在的进入者、替代品、购买者、供应者以及行业中现有竞争者间的抗衡，彼此之间相互作用。

（1）潜在的进入者。所谓潜在的进入者是指行业外随时可能进入某产业成为竞争者的企业，可以是新创办的企业，也可以是由于实现多元化经营而新进入本行业的企业。对于一个行业来说，潜在的进入者往往会带来新的生产能力和充裕的物质资源，从而对已有的市场份额的格局提出重新分配的要求，对行业内的现有企业构成威胁。这种威胁的大小取决于企业进入壁垒的高低以及现有企业的反应程度。

（2）替代品。替代品是指那些与本行业的产品具有相同或相似功能的其他产品。替代品往往在某些方面超过原有产品的竞争优势，例如价格低、质量高、功能新、性能好等，因此它有实力与原有产品争夺市场，分割利润，使原有企业处于极其不利的地位。为了抵制替代品对行业的威胁，行业中各企业往往采取集体行动，进行持续的广告宣传，改进产品质量，提高产品利用率，改善市场营销等活动。不过，当某些替代品的出现代表着时代潮流，具有很强的市场吸引力的时候，企业应积极引进、吸纳新技术。

（3）购买者的讨价还价能力。对于行业中的企业来讲，购买者是一个不可忽视的竞争力量。购买者对本行业的竞争压力，表现为要求压低价格、要求较高的产品质量或更周到的服务，迫使作为供应者的企业互相竞争等。所有这些行为都会降低企业的获利能力。

（4）供应者的讨价还价能力。供应者是指企业从事生产经营活动所需要的各种资源、配件等的供应单位。它们往往通过提高价格或降低质量及服务的手段，向行业的下游企业施加压力，并以此来榨取尽可能多的行业利润。供应商的讨价还价能力越强，现有行业的盈利空间就越小；反之则盈利空间就越大。

（5）现有企业之间的竞争。现有企业之间的竞争是指行业内各个企业之间的竞争关系和程度。不同行业竞争的激烈程度是不同的。企业之间的竞争方式主要有价格战、广告战、引进新产品以及增加对消费者的服务等。

【实务操作】

表 3-1　我国中型载重汽车行业吸引力分析总结表

因素	情况描述
主要的市场参与者	东风汽车公司的东风牌 EQ140 载重汽车系列（市场份额约 41%） 解放汽车公司的解放牌 CA141 载重汽车系列（市场份额约 33%）
总体市场因素	1. 市场规模：30 万辆 2. 市场增长率：平均 5% 3. 产品生命周期：饱和期 4. 销售量周期性变化：中等 5. 季节性：很小 6. 利润：适度，约 20% 的投资收益率

续表

因素	情况描述
行业因素	1. 新进入者的威胁：低，但受到来自进口汽车的竞争 2. 进入障碍很大：配销渠道、研究开发费用、后向一体化、专利、其他资本、规模经济 3. 购买者的讨价还价能力：逐渐变强。购买者包括个人、个体运输户、企事业单位、运输企业等 4. 供应商的讨价还价能力：较小公司已后向进行了一体化，公司生产主机，并有独资的主要零部件分厂，还对其他配套厂进行松散联合和以参股控股的形式进行配套合作 5. 行业目前的竞争情况：激烈。除了东风汽车公司、解放汽车公司外还有众多小厂家和进口产品的竞争，但东风牌和解放牌载重汽车仍处于一定的垄断地位 6. 来自替代产品的压力：中等，包括客货两用车、轻型车、重型汽车 7. 行业容量：需求已接近生产能力，无多少剩余容量
环境因素	1. 技术的：电子技术、材料、计算机集成制造系统都在不断革新和应用到汽车制造上 2. 政治的：我国加入世界贸易组织意味着国家对汽车工业的保护将在3~5年逐渐取消，这对轿车行业的冲击很大，但对中型载重汽车行业冲击不大 3. 经济的：国家经济每年以10%左右的速度增长，通货膨胀率较高，在两位数以上。由于市场经济尚在建立、法规不健全以及政策调整等，使国家经济常处于波动状态，造成载重汽车需求的周期性变化 4. 法规制度的：与汽车的性能、污染相关的法规越来越严 5. 社会的：公路运输将成为重要运输手段，并增加其市场占有率（特别是长途运输）

二、企业内部环境分析

企业内部环境分析，是指对企业生存和发展的内部因素进行分析，明确企业的优势与劣势，扬长避短，确定企业的市场地位。企业内部环境包括企业资源条件、企业战略能力和企业核心能力三大类。

1. 企业资源条件分析

企业的资源条件是企业竞争优势的根本源泉，是指能给企业带来竞争优势和劣势的任何要素，既包括看得见、摸得着的有形资源，如企业雇员、厂房、设备、资金等，也包括看不见、摸不着的无形资源，如专利权、品牌、企业文化等。具体包括六个方面：

（1）人力资源。一个企业最重要的资源是人力资源。所谓人力资源是指企业成员向企业提供的技能、知识以及推理和决策能力。职工的教育水平以及专业技术水平决定企业所能够利用的技术水平；职工的韧性决定企业所制定战略的韧性；职工的忠诚和贡献决定企业维持竞争优势的能力。衡量企业人力资源状况的指标有：职工教育、技术水平、专业资格、产业平均对比和工资水平等。

（2）财力资源。财力资源是企业最基本的资源之一。所谓财力资源是指可用于生产或投资的资金来源，包括各种内部和外部融资渠道。企业的贷款能力和内部资金的再生能力决定企业的投资能力。衡量企业财力资源状况的指标有：资产负债率、可支配现金总量、信用等级等。

（3）物力资源。物力资源是企业从事生产的基础，包括企业所拥有的土地、厂房、机器设备、运输工具、办公设施，还有企业的原材料、产品、库存商品等。企业规模与位置、技术的精密性以及获得原材料的可能性限制企业的生产可能性，并决定生产费用与品质优势。衡量企业物力资源状况的指标有：固定资产变现价值、机器设备寿命、企业规模、固定资产用途转换的可能性等。

（4）组织资源。组织资源是指所有资产、人员与组织投入产出过程的一种复杂的结合，包含了一种反映效率和效果的能力。企业的组织结构类型与各种规章制度决定企业的运作方式与方法。衡量企业组织资源状况的指标有：企业的组织结构以及各种计划、控制、协调机制。

（5）技术资源。技术资源是企业重要的无形资产，包括先进性、独创性和独占性。企业技术资源的重组程度决定企业的工艺水平、生产能力以及产品品质等多个方面，是决定企业是否具有竞争优势的关键。衡量企业技术资源状况的指标有：专利权的数目和重要性、从独占性知识产权所得的收益、全体职工中研究开发人才的比重。

（6）商誉。商誉是指一家企业由于顾客信任、管理卓越、生产效率高或其他特殊优势而具有的企业形象，它能够给企业带来超过正常收益率水平的获利能力。商誉的高低反映了企业内部、外部对企业的整体评价水平，决定着企业的生产环境。衡量企业商誉状况的指标有：对顾客的信誉；对产品质量、耐久性、可靠性的认识；与供应商的互利合作关系。

2. 企业战略能力分析

（1）财务能力分析。企业的财务报表和资料，涉及企业经营管理的各个方面。因此，评估判断一个企业的现实经营能力，首先必须对企业的财务状况进行客观公正地分析。第一步工作是静态地看财务资料，计算各种财务比率，并与其他相似企业乃至整个行业的财务比率做横向比较，了解企业某一时点上的财务状况及经营水平；第二步工作是动态地看财务资料，把现时的财务比率与先前的财务比率做纵向比较，发现财务及经营情况的发展变化方向；第三步工作是把纵向和横向的分析结合起来，计算企业综合的收益性、成长性、安全性、流动性及生产性指标，并画出雷达图，清楚、直观、形象地揭示出企业的财务及经营状况。

（2）研发能力分析。研发是企业持续竞争优势的关键来源。企业投资于研究与开发，能开发出更高级的新产品或服务、提高产品质量、降低成本，能为消费者创造更大的价值，在与对手的竞争中，获得消费者的认可，进而增强企业的竞争优势。判断企业研发能力的强弱应从产品开发计划、开发组织、开发过程和开发效果四个方面进行分析，并将分析结果与主要竞争对手比较。

（3）营销能力分析。企业营销能力的强弱往往体现在产品竞争能力、销售活动能力和市场决策能力上，因此，营销能力分析通常从这三个方面进行。①产品竞争能力分析是对企业当前销售各种产品的市场地位、收益性、成长性、竞争性和结构性等方面进行分析，分析结果将为改进产品组合和开发新产品指明方向；②销售活动能力分析是在产品竞争力分析的基础上，以重点发展产品和销路不畅产品为对象，对其销售组织、销售绩效、销售渠道、促销活动等方面进行分析，以判断企业销售活动的能力、存在问题、问题成因，进而为制定战略提供依据；③市场决策能力分析是以产品市场竞争力分析、销售活动能力分析和研发能力分析的结果为依据，对照企业当前实施的经营方针和经营战略，发现企业在市场决策中的不当之处，评估判断企业领导者的市场决策能力，并探讨企业中长期所应采取的经营战略，以提高企业领导者的决策能力和水平，使企业获得持续的成长和发展。

（4）组织效能分析。分析组织效能，发现制约企业长远发展的组织管理问题并加以改进，为企业战略的正确制定和成功实施奠定坚实的基础。进行组织效能分析，首先，必须明确评价组织效能的一般标准，包括：目标明确、组织有效、统一指挥、责权对等、分工合理、协作明确、信息通畅、沟通有效、管理幅度与管理层次有机结合、有利于人才成长和合理使用、有良好的组织氛围。其次，从分析职务体系入手，判断组织任务分解的合理性；从分析岗位责任制、职责权限对等性入手发现改善的机会；从分析管理体制入手，分析企业集权与分权的有效性；从分析组织结构入手，确定是否适应未来战略方向；从分析管理层次和管理幅度入手，发现新增或合并管理职能部门的可能性；从分析人员入手，判断是否修正职位标准。

3. 企业核心能力分析

核心能力是指居于核心地位并能产生竞争优势的要素作用力，具体地说就是组织的集体学习能力和集体知识，尤其是如何协调各种生产技术以及如何将多种技术、市场趋势和开发活动相结合的知识。核心能力的形成要经历企业内部资源、知识、技术等的积累和整合过程，随后形成了企业持续的竞争优势，从而为获取超额利润提供保证。

企业核心能力有不同的形式，可以表现为生产高质量产品的技能、创建和操作一个能快速准确处理客户订单的系统的诀窍、快速开发新的产品、良好的售后服务的能力、寻找良好的零售地点的技能、开发受人们欢迎的产品的革新能力、采购和产品展销的技能、很好地研究客户需求和品位以及准确寻找市场变化趋势的方法体系等方面。

三、企业目标分析

1. 企业愿景的分析

企业在很长的时间跨度内，提出和制定具有创新精神并且清晰的企业愿景，是一项艰巨的任务。要求企业凭借企业家式的直觉和创造力，洞悉出企业现有业务中将要发生的变化以及将要出现的市场机会，客观地对待所要面临的内外部环境，理性地分析所需要采取的措施，提出一个可行的并且具有吸引力的概念，进而规划企业的行为，激活企业的战略。

（1）企业愿景的概念。企业愿景是指企业为描述未来的发展方向，回答企业要成为一个什么类型的公司，要占领什么样的市场位置，具有什么样的发展能力等问题。

（2）企业愿景的要素。企业愿景的构成要素包括：①界定企业的当前业务，即回答企业的问题；②确定企业的发展方向，即要回答企业向何处去的问题；③界定实现发展规划的具体步骤，即要考虑企业如何达到那里的问题；④确定衡量效益的标准；⑤界定企业愿景的特殊性，即不同的企业对愿景有不同的表述，不具有普遍性。

2. 企业使命的分析

（1）企业使命的概念。企业使命是管理者为企业确定的较长时期的生产经营的总方向、总目的、总特征和总的指导思想。它反映企业管理者的价值观和企业力图为自己树立的形象，揭示本企业与同行业其他企业在目标上的差异，界定企业的主要产品和服务范围，以及企业试图满足顾客的基本需求。

（2）企业使命的要素。企业使命的构成要素包括：①企业定位。企业要在竞争中根据所拥有的技术、所生产的产品和所属服务的市场，客观地评价自己优劣条件，准确地确定自己的位置，制定竞争的基准。②企业理念。即企业的基本信念、价值观、抱负和合理选择，是企业的行为准则。③公众形象。企业应充分满足公众期望，树立良好的企业形象，尽到对社会应尽的责任。④利益群体。企业内部利益群体指企业的董事会、股东、管理人员和职工。企业外部利益群体指企业的顾客、供应者、竞争者、政府机构和一般公众等。

第四节　企业战略策划内容与沟通

由于企业战略一般分为三个层次，即公司战略、经营单位战略和职能战略，因此，企业战略策划也分为三个层次，即公司战略策划、经营单位战略策划和职能战略策划。公司战略策划由企业的最高管理层制定，经营单位战略策划由企业内各事业部或经营单位制定，职能战略策划由各职能部门制定。

成功的战略策划，应该是一个把战略策划的目标层层分解到公司各个层级的责任体系。

公司总体目标能否实现由最高领导层，如董事会、公司经营管理委员会承担责任，而各子公司的经营目标能否实现则由公司的经营管理层承担，各职能部门则承担各自的职能战略目标责任。不同层次的目标实际上又互为一个整体。

一、公司战略策划

公司战略策划是指根据企业的目标，选择企业可以竞争的经营领域，合理配置企业经营所必需的资源，使各项经营业务相互支持、相互协调。公司战略规划是有关企业全局发展的、整体性的、长期的战略行为。

公司战略策划的主要内容：选择企业整体业务组合和核心业务，培育企业未来的业务和竞争优势；根据企业业务组合和各类业务在组合中的地位和作用，决定战略业务单位，同时确定各战略业务单位的资源分配方式和分配次序；建立与所处环境确定性程度要求相一致的战略控制系统。

公司战略策划包括发展战略策划、稳定战略策划、防御战略策划和组合型战略策划四种类型。其中最重要的是发展战略策划，确定企业向什么方向发展，是在原行业中进行产品或市场的扩张，还是通过一体化、多样化进入新的经营领域；还要确定用什么方式发展，要在内部创业、并购、合资等发展方式中做出战略选择。

二、经营单位战略策划

经营单位战略策划是指为了提高协同作用，加强战略实施与控制，企业从组织上把具有共同战略因素的若干事业部或其中某些部分组合成一个经营单位。经营单位战略策划着眼于企业中有关事业部或子公司的局部性战略问题，影响着某一具体事业部或子公司的具体产品和市场。

经营单位战略策划的主要内容如下：

其一，确定业务的实现目标、业务的发展方向以及本业务活动与企业内其他业务活动的关系，包括需要与企业内其他业务共享的资源种类和活动方面；

其二，确定业务的涵盖范围，包括本业务在业务价值链上的位置、业务活动所采用的技术类型、主要市场和用户结构；

其三，确定业务的核心活动方面、基本竞争战略种类以及获得和控制价值的方式；

其四，确定业务内各项职能活动对该业务的作用，协调和平衡同一业务中各职能战略之间的发展；

其五，确定业务内资源的分配和平衡方式，建立对业务内各项活动资源使用效果的控制和评价机制；

其六，制定实现业务发展目标的计划，确定计划日期和计划执行人等。

三、职能战略策划

职能战略策划是指为了贯彻、实施和支持公司战略与经营战略而在企业特定的职能管理领域制定战略。职能战略策划可以使职能部门的管理人员更加清楚地认识到本职能部门在实施公司战略中的责任和要求，有效地运用研究开发、营销、生产、财务、人力资源等方面的经营职能，保证实现企业目标。职能战略策划的主要内容如下：

其一，经营战略对各职能的具体要求，包括特定职能活动对实现经营战略的具体贡献、职能的优势和劣势、职能功能的"瓶颈"部位等。

其二，各职能活动与其他职能活动的关系，各职能之间是否存在可以共享的职能活动或资源，找出关系到业务成功的重点职能活动方面，这些重点职能和重点职能活动方面往往构成企业的核心专长，成为企业核心竞争力的主要来源。

其三，职能活动的组织安排，对与其他职能关联程度较高的职能，以及涉及到业务核心专长的职能进行重点分析，决定是否需要将这些活动相对集中，给予重点扶持；职能的发展方向和资源分配，确定对具体职能活动的资源分配并制定发展政策，根据经营战略的要求调整职能活动的结构和流程。

四、战略策划沟通

充分的沟通对战略策划而言是非常必要的。战略策划中的沟通，主要是指在战略策划过程中的信息反馈与策划结束后的战略目标传播。战略策划的沟通工作应着重以下三个方面：

1. 事前的沟通

在战略策划之前，应向公司的各层管理人员有效说明为什么要进行战略策划，以及战略对公司未来发展的重要性。

2. 事中的沟通

在战略策划工作开展的过程中，应充分与各层员工，尤其是中高层管理人员进行充分的多方面的沟通，例如战略策划中涉及到人力资源方面的事项，除与人力资源部门进行全面的沟通外，还应就此方面的问题与其他部门，特别是业务部门进行沟通，这样就能得到不同角度的充分信息，同时也得到更加完整的解决方案。

3. 事后的沟通

战略策划的事后沟通主要是指在公司的战略策划定案后，应该在公司内外进行合适的传播，以达到统一思想、增强凝聚力、提高企业形象的目标。例如，在公司内部进行战略策划方案的沟通时，在中高层管理人员层面，可以进行比较详细的战略策划报告；在全体员工层面则通过内部传播渠道进行总体的愿景、目标的宣传，让全体员工知道公司未来的发展方向；而在对外方面，如果公司是一家在行业内具有相当影响的企业，则可以召开媒体新闻发布会的方式，高调宣传公司新的战略策划，提升利益相关者对公司的信心，提升企业形象。

【实务操作】

表 3-2　东软公司的战略联盟之路

联盟时间	联盟伙伴	伙伴核心业务	联盟目标	联盟成果
1991 年成立之初	东芝、索尼、日立、松下、NEC 等	电器、电脑、手机	获得外包订单，积累资金力量	打入日本市场，获取了丰厚的利润
1991 年 6 月	阿尔派	汽车音响、汽车通信	获得研发经费，学习先进技术	开发出新产品，开拓了国内外市场
2004 年 2 月	飞利浦	医疗保健、照明设备和家用电器消费品	进军国外医疗数字化市场，共同研发	东软飞利浦医疗系统有限责任公司
2004 年 3 月	惠普	软件、PC 业务	共同开拓 IT 应用于服务市场	成立东软与惠普技术支持中心
2005 年 4 月	EMC	信息存储与管理	核心技术能力的互补	强强联合，共同提升了在中国的信息管理与服务市场

续表

联盟时间	联盟伙伴	伙伴核心业务	联盟目标	联盟成果
2006 年 5 月	SAP	ERP	开拓 ERP 软件服务市场	成功开拓国内外 ERP 服务市场
2010 年 4 月	哈曼国际工业集团	汽车电子领域	共同开发汽车与消费电子领域的先进技术	增强东软公司在全球产品工程市场上的地位

第五节　中小型企业发展战略

一、中小型企业的定义

对中小企业有广义和狭义两种理解。广义的中小企业一般是指除国家确认的大型企业之外的所有企业，包括中型企业、小型企业和微型企业。狭义的中小企业则不包括微型企业。

二、中小型企业的地位与作用

中小企业在国家经济发展中有着重要的地位和作用。中国企业联合会在《中国企业发展报告》中将中小企业在国民经济中的地位与作用归纳为：国民经济健康协调发展的重要基础；国家财政收入特别是地方财政收入的稳定来源；建立社会主义市场经济体制的微观基础；社会稳定的重要保证；政府集中精力抓"大"的保证和必备条件；鼓励民间投资的重要载体；发展和建设小城镇的主体等。

三、中小型企业的现状与问题

由于受到计划经济和国情的影响，我国企业之间长期存在着不公平现象：一是大型企业与中小企业之间的不公平；二是国有企业与民营企业之间的不公平。

表现在政府政策扶持、技术进步、银行贷款、税收等方面，中小企业、民营经济无法享受到与大型企业、国有经济的同等待遇。

1. 外部环境的影响

有差别的待遇导致中小企业的融资环境长期得不到改善。

（1）中小企业通过各种渠道得到的融资份额与其对国民经济发展所做出的贡献以及在社会经济发展中的地位不相称。根据统计，2003 年我国 300 万户私营企业获得银行信贷支持的仅占 10%左右。

（2）中小企业的融资渠道单一与中小企业多元化发展不相称。尽管 2005 年深交所中小企业板块上市为中小企业直接融资开辟了通道，但由于上市要求严格且审批过程繁杂，绝大多数中小企业仍然只能依赖于自筹和借贷。根据中国人民银行 2003 年 8 月的调查显示，我国中小企业融资供应的 98.7%来自银行贷款，即直接融资仅占 1.3%。

（3）银行等金融机构向中小企业提供的金融服务品种单一与中小企业发展的灵活多样性不相称。目前商业银行向中小企业提供的金融服务大多停留于存款、贷款和结算等传统服务项目，而许多银行的中介服务以及金融信贷创新产品主要面向大企业或事业单位。

（4）我国信用担保体系不完善，中小企业信用资源不足。

2. 自身因素的影响

中小企业普遍起步低、规模小、技术水平落后，人力资本积累严重不足，企业员工的知识和技能水平总体偏低。企业整体管理水平亟待提高。

四、中小型企业发展阶段的战略选择

企业在不同的发展阶段所呈现出的特点不同，因而对战略形态的要求也不同。只有针对企业每个发展阶段的特点，策划并选择适合阶段发展的战略模式，对中小企业的发展才有实际意义。

1. 创业阶段的战略选择

创业阶段的战略策划重在保证企业生存，如果生存问题不能解决，那么发展和壮大就只能成为空想。创业阶段是企业成长的特殊阶段，所有企业都要经受创业的考验和磨难。在创业阶段中小企业一般都存在资本不足、生产规模较小、技术落后、经营比较脆弱等问题，因而成活率不高。为了生存，创业阶段的中小企业应选择较为简单的、适合自身实际的战略形式。主要战略形式如下：

（1）资源利用战略。即以企业所在地的特有资源为依托，确立自己的产品或服务战略。这些资源包括自然资源、经济资源和人文历史资源等。企业提供的产品或服务主要由这些资源构成。所在地的资源优势就是企业的经营优势。

（2）承包依附战略。即依靠大企业或外商的力量承包加工某些配件、产品或输出劳务，实施"生存互补"战略。中小企业特别是小企业因为创业资本少，技术力量薄弱，市场方向不明，所以依附有实力的大企业或外商，为其提供配套生产与协作服务。这样不但容易起步而且市场风险小。

（3）夹缝生存战略。就是寻找市场空白战略。任何一个市场都不可能是天衣无缝的，尽管竞争激烈甚至整个市场供大于求，但经过认真地细分，总能找到一些空隙。中小企业的优势是机动灵活，适应能力强，只要敢于"钻"，市场空隙就会出现。例如，农夫山泉的"天然水"就是钻了娃哈哈、乐百氏的"纯净水"的空隙，而成为中国饮品市场的三大品牌之一的。

2. 成长阶段的战略选择

经过创业阶段的中小企业，整体素质有了较大程度的提高，特别是有了一定的物质、技术和管理经验的积累，因而发展速度开始加快，机会也开始增多，竞争必然加剧；同时外部的各种诱惑增多，容易导致企业冒进。所以，在成长阶段，中小企业要保持清醒的头脑；既要敢于抓住发展的大好时机，又要防止急躁和冒进。这一时期，在战略选择上既要积极又要稳妥；宜采用专业化、收购兼并和特许经营等形式。

3. 成熟阶段的战略选择

经过了创业和成长阶段，中小企业的经营规模和经营领域都有显著的扩大，企业组织结构和管理方式开始多样化和复杂化，企业经营总体呈现稳定发展态势，这意味着企业进入成熟阶段。成熟阶段是企业生命周期中持续时间最长的一段时期，也叫成熟期，处在这一时期的企业特点是：一方面生产经营相对稳定，但领导人思想渐趋保守，企业整体效率开始下降；另一方面企业产品或服务具有较强的市场竞争力，其至在某些项目或业务领域存在进入门槛，但企业在产品、技术、市场、管理创新等方面开始徘徊，企业活力开始减退。这一时期的中小企业，只有居安思危，不断创新，才能延缓衰退期的到来。在战略选择上，宜采用品牌战略、多元化战略和走出去战略等。

（1）品牌战略。品牌战略是企业为了使自己的产品成为名牌，从而在市场上获得高信誉度、高占有率的一种总体谋划。名牌的打造不但可以提高市场影响力，而且能够增强企业内部的凝聚力，使职工对企业未来充满信心。

（2）多元化战略。所谓多元化（又称多角化）战略是指一个企业经营两种以上经济用途基本不相同的产品或服务。企业实行多元化战略主要是为了分散经营风险，避免把所有鸡蛋放在一个篮子里。如果经营得当，多元化经营的企业可以规避一些市场风险，实现企业利益最大化。

（3）走出去战略。所谓走出去战略是指跳出原来熟悉的市场，寻找更大的发展空间，为企业开拓新的经营领域。走出去战略分为两种：一种是走出地方，走向全国，即实施大市场战略；另一种是走出中国，走向世界，即实施国际化战略。

【案例分析】

苹果公司的战略规划

2010 年 5 月 26 日，美国发生了一件大事。那一天，苹果公司以 2213.6 亿美元的市值，一举超越了微软公司，成为全球最具价值的科技公司。截止到 2010 年 7 月 30 日，苹果公司的市值又上涨了 5%，达到 2350 亿美元，同微软公司的市值差距进一步拉大。

仅仅是七年以前的 2003 年初，苹果公司的市值也不过 60 亿美元左右。一家大公司，在短短七年之内，市值增加了近 40 倍，如果说这是一个企业史上的奇迹，估计没人会反对这一观点。全球顶尖的财经媒体，都在不约而同地为苹果公司和苹果公司的 CEO 乔布斯高唱赞歌。在《商业周刊》列出的全球最伟大公司中，苹果公司排名第一。而在《哈佛商业评论》88 年来第一次推出的最伟大 CEO 排行榜中，乔布斯也是当仁不让地排名第一。

苹果公司的成功对于大多数企业而言是一个神话，一个在乔布斯带领下产生的神话，回想 20 世纪 90 年代中后期时候的苹果公司，用当时刚刚回归苹果公司的乔布斯的话说，苹果公司就像一艘"底下有个大洞的船"。是什么力量推动了这个曾濒临绝境的公司脱胎换骨，一路高歌猛进，进而创造了一个又一个传奇？这与苹果公司的战略三步走是密不可分的。

第一，极致的用户体验。

通过别出心裁的营销手段和紧凑的供应链，苹果公司对用户体验的打造有效地动员了其目标客户群。口碑营销让充满神秘感的苹果产品诱惑无限，引发消费者先夺为快。苹果公司每年只能开发出一两款产品，但几乎每款都力求将每种科技发挥到极致，既能让人们吃惊、兴奋，又知道如何使用它，成为口碑营销成功的最强基石。

苹果公司成功地实现了文化、产品、品牌和口碑之间的良性循环。为了尽可能地贴近更多的消费者，扩大"苹果迷"以外消费者对苹果产品的认知，苹果零售店（Apple Store）精心设计了呈现"数字生活中枢"的用户体验场。为了进一步扩大销售的覆盖面，2001 年美国苹果公司前 CEO、创始人史蒂夫·乔布斯（Steve Jobs）推出打造 Apple Store 的计划。截至目前，全球共有 285 家 Apple Store。Apple Store 打造的是数字生活全面体验的空间，店内的区域都以"方案解决区域"为中心设计，方便顾客找到解决问题的"整体方案"。为了实现产品与顾客生活体验的契合，店里没有晃眼的灯光、嘈杂的音乐或者推销产品的售货员，顾客可以摆弄各种机器。店里设有一对一的零售店会籍，通过面对面的私人培训 Mac 使用的基础知识，从旧电脑到苹果电脑的转换，或者是其他更高级别的项目。

天才吧是苹果店的另一个创新，让顾客可以与维修人员面对面地进行问题检修。另外，消费者还可以参加 Apple Store 零售店举办的讲座，从 Mac 入门到数码摄影、音乐和影片制作以及每年夏天针对儿童人群举行的夏令营。随着对公司零配件供应渠道的简化，加上数字化供应链管理，苹果公司的运行越来越紧凑。早在 1997 年，苹果公司便开始运营网上商店，方便消费者直接在网上订购产品。2008 年，苹果公司被美国权威市场预测研究机构 AMR Research 公司评为全球供应链管理和绩效公司第一位，超过了诺基亚。2009 年，苹果公司再次位居第一。

第二，借势"数码生活"。

在这个数字化的时代，大家的数码产品越来越丰富，手机、电脑、平板电脑已经成为生活中不可缺少的产品了。信息间的相互传输成为生活中必不可少的环节，那么如何让自己的几样数码产品实现对接、信息的相互传递呢？苹果公司早已着手准备，并在 2011 年推出了 iCloud 云服务。

iCloud 将苹果音乐服务、系统备份、文件传输、笔记本及平板设备产品线等元素有机地结合在一起，而且联系非常紧密。在乔布斯看来，iCloud 是一个与以往云计算不同的服务平台，苹果提供的服务器不应该只是一个简单的存储介质，它还应该带给用户更多。下面看看 iCloud 究竟会带来哪些新的体验。

简而言之，iCloud 平台可以将你的个人信息存储到苹果的服务器，通过连接无线网络，这些信息会自动推送到你手中的每个设备上，这些设备包括 iPhone、iPod Touch、iPad，甚至是 Mac 电脑。你购买的将不再是一个苹果产品，而是一个苹果的数字化平台，这里有你的一切资料，照片、文档、应用、音乐等。只要是苹果设备就可以互通，并且只兼容苹果设备，这样在下一次购买数码产品的时候，消费者想的一定是：我还要苹果，它实在是太方便了！

第三，搭建苹果公司生态圈。

iTunes 平台的搭建成功启动了苹果公司在市场上的一系列成就，首次成就了硬件加软件服务方式的优越用户体验。苹果公司提供"硬件加软件平台"的集成，而软件上的内容和硬件设备的附件产品则由参与生态圈打造的第三方提供，苹果公司扮演了看护者的角色。iTunes 集成了 EMI、SONY 等主要版权音乐发行方，同时因为支持用户购买单曲，很大程度上降低了购买版权音乐的门槛，将付费数字音乐推向主流。而 iPod 和 iTunes 的集成使用户音乐资源与播放器之间的传输实现了"即插即用"，操作简洁，优化了数字音乐播放器的用户体验。而内容提供商和附件产品的厂商通过 iTunes、iPod 的用户吸引力分享到了这块由苹果公司做大的"蛋糕"。

随着 iPhone SDK 对第三方的发布，App Store 的应用服务方面吸纳了基于 iPhone SDK 的第三方软件应用开发商。App Store 没有资质限制，任何软件开发商或者个人都可以在 App Store 上销售软件，但是苹果公司有审查和批准在 App Store 发售的软件质量的唯一裁定权。

苹果公司这种打造生态圈的方式是很经典的"价值网"共赢。苹果公司以自身为中心，打造的生态圈"价值网"纵向上是供应商（例如提供存储硬件的三星）和苹果产品用户，横向上包括附件生产商（如 iCase）和内容提供商（如软件开发群体）。目前 App Store 上超过 100 万可下载的应用程序，2013 年 App Store 收益超过 100 亿美元。巨大的收益也吸引了更多软件开发者。附件产品及内容提供商因分享了苹果的客户群盈利，而苹果公司在这个生态圈中的核心地位既便于其管理 iPhone 的用户体验，同时保证了其对生态圈内收益的提取。

进入 21 世纪以来，信息通信产业的飞速发展，以及消费者对电子产品需求的持续增长，导致硬件成本的持续下降，一定程度上奠定了苹果产品 iPod、i-Phone 的产业基础。进入 21 世纪后，移动电话在全球的普及率迅速提升，便携式音乐播放器需求亦迅猛增长。

根据上述案例，试分析：

1. 什么是企业战略策划，如何进行策划？

2. 企业战略策划的地位及意义是什么？

【本章小结】

● 企业战略一般由经营范围、资源配置、竞争优势和协同作用四个要素构成。

● 企业战略分析是指对企业现在及未来生存和发展的一些关键因素进行分析，包括企业外部环境分析、企业内部环境分析、企业目标分析。

● 企业战略一般分为三个层次，即公司战略、经营单位战略和职能战略。因此，企业战略策划也分为三个层次，即公司战略策划、经营单位战略策划和职能战略策划。公司战略策划由企业的最高管理层制定，经营单位战略策划由企业内各事业部或经营单位制定，职能战略策划由各职能部门制定。

【思辨题】

1. 企业战略结构的组成要素及作用是什么？

2. 企业不同阶段如何进行企业战略策划？

‖第四章‖
企业营销策划

【教学目标】

通过本章学习，了解企业营销策划的内涵与流程，为企业做事前要进行营销策划，制定出营销策划文案，为企业的营销市场做出指导。

【教学要求】

知识要点	能力要求	相关知识
企业营销策划	了解企业营销策划的基本概念及其特点	企业营销策划的概念和特点
企业目标市场策划	做出科学的市场分析，以市场分析为依据制定合理的市场策划方案	市场分析 目标市场的选择 策划方案的制定
企业产品策划	市场产品的认识及分析，产品的市场定位及产品的合理策划方案	市场产品的认识及分析 对于目标市场的准确定位
企业价格策划	掌握价格策划的基本原则，综合产品、市场等分析结果，正确选择定价策略	价格策划的原则与程序 确定定价目标 正确选择定价策略
企业营销渠道策划	认识渠道是什么，以产品和市场找到合理渠道，对于渠道的管理和控制	市场分析及渠道的认识 渠道的管理控制分析
企业销售促进策划	明白销售促进的含义，体会销售促进策划对企业的作用	销售促进策划的程序 销售促进方法的选择 销售促进的实施与控制

【开篇阅读】

水溶 C100 与 HelloC 的拼争

农夫山泉的高价产品水溶 C100 以"饥饿式"营销策略推出，以良好的口碑、较少的资源得到了消费者的青睐。可随后娃哈哈在年底也推出了一款类似的饮料 HelloC，并以大量的电视广告和春节晚会植入式广告做出宣传，推出产品。以下则为两款饮料的营销竞争分析：

1. 一枝独秀的水溶 C100

从水溶 C100 上市，直到娃哈哈 HelloC 推出之前，水溶 C100 在市场上凭借其产品的出色包装与独特定位，迅速占领市场并获得了广大消费者的青睐，使得水溶 C100 成为当时市场的领导者。

2. 强势进入的 HelloC

娃哈哈看见了新品饮料的市场前景，以挑战者的姿态采取了"跟进—反超"策略推出了 HelloC，其从内容物、包装、价格、推广、渠道全面挑战水溶 C100。

3. 追随者的不断进入

次年夏季，水溶 C100 和 HelloC 又有了新的模仿者，天喔茶庄的"C 满全能"，以低价、多"维生素 C"的产品特点进入市场。汇源果汁的"柠檬 ME"，更强调了 15%的果汁含量，以"更多果汁、更多维 C、更多 Sweet"推出产品。同时，一些大型超市，也看到了新品饮料的可观市场，也推出了自己品牌的相似饮料。

4. 水溶 C100 的西柚与 HelloC 的"犹如鲜榨"

2009 年 5 月，农夫山泉扩充了产品线，水溶 C100 的淡粉色西柚产品上市，并且让水溶 C100 的品牌形象从领先者暂时成为了领先者与追随者掺杂的形象。第一个推出西柚内容物的娃哈哈也逼迫农夫山泉出了"你山寨我山寨"策略加以应对。娃哈哈则又进行广告策略的调整——"犹如鲜榨"。

水溶 C100 与 HelloC 的市场拼争，都是借助营销策划的力量，寻找到了产品的价值主张，由此得知营销策划在企业中占有重要的地位。

案例讨论：

1. 结合上述营销策划案例谈谈你所认识的营销策划。

2. 企业营销策划的意义是什么？

3. 如何做出好的营销策划？

第一节 企业营销策划的概念和特点

一、企业营销策划的概念

企业营销策划是策划活动中的一个方面，是指对企业开办、发展的整个经营活动进行必要的规划、安排。企业的营销活动是一个系统活动过程，它不仅涉及到企业的经营战略方向、制定战略计划，而且还涉及到实现企业经营战略策略方案的制订与执行，因此营销策划的内容和范围就比较广泛。从营销策划所包含的策划内容的范围来分，可将营销策划分为整体性营销策划和局部性营销策划。整体性营销策划是从全局对营销活动进行筹划，而局部性营销策划仅是对营销系统中的某一方面进行筹划，局部性营销策划是对整体性营销策划的细分。

二、企业营销策划的特点

企业营销策划是现代企业管理的重要内容，也是企业提升竞争力的必要途径。在对企业营销策划定义认识的基础上，可为企业营销策划归纳如下特点：

其一，前瞻性。企业营销策划是对企业未来营销活动所做的当前决策。

其二，目的性。在企业营销策划中，一定要设定企业的营销目标，即企业希望达到的预期目标。

其三，科学性。企业营销策划是一门思维的科学，要求定位准确、审时度势、把握主观与客观，客观地、辩证地、动态地把握各种资源。在进行企业营销策划时，必须对企业的内部环境和外部环境进行分析，以做出科学策划。

其四，程序性。程序是企业营销策划的质量保证，若脱离程序不仅提高了营销策划本身的难度，也会使营销策划的质量大大降低。

其五，战略依托性。企业营销策划是仅仅依托于企业整体战略而存在的。

其六，创新性。企业营销策划的灵魂即创新，只有创意性的营销策划才是有生命力和竞争力的。

【案例赏析】

感悟营销策划

——总投资不到 1500 万的电影《失恋 33 天》上映期间，在四部好莱坞大片围追堵截下，一举斩获了令人咂舌的 3.5 亿票房。该片摒弃了传统的"海报+售票+窗口"电影营销模式，改为以社交网站和微博为主的新媒体营销。电影上映前，短片《失恋无语》在网站上的流行、"贱小猫"产品的推出、10 万微博粉丝，这些都是影片营销团队通过精心策划后达到的效果。

——《阿凡达》电影热映后，张家界风景区声明该电影中悬浮山的原型出自于张家界，并将"乾坤柱"山峰改名为电影中的"哈利路亚山"，还设计并推出了"阿凡达悬浮山神秘之旅"的旅游路线。虽然迫于社会舆论的压力，改名并未实现，但是张家界的游客数量和旅游收入都因此而大幅提高。

可见，营销策划其实离我们的生活很近，只要留心就会发现。

课堂讨论：

营销策划的特点及其作用。

第二节　企业目标市场策划

将组成市场的不同群体找出来，然后为市场的某一特定群体开发产品，这一特定群体就被称之为"目标市场"。要取得商业上的成功，企业就必须确定服务的目标市场。而且，企业的一切营销活动都是围绕目标市场进行的。策划者应该对市场进行细分和评估，发现市场机会，从一系列细分市场中，选择出最适合企业经营的市场并为之服务。这一过程包括市场细分策划、目标市场选择策划、目标市场的进入策划等。

一、市场细分策划

策划者根据企业的经营目标对企业潜在的细分市场进行分析研究，确定企业目标市场和产品定位的方案及措施即为市场细分策划。

1. 市场细分策划的基础

市场细分是由美国营销学家温德尔·斯密（Wendell·R. Smith）在 20 世纪 50 年代提出的。所谓市场细分是指从顾客的不同购买欲望和需求的差异性出发，按一定标准将一个整体市场划分为若干个子市场，从而确定企业目标市场的活动过程。其中任何一个子市场都是一个具有相似的购买欲望和需求的群体。市场细分使企业能够制定一个适合所选细分市场的营销计划，而把市场看作一个整体，就不可能这样做。

市场细分策划的基础主要体现在以下两点：

（1）市场细分的客观基础是消费者需求的差异性。由于消费者所处的地理、社会环境不同，自身的心理素质以及购买的动机不同，造成了他们对产品的价格、质量、款式上需求的差异性。如有的消费者要求服装的款式新颖、面料质地精良，有的消费者则要求服装穿着舒适、面料耐磨，这样就可将服装的消费者分为两个类别，服装市场也就被细分为两个子市场。这些引起需求差异的原因就是市场细分策划的客观基础。

（2）消费者需求的相似性是市场细分的理论基础。只有认识并挖掘消费者需求的相似性，才有可能把需求大致相似的消费者归为一个群体，针对这一消费群体就必须生产能满足这一群体需求的产品，保持一个相对独立并且比较稳定的企业经营目标，一个相对独立并且比较稳定的细分市场才有可能得以建立和保持。实际上这种相似性的形成是有其主观依据的。

2. 市场细分策划的标准

市场细分策划的标准涉及的范围很广泛，概括起来可依据如下：

（1）企业可按区域划分市场，可按气候条件划分市场，可按城乡划分市场，也可按自然条件划分出山区、平原、丘陵、湖泊、沙漠、草原等地区市场。

（2）以上标准只是理论上的笼统概括，市场细分策划并不存在统一的细分模式，而且作为划分标准的各种因素均为变数，须从动态的观念来细分。在众多纷繁的变数标准条件下，应当找出主要变数作为标准。为了保证掌握准确的市场细分标准，企业市场细分策划时要进行市场调查，以便掌握市场变化动态，确定细分标准。

3. 市场细分策划的程序

美国学者 E·杰罗姆·麦肯锡（E. Jerome McKinsey）提出一套逻辑性强、粗略直观的七步细分法，很有实用价值，其具体步骤如下：

（1）明确企业的经营方向和经营目标。这是市场细分的基础和前提，一般而言企业的经营方向和经营目标是由企业高层决定的。

（2）根据用户需求状况，确定市场细分的细分变量。这是企业进行市场细分的依据，企业一定要按照实际需要加以确定。

（3）根据细分变量进行初步细分。一般根据用户需求的具体内容，可初步将顾客群分为几种不同的类型。

（4）进行筛选。由于同类的顾客群还存在某些差异，因而要抓住重点、求同存异，删除某些次要的因素。

（5）对市场细分初步命名。企业应采用形象化的方法，使细分市场的名称既简单又富有艺术性。

（6）进行检查分析。进一步认识初步确定的细分市场是否科学、合理和恰当，是否需要做进一步合并或者进一步拆分。

（7）选定目标市场。企业要对各个细分市场进行细致全面的分析，尤其要对经济效益和发展前景做出评价，这将有利于明确选择目标市场。

4. 市场细分对企业的重要性

（1）能帮助企业更加准确地识别特定客户群的需要、需求和行为，并能更好地了解其目标顾客，因而能更好地为他们服务。

（2）与针对所有潜在顾客开展的营销活动相比，针对特定顾客群的需要、需求和行为开展的营销活动更为有效。

二、目标市场选择策划

目标市场选择是指对每一细分市场的吸引力进行评估，并选择一个或多个市场作为目标的过程。企业必须选择目标市场以及为目标市场服务的方式，同时也必须考虑企业目标以及可利用的资源。

目标市场选择策划是企业选择某一部分市场作为营销对象的决策，即在市场细分的基础上选择一个或多个细分市场作为目标市场的方案及其措施。目标市场选择策划有以下三种策略：

（1）无差异性营销策略。指企业以整个市场（全部细分市场）为目标市场，提供单一的产品，采用单一的营销组合策略。这种策略的特点是企业只注重细分市场的共性而不考虑细分市场的特性，把市场看成一个无差别的整体。如我国长春第一汽车制造厂向国内市场销售一种"解放牌汽车"的策略。这种策略的优点在于能够通过单一产品的大批量生产降低产品成本和提高设备利用率，同时避免开发费用投入和节省促销费用，以利于用低价争取广泛的消费者。其缺点在于不能满足消费者各种不同的需要，只是停留在大众市场的层面，无法进一步发展。同时这种策略缺乏弹性，难以适应市场的频繁变化。

（2）差异性营销策略。指企业在对市场进行细分的基础上，根据各细分市场的不同需求，细分的产品和运用不同的市场营销组合，服务于各细分市场。这是很多企业采用的目标市场策略。如宝洁公司洗衣粉类产品有强力去污的"碧浪"、去污很强的"汰渍"、物美价廉的"熊猫"；洗发用品有潮流一族的"海飞丝"、优雅的"潘婷"、新一代的"飘柔"、品位代表的"沙宣"等。宝洁公司还生产多种规格、多种花色的品种以满足不同消费者的需要，通过不同的产品来满足各个细分子市场的需要，可以为企业吸引到更多的消费者，扩大企业的销售额，增强企业在市场上的竞争力。这一策略的缺点是由于增加了企业产品种类和市场营销组合的多元化，使企业用于设计、试制、制造和改进工艺的生产成本、管理成本、促销成本都大大提高。

（3）集中性营销策略。指企业集中全部力量于一个或极少数几个细分子市场，提供能满足这些细分子市场需求的产品，从而在竞争中获得优势。这是大多数中小企业采用的策略，其优点在于可以充分利用有限的资源，发挥其某些方面的优势，以达到集聚力量、与竞争对手抗衡的目的，从而提高产品的市场占有率。其缺点在于集中市场营销策略有较大的风险，由于企业所选择的目标市场范围较狭窄，一旦市场情况突变或者出现强大的竞争对手，企业可能陷入困境，没有回旋的余地。

三、目标市场的进入策划

在选定目标市场以后，还必须就怎样进入目标市场及进入目标市场的时机进行策划。

1. 目标市场的进入方式

目标市场的进入方式是指企业进入选定目标市场的方式。下面就新产业进入市场的方式和非新产业进入市场的方式分别介绍。

（1）新产业进入市场的方式。新产业市场往往具有经营风险大、市场潜力大、科技含量高及进入成本高等特点。进入新兴产业市场的策略主要有两点：①以技术优势挺进市场。对于高新技术产业，企业必须凭借自身的技术优势进入市场。这些技术可以是企业的专利，也可以通过与科研单位、高等院校联合开发获得，使企业一进入市场就树立起技术力量雄厚的形象，确定企业的市场位置；②借助企业原有的声誉进入。如果企业属知名企业，长期经营中已形成了较高的声誉、广阔的营销网络和驰名商标，这些都是企业进入新产业市场的条件。填补某类市场的空白，就可以大胆地全面进入市场。

（2）非新产业进入市场的方式。这是指企业在原有目标市场上拓展或进入非新产业但属企业新选定的目标市场的方式。①收购现成的产品或企业。收购现成的产品或企业是进入目标市场最快捷的方式之一。一般在下列情况下采取这种方式：企业进入某个目标市场，但对这一行业的知识还很不足，进入该市场企业将遭到种种阻碍，如专利权、经营规模、原料及其他所需物资供应受限制等。②以内部发展的方式进入市场。企业依靠自身的科研、设计、制造及销售目标市场需要的产品进入市场。这种方式适用于下列情况：对于巩固该企业的市场地位有利；没有适当的企业可供收购或收购价格过高；收购现有产品或企业的障碍太多等。③与其他企业合作进入市场。企业间的合作可以是生产企业与生产企业合作，也可以是生产企业与销售企业合作。这种方式在企业界运用比较广泛，因为采用合作的方式可使风险由于合作分担而降低，合作企业在技术上、资源上相互支援，优势互补，发挥出整体组合效应。

2. 进入目标市场的方法

企业进入目标市场，在选择适合本企业进入方式的同时，还要选用一定的方法。

（1）广告宣传法。通过精心策划推出广告，使目标市场上的顾客知晓企业、了解产品，激起购买欲望，促成购买行为。

（2）产品试销法。通过产品小批量试产、试销，广泛征求用户及顾客的意见、建议，为改进产品及经营提供依据。这种方式可以减少企业经营的盲目性及由此带来的风险。

（3）公共关系法。通过各种形式的公关活动如专项活动、开业庆典、赞助公益事业、策划新闻等赢得目标市场上公众的信赖和支持。

（4）感情联络法。人是有感情的，在做购买决策时势必要受到感情因素的影响。为此，企业进入目标市场就要注意感情投入，加强联络。

（5）利益吸引法。在利益上给购买者以实惠是切入目标市场的有效方法。

（6）权威人士推介法。切入某个目标市场可以巧妙地利用名人效应，达到进入市场的目的。

（7）推介会、展销会等。策划者要根据目标市场的特点、产品特征、市场态势及竞争状况、费用高低等加以选用。

3. 进入目标市场的时间选择

企业进入市场的时间安排也很重要，过早或过晚进入市场都对企业经营不利。确定进入市场的时间主要取决于两个方面：

（1）正常准备时间。在进入目标市场之前，要计算在正常情况下做好一切准备工作需要花多少时间，这些准备工作包括：产品设计、试销、批量生产、推销培训、建立销售渠道等。

（2）适应市场形势变化的调整时间。市场形势发生变化时，可以比正常进入市场的时间提前或推迟。

另外，也要注意准确进入市场的时机，尤其是季节性强或具有特定消费对象的产品，适时视情况切入市场会收到事半功倍的效果。

【案例赏析】

脑白金——吆喝起中国的礼品市场

在中国，如果谁提到"今年过节不收礼"，随便一个人都能跟你说"收礼只收脑白金"。脑白金已经成为中国礼品市场的第一代表。

睡眠问题一直是困扰中老年人的难题，因失眠而睡眠不足的人比比皆是。

有资料统计，国内至少有70%的妇女存在睡眠不足现象，90%的老年人经常睡不好觉。"睡眠"市场如此之大，然而，在红桃K携"补血"、三株口服液携"调理肠胃"概念创造中国保健品市场高峰之后，在保健品行业信誉跌入谷底之时，脑白金单靠一个"睡眠"概念不可能迅速崛起。

作为单一品种的保健品，脑白金以极短的时间迅速启动市场，并登上中国保健品行业"盟主"的宝座，引领我国保健品行业长达五年之久。其成功的最主要因素在于找到了"送礼"的核心概念。

中国，乃礼仪之邦。有年节送礼，看望亲友、病人送礼，公关送礼，结婚送礼，下级对上级送礼，年轻人对长辈送礼等种种送礼行为，礼品市场何其浩大。将脑白金定位成礼品显然是对中国市场特征深刻把握的结果。脑白金的成功，关键就在于定位于庞大的礼品市场，而且先入为主地得益于"定位第一"法则，第一个把自己明确定位为"礼品"——以礼品定位引领消费潮流。

课堂讨论：

1. 脑白金是怎样定位其目标市场的？
2. 结合案例谈谈企业目标市场策划的重要性。

第三节　企业产品策划

企业产品策划主要针对市场的定位情况，找出合适的产品信息原点，准确传达产品的利益。产品策划从类型上说包括新产品的开发、旧产品的改良和新用途的拓展三方面的内容，从现有产品的营销策划角度上说，其过程和内容主要是：个别产品策划、品牌的产品组合策划和新产品开发与推广策划。就个别产品而言，任何一种产品都是多因素的组合体。各种因素的不同组合形态可以形成不同的整体产品，以满足企业市场营销活动的需要。

一、企业产品策划概述

从市场营销的角度来看，产品是指能够提供给市场，用于满足人们某种欲望和需要的任何事物，包括实物、服务、场所、组织、思想、主意等。产品整体概念包括核心产品、有形产品和附加产品。

1. 核心产品

是指消费者购买某种产品时所追求的利益，是顾客真正要买的东西，因而在产品整体概念中也是最基本、最主要的部分。消费者购买某种产品，并不是为了占有或获得产品本身，而是为了获得能满足某种需要的效用或利益。因此，在产品策划中必须以产品的核心为出发点和归宿，设计出真正满足消费者需要的产品。

2. 有形产品

是指核心产品的载体，即向市场提供的实体和服务的可识别的形象表现。产品存在的物质形式主要有五种特征可供辨认：质量水平、外观特色、式样、品牌名称和包装。加深对产品实体这五个方面的认识，有助于产品策划的全面开展与实施。

3. 附加产品

是指顾客购买有形产品时所获得的全部附加服务和利益，包括提供信贷、免费送货、保证、安装、售后服务等。美国学者西奥多·莱维特（Theodore Levitt，1925~2006）曾经指出：新的竞争不是发生在各个公司的工厂生产什么产品，而是发生在其产品能提供何种附加利益（如包装、服务、广告、顾客咨询、融资、送货、仓储及其具有其他价值的形式）。因此，企业期望在激烈的市场竞争中获胜，必须极为重视服务，注重售前、售中和售后服务的策划。市场上大部分产品竞争发生在产品的附加阶段。

产品整体概念要求企业提供产品质量、外观的同时，注重产品附加价值的开发。根据对产品的认识，全面满足消费者的需要常常成为产品策划的出发点。同时，产品整体概念由于深刻地挖掘了产品的内涵，这就有利于产品策划在某一层面、某一角度进行深入诠释，形成产品有别于同类竞争产品的独特个性。

二、产品市场生命周期与策划思路

产品市场生命周期是指一种新产品从投入市场开始到被市场淘汰为止所经历的全部时间。一般经历四个阶段，即介绍期、成长期、成熟期和衰退期。对于处在生命周期不同阶段的产品，其策划的基本思路也有所不同（如表 4-1 所示）。

表 4-1　产品生命周期各个阶段的营销战略

阶段	介绍期	成长期	成熟期	衰退期
产品	提供一个基本产品	提供产品的扩展品、服务、担保	品牌和样式的多样性	逐步淘汰疲软项目
价格	采用成本加成	市场渗透价格	较量或击败竞争者的价格	削价
分销	建立选择性分销	建立密集广泛的分销	建立更密集广泛的分销	进行选择:逐步淘汰无盈利的分销网点
广告	在早期采用者和经销商中建立产品的知名度	在大量市场中建立知名度	强调品牌的区别和利益	减少到保持满足忠诚者需求的水平
促销	大力加强销售，促进消费者试用	充分利用有大量消费者需求的有利条件,适当减少促销	增加对品牌转换的鼓励	减少到最低水平

1. 产品介绍期的策划思路

该时期企划的基本思路是突出一个"快"字，即尽可能快地进入和占领市场，在尽可能短的时间内实现由导入期向成长期的转轨。因此，在产品介绍期，企业营销策划重点集中在促销与价格方面。一般有四种策略可供挑选：

（1）先声夺人策略。即以高价格和高促销水平的方式推出新产品。

（2）以廉取胜策略。即以低价格和低促销水平的方式推出新产品。

（3）密集渗透策略。即以低价格和高促销水平的方式推出新产品。

（4）愿者上钩策略。即以高价格和低促销水平的方式推出新产品。

2. 产品成长期的策划思路

进入成长期，说明该产品已被市场所接受，因此销量增加，企业应改进服务，树立良好的企业及品牌形象，抓住难得的市场机会，扩大市场占有率。这一时期可采取的策略有：

（1）改进产品。集中力量提高产品质量，增加产品规格、品种、型号以满足市场需要。

（2）开辟新市场。不断细分市场，吸引更多的消费者，扩大市场份额。

（3）密集分销。利用尽可能多的分销渠道销售商品，扩大商业网点。在扩大产品规模的基础上，适当降低价格，遏制竞争对手进入市场。

（4）建立品牌形象。在促销的过程中，让消费者了解产品，从而树立品牌形象，进行品牌宣传推广，使消费者对本企业产品建立起品牌信誉度（如图4-1所示）。

促销 → 了解产品 → 树立品牌形象 → 品牌宣传推广 → 建立品牌信誉度

图4-1　建立品牌形象流程

3. 产品成熟期的策划思路

成熟期是产品迅速普及阶段。这一阶段表现为"两高一低"，即生产量和销售量很高，但销售量增长幅度变慢，利润开始下降，市场竞争异常激烈。此时往往是企业获利的最佳时期，企业应积极采取产品渐进性改进、营销组合协调性改进、市场拓展性改进策略，以延长产品的生命周期，为企业赢得更高、更长时间的利润。策划思路具体有三个方面：

（1）改进市场。通过扩大顾客队伍和提高每个顾客使用率，来提高销售量。例如，强生婴儿润肤露是以婴儿为主要使用对象设计的，而如今"宝宝能用，你也能用的"宣传，使该产品的使用对象扩展到了成年人，从而扩大了用户范围，进入新的细分市场。

（2）改进产品。通过改进现行产品的特性，以吸引新用户或增加现用户使用量。如小鸭圣吉奥洗衣机的滚动次数比一般洗衣机的滚动次数多得多，而且机体对衣服的磨损降到最低程度，强调了小鸭圣吉奥洗衣机的使用寿命和特征对用户的作用。

（3）改进营销组合。"营销组合"是一整套能够影响需求的企业可控制因素。这些因素包括产品、价格、地点（分销或渠道）和促销等，是开展营销的工具和手段，可以整合到营销计划中以争取目标市场的特定反应。通过改进营销组合中各非产品要素的先后次序和轻重缓急，可以达到保持市场占有率的目的。营销组合可以从以下方面着手改进：①价格。削价是否吸引新的试用者和新用户？如果是，要不要降低目录标价？或者通过数量上的折扣、免费运输等方法降低价格？或者以提高价格来显示质量较好的方法更为有利？②分销。根据产品的特点，分析分销销售网点如何？是否应更好地开拓新的网点？公司的产品能够进入某些新类型的分销渠道吗？③广告。广告费用是否应该增加？广告的定位是否正确？广告创意性文稿是否要修改？宣传的场所、频率或规模是否要变动？消费者对广告的印象如何？④销售促进。公司应采用何种方法来加快销售促进，是采用廉价销售、打折扣、赠券还是担保等方式？⑤人员推销。销售人员的数量和质量应该增加或提高吗？销售区域应该重新划分吗？对销售队伍的奖励方法是否应予以调整？销售访问计划需要改进吗？⑥服务。公司能够迅速交货吗？能否提供技术咨询、提供贷款等吗？

4. 产品衰退期的策划思路

衰退期是产品销售每况愈下的阶段，企业利润很低。产品销售衰退的原因是多方面的，如技术进步、消费者口味和习惯的改变、竞争者的加入等。所有这些都会导致生产能力过剩，削价竞争增加和利润侵蚀。因此，在衰退阶段，公司应处理一些问题，如确定疲软产品，研究市场规模、份额、产业的发展趋势等多方面资料，可采取的策略有三种：

（1）立即放弃策略。立即放弃衰退产品，经营可代替的新产品。

（2）逐步放弃策略。按计划逐步压缩衰退产品的产量，将资金转入到有利可图的项目。

（3）自然淘汰策略。企业不主动放弃衰退产品，使之自然退出市场。

三、产品结构组合策划

产品结构组合亦称产品组合，即指企业向市场提供的全部产品的结构形态。产品结构组合通常由产品线和产品项目两个层次的产品所构成。产品线是指一种在生产工艺及产品特征上具有某种相似性或相关性的产品；产品项目则是指一种产品线中所包含的不同品种的产品。例如，美国雅芳公司（AVON）的产品结构由化妆品、珠宝首饰品、家常用具三种产品线组成，其中，化妆品产品线包括唇膏、胭脂、香粉等产品项目。再如，日本松下电器公司的产品组合包括电视机、录像机、摄影机、电冰箱、空调器等家用电器产品线，每条产品线包含众多产品项目，又如空调器产品线有各种型号的窗式、挂式、立柜、吸顶空调器等。多元化企业是一个提供多种产品和服务的企业，并且这众多的产品之间存在某种程度上的质的不同。因此，多元化企业的产品结构组合策划是生产经营的重要策划。产品结构组合策划应从以下四个方面加以考虑：

1. 扩大产品组合

包括扩大产品的宽度、长度、深度和一致性四个方面的内容。其优点是提高设备和原材料的利用率，减少经营风险，满足消费者各种各样的需求。如美国吉列公司为了在竞争中保持优势，瞄准了男性剃须美容市场的动向，策划了多品种系列化产品开发策略，即以喷射式剃须膏为基础，开发了须后冷霜、香水以及烫发机、电吹风等美容美发品，这些产品给吉列公司带来了丰厚的利润和很高的知名度。

2. 缩短产品组合

采用专业化形式，减少本企业生产的滞销产品或剔除亏损产品的项目。其优点是提高生产效率和产品质量，降低成本，获得稳固的利润。如日本尼西奇公司原来是生产雨衣、游泳装、尿垫等橡胶制品的小型企业，后来公司经营者策划了专门生产婴儿尿垫的产品，在激烈的市场竞争中获胜，成为此行业的"尿布大王"。

3. 延长产品线

企业将产品线延长，目的是为了开拓新的市场，增加消费者，或为了适应消费者需求的变化，配备花色品种。有三种延伸的策划思路：

（1）向上延伸。指原先定位于低档产品市场的企业，在产品线内增加高档项目，使企业进入高档产品市场。早期日本公司在扩大产品系列时大多策划向上延伸的方式，即从低档品到中档品再到高档品。

如率先打入美国市场的丰田摩托车就将其产品线从低于125CC延伸到1000CC，雅马哈摩托车紧随其后，陆续推出了500CC、600CC、700CC的摩托车，还推出了一种三缸、四冲程、轴驱动摩托车，从而在大型越野摩托车市场展开了强有力的竞争。

（2）向下延伸。是把企业原来定位于高档市场的产品线向下延伸，在高档产品线中加入中低档产品。采取此方案可给企业带来三点好处：①可使企业获得更大的市场占有率。②企业从高档产品市场进入中低档产品市场的成本较低。这是因为在产品设计、生产工艺、促销宣传、分销渠道方面，企业可充分利用现有的条件。③在短期内，可获得较明显的经济利益。例如，海尔公司在生产高档冰箱、空调产品占领市场的同时，把产品线向下延伸，生产电风扇，产品一出，即在市场上受到了普遍欢迎。

（3）双向延伸。经营中档产品的企业在取得竞争优势后，在原有的产品线中，同时增加高档和低档产品。这种策略在一定条件下有助于加强企业的市场地位，特别适合新兴行业中的企业采用。

日本精工钟表公司就采用此策略。20世纪70年代后期精工既推出了"脉冲星"牌系列低价表，从而向下渗透这一低档产品市场，同时，它又向上渗透高价和豪华型手表市场，推出了售价达5000美元的超薄型手表。

4. 更新策略

指对那些产品线长度虽然适当，但是产品质量、技术水平落后的产品升级换代。目的是实行产品线的现代化。在策划产品线更新策略之前，不仅要针对市场、公司的内部各方面做出全面分析，更要研究消费者的需求，以适应市场发展。其基本方法有两种：局部更新和全部更新。

四、产品包装组合策划

包装是产品策划的重要组成部分，通常是指产品的容器或包装物及其设计装潢。现代营销策划过程中的包装策划已经远远超出作为容器保护产品的作用，而成为促进和扩大产品销售的重要因素之一。进行产品包装策划时可选择以下八种产品包装策略：

（1）类似包装策略。企业生产的各种产品，在包装上采用相似的图案、颜色，体现共同的特征。其优点在于能节约设计和印刷成本，树立企业形象，有利于新产品的推销。但此策略仅适用同样质量水平的产品，若产品质量相差悬殊，会因个别产品质量下降影响其他产品的销路。

（2）差异包装策略。企业的各种产品均有自己独特的包装，在设计上采用不同的风格、色调和材料。这种策略能避免因个别产品销售失败而面对其他产品的影响，但会相应地增加包装设计和新产品促销的费用。

（3）配套包装策略。将多种相互关联的产品配套放在一个包装物内销售。例如，化妆盒里的配套化妆品，口红、粉饼、小镜子、眉笔等。

（4）复用包装策略。包装内产品使用完后，包装物本身可以回收再用或顾客用作其他用途。如啤酒瓶子可回收重复使用，装糖果的盒子可用做饭盒等。此策略的目的在于通过给顾客额外的利益，扩大销售。

（5）等级包装策略。对同一种产品采用不同等级的包装，以适应不同的购买力水平，或者按产品的质量等级不同，采用不同的包装，如优质产品采用高档包装，一般产品采用普通包装。

（6）附赠品包装策略。在包装或包装内附赠奖券或实物，以吸引顾客购买。如在儿童食品中附赠小玩具。

（7）改变包装策略。当某种产品销路不畅或长期使用一种包装时，企业可以改变包装设计、包装材料，通过使用新的包装，使顾客产生新鲜感，达到扩大销路的目的。

（8）绿色包装策略。又叫生态包装策略，指包装材料使用可再生、再循环，包装废物容易处理及采用对生态环境有益的包装。采用这种包装策略易于被消费者认同，有利于环境保护和与国际接轨，从而产生促销效果。

【案例赏析】

章燎原打造"三只松鼠"的"爆款"单品

说起章燎原这个名字可能很多人不知道，但一提到"三只松鼠"，很多人脑海中就会立刻蹦出该产品的卡通形象。根据 2016 年淘宝关键词搜索数据显示，"三只松鼠"在过去一年中的搜索量达到"零食"搜索量的 2.5 倍，"坚果"搜索量的 6 倍，年销量突破了 60 亿元。其实在该品牌创立初期，坚果类市场早已经是一片红海，但是章燎原发现，碧根果离市场饱和还很远，还是片蓝海市场，于是全力投入资源去做碧根果，再通过卖萌式销售、极致的用户体验来赢得客户。终于，消费者们的眼前为之一亮，"三只松鼠"品牌也深入人心。而在这其中，"碧根果"无疑是最大的功臣。

课堂讨论：

1. 消费者购买单品的本质需求是什么？

2. 企业想要打造一个属于自己的爆款单品，需要具备哪些要素？

第四节　企业价格策划

价格是企业营销组合中的重要因素，也是唯一直接和收入相联系的因素。产品定价不当，不是减少收入而导致"入不敷出"，便是暂时牟取暴利而最终成为失败者。所以大小企业都很重视价格问题。如何进行定价策划，使其既有利于企业收益，又能在竞争中立于不败之地，便是本节讨论的主题。

一、价格策划的基本原则与程序

1. 价格策划的基本原则

企业定价和调价受很多变数的影响，需要营销人员根据企业当时的实际情况进行综合判断做出决策。搞好价格策划应当把握以下四项基本原则：

（1）价格策划的出奇制胜。价格策划应当出奇制胜，在实施时才能先发制人，达到目的。

（2）价格策略的适时变动性。价格相对稳定是企业经营的基本原则，变化频率过快易失去消费者的信任。但是，相对稳定并不是说不能变化，只要时机合适，仍然能利用价格因素直接达到获利或排斥竞争者的目的。

（3）价格策划的区间适应性。企业定价有上限和下限的限制，价格的变动应当在这个上下限规定的区间里变动，突破这个区间有可能带来副作用。

（4）价格变动的时间区间。通常，战术价格调整多数控制在 1~3 个月之间，或者是价格调整的营销目的已经达到，就应当研究新的价格战术，采用新的价格策划方案。

2. 价格策划的程序

价格策划作为一项管理工作，尤其需要一定的工作程序，一个完整的价格策划包括六个程序：

（1）选择定价目标。企业选择的价格目标通常有：①利润目标，包括当期利润最大化目标、适度利润目标等；②销量目标，包括最大销量目标、保持或扩大市场占有率目标等；③竞争目标，包括应对和避免竞争目标、维持企业生存目标等。

以价格为基础的价格决策，其目标是寻求企业为消费者所创造的价值与成本之差的最大化，即从企业所创造的价值中获取应得的利润。

（2）核算产品成本。产品成本是定价的主要依据和最低经济界限。因此，定价离不开对产品成本的核算。这一阶段的策划应重点掌握产品本身价值量的大小和产品的供求关系，尤其是产品的需求价格弹性、国家政策对价格的规定、货币的价值、货币流通规律的影响、消费者心理对定价的影响等。

（3）调查和预测竞争者的反应。在商品经济条件下，竞争是无处不在的。尤其是产品的营销价格，是市场上最为敏感的竞争因素之一。因此，企业进行价格策划时，必须充分考虑到竞争者的可能反应，尽可能多掌握竞争者的可能反应，尽可能多掌握竞争者的定价情况，并预测其对本企业定价的影响，以调整和制定有利的价格策略和其他营销策略。

（4）选择定价方法。可供企业选择的定价方法有很多，企业在分析测定以上各种原因的影响之后，就应该运用价格决策理论，选择出一定的方法来计算产品的基本价格，即根据产品成本、市场需求和竞争状况三要素来选择定价方法。

（5）确定定价策略。①定价与产品的关系。产品的质量、性能是制定价格的重要依据。如果产品质量好、功能多、信誉高、包装美，就能把价格定得比一般产品高；相反，价格就要低一些。②定价与销售渠道的关系。企业产品的直接销售对象和定价也有一定的关系。如果把产品大量批发给中间商，则价格应当定得低一些；如果直接销售给消费者，价格就要定得高一些。③定价与促销的关系。产品花费的促销费用高，价格理应定得高一些；否则，价格就可以定得低一些。

（6）确定最后价格。根据定价目标，选择某种定价方法所制定的价格常常并不是该产品的最终价格，而只是该产品的基本价格。为了提高产品的竞争力及对顾客的吸引力，还应考虑一些其他的因素，对基本价格进行适当调整。

价格调整的方向有升有降，调整的时间有长有短，调整的幅度有大有小，调整的方法灵活多样，一切都要以市场为转移。调整也不可能一次就完成，市场环境再变化，价格就要再调整，直至产品生命周期结束，产品退出市场。

二、产品分析和市场分析

企业在进行价格策划时，首先应进行产品分析和市场分析。

1. 产品分析

产品分析主要是对产品成本的分析，产品成本可分为固定成本和变动成本。产品成本是企业价格决策的最低经济界限，企业定价必须首先使总成本费用得到补偿，即价格不能低于平均成本费用。单位产品平均成本费用是平均固定成本费用和平均变动成本费用之和。在一定条件下，生产单位产品的平均变动费用是不变的，而生产单位产品的平均固定费用随着产量的变化呈反方向变化。

影响成本变动的具体因素有劳动生产率、工资水平、物质消耗和其他因素。其中劳动生产率的变化与成本的变化成反比，而工资水平和物质消耗与成本变动成正比。其他因素指原材料、燃料、动力的价格，固定资产占有水平和利用率，以及固定资产估价、折旧率，产品质量，废品损失等。

2. 市场分析

主要是分析供给、需求、竞争者、消费者等因素对产品定价的影响与制约。

（1）供求的影响。价格与供求的关系，是一种持续不断互相作用的过程。价格决定供求，供求反过来又影响价格，价格再作用于供求，价格与供求是在动态中保持一种相对平衡的关系。供求对价格的影响，表现为供不应求时价格上涨，供过于求时价格下降。而且供求关系不平衡程度决定着价格偏离价值的方向和程度。供求关系严重失调，会最终导致价格大幅度波动；供求关系基本平衡，价格才能围绕价值适当偏离，上下运动。

由于短期内供给不可能大幅度变化，故多研究价格与需求的关系。在一般情况下，价格与需求之间是一种反向关系。价格越高则需求越低，反之则需求越高。但是，一定幅度的价格变动所引起的不同商品需求变动的幅度并不一致，即不同商品的需求价格弹性不同。因此，商品的需求价格弹性因素也是企业在价格决策时必须考虑的因素。对于需求富有弹性的商品，企业可以采取适当调低价格的策略，广泛吸引顾客，扩大销售，获取更多利润；而对于需求缺乏弹性的商品，企业可以在保证质量的前提下，适当调高价格，这样既可增加利润，又不至于对销售产生太大影响。

（2）分析竞争者的产品和定价。在竞争的条件下，竞争者的价格以及对本企业定价作何反应，也是企业价格策划的依据之一，甚至是很重要的依据。如果本企业产品与竞争者产品质量水平一致，那么价格也要接近，否则会失去市场；如果本企业产品质量低于竞争者，那么定价就不可能仿效竞争者而只能低得多；如果本企业产品质量高于对手，则可把定价提得高些，同时注意对手作何反应。

分析竞争者的产品和价格方法很多。企业可以进行市场调研，直接从消费者那里了解他们对价格的态度，对本企业产品与对手产品的质量感觉；也可以把竞争者的产品买回来实验分析，甚至购买竞争者的生产设备加以研究。这样做的目的，是便于企业利用价格给自己的产品定位，与竞争者抗争。

（3）分析消费者心理及认知价值。企业进行价格策划时，还应对消费者进行分析。因为价格能否实现，最终取决于消费者是否接受。通常消费者会在心目中树立对某产品的认知价值，并据此判断价格是否合理，如果企业定价不高于该认知价值，消费者就会接受该价格。所以，企业可以通过一些非价格手段如广告宣传等来提高消费者的认知价值。

此外对消费者心理也应进行分析。消费者心理是一个很复杂的因素，购买同一商品，不同消费者其心理是不同的。所以企业应针对不同的消费者和消费心理进行价格策划。例如麦当劳在美国市场的顾客，以中下阶层为主，其心理多为求廉，所以价位不高。在我国香港，因为其是世界各国商品货物的转口地，舶来品并不稀奇，加上香港免税的关系，故麦当劳在香港定价也比较便宜。但在大陆和我国台湾地区，在消费者或多或少崇洋的心理下，麦当劳则以舶来速食的形象，采取高价政策，且业绩奇佳。

三、确定定价目标

企业价格方案的策划，必须以定价目标为指导。通常有维持企业生存，争取当期利润最大化，保持和扩大市场占有率，保持最优产品质量，抑制或应付竞争等定价目标。企业在不同情况下可以选择不同的定价目标。

（1）维持企业生存通常是企业处于产品销售困难，面临倒闭等不利环境中采取的过渡性定价目标。以此为目标，企业往往降低价格，以保本价格，甚至亏本价格出售产品，以求迅速出清存货，收回资金。

（2）当期利润最大化是许多企业的定价目标。在估计需求与成本的基础上定出一种价格，以便产生最大的当期利润、现金流量或投资报酬率。该目标强调的是当期的财务绩效。美国企业往往较重视短期绩效表现，故常采用此定价目标。

（3）保持和扩大市场占有率也是企业常用的目标。以低价打入市场，开拓销路，逐步占领市场是企业普遍采取的方法。此目标适用于以下情况：消费者对价格很敏感，因此低价格能刺激需求迅速增长；生产与分销的单位产品成本随着生产规模的扩大和生产经验的积累而降低；低价格可以阻止实际与潜在的竞争。

（4）在某些条件下，企业为了树立产品在消费者心目中的良好形象，也可以保持最优产品质量为定价目标。这时企业可以采取高价政策，一是弥补为达到最优质量而耗费的较高成本，二是适应消费者高价高质的心理。

（5）抑制或应付竞争多是在竞争激烈的形势下企业采取的定价目标。以此为目标，根据企业实际情况不同，可采取以下四种办法：

1）竞争力量较弱的企业，可采取与竞争者相同或略低的价格；

2）企业力量较强，又想扩大市场占有率时，可采取低于竞争者的价格；

3）具有竞争优势的企业，如实力雄厚，技术先进，产品优质，服务齐全等，则可采用高于竞争者的价格出售产品的方法；

4）有的企业为了达到阻止竞争对手进入市场或迫使弱小企业退出市场的目的，故意压低市场现价，甚至以低于成本的价格出售产品。

上述目标是相互联系的，某一目标的实现，在不同程度上也实现了其他目标。在实际运用时既要全盘考虑，又要有所侧重。因此选择时应注意：①要充分考虑影响企业定价的内部和外部条件，不能超越实际条件；②要与企业经营目标及其他目标（如产品、渠道、广告等）相互协调；③要区分定价目标中的主要目标和次要目标、必达目标和希望目标、间接目标和直接目标、长期目标和短期目标，并使之协调，从中选择切合实际的目标。

四、定价方法的比较和选择

1. 定价方法的比较

定价方法分为成本导向定价法、需求导向定价法和竞争导向定价法三类。

（1）成本导向定价法是主要依据产品成本来制定价格的一种方法。根据成本形态不同，又分为完全成本加成定价法和变动成本定价法。完全成本加成定价法应用简便，但缺乏竞争性，难以适应市场竞争的变化趋势。变动成本定价法是以单位变动成本作为定价基本依据，加入单位产品贡献，形成产品售价。

（2）需求导向定价法是以产品或服务的社会需求状态作为主要依据，综合考虑企业的营销成本和市场竞争状况，制定或调整价格的方法。主要有可销价格倒推法和理解价值定价法两种。可销价格倒推法即先以消费者对某种商品愿意且能够接受的价格作为市场销售价，然后再倒推出中间商的价格和企业产品的出厂价格。理解价值定价法是以消费者对商品价值的感受及理解程度作为定价基本依据。

（3）竞争导向定价法即以市场上相互竞争的同类产品或服务的价格为基本依据，随竞争状况的变化确定或调整价格的方法，通常主要有通行价格定价法、竞争价格定价法和密封投标定价法。通行价格定价法即以行业的平均价格水平或竞争对手的价格为基础进行定价。竞争价格定价法是一种主动竞争的方法。密封投标定价法是通常用于建筑承包、大型设备制造、政府大宗采购等投标的交易方式。

2. 定价方法的选择

企业应根据实际情况选择以下四种定价方法：

（1）当企业处于卖方市场条件时，制定价格主要考虑产品成本，可以采用完全成本加成定价法。当企业处于买方市场条件时，制定价格除考虑产品成本外，还应考虑需求、竞争等因素，此时应把成本导向定价法和其他方法结合起来使用。

（2）当市场供过于求，企业产品大量积压时，企业为扩大销售、维持生存，可采取变动成本定价法。当企业开工不足，生产能力有剩余时，为避免设备闲置，也可采用变动成本定价法来吸引客户，减少固定成本的亏损。

（3）当企业为了确保产品价格的可接受性时，可以采取可销价格倒推法。当企业实力雄厚、产品具有特色或属于名牌优质产品，或具有独特性能、优质服务时，可利用非价格因素影响消费者，采取理解价值定价法。

（4）在竞争比较激烈的情况下，企业也广泛采用竞争导向定价法。大多数中小企业由于市场竞争能力有限，为避免与生产经营同类产品的大企业"硬碰硬"竞争，可以采取通行价格定价法。而实力雄厚、产品特色突出的大企业可采取竞争价格定价法。

企业在同一产品或服务的价格决策中，可以结合运用几种定价方法，以取长补短，相互补充。

五、定价策略选择

1. 新产品定价策略

新产品定价可以采取撇脂策略、渗透策略和满意价格策略。撇脂策略指以高价将新产品投放市场，在短期内获得高额利润以尽快收回投资。渗透策略指以低价将产品投放市场，便于迅速扩大销量，提高市场份额。满意价格策略是介于两者之间的中间策略，也是一种保守策略（如表4-2所示）。

表4-2 新产品定价策略

撇脂策略	渗透策略
市场需求水平高，且缺乏弹性	市场需求水平低，需求弹性大
本产品与竞争产品差异大	本产品与竞争产品差异不大
消费者不在乎市场价格	消费者选购商品时重视价格因素
产品技术独特，难以仿制	产品技术简单，容易仿制
希望快速收回投资	希望逐渐收回投资

2. 组合定价策略

现在，企业总是生产多种产品，相关产品在销售上具有相互关联性，企业就可以利用关联性采取组合定价策略。

（1）替代产品定价策略。生产替代产品的企业可以有意识地合理安排本企业替代产品间的价格比例以保证实现营销目标。例如企业可提高市场潜力小或竞争激烈的产品价格，以促使人们增加对那些市场潜力大的产品需求，即通过牺牲某一品种，达到稳定和发展另一些品种的目的。

（2）互补产品定价策略。企业为互补产品定价时，应体现错落有致、高低分明的原则。企业可以适当降低价值大且使用时间长的主件产品价格，提高价值小且使用时间短的附件产品价格，以主件产品需求的扩大带动附件产品需求的增加，以销售量大、价格高的附件产品收入抵补主件的低价亏损。但是，运用这种策略的企业，必须采取一定的措施，确保消费者购买本企业的主件产品后会购买本企业的附件产品，否则，非但不能促进自己附件产品的销售，反而会给竞争者制造可乘之机。

（3）组合产品定价策略。组合产品的定价，企业应保证整体盈利，但多种产品有赔有赚，从而使消费者感到比单件购买便宜、方便，最终达到促进销售的目的。采用这种策略，必须防止引起顾客反感的硬性搭配。

3. 价格调整策略

产品价格经常处于浮动状态，很少有一种产品的价格能够长期保持不变。因此，企业必须根据自身情况和市场条件对价格进行适时调整。

（1）降低价格分析。降价很有可能引起竞争者的不满和对抗，导致价格战。但处于以下情况时，企业仍需降价：①企业生产能力过剩，产品积压，但运用改进产品，增加销售力量或其他措施都难以打开销路时；②面临激烈的价格竞争，市场占有率下降，为了击败竞争者，保持或扩大市场份额，企业必须降价；③当企业的产品成本比竞争者低但销路不好时，需要通过降价来提高市场占有率，同时使成本由于销量和产量增加而进一步降低，从而形成良性循环。

（2）提高价格分析。提高产品价格会引起顾客、中间商和本企业销售人员的反对，但成功的提价也会为企业带来可观的利润增长。当企业面临以下情况时必须考虑提价：①市场上需求过旺，企业无法满足顾客对其产品的全部需求时，只有提高价格以平衡供求，增加收入；②因通货膨胀物价上涨时企业成本费用上升，但生产率不能相应提高，这就使利润率下降，企业只有提高产品销价，以平衡收支，保证盈利。

提高实际价格可以采用限时报价或延缓报价定价，使用价格自动调整条款减少折扣等方法。

【案例赏析】

价格策划赢市场

　　北京地铁有家每日商场，每逢节假日都要举办"一元拍卖活动"，所有拍卖商品均以一元起价，报价每次增加五元，直至最后定夺。但这种由每日商场举办的拍卖活动由于基价定得过低，最后的成交价就比市场价低得多，因此会给人们产生一种"卖得越多，赔得越多"的感觉。殊不知，该商场用的是招揽定价术。它以低廉的拍卖品活跃商场气氛，增大客流量，带动了整个商场的销售额上升。这里需要说明的是，应用此办法所选择的降价商品，必须是顾客都需要，而且市价为人们所熟悉的才行。

　　沃尔玛能够迅速发展，除了正确的战略定位以外，也得益于其首创的"折价销售"策略。每家沃尔玛商店都贴有"天天廉价"的大标语。同一种商品在沃尔玛要比其他商店便宜。沃尔玛提倡的是低成本、低费用结构、低价格的经营思想，主张把更多的利益让给消费者，"为顾客节省每一美元"是他们的目标。沃尔玛的利润通常在30%左右，而其他零售商如凯马特利润率都在45%左右。沃尔玛每星期六早上举行经理人员会议，如果有分店报告某商品在其他商店比沃尔玛低，可立即决定降价。低廉的价格、可靠的质量是沃尔玛的一大竞争优势，吸引了一批又一批的顾客。

课堂讨论：

1. 你怎么看沃尔玛的销售促进策略？
2. 结合案例谈谈价格策划对企业的重要性。

第五节　企业营销渠道策划

企业启动之初所面临的一个重要问题，就是通过什么样的渠道销售自己的产品。企业必须根据主观条件和客观情况，合理地进行销售渠道设计。

营销渠道是营销组合中的一个重要组成部分，是实现商品从商家交换至消费者的通道，是传递客户价值、提升经济效益、赢得竞争优势的重要工具（如图4-2所示）。

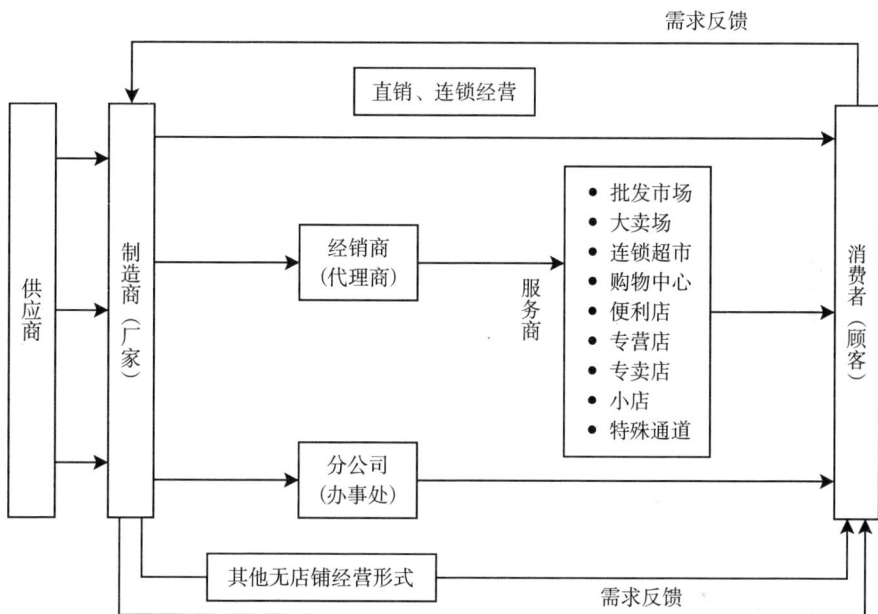

图 4-2 营销渠道运作系统

一、产品特性、企业实态与市场格局分析

企业选择销售渠道时必须考虑以下三个因素：

1. 产品特性

并非所有产品都必须选择同一销售渠道，恰恰相反，产品的性质不同，销售渠道选择也就存在差异。例如，对于易耗品、危险品、体积大的产品，应避免多次转手、反复搬运，适于采用短渠道或专用渠道，对于日用小商品则可选择长渠道和宽渠道；对于单价高的产品、技术性强的产品适合采用短渠道，而价格低的产品则可采用长渠道；对于式样变化大的时尚产品，适于采用短渠道，而款式不易变化的产品则可采用长渠道等。

2. 企业实态

企业选择销售渠道时，必须考虑自身的条件和需要。主要体现在：①企业实力和声誉。企业信誉好，实力雄厚，就有可能将一些重要的销售职能集中在自己手中，例如建立自己的销售系统，以控制营销渠道。反之，则只能依赖中间商来销售产品。②企业营销状态。如果企业拥有足够的销售人员，有丰富的销售经验，就可以少用甚至不用中间商，反之则必须利用中间商销售。

3. 市场格局

市场情况也是影响销售渠道的重要因素，包括市场范围、顾客集中程度、市场规模、市场竞争以及竞争者使用的渠道等。①市场范围大小的影响。产品销售市场范围越大，则分销渠道越长、越宽；相反，则可采用短渠道或窄渠道销售。②顾客集中程度的影响。顾客分布集中，可以采用直接销售渠道；顾客分布比较分散，则可利用较多中间商销售。③消费者购买习惯的影响。对于消费者重复购买次数多的产品可采用较多中间商销售；对于购买次数少，如耐用消费品，则利用较少中间商销售。④市场竞争者的影响。一般说来，企业对同类产品多采用与竞争者相同的分销渠道以便与竞争者相抗衡。但有的企业为了避免竞争便采用与竞争者不同的销售渠道，如雅芳公司决定不和其他化妆品制造商争夺零售商店里稀少的商品陈列位置，而代之以有利可图的上门推销方式。

二、渠道模式的选择

企业可以在多种渠道模式中进行选择：

1. 渠道类型的选择

销售渠道按商品在流通过程中是否经过中间商转卖来分类，分为直接渠道和间接渠道。①直接渠道。可以直接将信息传达给消费者，也可以及时了解市场需求状况及其变化趋势；可以缩短流通时间，降低流通费用，提高企业利润水平；而且有利于企业控制销售渠道。生产工业用品的企业，生产鲜活商品、食品、手工业制品、化妆品等消费品的企业可以采用直接渠道。②间接渠道。由于中间商的介入，减少了交易次数，扩大了销售范围，有利于增加企业销售量。但是，中间商的增多，会弱化企业对销售渠道的控制。对于大多数生产消费品的企业来讲，间接渠道是主要的销售渠道。

2. 渠道长度的选择

渠道的长短是根据产品和服务从生产者向消费者转移过程中所经历的中间商层次的多少来判断的。短渠道能有效地缩短流通时间，加快资金周转、提高经济效益，而且企业对产品销售的控制能力和信息反馈的清晰度较好。鲜活商品、时令商品及易损耗变质商品的销售可采用短渠道。

长渠道能充分发挥中间商的作用，便于商品的收集、储存、扩散，能做到把分散的货源集中起来，再合理地及时地分配到广大的消费者手中，方便了消费者就近、及时购买，具有很大的辐射性和纵深性。因此，当企业的产品市场需求广泛、销售量大、货源分散时，适合采用长渠道，长渠道尤其适合生活消费品的销售。

3. 渠道宽度的选择

企业在选择宽渠道或窄渠道时，一般有三种策略可供采用：①密集分销策略。即企业选择尽可能多的中间商为其销售产品。这一策略的重心是扩大市场覆盖或快速进入一个新市场，使众多消费者和用户随时随地买到该企业产品。如果企业实施这一策略，对渠道的控制就很少。②选择性分销策略。即企业在目标市场上只选择有代表性的几家中间商作为自己的销售渠道。这一策略的重心是为了维护企业良好形象，建立稳固的市场竞争地位。③独家分销策略。即企业在某一目标市场上只选择一家中间商销售本企业产品。这一策略的重心是为了控制分销渠道和市场。在这种策略下，中间商往往与企业有较强的相互依赖关系。

通常来说，凡属于选购性产品或有特殊性的产品，一般采取选择性分销策略，而普通商品一般采取密集分销策略。

4. 营销渠道组合结构的选择

营销渠道结构因商品类别不同而有差异：①生产资料的销售渠道较短，直接销售和只有批发环节的销售是两种最主要的形式。而且生产企业一般只使用很少的具有专业能力的批发商，他们间关系密切，依赖程度很高。②消费资料中除关系国计民生的重要消费品外，大部分产品可由企业自择渠道。一般来说，消费资料的销售渠道较长，中间环节较多，广泛和大量采用零售商及批发商是渠道的重要特点。我国消费品销售中最主要也是使用最多的渠道就是生产企业→批发商→零售商→消费者。由于采用的中间商较多，且中间商经营多种多样的产品，生产企业与中间商的关系较松散，生产企业不易控制渠道。

三、中间商的选择

中间商是指介于生产者和消费者之间，专门从事商品由生产领域向消费领域的转移业务的经济组织。中间商有两种基本形式：批发商和零售商。批发商按所有权关系和基本经营方式的不同，可分为：商业批发商、经纪人和代理商、生产商的分店和销售办事处。商业批发商是指独立经营、对其所经营的商品拥有所有权的批发商。经纪人和代理商与商业批发商的主要区别在于，他们没有商品所有权，只是在买卖双方之间起媒介作用，促成交易，从中赚取佣金。零售商是直接向消费者出售商品的中间商。零售商的类型繁多，从国内外零售商发展的情况来看，主要有以下几种：专业商店、综合商店、百货商店、超级市场、方便商店、邮购商店和连锁商店等。

中间商的选择关系到能否实现渠道目标和效率的问题，因而企业总是要选择最有利于产品销售的中间商。在一般情况下，选择确定最佳的中间商要考虑以下七种基本因素：

1. 中间商的服务对象是否与企业所要达到的市场面相一致

也就是说，所要选用的中间商的经营范围，应该与企业的产品销路基本对口，这是最基本的条件。

2. 中间商的地理位置是否与企业产品的用户相接近

具体地讲，就是选择零售商的地理位置时，最好是本企业产品的顾客常到之处；而选择批发商的地理位置时，则要看其是否能较好地发挥其储存、分销、运输的功能和有利于降低销售成本。

3. 中间商的商品构成

中间商的商品构成中，一般不应该有与本企业产品竞争的产品。但从另一个角度来讲，即使中间商的商品构成中有竞争者的产品，只要本企业的产品质量优于竞争者的产品而价格又不高的话，仍可以挑选这个中间商，否则，则不宜挑选。

4. 中间商的职工情况和服务力量

具体地说，中间商能否在销售过程中，向顾客提供比较充分的技术服务与咨询指导，有没有懂技术、善经营的维修、推销等业务人员，以及必要的技术装备等。这些都与能否扩大产品销路有密切关系，尤其是销售某些技术比较复杂的商品时更应如此。

5. 中间商的储存、运输等设备条件

具体地说，经营鲜活商品，有无冷藏或控温设备；经营有特殊要求的商品，有无保管防护设备；有无必要的或专用的仓库和运输车辆等。

6. 中间商的资金力量、财务状况和信誉情况

中间商是否有足够的支付能力、能否按时付清货款、其信誉情况是否良好都是企业应该考察的因素。

7. 中间商的管理水平和经营能力

中间商的组织、管理能力和工作效率，与企业产品的销售关系极大，必须予以重视。

企业对中间商的选择要根据上述各种因素，观察它的经营能力、经营水平和周转能力等，进行综合分析。同时应考虑企业自身情况，选择和企业自身条件相匹配的中间商。在选择时，企业可以采取直接观察的方法，也可以通过对消费者、其他企业的调查来了解中间商的情况。

四、渠道业务管理办法

企业在选择了渠道模式后，还应对渠道进行日常的管理。渠道业务管理包括以下四个方面：

1. 选择渠道成员

归结起来，评估中间商要从成本、资金、控制、覆盖、特点、连续性、信用和能力八个方面进行选择。

（1）成本（Cost）。选择中间商首先要考虑的就是成本问题。如果选用中间商效益低下或者成本太高，得不偿失，就不应该选择中间商。

（2）资金（Capital）。生产企业要选择资金力量比较雄厚、财务状况良好的中间商。

（3）控制（Control）。在营销活动中，选择的中间商不同，所享有的控制力也不同。为了使企业能够及时地掌握市场变化，了解营销渠道的情况，就需要增强对分销渠道的控制力。

（4）覆盖（Coverage）。一般而言。营销网络市场覆盖率高、覆盖面广的中间商，其产品推广与市场开拓能力也强。因此，应该尽量选择那些市场覆盖面广的中间商，经销客户企业的产品。

（5）特点（Character）。所选择的分销渠道必须适合客户企业的特点及其产品的特点，中间商的销售对象必须与客户企业所要进入的目标市场一致。

（6）连续性（Continuity）。在市场营销实践中，客户企业选择的一些中间商常常因为各种原因倒闭、转业或拒绝进货，客户企业就可能随之失去在该地区的市场。因此，选择中间商必须考虑其连续性问题。

（7）信用（Credit）。在营销实践中，商品销售状况良好、回款能力极差的中间商应该慎重考虑，否则企业会因资金周转问题而陷入困境。

（8）能力（Capability）。能力是指在对中间商进行评价选择时要从其开拓市场的能力、营销能力、管理能力、提供技术支持和售后服务能力及储存运输能力等方面进行考察。

2. 鼓励渠道成员

为了鼓励渠道成员更好地为生产企业推销产品，可以在销售量与经济利益的联系上，给中间商以直接的激励。企业通常可提供下列正面激励：较高利润、特殊条件，允许共同广告津贴、陈列津贴和促销活动等。有时也使用负面激励，如降低利润或全面终止合作关系等。

3. 协调产销关系

为了使生产企业与中间商的合作关系巩固和发展，生产企业应主动搞好产销关系，应对中间商提供必要的协助和服务。现在有的企业专门设立"分销商关系规划部"，由该部协商处理分销商的各种需要，帮助他们尽可能达到最佳销售水平。

企业可以协助中间商多做广告和其他促销活动，也可协助中间商改善企业管理，经常交流市场情报，及时给予财务支援等。包括给予本企业销售渠道内的中间商以较长时间的付款期限；给予一些折扣或代销办法上的优惠，提供一些免费咨询，邀请商店负责人访问生产企业所在地，与商店负责人共同商讨提高产品质量和扩大销路的措施等。这些办法，既有利于中间商改善经营管理，又有利于生产企业提高声誉和扩大销售量。

有时不同层次渠道的成员之间会出现矛盾，企业作为渠道的领头人必须顾大局识大体，制订明确可行的管理办法以控制矛盾。企业可以采取让利法，此法的关键是生产企业带头让利，并促使批发商向零售商让利。层层让利就可缓解这种矛盾。

4. 评估渠道成员

生产企业必须定期评估中间商的绩效，评估标准包括：①销售配额完成情况；②平均存货水平；③客户交货时间；④破损与遗失货物的处理；⑤对企业促销与训练方案的合作程度；⑥提供顾客的服务等。

评估后对经营绩效好的渠道成员给予鼓励，对绩效低于既定标准的渠道成员，要找出主要原因及其补救的方法，必要时可予以更换，以保证营销活动顺利而有效地进行。

五、渠道控制与调整

1. 垂直营销系统

垂直营销系统是由生产企业、批发商和零售商形成的统一整体，宗旨是统一规划，协调行动，服从于一个领导者。领导者可以是生产企业，也可以是批发商或零售商。这种组织形式比传统营销渠道更能有效控制渠道行为、管理渠道成员和解决那些因不合作而产生的冲突。垂直营销系统有三种主要形式：

（1）团体式垂直营销系统。它是由同一个所有者名下的相关的生产部门和配销部门组成的。这种渠道系统将制造、批发和零售融为一体，矛盾冲突减少，协调性增加。例如，西尔斯公司出售的商品中，有50%来自它拥有股权的制造厂。

（2）支配式垂直营销系统。这是指不是通过共同的所有权，而是由规模最大或实力最强的一家企业，来管理和协调生产与配销的各个环节的渠道系统。大企业一方面提供资金融通、技术咨询、管理协助等优惠条件，以稳定改善渠道关系，另一方面也以此为手段支配和控制整个营销渠道。

（3）契约式垂直营销系统。是指由从事生产和配销的不同层次的独立企业组成，是以契约为基础来统一的行动，以求获得比其独立行动时所能得到的更大的经济效益和销售绩效。契约式垂直营销系统又有三种形式：批发商组织的自愿连锁店、零售商合作社和特许专卖机构。

2. 全面或局部修正营销渠道系统

当市场上出现一些新情况时，如消费者购买方式变化、市场扩大、产品生命周期进入成熟期、竞争者的兴起、新的营销策略出现，企业就有必要对营销渠道进行调整，以适应变化的情况。修正营销渠道系统的策略有三种形式：

（1）增减渠道中的个别中间商。对经营不善、绩效不佳、对渠道整体运行有严重影响的中间商，可考虑予以剔除。在必要时，可考虑另选合格的中间商加入渠道。有时因竞争者的渠道宽度扩大，使自己的销售量减少，也应增加中间商的数量。

（2）增减某一营销渠道。企业有时会发现随市场的变化，自己的营销渠道过多过杂，有的渠道作用不大。从提高营销效率和集中有限力量等方面考虑，可以适当缩减一些营销渠道。相反，当发现现有渠道过少，不能使本企业产品有效地快速抵达目标市场，影响了产品的销量时，企业可增加新的营销渠道。

（3）改进整体营销渠道。即意味着原有营销渠道的解体。当原有渠道矛盾冲突无法解决，造成了极大混乱或是企业战略目标和营销组合实行了重大调整时，都有可能对营销渠道进行重新设计和建立。如某冷饮生产企业可能决定以集中装瓶自销的方式，取代某一地区特许装瓶经销商，这不仅改变了营销渠道，而且也改变大部分的营销组合决策。这种较重大的决策，企业必须认真进行调查研究、权衡利弊、慎重施行。

　　无论是局部的修正还是整体的修正，都必须在经济效益上、对渠道的控制标准上，以及渠道的适应性上作认真的分析评价。

【案例赏析】

广东益寿食品有限公司的渠道策划

　　广东益寿食品有限公司生产了"黑米片"即冲即饮营养品，这种产品柔滑细糯、美味可口。"黑米片"投入初期由于担心产品在零售市场覆盖率低，为提高分销效率，采用了双重销售体系，益寿公司在通过批发商销售的同时，还利用当地有实力的大零售商场进行双渠道批发，使公司的市场份额有较大幅度的提高。

　　但是，经过一段时间的发展，这种模式的问题出现了。广东益寿食品有限公司突然发现市场销售量开始急剧下滑，经分析才知道：产品在市场有了一定知名度，市场批零价格透明度增加后，这种双重销售体系的致命弱点也暴露出来。例如，兼营零售业务的批发商在获得了批零差价后同其他不设批发的零售商直接竞争，打乱了保证零销商利益的零售利润，影响零售商推销"黑米片"的积极性，批发环节也因争夺客户而降低了价格促销效果，利润下滑导致中间商们推销热情减弱。

　　作为一个制造商，广东益寿食品有限公司能不能全面了解自己与公司产品的批发商、零售商以及最终消费者有什么不同？它们各自在整个渠道中的位置、所处的行业结构、面临的主要管理问题及其所选择的策略又有什么区别？与广东益寿食品有限公司一样，很多企业陷入渠道管理的混乱，这都是由于缺乏对渠道系统中各个成员的应有角色的认识而产生的。

课堂讨论：

1. 对上述企业的营销方案的利弊做出分析。

2. 制定你认为合适的渠道策划。

第六节　企业销售促进策划

一、销售促进策划的含义

销售促进又称营业推广，是企业在一定时期内，采用特殊方式对顾客进行刺激，迅速激发购买欲望，以促进商品销售的一种促销手段，销售促进策划就是指对这些促销手段所做的统筹规划与安排。

销售促进策划的着眼点是促进当前商品销售，其作用主要表现在三个方面：

其一，便于企业选择恰当的营业推广措施来吸引新顾客。强烈而新颖的诱导刺激措施能迅速吸引部分消费者的注意，并在利益驱动下转而购买本企业产品。

其二，有助于迅速扩大商品销售量，加速资金的周转。无论是哪一种销售促进措施，都是围绕迅速激发需求，扩大商品销售量这一中心来进行的。尤其是对于新产品，可以迅速提高知名度；对于将要过时或冷滞的商品，可以迅速脱手，避免资金的长期占压，提高资金利用效果。

其三，各种销售促进措施的选择和精心安排可以配合广告等促销手段，实现企业营销目标。广告的促销效应是长期的、缓慢的，从消费者接受信息到采取购买行动往往有一个较长的考虑和比较等心理活动过程，其购买决策易受各种因素的干扰。而销售促进措施的刺激是强烈的，经常导致消费者的冲动购买、即兴购买，其效应是即时的、快速的。销售促进措施配合广告宣传，可以强化广告效应，促进消费者尽快购买，大量购买。

二、销售促进策划的程序

销售促进策划要达到预期效果，必须遵循一定的程序，在此基础上才能做出适当的决策。

1. 确立销售促进（营业推广）的目标

营业推广目标主要根据目标市场的购买者和企业的营销目标而确定。也就是说，不仅要确定对谁推广，而且要具体确定推广什么。具体分析如下：

（1）以消费者为目标，刺激其反复购买。包括：鼓励续购，促进新用户试用等。

（2）以中间商为目标，刺激大批量购买。包括：吸引中间商购买新品种或大批量重复购买，鼓励中间商销售过时库存的商品，建立中间商对本牌号产品的信任等。

（3）以推销人员为目标，鼓励其开拓新市场。包括：鼓励推销人员推销某种新产品，促使他们开拓新市场，刺激过时产品推销等。

2. 选择恰当的（营业推广）的方式

销售促进（营业推广）的方式甚多，企业应根据市场类型、营销目标、竞争环境、政策法令、道德准则以及每一种推广形式的费用和效率来进行选择。

3. 预算销售促进费用

企业应根据活动的目标，销售促进的措施、强度以及企业经济承受能力等，合理地确定销售促进的财务预算，以保证营业推广目标的实现。

4. 评价销售促进的效果

销售促进的目的是为了取得良好的经济效益，因此在销售促进策划中，应重视对销售促进效果进行检查评价，为开展销售促进活动提供依据。

对销售促进活动效果的评价，既要考虑到短期效益，又要考虑到长期效益、产品形象、企业形象、企业知名度等多方面因素，那种只顾短期效益，有损企业形象的销售促进活动，终归会被实践证明是得不偿失的。

三、销售促进方法的选择

针对不同的对象，销售促进方式多种多样，但归纳起来主要的方法有以下十个方面：

1. 服务促销

通过周到的服务，使顾客得到实惠，在相互信任的基础上长期开展交易。主要的服务形式：售前服务、开架服务、订购服务、加工服务、送货服务、售后服务、维修服务、培训服务、代办托运服务、保险服务、信息咨询服务等。

2. 互惠促销

生产经营房屋、设备、机器等商品的企业，把商品让渡给买方使用，将其价值分期收回，买方得到固定资产的支配权与使用权，组织生产经营，将提取的折旧逐渐偿还卖方。这种租赁有助于解决某些机器设备、特别是价值高的设备"用户买不起，卖主卖不掉"的供求矛盾。

互惠贸易是指交易中的任何一方既是买主，又是卖主，双方互相购买对方的产品，都不用花任何促销费用而取得促销成果。这种互通有无的交易，能促成稳定的经济联合，发展成"三角形""多边形"的互惠交易。

3. 订货会与展销

订货会是以产品实物吸引顾客购买的一种有效形式，可以由一家企业举办，也可以由多家企业联办。订货会主要交易形式有：期货交易、现货交易、易货交易、以进带出贸易、样品订购交易、补偿贸易等。

展销也是销售促进的有效形式，通过展销可起到"以新带旧""以畅带滞"的作用，有助于企业缓解和消除积压，使库存结构趋于合理化。展销的主要类型有：以名优产品为龙头的展销、季节性商品展销、新产品展销、区域性产品展销等。

4. 折扣促销

企业为了鼓励中间商更多地经营本企业产品，对于提前支付货款或购买数量较多的客户，在价格方面给予种种优惠，包括批量折扣、现金折扣、特种价格促销、类别顾客折扣、价格保证等。这些办法都能促成中间商大批量购进，并有助于促进购销双方长期友好合作关系。

5. 物质奖励和精神奖励

企业为了对推销成绩优异的本企业推销人员进行鼓励，充分发挥他们的主动性、积极性和创造性，可采取各种物质奖励和精神奖励的形式，激励推销人员为企业促销做出更大的努力。

6. 竞争和演示促销

企业根据目标市场的特点，组织各种形式的竞赛，以刺激和鼓励批发商、零售商、代理商、推销人员努力推销本企业产品，引导和鼓励消费者购买本企业产品，树立良好的企业形象。对消费者举办的竞赛可以采取：购物竞赛、购物抽奖、猜谜比赛、知识竞赛等。

演示促销是指在销售现场或展销会上做商品的使用表演，提供实例证明，使购买者对商品性能产生信任感或激起冲动性的购买。演示促销包括定点演示、流动演示、工艺演示等。

7. 赠品促销

通过赠送低价商品或免费服务，促使消费者立即产生购买的行动。在做赠品决策时，要考虑商品的正常销售量和居民的消费量，要把赠奖的目标放在提高企业的市场占有率上。赠品的方式灵活多样，不能千篇一律。

8. 优惠券

企业对合作者、长期顾客、对本企业有贡献的或社会影响较大的顾客，提供一种可享受优惠的证明，以此来联络感情，开拓潜在市场；或者在一定时期集中优惠销售，以扩大企业或产品的知名度和影响力。

9. 反季促销

一般而言，一些季节性商品往往有销售淡季和旺季之分。顾客的消费心理是"有钱不买半年闲"，即什么时令买什么，缺什么买什么，而不会买完东西之后长时间闲置。但是有些商家却反其道而行之，在暑夏的时候将原本滞销的商品如毛皮大衣、羽绒服等拿出来促销，效果还挺好。而消费者中不乏买者，主要是因为反季节购买差价很可观。

10. 特定顾客

通过限制消费人群，利用人们的求奇心理和受人尊敬而产生的一种心理满足感来促进销售的方法。这种促销方式虽然限制了顾客，但是其他人免不了会因为好奇也加入到购物的这个行列中来，从而收到促进销售的效果。目前市场上有许多专业店铺，它们都有明确的特定消费群体，商品陈列颇有特色，如果借鉴西方的特定顾客法，可为各专业店铺增加不少吸引力，从而促进销售。

四、销售促进的实施与控制

销售促进（营业推广）是一种有效的促销手段，但若使用不当，不仅达不到促销的目的，反而会影响商品的销售，对产品和企业形象造成损害。因此，企业在开展销售促进活动时，要加以适当控制。

1. 选择适当的销售促进措施

销售促进措施多种多样，企业要根据产品属性、市场特点、供求关系等选择适当的销售促进措施。例如针对中间商的销售促进措施多数就不适用于消费者，反之亦然。对新产品，采用示范表演、展销、免费样品等措施效果较好，通常不采用购物中奖、优惠券、价格递减等措施。而后面几种措施对老产品的促销往往能取得较好的效果。

2. 确定适当的推广时间

人员推销和广告是连续的促销活动，而销售促进则是在特定时间内的促销活动。销售促进时间的确定和长短，是营业推广能否取得预期效果的关键因素之一。销售促进的时间过短，其影响力可能还未波及大多数潜在顾客，轰动效应的积极作用未能充分利用。销售促进的时间过长，轰动效应衰减，顾客疑窦自然丛生，对产品和企业形象将产生不利影响。如新产品酬宾展销，时间不宜过长，时间一过，价格就要恢复原来的水平，否则顾客难免产生上当的感觉，损害企业信誉。

3. 规定适当的销售促进强度

营业推广活动总是伴随着各种优惠条件和强大的宣传攻势，这固然是迅速激发需求所必要的手段，但声势过大或让利过多，可能产生种种副作用。例如顾客产生逆反心理，怀疑企业的动机，怀疑产品质量；营业推广组织费用过大，经济上得不偿失。

4. 符合法规，取信于民

企业无论采取何种销售促进措施，必须符合市场所在国或地区的有关法律。如我国的《反不正当竞争法》规定，"不得以排挤竞争对手为目的，以低于成本的价格销售商品"。"进行有奖销售时，不得采用谎称有奖或者故意让内定人员中奖的欺骗方式"，不得"利用有奖销售手段推销质次价高的商品"。我国国内贸易部重申禁止实行"还本销售"。西方一些国家对所附赠品的价值也有限制等。在销售促进活动中，企业的让利，要遵守诺言。

5. 制定和执行销售促进措施的预算

企业在销售促进活动前根据活动的目标，销售促进的措施、强度、时限、预测效果以及企业的经济承受能力等，确定销售促进的财务预算，以服从于企业的长远利益。在销售促进的准备和实施过程中严格执行预算，活动结束后应进行核算，以评价效果，总结经验。

【案例赏析】

最后一天打一折

日本东京有个银座绅士西装店，是首创"打1折"销售的商店，曾经轰动了东京。当时销售的商品是"日本GOOD"，银座绅士西装店是这么实行的：

首先定出打折销售的时间，第一天打9折，第二天打8折，第三天第四天打7折，第五天第六天打6折，第七天第八天打5折，第九天第十天打4折，第十一天第十二天打3折，第十三天第十四天打2折，最后两天打1折。看起来好像最后两天买东西是最优惠的。

商家对此的预测是：由于是让人吃惊的销售策略，所以，前期的舆论宣传效果会很好。抱着猎奇的心态，顾客们将蜂拥而至。当然，顾客可以在这打折销售期间随意选定购物的日子，如果你想要以最便宜的价钱购得，那么你在最后的那两天去买就行了，但是，你想买的东西不一定会留到最后那两天。实际情况是：第一天前来的客人并不多，如果前来也只是看看，一会儿就走了。从第三天就开始一群人一群人的光临，第五天打 6 折时客人就像洪水般涌来开始抢购，以后就连日客人爆满，当然等不到打 1 折，商品就全部卖完了。商家运用独特的创意，把自己的商品在打 5、6 折时就已经全部推销出去，"打 1 折"只是一种心理战术而已。

课堂讨论：

1. 分析案例中银座绅士西装店的营销促进是怎样实现的？

2. 你对企业营销策划的作用有怎样的理解？

【案例分析】

看赶集网如何完胜 58

赶集网的困惑：

赶集网自 2005 年创办，经过几年的发展，公司的服务已经覆盖了人们日常生活的各个领域，如房屋租售、二手物品、招聘求职、车辆买卖、宠物票务、教育培训、同城活动及交友、本地生活及商务服务等信息。

在北京、上海等一线市场获得用户认可的基础上，赶集网开始了扩张工作，在全国 343 个主要城市逐步开通了分站。但是在扩张的同时，赶集网也感受到了发展的压力。

一方面，由于极易被模仿和抄袭，赶集网遭遇 58 同城、百姓网等竞争对手的分流，成长进入瓶颈状态；另一方面，分站的扩张也没有为赶集网带来实质性的流量增长，反而遭遇到更多的区域性品牌的阻击。

运营成本在不断地增加，但成长却趋于缓慢。在今日资本总裁徐新的推荐下，赶集网决定和叶茂中进行策划合作。

营销策划的三个借力：

"赶集网"这个名字取得好，但是这个有着好名字的"孩子"却一直没有一个让人印象深刻的形象符号或声音符号。

"我有一只小毛驴，我从来也不骑！有一天我心血来潮骑它去赶集……"这是一首耳熟能详的儿歌，一只可爱有趣的毛驴，既有不可复制的声音识别性，又具备了极强的视觉冲击效果。

这首被传唱了几十年的童谣，70后、80后、90后都相当有共鸣，最关键的是，还与赶集网有着天衣无缝的关联。为了强化传播效果，在创意中还为小毛驴设计了一个不堪重负而发出的独特的"驴叫声"，使创意增加了极强的独特记忆点。

借力微博女王：牵手最当红的网络红人。

我们借力"微博女王"——姚晨，在创意中与小毛驴进行互动，用姚晨的声音说出"赶集网，啥都有！"姚晨的幽默可以充分演绎出现代人骑驴赶集的趣味性，能够更好地提高广告的传播力与品牌的公信力。

当姚晨骑着毛驴，一边哼着大家都耳熟能详的《小毛驴》儿歌，一边扯着喉咙喊出那句"赶集啦……"之时，电视机前的观众，地铁里的乘客，等待电梯的白领，电脑前的网虫，在哈哈一笑的同时也记住了"赶集网"这个原本相对陌生的网站。

借力黄金时段，决战2011春节档。

在大多数人眼里，在春节档进行大规模投放必然要冒很大的风险，一是传播成本非常高，二是各类影响投放质量的广告干扰也非常多。但春节期间，广告传播到达率较高，也是最能满足目标用户各类需求的黄金时段。

相对于细水长流式的传播策略，集中爆破式的投放更能吸引潜在用户的点击，因为用户上了就不会跑。

因此，赶集网的广告在2011年春节集中投放，春节期间赶集网广告在央视1套、3套、6套全天滚动播出；同时，还配合在湖南卫视《天天向上》《快乐大本营》、江苏卫视《非诚勿扰》三个全国收视率最高的节目中进行了投放。

短短半个月的媒体集中投放，赶集网的注册用户量不仅在上海、北京这样的传统市场完成了爆炸式的增长，更在全国范围内得到了质的飞跃，在生活信息分类网站中遥遥领先。而在生活信息分类网站的竞争中，绝对的用户量就是绝对的竞争力。

赶集网的确火了，百姓网针对赶集这则让人过目不忘的广告片立马在春节期间就注册个了"赶驴网"，想着能蹭个东风，混淆视听抢抢赶集的风头。

同时，有数据显示，在春节期间赶集网的流量呈现爆炸性增长的趋势，彻底走出之前与百姓网、58同城等同类生活信息分类网站的均势。这样一种爆炸式的增长，不仅解决赶集网现阶段的问题，而对叶茂中策划机构赶集网项目组的成员来说，更是对他们决战春节档的传播策略及"小毛驴"创意价值的最大肯定。

根据上述案例，试分析：

1. 结合本案例，谈谈营销渠道模式的选择。

2. 结合本案例，分析目标市场的选择与定位。

【本章小结】

● 企业营销策划是策划活动中的一个方面，是指对企业开办、发展的整个经营活动进行必要的规划、安排。

● 企业的一切营销活动都是围绕目标市场进行的。

● 企业产品策划主要针对市场的定位情况，找出合适的产品信息原点，准确传达产品的利益。

● 企业定价和调价受很多变数的影响，需要营销人员根据企业当时的实际情况进行综合判断做出决策。

【思辨题】

1. 企业营销的操作方案该怎样制定及实施？

2. 怎样进行科学的市场分析？

3. 如何做到营销与策划的有效结合？

‖第五章‖
企业品牌策划

【教学目标】

通过本章学习，了解企业品牌策划，为企业树立品牌忠诚度，以达到消费者的品牌认可，让企业拥有品牌内涵。

【教学要求】

知识要点	能力要求	相关知识
企业品牌概念	品牌的认识和企业品牌的了解分析	品牌的认识理解，企业品牌的树立
国内品牌的发展	分析国内企业市场及行业情况，认识国内品牌的发展趋势	国内品牌认识及分析
品牌定位	充分认识了解品牌定位概念，原则意义	品牌多种方法形式的策划方案
品牌促销决策	品牌的促销决策及方式	对品牌的未来发展的推广及策划

【开篇阅读】

中国微型车市场的品牌竞争

2013年2~3月，中国微型车市场品牌关注比例排行榜中，铃木以31.4%的关注比例雄踞榜首，奇瑞则以18.3%的关注比例紧随其后，长安、比亚迪均以10.0%的关注比例分居第三、第四位，第五位的是关注比例为8.8%的长城。在2013年微型车销量排行榜上奇瑞QQ排第一，铃木奥拓、比亚迪F0、长安奔奔MINI紧随其后。这些高居榜首的微型车是以怎样的品牌个性成为市场之宠的？

奇瑞：QQ 时尚炫彩，女性至爱。奇瑞品牌旗下的 QQ 家族品牌定位于微型车，七年销售 80 万辆成为中国微型车市场的领军企业。2003 年奇瑞推出 QQ3，将品牌定位于"时尚、开心、积极、友爱"，在国内汽车行业中以"时尚可爱"的大旗，赢得了都市消费者的高度认可，占有都市市场的相当份额，销售一路走高。奇瑞 QQ 一直秉持"时尚"的品牌理念，通过卡通造型和丰富的色彩向消费者诠释着"时尚"和"可爱"，赢得了广大年轻女性消费者的认可。

奥拓：科技引领，诉求功能。拥有 33 年辉煌历史的奥拓是属长安铃木旗下的合资车型。外形圆润可爱的新奥拓的推出让奥拓获得了"最具人气炫动车型"的殊荣，车身做工与喷漆质量都保持了合资车型应有的高水准，以及车辆内部空间的提升都为奥拓赚足了人气。奥拓延续了长安铃木"科技成就低能耗高品质"的品牌定位，从功能上打动消费者，从设计上迎合年轻消费者。

比亚迪：炫酷多彩，敢于不同。比亚迪 F3 的 20 个月 10 万辆的销售佳绩，比亚迪 2012 款新 F0，再次打破传统微型车的配备标准，更新伊甸粉、紫罗兰两种炫丽颜色，引领同级车潮流风范。比亚迪在控驾、品质、静音的全面升级，以及面向都市白领的品牌定位"Just Cool"，更是让比亚迪在市场上成为佼佼者。

奇瑞、奥拓及比亚迪的微型车的市场竞争，同时让我们知道精准的品牌定位对品牌策划的意义。

案例讨论：

1. 结合上述微型汽车的品牌策划，试述什么是品牌策划。
2. 微型车的品牌可以对汽车企业带来什么？

第一节　品牌的概念与分类

一、品牌的概念

关于品牌的定义有很多种。美国广告专家约翰·菲利普·琼斯（J.P. Jones）对品牌的界定是：品牌，指能为顾客提供其认为值得购买的功能利益及附加价值的产品。美国经济学教授菲利普·科特勒（Philip Kotler）博士对品牌的定义是：品牌是一种名称、术语、标记、符号或设计，或是它们的组合运用，其目的是借以辨认某个销售者，或某群销售者的产品及服务，并使之与竞争对手的产品和服务区别开来。按照这个定义，品牌是一个集合概念，由品牌名称和品牌标志两部分构成。品牌名称是可以用语言表达的，品牌标志则是不能发声但可以识别的部分，如符号、图案或色彩。

二、品牌的分类

品牌不是从来就有的，它是市场经济发展到一定阶段的产物。品牌存在于各行各业，传统的行业有品牌，现代工业产品也有品牌，中国有中国的名牌，世界有世界的名牌，品牌的类型纵横交错，复杂盘结。为了加深对品牌的理解，从以下六个方面进行品牌分类。

1. 按品牌知名度划分

按品牌知名度的辐射区域划分，品牌可以分为当地品牌、地区品牌、国家品牌和国际品牌。品牌的知名度是由社会公众来评定认可的。

（1）当地品牌。是指一个县内的品牌，这样的品牌知名度较低，一般情况下只有县区域内和邻近地知晓。

（2）地区品牌。是指一个较小地区范围内公众认知的品牌，相当于我国的省内品牌，享有一定的知名度，如地区性生产和销售的特色产品，北京的二锅头、河南的彩蝶香烟等。2002 年 9 月，广东省名牌战略推进委员会等单位组织进行首届广东名牌产品评价，从食品、燃气用具用品等各行各业的 94 家企业中评出98 个省级名牌产品，这些都属于地区品牌。

（3）国家品牌。是指在一国境内享有较高知名度，产品辐射全国，在全国销售的产品。如联想、红塔山、娃哈哈分别为科技领域、香烟领域、饮料领域的我国的国家名牌。

（4）国际品牌。是指在国际范围内公众认知的品牌，在国际市场上享有较高的知名度、美誉度。如可口可乐、麦当劳、万宝路、微软等都属于国际知名品牌。

2. 按品牌性质划分

按品牌的品质和价值以及公众的对象差异，可分出大众品牌和高档品牌。

（1）大众品牌。指产品面向大众或普通消费群体的品牌。大众品牌中的一种是面向所有消费者的，如可口可乐饮料、柯达彩色胶卷、两面针牙膏、珠江啤酒等。这类品牌产品的基本特点是满足消费者的实用性和共同性的需要；另一种是面向中低收入者的品牌，如麦当劳快餐、松下电器、格兰仕微波炉等。这类品牌以该类产品中最大的消费群体为其目标市场，放弃了某些顾客群体。

（2）高档品牌。高档品牌则是面向少数甚至极少数公众群体，以高定价、低产量为特征，这类产品一直被人们理解为身份地位的象征，如劳斯莱斯汽车、劳力士手表以及皮尔·卡丹服装等。这类产品从设计到生产都极为讲究，虽产量不大，但利润极高。

3. 按品牌不同用途划分

根据产品的不同用途，可以将品牌划分为资本品品牌、日用品品牌和享乐品品牌。

（1）资本品品牌。资本品是指用来生产其他物品的产品，这类物品相互之间的差异较小，品牌相对于其产品实体而言，重要性相对较小。

（2）日用品品牌。日用品是指单位价值较低、消费者购买频率较高的物品。如纸巾、香皂、牙膏等。对这类产品来说，品牌就比较重要，因而形成一些强势品牌，如维达纸巾、雕牌香皂、高露洁牙膏等。顾客一旦喜爱上了某种产品，就会产生重复购买行为，为企业带来长期利润。

（3）享乐品品牌。享乐品品牌是指用于满足消费者享乐生活的品牌，如凯迪拉克轿车、万宝路香烟、香奈儿5号香水等。

4. 按品牌生产经营环节的不同划分

根据产品生产经营环节的不同，可以将品牌分为制造商品牌和销售商品牌。

（1）制造商品牌。指生产制造企业为自己的产品而创建的品牌。如福特汽车、索尼电器、茅台酒、娃哈哈果奶等。长期以来，品牌研究者关注的对象主要是制造商品牌，这在我国尤为突出。近几年评选的中国名牌更是清一色的制造商品牌。

（2）销售商品牌。销售商品牌有两个层次：其一是销售商根据目标市场的特点，结合产品功能及特色，为产品设计的品牌。如耐克、大红鹰等。其二是指销售商依靠自己独特的经营管理、销售、服务而创立的品牌。如沃尔玛、家乐福、苏宁电器等。

5. 按品牌生命周期划分

根据生命的长短，可以将品牌划分为长期品牌和短期品牌。

（1）长期品牌。指生存时间较长，一般在两年以上的品牌，才在市场中占有一席之地。如全聚德烤鸭、同仁堂制药、李库珀牛仔裤、IBM 等。

（2）短期品牌。指生存时间较短的品牌，只能持续一时或昙花一现。1992 年曾轰动一时的换肤霜就属于短期品牌。

6. 按品牌来源划分

根据来源不同，可以将品牌划分为自有品牌、外来品牌和嫁接品牌。

（1）自有品牌。指企业自己创造并一直使用的品牌。如阿诗玛、长虹、鄂尔多斯、远大、丰田等。

（2）外来品牌。指企业通过特许经营、兼并或收购等形式取得的品牌。如桑塔纳、肯德基、香港陆氏实业公司购买的"TCL 王牌"彩电等。

（3）嫁接品牌。主要指通过合资、合作方式形成的带有双方品牌的新产品，如"海尔"的前身"琴岛——利勃海尔"即属嫁接品牌。

除了以上六种分类方法之外，品牌还可以依据其他标准，分为别的种类。例如，有人按品牌如何在消费者心中建立联想以及给消费者带来何种价值，把品牌分为功能性品牌、情感性品牌和体验性品牌；还根据品牌的属性划分为产品品牌、企业品牌、组织品牌。

第二节　国际国内品牌的发展

一、国际品牌的发展

品牌产生的具体年代没有确切记录，难以考证。西方国家品牌起步要比我国早，而且规模也比我国大，这是因为西方发达国家为品牌的发展提供了一定的条件。首先，是庞大的市场作为品牌运行的载体，这是因为大市场中必然存在大型公司，而大型公司正是承载品牌的直接载体，从而形成品牌认知和联想，扩大品牌知名度。其次，是先进的生产力和高级的社会分工，因为生产力越发达，社会分工越细致，必然要求品牌发挥作用。西方国家整体上具备上述条件，因此把其发展分成两个阶段。

1. 20 世纪初的品牌发展

19 世纪末 20 世纪初，西方国家的生产力发生实质性变化，电力的出现使电动机器代替了人工和蒸汽机作业，生产效率提高，公司规模扩大，企业界掀起合并热潮。一大批强势品牌，其中包括一些与电力应用有关的新品牌，都产生于这个时期。例如：1880 年法国巴黎梦特娇公司诞生；1886 年可口可乐公司诞生；1886 年德国人本茨制造了第一辆配有单缸发动机的汽车；1895 年吉列剃须刀出现；1896 年路易·威登问世；1898 年乔治·伊斯曼发明了小巧简便的照相机，命名为柯达相机；1905 年美国普罗克特—甘布尔公司改名为宝洁股份有限公司，公司的著名品牌有固齿牙膏、海飞丝洗发液、碧浪与汰渍洗衣粉等；1907 年劳斯莱斯公司推出银色幽灵车；1908 年劳力士手表诞生；1908 年亨利·福特推出福特 T 型汽车，这种用流水线生产的汽车一上市就引发了汽车工业的变革和其他生产部门的技术革命；1913 年法国雪铁龙品牌出现；1916 年美国人威廉·波音与韦斯特·维尔特创办了太平洋航空公司，1917 年改名为波音公司；1924 年万宝路品牌诞生；1938 年雀巢咖啡诞生。

2. 20 世纪中后期的品牌发展

第二次世界大战之后，科学技术迅猛发展，生产力水平不断提高，资本主义逐渐从自由竞争阶段向垄断阶段过渡。一批著名品牌伴随着商品输出和资本流动走向世界的各个角落。例如，肯德基问世于 20 世纪 30 年代，麦当劳创立于 20 世纪 40 年代，在 1955 年之后才以特许经营的方式走向世界，于 60 年代奠定其世界品牌的地位。1946 年，胡蜂摩托问世。1965 年，杜邦公司发明了一次性打火机。日本的一些品牌，如丰田、日立、松下、索尼等都是在 20 世纪中期才成为国际品牌的。

总之，国际品牌总是随着新技术的产生而产生，随着新消费潮流的出现而出现的。

进入 20 世纪 80 年代后，世界经济飞速发展，人们的物质文化生活水平大大提高。但是，发达国家与发展中国家的差距拉大，发达国家不仅向发展中国家输出资本，也输出品牌，占领广大发展中国家的市场。其品牌输出主要有三种方式：第一，品牌兼并。例如，德国汉高兼并徐州洗衣粉厂，获得海鸥等洗涤品牌。第二，品牌购买。例如，著名冰箱制冷设备企业扬子集团在与德国博西—西门子家用电器公司合资中，西门子以 9600 万元人民币买断扬子品牌 50 年使用权。50 年后，扬子品牌烟消云散。中美合资的天津奇伟日化有限公司拿出 1000 万元人民币买断天津鞋油厂的金鸡品牌，之后将其打入低档鞋油市场，以此来扼杀该品牌。第三，无偿提供。即发达国家的企业向东道国无偿提供自己的知名品牌，借此宣传自己的品牌。

此外还有一种形式，就是恶意抢注他国商标。例如，剑南春、竹叶青被韩国企业抢注，青岛啤酒、五星啤酒被美国企业抢注，凤凰、蝴蝶被印度尼西亚抢注，杜康被日本抢注等。商标，特别是著名品牌的商标被恶意抢注，是企业无形资产的流失，令人痛惜。而抢注者以微不足道的成本获取了巨额经济利益，阻碍或者消灭了竞争对手的品牌，一劳永逸地占领了一些大市场。

二、国内品牌的发展历程

我国品牌的发展大体可以划分为三个阶段：

1. 旧中国时代

旧中国时代，列强入侵，战火频仍。帝国主义国家纷纷掠夺我国的宝贵资源，又向我国倾销产品。薄弱的民族工业受到严重的冲击和破坏，劫难重重。市场上洋货日俏，土货日绌。洋货充斥我国的大部分市场，民族品牌几乎出现真空现象。解放前的大上海，商店里销售的商品 80% 以上是洋货。1872 年，法国轩尼诗白兰地酒中的科涅克（又称干邑）XO 进入上海；1928 年，可口可乐出现于上海和天津等地；1936 年，奔驰汽车进入我国市场。

这一时期，我国本土品牌如北京盛锡福帽子、杭州张小泉剪刀等大多还属当地品牌。由于经济落后，加上长期闭关锁国政策的影响，其知名度不高，一般不为我国广大消费者所熟悉和了解。

2. 计划经济时代

从新中国成立到改革开放前，我国实行计划经济。因为物资短缺现象随处可见，因而这种经济被匈牙利经济学家雅诺什·科尔奈（Janos Kornai）称为"短缺经济"。在计划经济体制下，市场作用被否决，竞争被看作资本主义尔虞我诈的产物。企业成为政府的附属物，品牌失去了生长的土壤，也失去了应有的活力。由于商品供给不足，人们在购买产品时没有挑选的余地。例如手表只有上海、海鸥；自行车只有飞鸽、永久、凤凰、红旗；收音机只有红灯、红梅；服装以"老三色"为主等。

3. 市场经济时代

改革开放以后，随着社会主义市场经济体制的逐步确立，企业逐渐成为参与市场竞争的主体，竞争意识贯穿于企业整个经营决策过程中，品牌进入了自由发展时期。1982 年，江苏盐城燕舞公司进京展销，首先在《人民日报》《北京日报》和北京电视台投放广告，继而在中央电视台也连续播出广告，拉开了品牌营销的序幕。1990 年第十一届亚运会在北京举行，广东健力宝集团花巨资购买了此次运动饮料的专卖权，并出资 1600 万元赞助第十一届亚运会，成为国内最大的广告赞助商。健力宝的公关赞助活动具有里程碑意义，它推动了我国市场营销的发展，增强了国民的品牌意识。

随着经济的不断发展，企业的品牌意识日益增强，品牌竞争也日渐突出。在竞争中，我国各个行业都涌现出了一些著名品牌。例如：家电行业有海尔、新飞、长虹、康佳、TCL 王牌、美的、格兰仕、格力等；计算机行业有联想、方正、长城等；服装行业有杉杉、雅戈尔、红豆、鄂尔多斯、波司登等；烟酒行业有中华、红塔山、五粮液、茅台、泸州老窖、青岛、燕京、珠江等；饮料行业有健力宝、崂山、娃哈哈、维维、椰树、露露等；鞋业有森达、康奈、双星、金猴、富贵鸟、回力等；家庭日用品业有雕牌、立白、白猫、安尔乐、美加净、大宝、盼盼、乐凯、好孩子等；食品业有双汇、金锣王、莲花、华龙、福满多、光明、蒙牛等。

虽然国内品牌还不具备与国际知名品牌相抗衡的实力，但毕竟有了长足的进步，产生了质的飞跃。而十几年前，中国产品的展览会还令外国参展商哭笑不得。日本《日经周刊》报道说："笨重的烤面包机，粗糙的焊接器，大如坦克的电冰箱，似乎应该排在'五一'劳动节游行队伍的前列。最实用的东西，却落后世界潮流 20 年，中国制造的产品几乎只能销往第三世界。"现在，中国生产的许多产品的质量可与日本产品相媲美，甚至有过之而无不及。世界每时每刻都充满着竞争，不仅存在政治竞争、文化竞争、科技竞争、军事竞争，而且还存在经济竞争。由此可见，作为经济发生场所的市场，也存在着激烈的竞争。市场中众多的品牌交相辉映，异彩纷呈，眼花缭乱，目不暇接，品牌的竞争成为国际市场竞争中的主角。品牌的竞争无形之中抬高了品牌的身价，根据 1996 年的世界品牌排行榜，"万宝路"排名第一，品牌价值为 446.14 亿美元；"可口可乐"排名第二，品牌价值为 434.27 亿美元；"麦当劳"排名第三，品牌价值为 189.2 亿美元。品牌竞争不仅体现在消费品等生活资料中，同时也体现在生产资料的领域。例如英国皇家石油公司的"壳牌"、美孚石油公司的"美孚"、美国埃克森石油公司的"埃索"，名牌钢材产地瑞士、卢森堡闻名全球，瑞士的"米格罗斯"名牌机械制品也享誉世界。有人预言：决定 21 世纪世界格局和国家经济地位的因素，除了科技依然不可缺之外，就是以品牌为代表的市场占领。在品牌竞天下的时代中，必然要求企业转向以品牌经营为中心，注重品牌策划，塑造品牌形象，增强自己的竞争实力，留下历史的光辉足迹。

【案例赏析】

国酒茅台再造品牌之路

在世界六大蒸馏酒系列中，有一个系列独树一帜，用五千年文化酿制的琼浆玉液醉倒了东方人，醉倒了西方人，全世界酒界高人无不对其推崇备至、关爱有加，这就是中国白酒。在中国所有白酒中，无论是北派的香醇还是南派的清爽，都难以和一个品牌比肩——这就是茅台。

"好酒不怕巷子深"的时代已然过去。茅台加大力度改进传统的市场运作风格，进行产品创新和营销体制改革。1998年8月，武汉道博公司与茅台集团达成战略协议，武汉道博取得了茅台酒厂"茅台酒"和"赤水老窖"的全国市场总代理经销权和市场管理权。武汉道博股份公司是上市公司，其"绿之源"品牌家喻户晓，销售网络覆盖全国10多个省份。

在白酒市场中，借助名牌效应进行品牌开发借以延伸产品品牌的做法已十分流行，但一个前提是必须保证品质，否则会给主品牌造成重大创伤。茅台有如此丰富的品质内涵，要进行品牌开发，稍有不慎就会祸及茅台这块牌子。但茅台还是做了，先是开发了43度、38度、33度茅台酒，之后又开发了茅台王子酒、茅台醇、茅台不老酒等系列产品。

茅台现在的产品开发严格按高、中、低三个档次进行，产品序列层次分明，没有混乱，一个系列中品种太多是不足取的。有的系列品牌有几十个产品，这只是变戏法，根本不可能搞好，这方面检验标准只有一个，那就是市场是否认可。

课堂讨论：

1. 国酒茅台是如何再造品牌之路的？
2. 谈谈国酒茅台的品牌定位。

第三节　品牌的定位策略

1972年，全球顶尖营销战略家美国的杰克·特劳特（Jack Trout）和阿尔·里斯（AL Ries）首创了"定位"理论。这一理论，彻底改变了整个世界的营销理念，被称为"有史以来最具革命性的观念"。

一、品牌定位的概念、原则、意义

1. 品牌定位的概念

"定位"（Positioning），是品牌成功与否的关键。定位造就名牌，凡是成功的品牌都有准确的定位。定位理论，最初由美国著名的营销专家阿尔·里斯（AL Ries）和杰克·特劳特（Jack Trout）于 20 世纪 70 年代早期在《广告时代》杂志上发表的文章中提出来，文中指出："定位从产品开始，可以是一件商品、一项服务、一家公司、一个机构甚至是一个人，也许可能是你自己。但定位并不是要你对产品做什么事。定位是你对未来的潜在的顾客的心智所下的功夫，也就是把产品定位在你未来潜在顾客的心中。"

品牌定位，就是指企业的产品及其品牌，基于顾客的生理和心理需求，寻找其独特的个性和良好的形象，从而凝固于消费者心目中，占据一个有价值的位置。

2. 品牌定位的原则

在品牌定位的过程中，全面掌握及熟练运用定位原则，是确保品牌定位成功的重要条件。

（1）顾客导向原则。任何产品品牌的定位都必须以消费者为导向，指向一定范围的传播受众。

品牌定位的基础在于消费者的心理，只有把握好消费者的心理，了解消费者的需求与渴求，塑造好商品的文化理念，唤起消费者的需求欲望，品牌定位的策略才会有效。

品牌定位要站在消费者的角度，借助各种传播途径在消费者心中获得一个期望的位置。其利益点的选择，除了产品功能利益之外，还可以从心理需求、情感及象征意义上挖掘出更多的利益，并擅于将品牌的功能、利益与消费者心目中的渴求联系起来，通过这种方式将品牌的定位明确地传送给消费者，以满足目标受众的需要。

（2）考虑资源条件原则。品牌定位必须要考虑企业自身的资源条件，优化利用资源，既不能造成资源的闲置和浪费，也不能因资源缺乏而陷入有心无力的泥沼。

如果企业要将品牌定位于尖端产品，就要有与之相匹配的技术；定位于高档，就要有能力确保品牌的品质；定位于国际化品牌，就要有运作全球市场的经营管理人才和水平。总之，品牌定位要与品牌资源相配套，既不能好高骛远，也不能妄自菲薄。

品牌定位还需要对企业自身资源进行整理与分析。企业自身资源包括了企业本身、相关产品、管理模式、品牌资产、社会关系等相关的可利用资源，这些资源在品牌定位的过程当中，应当给予充分考虑，并在此基础之上，有效地利用企业自身资源及优势，进行品牌定位工程，进而节省资源，减少浪费，规避风险。

（3）个性化原则。品牌定位不仅仅是品牌物理特性和功能利益的总和，还含有一些精神层面的东西，那就是品牌独特的个性。

功能利益和情感利益共同构成品牌的特征。顾客在选择产品时，不仅考虑产品的实用功能，也注重不同品牌所体现的个性。当品牌的个性与消费者的自我价值相吻合时，他们就会选择该产品，品牌的定位就是成功的。可见，产品与产品之间真正无法逾越的只有产品的个性。个性化选择该产品则要求品牌定位要有创意，要与众不同，只要得到消费者的认同，它就是企业战胜对手、赢得消费者的强大武器。

（4）差异化原则。品牌定位从本质上讲，是将自己的产品与其他品牌区别开来，呈现其相对于竞争者的优势。

品牌通过各种媒体和渠道向消费者传达差异性品牌信息，从而让品牌引起消费者的注意和认知，并在消费者心智上占据与众不同的有利位置。相反，如果公司的品牌产品与其他品牌的产品没有差异，那就没有竞争的优势。

差异创造出竞争价值，差异创造出品牌在消费者心智中的"第一位置"。公司若要突出自己品牌和竞争对手之间的差异，可以在产品个性、功能利益、公司人员、企业形象、营销渠道五个方面进行深入挖掘。

（5）成本收益原则。品牌是用来帮助销售的，品牌定位是要付出经济成本的，其成本的多少因定位的不同而有所差异。企业在定位时要遵循的基本规则是收益大于成本，不能不求回报，一味付出。

如果品牌定位错位或定位空泛，被市场认知的成本就是巨大的。因为这样的定位需要长时间、高密集的沟通才能引起人们的关注，产生清晰的认知，成本之高是可想而知的。同时，企业也很难在日常经营活动之中找到恰当而准确的结合点，很容易造成品牌推广与市场的脱节现象，品牌的工具性作用也很难发挥，造成企业内部和外部对于品牌价值认知的巨大障碍。同时，品牌定位多变也会造成记忆成本的增加。

3. 品牌定位的意义

品牌定位就是让品牌个性在消费者心中占据一个有利的位置，目的在于塑造良好的品牌形象。它是品牌建设的基础，是品牌经营的前提，关系到品牌在市场竞争中的成败，因而越来越受到企业的高度重视。可以说，品牌经营的首要任务就是品牌定位。

（1）品牌定位是联系品牌形象与目标市场的纽带。品牌定位，是一切品牌营销行为的第一步，是建立品牌大厦的奠基石，如果找不准自己的品牌核心价值，一切品牌建设与推广工作都无济于事。良好的品牌定位在一定程度上就是要为企业在市场上寻找到一个独特的位置，目的就是要让市场对企业进行自主观察、认识并接受。

（2）品牌定位是确定品牌个性的重要途径。科学技术的飞速发展使同类产品的质量和性能十分接近，同质化现象越来越严重，已无法满足消费者在情感和自我表达上的需求。因此，品牌的情感诉求已成为品牌竞争的焦点之一，品牌个性则是品牌情感诉求的集中体现。那么，如何凸显品牌个性呢？这就需要品牌定位。品牌定位越清晰，品牌个性就越鲜明。

（3）品牌定位是占领市场的前提。经过品牌定位，品牌个性就可以在目标消费者心中占据一个有利的位置，就可以使消费者的心理与之产生共鸣，接受和认可品牌。品牌定位的目的在于塑造良好的品牌形象，对消费者产生永久的魅力，吸引消费者，使消费者产生购买欲望，做出购买决策，充分体验品牌定位表达的情感诉求。赢得消费者，就意味着赢得市场竞争的胜利。

二、品牌定位策略

品牌定位的目的在于创造鲜明的品牌个性，塑造独特品牌形象，从而满足目标消费者的需要。品牌定位是一项颇具创造性的活动，没有固定模式。

1. 首席定位

首席定位即强调品牌在同行业或同类中的领导性、专业性地位。

如宣称"销量第一"。在现今信息爆炸的社会里，消费者对大多数信息毫无记忆，但对领导性、专业性的品牌印象却较为深刻。如百威啤酒宣称是"全世界最大、最有名的美国啤酒"，双汇强调"开创中国肉类品牌"，这些都是首席定位策略的应用。

2. 比附定位

比附定位就是攀附名牌，即通过与竞争品牌的比较来确定自身市场地位的一种定位策略。

其实质是一种借势定位或反应式定位。借竞争者之势，衬托自身的品牌形象。在比附定位中，参照对象的选择是一个重要问题。一般来说，只有与知名度、美誉度高的品牌作比较，才能借势抬高自己的身价。目前，运用比附定位的激烈商战常常发生在网络软件和硬件供应商之间。

3. 概念定位

概念定位就是使品牌、产品在消费者的心目中形成一个适当的概念，甚至造成一种思维定式，以获得消费者的认同，从而在消费者心目中占据一个适当的位置，使其产生购买欲望。包括是非概念及逆向概念定位、成功概念定位、流行概念定位等。

最成功的典范是美国七喜汽水的广告定位。在美国及世界饮料市场上，可口可乐和百事可乐占据了整个饮料市场绝大部分份额，其他饮料几乎无立足之地。七喜汽水选择并采用了是非概念定位法，刷新消费者的饮料观念，以"七喜非可乐"的广告宣传把饮料市场分为可乐型饮料和非可乐型饮料两种，塑造七喜汽水是非可乐型饮料的代表形象，达到消费者要喝可乐型饮料时会想到可口可乐和百事可乐，喝非可乐型饮料时自然会想起七喜。这一概念定位，使七喜汽水在激烈的饮料市场竞争缝隙中扎稳了根。

4. 品质定位

所谓品质定位，是指产品通过自身良好的品质进行定位，在广告中突出产品的具体品质，运用各种表现手段让消费者体验产品的优势所在，给他们留下明确、清晰的印象，以维护自己的产品地位和形象。如"好品质""天然出品"等，以面向那些主要注重产品品质的消费者。

品质定位的关键所在是改良商品的质量，以接近消费者的理想商品形象。产品的品牌力量是由品牌特性（消费者所感觉的商品特性）与消费者理想商品形象的距离远近来衡量的。也就是说，产品越接近消费者的理想商品形象，就越具有市场竞争力。

5. 类别定位

依据产品的类别建立起品牌联想，称作类别定位。

类别定位力图在消费者心目中形成该品牌等同于某类产品的印象，以成为某类产品的代名词或领导品牌。当消费者有了这类特定需求时就会联想到该品牌。世界品牌实验室认为该定位就是与某些知名而又属司空见惯类型的产品做出明显的区别，或将自己的产品定为与之不同的另类，这种定位也可称为与竞争者划定界线的定位。

企业常利用类别定位来填补需求市场或消费者头脑中的空隙。其中的一个方法是设想自身正处于与竞争者对立的类别或是明显不利于竞争者的类别。七喜汽水"非可乐"就是借助类别定位的一个经典案例。可口可乐与百事可乐是市场的领导品牌，占有率极高，在消费者心目中的地位不可动摇。"非可乐"的定位使"七喜"处于与"可口"对立的类别，成为可乐饮料之外的另一种选择。这不仅避免了与两巨头的正面竞争，还巧妙地与两品牌挂钩，使自身处于和它们并列的地位。

6. 情感定位

世界品牌实验室认为该定位是将人类情感中的关怀、牵挂、思念、温暖、怀旧、爱等情感内涵融入品牌，使消费者在购买、使用产品的过程中获得这些情感体验，从而唤起消费者内心深处的认同和共鸣，最终获得对品牌的喜爱和忠诚。

情感定位可以带给消费者更多的个性化体验。事实上，有时消费者购买某个品牌的产品时，不仅要获得产品的某种功能，更重要的是想通过品牌表达自己的价值主张，展示自己的生活方式。如果企业在品牌定位时忽略了这一点，一味强调产品的属性和功能，不能满足消费者心理上的更多需求，就会渐渐被市场所淘汰。

情感定位使品牌的溢价能力增强。属于消费者具有情感需求的同一类产品，情感定位的品牌的价格敏感度比使用产品属性定位的品牌低。只要品牌的情感诉求被消费者认同，该品牌就为消费者创造了产品功能以外的更多利益，消费者对价格的关注程度就会降低。

情感定位让品牌容易被消费者记住。一个触动消费者内心世界的情感诉求往往会给消费者留下深刻而长久的记忆，在消费者做出购买决策时激发出一种直觉，增强消费者的品牌忠诚度。"我喜欢"往往比"我需要"吸引力更持久。

第四节　品牌促销决策和方式

在品牌促销过程中，企业管理当局需要就与品牌有关的许多问题做出决策，这些问题包括：是否需要品牌、使用谁的品牌、品牌质量如何、品牌定位如何、使用一个品牌还是几个品牌、品牌与企业名称共用还是分离等。

一、品牌促销决策

品牌促销决策是企业整个产品战略的一个重要方面，也是品牌促销的重要内容。企业给其产品起一个适当的名字，合理地设计品牌，向政府申请注册品牌，可以增加产品的附加值，是企业整体营销不可分割的组成部分。

1. 是否品牌化

许多产品需要使用品牌。实际上，目前市场上出售的大多数商品都有自己的品牌。使用品牌可以给卖方带来如下好处：给商品起一个品牌名称有助于卖方管理订货；品牌经法定程序注册为商标后，可以得到法律保护；使用品牌有助于卖方培养一批品牌忠诚者；有助于卖方与其竞争者相区别，更好地服务于顾客；有助于卖方对市场进行细分，实施目标市场营销；同时有利于宣传推广产品，树立良好的企业形象。

2. 使用谁的品牌

生产厂商在决定将其产品品牌化之后，需要进一步考虑的问题是使用谁的品牌，这就是品牌负责人决策。

（1）使用自己的品牌（生产商）。由于品牌作为一种重要的无形资产，有巨大的促销、增效功能，所以，许多生产厂商愿意使用自己的品牌。但是，要创立一个著名品牌，并不是一件简单、容易的事情，往往需要较多的努力并花费一定的代价。许多中小型企业几乎无力培植自己的品牌。于是，有些生产厂商就将自己创立的品牌租给其他厂商使用，或品牌促销决策者与其他厂商联合生产某些产品，提高规模效益，同时也可以利用合作厂商所在地的原材料、劳动力资源和市场。

（2）使用中间商品牌。在现代市场经济中，一些大型的零售商、批发商也致力于发展自己的品牌。美国西尔斯·罗巴克公司不仅创立了许多自己的品牌，而且它所经营的商品90%以上都使用自己的品牌。中间商品牌的出现，有许多好处：对那些没有资金实力和管理能力创立自己品牌的生产厂商，可借中间商品牌的信誉推销其产品。对消费者而言，品牌，尤其是注册商标是产品质量、信誉的保证。对中间商而言，发展自己的品牌也可得到诸多利益，不仅可以更好地控制价格，而且可以在某种程度上控制供应商，降低进货成本，提高竞争能力，得到较多利润。

在现代市场经济中，生产者品牌与中间商品牌之间的竞争，即所谓品牌战愈演愈烈，中间商的优势正在增强。

3. 如何给品牌定位

所谓品牌定位，就是确定一个品牌形象的市场位置。为了合理地进行品牌定位，需要了解竞争性品牌的市场位置和对目标市场的需要。定位就其实质而言，是在既定的市场供求格局下，卖方把自己的品牌与目标市场关联起来，使其品牌形象在潜在顾客心目中处于有利地位。

4. 品牌质量的决定

品牌质量维系着品牌的生命，是反映产品耐用性、可靠性、精确性等使用价值属性的一个综合尺度。

在某个特定品牌投入市场之前，生产厂商必须决定该品牌的最初质量水平，即是以低质量、一般质量、较高质量还是特高质量进入市场。一般而言，较高质量能够提高企业盈利能力，但是，并非所有品牌的质量越高越好。企业应当以市场的潜在顾客的眼光来看待品牌质量，而不应当盲目追求高质量，否则，消费者不感兴趣的高质量，只会带来资源浪费，企业也得不到应有的回报。

生产厂商不仅需要决定其品牌的最初质量水准，而且，在其产品进入市场之后，还需要决定如何管理其品牌质量。一般而言，品牌质量管理可从三个方面着手考虑：①提高品牌质量，满足市场需要，以提高收益和市场占有率；②保持品牌质量；③逐步降低品牌质量。

5. 使用统一品牌还是个别品牌

如果企业决定使用自己的品牌，那么，需要进一步决定的是对各种不同的产品分别使用不同的品牌，还是统一使用一个或几个品牌。

（1）统一品牌。企业决定其所有的产品均使用一个统一的品牌。如：美国通用电气公司的所有产品都统一使用"GE"这个品牌；成都彩虹电器股份有限公司生产的电热毯、消毒柜、电热灭蚊器及药片、杀虫剂等产品均使用"彩虹"这个品牌。采用统一品牌的好处在于，企业可以统一进行广告宣传，节省开支；对于已经成功的品牌，可借助其声誉推广新产品等。但是，使用统一品牌的风险比较大，一个产品的失败，可能殃及所有的产品。

（2）个别品牌。企业决定其所生产或经销的不同产品分别使用不同的品牌。例如，上海牙膏厂生产的牙膏有美加净、中华、黑白、玉叶、庆丰等多个品牌。使用个别品牌的好处在于：对于同一类型产品，可以在包装、宣传、档次、价格等方面加以区别，以不同的品牌形象进入市场，也可以满足目标市场的各种不同的需求，可以避免因一个产品失败而影响企业的整体形象和声誉。

虽然使用个别品牌可能因企业内部的品牌竞争而致使个别品牌的市场份额下降，但企业的行业地位、市场地位却可能提高，整个企业的市场占有率和效益也可能因此提高。

（3）按产品线分别使用不同的品牌。企业将其产品按产品线分类，每一条产品线单独使用一个品牌。例如，美国西尔斯·罗巴克公司就曾采取这种策略，该公司将其所销售的电气用品一律使用"Kcnmore"、女装使用"Kerry-brook"、而大型家庭装置则采用"Homart"。这样做的好处是：企业将其所生产和经销的不同类产品以不同的品牌相区别，可以避免混淆。

6. 多品牌决策

企业决定对其所生产经营的同一类产品，使用两个或两个以上的品牌，使这些品牌互相竞争，以促进企业总销售量的增加。美国宝洁公司是运用多品牌策略比较成功的典范。第二次世界大战以前，该公司生产经营的洗涤剂只有一个品牌"Tide"，20 世纪 50 年代，公司推出了"Cheer"品牌的洗涤剂。两种牌子相互竞争，"Cheer"虽然抢占了一部分"Tide"的市场，但两个品牌的销售总额却比"Tide"一个牌子的销售总额大得多。目前，宝洁公司的洗涤剂至少有八个品牌。

采用多品牌策略的好处主要有三点：

其一，多种不同的品牌一旦被零售商接受，就能够获得更多的货品陈列机会，从而有利于保持竞争优势；

其二，多种不同的品牌可以满足潜在顾客的不同需求，吸引更多的消费者，提高市场占有率；

其三，企业内部多个品牌之间的适度竞争，有利于提高效率，从而提高企业的整体经营业绩。

生产厂商在决定是否引进其他品牌时，必须考虑下列问题：是否能为该品牌建立独特的历史；该独特历史是否可信；该新品牌会夺走本企业其他品牌及竞争者多少销售量；产品开发与促销费用能否从新品牌的销售额中收回来。

在推出多品牌策略时，企业应当特别注意如下问题：

如果品牌使用过多，项目分得过细，可能导致每种品牌都只有很小的市场占有率，而没有一个特别获利的。因而，企业的资源会过于分散，不能形成规模效益。这就要求企业在实施多品牌策略时，要充分注意到品牌不是愈多愈好。而一旦发现品牌过多，致使企业不能集中精力于重点品牌时，就应当果断放弃较弱的品牌。

二、品牌促销的方式

品牌促销的方式有很多种，可以利用消费者、营业促销等多种途径抑或是通过媒体、新闻、广告等扬名战略使品牌威名天下（如图 5-1 所示）。

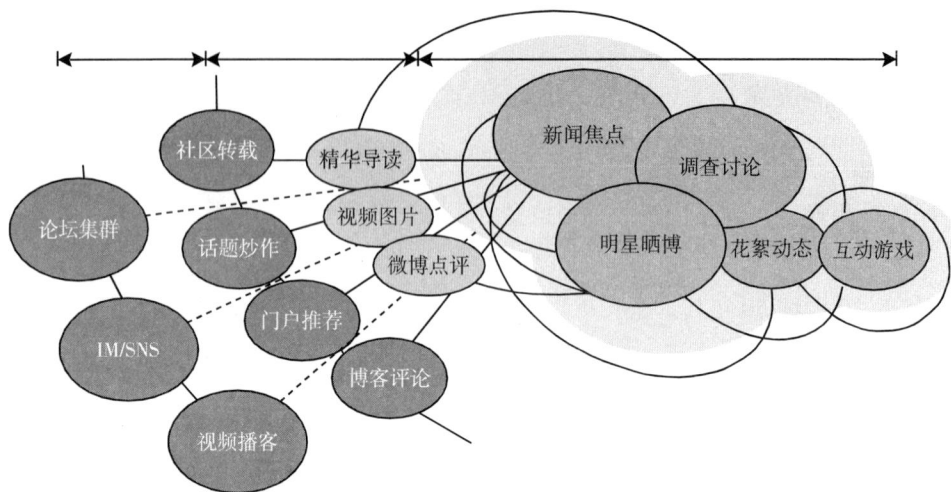

图 5-1　品牌促销的方式

（1）消费者促销方式。品牌推广的消费者促销方式具体又分为：样品、优惠券、付现金折扣、特价包装、赠品、奖金、免费试用、产品保证、联合促销、销售现场展示和表演等推广方式。

（2）营业促销方式。营业促销方式是品牌推广中最具有针对性和灵活多样的，可以是一次性的，也可以是不定期的。在以下两种情况下，营业促销是非常有效的。

品牌类似：品牌经营者有意利用心理学的方法在顾客心理上造成差异，形成本品牌的特色，这就需要大规模地进行促销活动，多采用营业促销方式。

在新品牌刚上市的阶段：由于顾客对新品牌是陌生的，需要采用营业促销方式，促使广大消费者认知新品牌。品牌处于成熟期，为了维持品牌的市场占有率，营业促销方式被广泛采用。常用的营业促销方式主要有举办展览会、展销会、抽奖、时装表演等。

（3）交易促销方式。在品牌促销活动中，用于交易的资金要多于用于消费者的奖金。品牌经营者在交易中耗资是为了实现以下目标：

首先，交易促销可以说服零售商和批发商经营该品牌。由于货架位置很难取得，品牌经营者只有经常依靠提供减价商品、折扣、退货保证或免费商品来获得货架。一旦上了货架，就要保住这个位置，这样才有利于提高品牌知名度。

其次，交易促销可以刺激零售商积极地通过宣传商品特色、展示以及降价来促销品牌。品牌经营者可能要求在超级市场的人行道旁展示商品，或改进货架的装饰，或张贴减价优惠告示等。他们可根据零售商完成任务的情况向他们提供折扣。

由于零售商的权力越来越大，品牌经营者在交易促销上的花费有上升的趋势。任何一个竞争品牌如果单方面中止交易折扣，中间商就不会帮助他推销产品。在一些西方国家里，零售商已成为主要的广告宣传者，他们主要使用来自于品牌经营者的促销补贴。

（4）品牌传播促销模式。品牌传播促销模式是一个自身包含健全而科学的反馈调节机制的系统化的过程。企业在对品牌特征进行定位后，通过各种媒介将品牌特征传播促销给目标受众，以接受其认知和检验。若目标受众接受和认可该品牌，则按既定的品牌定位进行持续的品牌传播促销，并进行品牌资产的积淀；若目标受众不接受和认可该品牌，则必须对品牌进行重新定位，或对品牌进行修正，然后进行品牌传播促销。

【案例赏析】

挑战世界最高峰

1997 年 10 月，为了纪念人类首次登上珠峰 45 周年、人类首次双跨珠峰 10 周年及中国与斯洛伐克建交 5 周年，经中斯两国政府批准，中国登山协会与斯洛伐克山岳联盟共同组队，将于 1998 年 5 月冲击世界第一高峰珠穆朗玛峰。而中国登山协会正紧锣密鼓地进行准备工作，其中就包括为登山队选择优质登山防寒服。

凭着职业的敏感，它们立即意识到其潜在的巨大商业价值和社会价值。尽管谈判有几次反复，但凭借着产品质量和连续三年全国销售第一的资历，最终还是获得了登山服的提供权和登山队的冠名权。

选择国家登山队进行赞助，不仅是因为"波司登"和他们同样都必须挑战严寒，更重要的是双方同样肩负着冲击世界高峰的重任。于是"波司登：登上世界最高峰"的企划理念呼之欲出，并且将这一理念转化为品牌的核心精神。

注入了新的内涵，犹如给品牌输入了新鲜血液，获得全新定位的"波司登"品牌拥有了比以往更强的品牌销售能力。从此，"波司登"羽绒服始终站在中国乃至世界防寒服的前沿，不断推出新面料、新款式，提倡羽绒服时装化，在品牌精神"挑战世界最高峰"的号召下，不断超越自己，挑战极限。

作为羽绒服品牌，波司登已经连续 18 年蝉联中国市场冠军，成为了"羽绒服"的代名词。世界因你而美丽，世界名牌波司登。

课堂讨论：
"波司登"是如何实现品质与品牌"制高点"的策划的？

【案例分析】

珀莱雅的成功品牌路

2003 年珀莱雅本土化妆品品牌创立，2004 年销售 4000 万元，2005 年销售增长 80%，2006 年增长 30%，2007 年回款突破 1 亿元，同年上半年增长率不足 20%，企业发展遇到瓶颈。2008 年强生收购大宝之后，中国市场化妆品品牌销量前十名之中已无国产品牌。显然，珀莱雅化妆品品牌处于内外交困之际。

品牌评估诊断是一切品牌工作的基础。经过叶茂中策划团队的市场调研和品牌评估诊断，发现珀莱雅在渠道上的力量用尽了，珀莱雅是由经销商转型的企业，渠道能力非常强。可现在，渠道上的力量已经用尽，而在此时，国际化妆品品牌已经开始在渠道上发力，加快围堵过程品牌的步伐，再加上其丰富的产品线储备。那么珀莱雅化妆品如何打这场战役？既然珀莱雅在渠道上的力量用尽了，那珀莱雅无须在渠道上发力，不然，必将是死路一条。在此情况下，珀莱雅必须打造消费者品牌。此举有两个目的：在现有"地面部队"的基础上结合品牌的空中传播，通过品牌拉力引爆消费市场；通过"做品牌"给渠道"充电"，在品牌和消费者的合力下推动渠道再次开始扩张，使企业进入新一轮的高速增长。

方法是产品概念创新加上打造消费者品牌。由于直接接触消费者，对于消费需求的把握也很准确。那如何实现产品概念创新？

众所周知，补水产品在化妆品中并不是新兴品类，单纯从产品层面去创造明显超越竞争对手的产品并不现实。在单纯的产品创新行不通的情况下，需要进行产品概念层面的创新。

经过全面研读企业技术资料，在珀莱雅技术档案中发现：肌肤细胞白天和夜晚在活跃度、防御力、压力值和水润度四个方面都呈规律性变化。随即对这一说法进行消费者测试，证明消费者对此已有认知，然后迅速对产品进行深度细分，将一瓶化妆水，分解为一瓶晨水和一瓶晚水，以"清新晨水、滋养晚水"的全新卖点，一举获得市场的高度认同，2008 年上半年销量是 2007 年全年销量的两倍。

珀莱雅是做了一个简单的拆解动作，便成功地打造了属于其自己的创新补水产品，而"早晚"的概念也成为珀莱雅的明星产品概念。此后又推出了早晚霜，再次引爆市场，"早上清新，晚上滋养"的概念也深深地扎根于消费者的认知之中，珀莱雅也进一步强化了自己牢固的补水专家定位。

今天，珀莱雅已成功在全国建立了数量超过三万个专营店的渠道网络，消费者的认知度接近 90%。

对于中国的中小企业来说，产品创新以及产品概念创新是重中之重。中小企业没有大企业的品牌传播促销预算，没有知名品牌的渠道建设，没有国际企业的团队和经验，如果再没有一点敢想敢干的创新精神，拿什么去拯救自己？只有充分发挥创造力和想象力，大胆而切实地创新求新，才是本土市场中小品牌的生存发展之策。在一片雷同的产品中用想象力创造新世界，让你的品牌看上去有一点不同。在产品同质化时代，无意义的差异也是有意义的。这便是微创新。

从珀莱雅化妆品牌这个案例中，我们认识到，微创新改变市场。那什么是微创新？微是很小的意思，正如叶茂中老师所言，我们做的只是一个简单的拆解动作，你的产品可以不完美，但是只要能打动用户心里最甜的那个点，把一个问题解决好，有时候就是四两拨千斤，这种单点突破就叫"微创新"。要做出"微创新"，就要钻进用户的心里，把自己当成像一个老大妈、大婶那样的普通用户去体验产品。模仿可以照猫画虎，但肯定抓不住用户体验的精髓。那如何能挖掘消费者的需求？

珀莱雅产品的创新概念凸显了其产品力，然后通过后续的整合营销传播把它的力量发挥到极致，建立绝对的产品力。打造消费者品牌的关键点：建立绝对的产品力，在绝对的产品力面前，任何品牌壁垒都是纸老虎。这就是珀莱雅的成功品牌之路。

根据上述案例，试分析：

1. 珀莱雅的成功品牌策划之路是如何实现的？

2. 品牌策划对企业所具有的现实意义是什么？

3. 结合案例试分析进行品牌策划工作的基础工作是什么？

【本章小结】

● 品牌策划价值能让企业还未进入市场之前对市场需求做出正确的判断，有效阻止了企业不正确的操作投入造成的巨大经济损失，为品牌投入市场提供成功的基础保障。

● 品牌策划的核心在于传播，如何把企业品牌形象传播出去，打造优良的品牌形象，是品牌策划最关键的地方。

● 企业品牌由于其信誉高，销量大，附加值高，可以使企业加速资金周转，获得高额利润。

● 品牌策划的最终目的是为了持续获取较好的销售与利润。

【思辨题】

1. 品牌策划的目的如何才能实现？

2. 怎样进行品牌策划且能有效的实施？

3. 谈谈你对品牌忠诚度的理解。

‖第六章‖
企业形象策划

【教学目标】

　　良好的企业形象已经成为企业经营活动最宝贵的战略资源，是实现企业经营战略目标、赢得竞争优势战略管理的重要手段。通过本章学习，了解企业形象的基本内容，熟悉和了解企业形象的操作工具——CIS战略，以及该战略的导入与操作。

【教学要求】

知识要点	能力要求	相关知识
企业形象的基本内容	准确把握企业形象的含义 准确理解企业形象的特征与作用 能够理解企业形象系统的构成	企业形象的媒介构成 企业的利益相关者
CIS战略	能够把握CIS战略的含义与要素构成 把握CIS战略要素之间的关系	CIS战略产生的时代背景 CIS战略在国内外的应用
CIS战略的导入与实施	理解CIS战略导入的基础 了解CIS战略导入的原则 掌握导入CIS战略的程序	CIS在中国的导入与实施状况

【开篇阅读】

欧美CI范例：麦当劳

　　麦当劳的案例被日本人收进CI专著《日本型CI战略》（台湾风堂出版社），因为麦当劳的理念、行为、视觉识别均很出色，不过从未见麦当劳从整体CI的角度标榜过自己，麦当劳的初衷和思路，恐怕主要是在连锁经营的概念上，麦当劳无心插柳，却成了日本人认同的 CI 典范，这说明 CI 与经营、管理在某种意义上是殊途同归。

以黄色 M 字为标志的麦当劳企业，在世界各地拥有 6500 多家连锁店，是世界上最大的饮食企业。麦当劳的企业识别有三大特点：第一，企业理念很明确；第二，企业行动和企业理念具有一贯性；第三，企业外观设计的统一化。麦当劳企业在美国现代社会中具有强烈的存在意义，其企业理念是 Q、S、C、V，即优质（Quality）、服务（Service）、清洁（Clean）、价值（Value）。

优质，麦当劳的品质管理十分严格，食品制作后超过一定时限，就舍弃不卖，这并非是因为食品腐烂或食品缺陷，麦当劳的经营方针是坚持不卖味道差的食品，这种做法重视品质管理，使顾客能安心享用，从而赢得公众的信任，建立起高度的信誉。

服务，包括店铺建筑的快适感、营业时间的设定、销售人员的服务态度等。在美国，麦当劳的连锁店和住宅区邻接时，就会设置小型的游园地，让孩子和家长在此休息。"微笑"是麦当劳的特色，所有的店员都面带微笑、活泼开朗，与顾客交谈、做事，让顾客觉得亲切，忘记了一天的辛劳。

清洁，麦当劳要求员工要维护清洁，并以此作为考察各连锁店成绩的一项标准，树立麦当劳"清洁"的良好形象。

麦当劳的企业理念一度只采用 Q、S、C 三字，后又加了 V，即价值，它表达了麦当劳"提供更有价值的高品质物品给顾客"的理念。现代社会逐渐形成商品品质化的需求标准，而且消费者的喜好也趋于多样化。如果企业只提供一种模式的商品，消费者很快就会失去新鲜感。麦当劳虽已被认为是世界第一大企业，但它仍需适应社会环境和需求变化，否则也无法继续生存。麦当劳强调价值，即要附加新的价值。

麦当劳忠实地推行它的企业理念，而且渗透到整个现实组织内，推出具体的企业行动，这就是麦当劳企业识别的优点。在现代社会中，大多数企业都提出自身的企业理念，但能使之行动化的不多。所以，麦当劳的作风赢得了良好的评价。

麦当劳的视觉传达也独具特色，企业标志是弧形的 M 字，以黄色为标准色，稍暗的红色为辅助色，标准字设计简明易读，宣传标语是"世界通用的语言：麦当劳。"这个标语没有设计成"美国口味，麦当劳"，实在是麦当劳成功之处。

麦当劳的视觉识别中，最优秀的是黄色标准色和 M 字形的企业标志。黄色让人联想到价格普及的企业，而且在任何气象状况或时间里黄色的辨认性都很高。M 形的弧形图案设计非常柔和，和店铺大门的形象搭配起来，令人产生走进店里的欲望。从图形上来说，M 形标志是很单纯的设计，无论大小均能再现，而且从很远的地方就能识别出来。

麦当劳企业识别的优越性就在于企业理念贯彻得非常彻底，为了达到这个目的，麦当劳进行员工的教育、发行编制相当完备的行动手册，同时，还完成了非常优秀的视觉识别设计。从企业识别的立场来审视麦当劳的历史，可以发现，麦当劳是综合性企业识别的范本，实行得很成功。

案例讨论：

1. 麦当劳企业识别系统给了我们怎样的启示？

2. 结合案例谈谈你对企业形象策划的认识。

3. 我国广大企业应从麦当劳成功经营中吸取什么样的经验？

第一节　企业形象的基本内容

一、企业形象的含义

企业形象是指社会公众对企业总体的、概括的、抽象的认识、态度和评价。它是由企业行为创造的，是由公众舆论评价的。具体地说，企业形象是指一切与企业直接或间接发生关系的个人或组织，如企业员工、股东、债权人、顾客、中间商、竞争者、社区居民、民间组织、金融机构、新闻媒介、政府机构及政府官员等，对该企业经营行为的综合看法或总体评价。是企业经营运作表现与特征在公众心目中所形成的印象的反映，表明社会公众对企业经营业绩承认与否及承认程度，在一定程度上也表明社会公众对企业是否持支持态度。企业形象含义，还包括以下四个方面的内容：

（1）企业形象是企业经营运作状况和特征的反映，是社会公众对企业总体的、概括的、抽象的印象，通过社会公众的主观印象来表现，反映社会公众对企业总体的认识、态度和评价。

（2）企业形象是一种与社会公众评价相联系的观念状态，表明企业在社会公众心目中的地位和普遍看法，是一种为大众普遍接受的社会舆论。这种观念状态或社会舆论是一种不以企业意志为转移的客观存在，一经形成便长时期地发挥作用。

（3）企业形象是以企业行为为基础的折射反映，企业形象的好坏取决于企业行为本身，关键不在于社会公众怎样看，而在于企业怎样做，或者说企业用什么行为去塑造自己的形象。良好的公众形象是企业多种内在因素共同作用的结果，是企业整体素质和管理水平的综合反映。企业公众形象的好坏主要取决于企业多方面、全方位的投入，否则，不可能产生良好的企业形象。

（4）企业形象塑造是一项长期的系统工程，不可能在一朝一夕或通过一事一物建立起来，企业只有经过有计划、有目的、坚持不懈的长期努力，才能有效地培养起良好的公众形象。公众形象虽然不可能很快树立，也不可能短期内由坏变好，但很容易由好变坏。

总之，企业形象是一种宝贵财富和战略性资源，与人力、物力、财力资源一样应被视为企业经营运作的重要基石。企业形象与其他资源的主要区别在于，它是一种无形的、看不见、摸不着，但又实实在在发挥重大作用的资源，是一种在质上难以界定、在量上无限扩展的资源形式，具有取之不尽、用之不竭的资源效用。

企业形象的有效性取决于公众舆论，取决于企业行为是否符合公众的需要和期望，只有将企业行为的经济效益与社会效益有机结合起来，才能建立符合社会大众需要和良好的企业形象。

二、企业形象的特征与作用

1. 企业形象的特征

（1）企业形象的整体性和多维性。企业形象是由若干不同要素构成的一个总和的、整体的形态反映，它不仅局限于企业提供的产品数量、质量及相关服务，而且反映企业经营理念、人员素质、内在凝聚力、技术开发、经营管理、社会公益事业、环境治理、职业道德等方面的综合表现，是企业各种要素的整体性反映。然而，企业形象的整体性并不排斥它的多维性，即每一要素都相对独立地传播信息，都会直接影响公众对企业的看法和评价，无论哪种要素出现失误或造成不良影响，都会直接损害企业在公众心目中的形象。

（2）企业形象的客观性和主观性。企业形象的形成基础和过程是客观的。公众感知和认识的是企业行为及其产生的结果。因此，良好的企业形象根植于良好的企业行为，任何弄虚作假或倚重宣传来树立企业形象的做法只有百害而无一利，在时间和事实的检验下，都会使企业声名狼藉。然而，由于企业形象是社会公众对企业的主观看法和评价，公众在认知能力、价值观念、思维方式、审美标准及时空条件的差异性，又决定了社会公众对企业行为评价渗透着明显的主观色彩，留下鲜明的价值观念的分析烙印。

（3）企业形象的动态性和相对稳定性。企业形象不是一成不变的，它会随着企业行为和公众认知水平的变化而变化。动态变化是绝对的，只是变化的方向和速度不同而已。一般来说，由坏变好或由一般变好需要漫长的过程；而由好变坏往往有一泻千里之势。然而，企业形象一旦形成，便具有相对稳定性，特别是当这种评价为社会舆论普遍接受时，社会公众在心理定式的作用下，对企业的看法或评价不会轻易改变。

（4）企业形象的表层性和深层性。企业形象有其内在的层次性。企业表层形象是指人们可以直接感知的企业外在形象，如企业名称、企业标志、品牌、包装、产品、办公用品、企业建筑物、机器设备、厂区及办公环境、员工服饰、销售活动等，这种表层形象属于低层次形象，对公众影响是直观的和短暂的。企业深层形象是指人们不能直接感知的企业内在形象，如企业经营理念、价值取向、职工综合素质、职业道德、市场竞争力、经营管理水平等，这种深层形象属于高层次形象，对公众影响是长期的和持久的。企业表层形象与深层形象和谐统一，才能在社会公众心目中树立一种长期发挥作用的完美形象。

2. 企业形象的作用

在市场经济条件下，良好的企业形象已成为企业一种不可缺少的无形财富和战略性资源，是企业生存和发展的重要基础性条件，也是企业创造竞争优势的可靠保证。

（1）良好的企业形象有助于企业赢得顾客的信任和市场开拓。当企业显示出强烈的社会责任感，注重维护公众利益，为市场提供实用、便利、经济、安全、卫生的高品质的产品和服务时，便在市场上树立起了良好的企业形象，增强顾客对企业的美誉度和信任度。这种经验、感知、印象在顾客购买行为中，往往起着决定性和长期性的作用。它不仅使企业保持原有的忠实顾客群，而且能吸引更多的新顾客；不仅在原有产品销售中赢得更多的货币选票，而且能加快新产品推进市场的速度，减少销售推广费用和市场风险；不仅能巩固原有的购买信心，而且能在广度和深度上影响公众态度，形成新的顾客群。

（2）良好的企业形象有助于增强企业的凝聚力和吸引力。具有良好形象的企业，尊重知识，尊重人才，尊重职工个性和创造力的发挥，承认每个员工的劳动和贡献，创造一种团结进取、竞争向上的和谐氛围，为员工营造施展聪明才智的良好环境，从而产生强大的磁铁效应，培育起"企业如家""荣辱与共"的归属感和使命感，形成强大的向心力和凝聚力。正是这种强大的向心力和凝聚力，不仅形成内聚的黏合效应，而且喜迎各类优秀人才加盟企业，为创造市场竞争优势提供人才支持。

（3）良好的企业形象有助于提高企业的竞争能力。由于科技进步和劳动生产率的提高，产品制造业进入成熟化和标准化阶段，产品成本、功能、质量、款式及服务日益趋同，企业之间差距日益缩小，由此导致企业之间的竞争从质量、功能、价格、技术、规模转向企业声誉和企业形象。在其他情况基本相同的情况下，具有良好形象的企业更容易为市场承认和接受，具有良好品牌声誉的产品更容易为广大消费者所喜爱和竞相购买，从而大大提高企业竞争实力，使其在激烈的市场竞争中立于不败之地。

（4）良好的企业形象有助于企业获得广泛的社会支持和帮助。企业经营运作不仅仅是企业自身的行为，它涉及社会的方方面面，离开社会各界的喜爱、信任、支持和帮助，企业很难生存和发展。经过长期努力建立起企业与各界公众之间令人满意的关系状态并以此为基础形成良好的企业形象，是企业最宝贵的无形财富。企业凭借它，可以得到股东、金融机构在资金方面的支持；可以得到与中间商合作的机会，提高市场份额，赢得更广泛的社会支持；可以借助新闻媒体之冕，传播企业美名之誉；可以得到政府在财政、税收、政策等方面的扶植与帮助。

（5）良好的企业形象有助于提高企业营销管理水平。传统营销管理理论强调产品、定价、促销和分销渠道的整体组合管理，旨在顺从和适应企业的外部环境。现代营销管理理论在"4Ps"基础上，重点强调了另外两个"P"，即权力（Power）和公共关系（Public Relations），旨在综合运用经济、政治、心理和公共关系手段，树立良好的公众形象，以影响和改变企业经营环境，寻求社会各界更广泛的支持与合作，创造一种有利于企业长期发展的社会氛围和外部环境。企业公众形象如同"4Ps"一样是企业的可控因素，但它是一种高层次管理。其一，企业形象以"4Ps"为基础，不仅反映"4Ps"的经营管理水平，而且综合反映企业整体实力以及先进的经营思想和管理方式。其二，企业形象是一种高层次竞争策略，说"虚"其实并不虚，而是一种可感知的客观存在，就像室内的空气一样可以使人感到清爽，也可以使人感到郁闷。良好的企业形象同样能够带来丰厚的利润回报。其三，企业形象绝非自然形成，从规划设计到传播塑造必须进行科学的管理，也要得到包括消费者在内的社会大众的承认和喜爱。因此，企业形象塑造属于高级、复杂、综合的营销管理。注重企业形象的塑造和管理，对提高管理人员素质和营销管理水平具有十分重要的推动作用。

三、企业形象系统

企业形象作为一个整体的、综合的抽象概念，是由多种要素构成的系统，没有各要素相互联系、相互制约、相互配合的联动运作，整个系统就难以运行并发挥其应有的功能。

1. 产品形象

产品形象是企业形象的基础和最重要的表现形式，产品形象的好坏直接关系到企业形象的优劣。新颖的产品开发、独特的产品构思和精心的产品设计，能充分体现企业开拓进取的精神和强劲的技术实力；产品安全可靠、使用方便的内在质量，可以大大提高企业的信誉；新颖美观的造型、亮丽的色彩、引人注目的包装、难以忘却的品牌，可以传播名誉，进而在社会公众心目中塑造出良好的企业形象。

2. 价格形象

价格是企业形象的衡量标准和强有力的传递信号。产品价格与功能配比的高低，直接向顾客传递该厂商生产的产品是优质产品还是劣质产品的信息，成为社会公众首要的评判标准，特别是当产品种类繁多、质量优劣不易判别的情况下，高价格往往意味着高品质、高功能、高效率，在一定程度上可以提高企业及产品的品牌形象。"一分钱，一分货"，好货不便宜，便宜没好货"的认同心理，意味着顾客将产品价格与企业形象自然地联系起来，在支付能力允许的条件下，将购买力投向价格高的商品。事实说明，当人们手中货币增多时，那些质量好、安全、便利、功能新而全、服务周到的产品，尽管价格高，也是消费者竞相追逐的热点，在购物潮流中起着示范导向的效应。

3. 广告形象

广告对传播企业形象具有显著而有效的作用，这是大多数人都承认的事实。但很多人忽略了另一个事实，即广告构思、文案撰写、媒体选择、制作技巧、发布时机等都直接影响企业形象。一个高雅风趣、富于想象、意味深长的广告，反映了企业管理人员的经营管理水平，能给企业形象增光添彩，在公众心目中留下美好而深刻的印象；一个粗俗平庸、荒诞离奇、格调低下的广告，使人望而生厌，会给企业形象抹黑，甚至造成难以挽回的消极影响。在现代市场营销中，社会大众已经习惯于通过广告认识企业及其产品。顾客消费之后，感觉与广告宣传相一致，企业形象系统便得以确立和巩固，购买者就会成为企业的忠实顾客。因此好的广告不仅能及时有效地打开市场，使产品一炮打红成为"明星"，而且成为提高企业知名度和塑造企业形象的有效手段。

4. 顾客服务形象

顾客服务是塑造企业良好形象的重要手段。在今天的购物群体中，那种为价格所左右的情况会趋于减少，人们除了看中产品品牌、产地、质量外，更多地看重厂商为他们提供的服务，如免费送货、安装和调试、电话订货、售后服务、保退货、商品保险、分期付款、技术咨询和培训、用户信息反馈、定期上门服务、更换零配件等。这些服务不仅使顾客购物增加了安全便利感，享受购买—使用整个过程的服务，而且培养了顾客对企业的感情；不仅减少了顾客对企业的成见和怨恨，而且降低了顾客对价格的敏感度，提高了企业的销售业绩和经营效益；不仅密切了与客户的关系，稳定的客户群，而且通过"客户宣传效应"，吸引更多新客户加入购买行列，大大提高了市场占有率。提供周到全面的服务，已经成为具有良好形象企业的重要特征。

5. 环境形象

环境形象是企业生产条件和工作氛围的总体表现，从外在直观的视角反映企业的经济实力、精神面貌和管理水平。厂区环境、办公设备、运输工具、生产自动化水平，从开场使用的各种有形物体，都会给社会公众留下最直观的印象。一个垃圾成堆、污水四溢、臭气熏天、灰尘扑面、到处堆放原材料和半成品的厂区环境，与一个绿树成荫、草坪成片、整齐干净、各种物品排放有序、令人赏心悦目的厂区环境相比，谁好谁坏，不言自明。

6. 员工形象

员工的精神面貌、工作态度、言谈举止、服饰仪表是企业形象人格化的直接表现，它综合反映企业员工文化修养、职业道德、教育培训和管理水平等方面的总体素质。企业员工特别是各级管理人员、公关人员、推销员是企业形象的直接培育者。具有良好形象的企业，一般都十分注重员工素质的培训，使其彬彬有礼、自然大方、不卑不亢，具有严谨求实的敬业精神，高超的处理复杂问题的能力，娴熟的谈判与公关技巧以及灵活应变、追求高质量、高效率的工作态度。当社会公众与这些训练有素的员工接触时，自然就会通过他们对企业产生良好的印象并做出好的评价。

7. 公共关系形象

公共关系是企业沟通与社会公众的联系、塑造良好形象的重要手段。企业不仅是一个经济组织，而且是一个社会组织，不仅要为目标市场顾客提供满意的产品和服务，而且要与学校、社区居民、民间团体、慈善机构、宣传媒介组织、政府部门建立良好的公共关系，通过举办大型文化娱乐活动、资助慈善事业、修建公共设施、教育投资、募捐、赈灾、开展志愿者服务等公益活动，承担一定的社会责任和义务，获取社会公众的喜欢、信赖、支持、合作。企业只有通过一系列行之有效的公共关系活动，成为合格的企业市民，赢得良好的公众口碑，才能在市场竞争中大有作为。

8. 企业家形象

企业家的政治思想水平、文化素质、知识结构、组织能力、工作作风、精神个性，都会成为企业最具代表性的形象，在塑造企业形象的过程中起着核心和关键作用。一个成功企业的背后必定有一位成功的企业家。企业家作为企业的旗帜，对内形成强大的凝聚力和向心力，对外产生强大的影响力和感召力。企业家声誉的好坏与企业形象息息相关，直接影响企业的荣辱兴衰。

第二节　企业形象策划

企业形象策划是一项极具挑战性的系统工程，具有客观的内在规律性。企业要进行形象策划，实施企业形象战略，就必须要准确理解企业形象策划的科学内涵，遵循企业形象策划的原则与方法。

一、企业形象策划的内涵

企业形象策划具有双重含义：一方面是指一门科学，即以企业形象策划活动为对象的学科；另一方面则是指一种策划行为、一种实践活动，即是指一种为达成企业的整体经营目标而开展的创造性的思维活动。同企业文化建设、市场营销存在着明显的区别。

企业形象策划简称 CIS 策划，是指关于针对企业的整体经营目标，为企业争取有利的市场空间，获得竞争优势，将企业经营理念和企业精神传达给社会公众，从而达到塑造企业个性、显示企业精神，使社会公众对企业产生认同感的理论体系及其实践活动的总和。

企业形象策划首先是一门科学，企业形象策划是在现代经济发展和企业成长过程中，为适应新的需要而形成的一门集市场营销、工艺美术、工业设计、语言艺术、逻辑学、社会行为学与经济学之精粹而形成的新型的综合性学科。

企业形象策划同时也是一门艺术，企业形象策划极具艺术创意性，市场的变化和竞争的加剧，迫使企业突破常规发展而呈现千姿百态。企业的差异化战略要求对企业形象策划构思富于奇思妙想。没有别出心裁的策划，就没有令人耳目一新的企业形象，就没有独树一帜的企业差异化战略。

二、企业形象策划的操作工具——CIS

企业形象的好坏，已成为当今企业生存与发展的重大制约因素，千金买名、万金买誉已为广大企业家普遍接受，塑造良好企业形象被视为竞争制胜的重要法宝。如何科学地设计企业形象，正是 CIS 战略所要研究和解决的问题。

1. CIS 战略的含义

CIS 是英文 Corporate Identity System 的缩写，其全称是企业识别系统。对 CIS 的理解可谓仁者见仁智者见智，尽管表述的内容基本一致，但在具体文字上仍存在明显的区别。

中国台湾学者林磐耸认为：CIS 是指企业的经营理念或经营哲学等企业文化，透过传播媒体以增进社会认同的筹码系统。

日本野村综合研究所的上野明认为：CIS 是将企业个性鲜明地表达给外界，换句话说，就是将企业个性或特色广泛地传达给外界，使外界产生固定的印象。

曾经为 50 多家企业导入 CIS 理念的日本 PASO 公司创办人中西元男认为：简单地说，为企业改头换面、换血强身，就是 CIS。

中国学者孙黎、甘波认为：CIS 是企业将自身的理念文化、行为方式及视觉识别进行系统的革新、统一的传播，以塑造出富有个性的企业形象，并获得国内外公众认同的经营战略。

中国学者于里详、廖非认为：CIS 战略是一种专门用于企业知识系统的经营管理战略，其宗旨是通过特定的传播媒体将企业经营理念和经营行为转化为公众印象和公众态度，在社会公众心目中树立起良好的企业形象，取得良好的认同和支持。这一实质性的转化过程，依赖于企业与社会大众之间的有效沟通。在现实生活中，这种沟通往往出现梗阻，企业信息传递有的是自发的、盲目的，缺乏明确的目的性；有的是杂乱零散的，缺乏整体的系统性；有的是表层次的、现象性的，缺乏本质上的深刻性；有的是扭曲的、虚假的，缺乏真实的可信性；有的是雷同的，缺乏鲜明的企业个性；有的是未经过整理加工的，缺乏具体的针对性。诸如此类的信息传递，不是产生识别误差，就是难以准确清晰地进行识别，很难给社会公众留下深刻和美好的印象。为了克服信息传递的失效性，CIS 战略应运而生。

2. CIS 战略的要素

CIS 战略由企业的理念识别（Mind Identity，MI）、行为识别（Behavior Identity，BI）和视觉识别（Visual Identity，VI）三个系统构成。实施 CIS 战略，就是通过 MI、BI 和 VI 整体性的协调运作，借助各类传播方式和媒体，将有创意和鲜明个性的企业经营理念和经营行为传递给社会公众，使社会公众对企业及产品与服务产生偏爱、信赖的心理效应和舆论氛围。

（1）理念识别系统——MI。企业经营理念是企业文化的重要组成部分，也是企业文化最本质、最核心、最深刻的反映，是企业生存与发展的灵魂和精神支柱。企业理念作为企业的世界观和经营管理的指导思想，渗透到企业各个部门、每位员工、每个环节、每项工作之中。企业理念主要从企业使命、经营哲学和道德行为规范等方面，揭示企业的本质特征和整体素质。

1）企业使命。企业使命是任何企业无法逃避、必须首先明确的最高原则，表明企业存在的意义和价值，规范企业各种行为，揭示企业应承担的经济与社会责任，是企业一切行为必须依据的"宪法"。具体来说，企业使命至少包含两个内容：其一，企业作为一种经济组织，必须在满足消费者需求的前提下把获取最大限度的高额利润作为最基本的使命之一，离开了经济获利性，企业便失去了存在的价值和发展的动力；其二，企业作为一种社会组织，必须承担一定的社会责任，一味追求利润而逃避社会责任，甚至为了利润而损害公众利益、破坏生态环境，不要说发展，就连生存的条件都会失去。无数成功企业的经验表明，企业生存和发展的决定性因素是企业具有正确的使命感，企业在对他人、对社会做出应有贡献的同时，自然得到丰厚的利润回报。

2）企业经营哲学。企业经营哲学是企业行为的世界观和方法论，是指导企业经营管理的思想和灵魂，是企业经营运作的行动纲领和行动宣言。如果说企业使命决定了企业存在的意义和价值，即为什么做，那么经营哲学则决定了企业的价值观念、企业精神、企业风尚和经营战略，即做什么、如何做。

3）道德行为规范。道德行为规范是指企业内部员工之间、企业与外部关系之间各种行为规范的综合。作为企业及企业员工的行为规范，是从企业伦理道德的角度，如企业职业道德意识、道德关系、道德行为等方面，制定的一系列约束员工行为的行动准则，它以善良与邪恶、正义与非正义、公正与偏私、诚实与虚伪等伦理道德范畴来评价企业及企业员工的各种行为。

4）价值观念。价值观念是企业员工对客观事物及人和组织行为的意义和重要性的总体看法。具体地说，是分辨事物及行为真善美与假丑恶的是非标准，也是决定企业对事物所持赞成或否定、支持或反对态度的基本依据，还是企业确定发展目标并为之奋斗的重要准则和内在驱动力。

5）企业精神。企业精神是企业基于自身特点，为谋求生存与发展，经过精心培育而逐步形成并成为全体员工认同的群体意识。是企业的感召力、凝聚力、精神支柱、共同追求的理想和座右铭，是企业生存与发展的灵魂，是企业文化的核心和最高境界的表现，是企业员工共同追求的理想和信念。企业精神一旦形成，就会产生一种强大的、无坚不摧的能量，并且是任何力量都无法替代的。

6）企业风尚。企业风尚是企业员工总体行为特点的素质概括，是企业规范员工行为的风气和习惯。一个企业的精神面貌、道德规范及其员工的情感、志趣、愿望、心理特点、传统和习惯是企业风尚最具体、最生动的体现。

7）经营战略。经营战略是企业经营理念最具实际意义和最重要的部分。经营战略是指企业根据自己内部条件和外部环境，从整体利益和长远利益出发，对经营运作中带有方向性、全面性、长期性的问题的谋划和决策，并依靠企业自身能力将各种谋划和决策付诸实施的动态过程。确定经营目的、方针、规模、范围、途径、步骤、方法以及重大的技术发展、产品开发、组织机构、运行机制等重大战略性问题，是经营战略管理的主要内容。经营战略是经营理念具体化的表现，并使经营观念在经营管理中具有实际价值。

（2）行为识别系统——BI。企业行为识别系统，是指企业通过各种有利于企业、消费者和社会公众的各种有特色的活动，将其与理念识别和视觉识别相互交融，得到社会公众的认同和喜爱，达到树立良好企业形象的目的。企业行为识别系统是一个庞大而复杂的系统，它通过市场营销管理、广告、公关、信息传播、竞争、社会公益活动等行为，向社会公众传递企业信息。企业行为是建立在经营战略目标基础上的，是一种全方位、整体性、动态化的行为系统。

概括地说，企业行为识别系统由两大部分组成：一是内部系统，如企业内部环境营造、员工教育和员工行为规范，其宗旨在于使企业及员工在观念与行为上的认同，为树立良好企业形象奠定基础。二是外部系统，如产品规范化服务、广告、公关、促销等活动，其目的在于通过整体、系列的营销行为进行信息传递，在优质高效地满足顾客及社会大众需要的过程中，塑造良好的企业形象。

企业行为识别系统是一个统一的整体，其活动内容丰富、形式多样、过程连续相关、各种方式相互补充和映衬，在一个长时期逐步积累的过程中方能体现出效果。因此，企业安排各种活动时应有整体性策划，以统一的目标为基础，综合考虑各种活动的系统性、连续性和互补性，既不能上下脱节、前后矛盾，也不能毕其功于一役。只有将各种活动互相联系，互为补充，并长期坚持，持之以恒，才能形成一种强大的公共影响力，达到塑造良好的企业形象的目的。

（3）视觉识别系统——VI。视觉识别系统是一种相对静态的识别方式，它通过组织化、系统化和具体化的视觉识别方式传递企业信息，表现企业的基本精神和鲜明个性，使社会公众直接感知企业，形成对企业特性的深刻印象。企业视觉识别系统是 CIS 战略中的一项重要的内容，通过建立视觉识别的信息传递系统，用最快的速度、最便捷的手段、最直观的方式，将企业信息直接传递给社会公众，从而成为塑造企业形象最直接、最有效、最快速的手段。企业视觉识别系统由两大部分组成：基本要素系统和应用要素系统。

在视觉识别系统设计过程中，一般应注意以下两点：

其一，企业标志、标准字、标准色的创意设计最为重要，它是视觉识别系统的核心与重点，不仅是企业形象广泛传播并取得大众认同的统一符号，是企业地位、理念、实力和尊严等内涵的外在的集中表现，而且是企业形象的第一特征，其他形象识别皆以此为基础繁衍而成。因此，视觉识别系统设计的重点与核心是企业标志、标准字和标准色的创意。

其二，由于企业性质、产品种类和服务项目不同，视觉识别系统的策略也有差异。制造业企业与服务业企业不同，商业服务企业与金融服务企业不同，批发企业与零售企业不同，这就要求不同企业根据行业特点和公众需要，设计出能反映企业本质特色和优势的视觉识别系统。

企业视觉识别系统是 CIS 战略组成部分之一，最终目的是建立理想的企业形象。但企业及经营战略目标的差异性，决定了不同企业视觉传播方法也有所不同。概括地说，常用的视觉传播方式主要有三种：

第一，渐进式，即在相对较长的时期内，企业随着经营业务的发展和竞争实力的提高，使整个视觉识别系统由内向外、由小到大、由少到多、由企业媒体到大众传播媒体，逐步渐进地进行渗透，最终达到树立完整的企业形象的目的。渐进传播方式适合于经济实力有限或正处于调整期和发展期的企业。

第二，集中式，即在较短时期内集中各种传播媒介和传播方式的优势，围绕企业形象设计的目标从内到外、从小到大、从企业媒体到大众媒体，全方位迅速传播企业信息，提高企业及产品知名度，短期内树立起企业形象。集中传播方式适合于经济实力较强或发展较为成熟的企业。尽管集中式传播方式能在短期内取得明显的传播效果，但要真正建立起良好的企业形象，还必须将企业形象传播长期贯彻到企业日常经营活动中去。

第三，综合式，即渐进式与集中式的综合，既有长期的传播计划和扎实工作的积累，又注意选择有利时机和短期轰动效应，使两种传播方式有机结合，优势互补，高效率地实现塑造企业形象的目的。一般说来，大多数具备一定实力和条件的企业都可以采取综合式传播方法。

（4）MI、BI、VI 之间的关系。CIS 战略中的理念识别系统（MI）、行为识别系统（BI）和视觉识别系统（VI）构成一个有机整体，三者互相联系、互相制约、互相补充、互相渗透，缺一不可，只有三者发挥共同协调的运作功能，才能塑造出一个完美的、良好的企业形象。如果把 CIS 战略看作一个健康人的肌体，那么 MI 就是企业 CIS 战略的"心脏"，BI 就是企业 CIS 战略的"肢干"，VI 就是企业 CIS 战略的"脸面"。

其一，理念识别系统是 CIS 战略的灵魂，为企业识别系统奠定了不可缺少的基石。通过建立反映企业本质的、有独特个性的理念识别系统，将行为识别系统和视觉识别系统有机地统一起来，对内指导企业经营目标、活动、组织管理、员工培训，对外影响企业的营销活动、公益事业、广告宣传，用鲜明而富有个性的理念识别展现企业存在的价值和意义、揭示企业经营宗旨、树立良好的企业形象。没有理念识别系统，CIS 战略便失去了灵魂，行为识别和视觉识别也难以反映深刻的思想内涵和精神境界，从而使企业形象难以产生神韵和光彩。

只有鲜明的理念识别系统，没有与之相符的行为识别系统，良好的企业形象照样不能建立。行为识别作为 CIS 战略的肢干，是企业理念付诸实施的行为方式，其通过一系列经营行为和经营活动贯彻企业理念，比起树立企业理念、评判企业理念，成为沟通企业理念与公众评价之间联系的最直接、最有效、最具有说服力的方式。社会公众的一般心理是，与其听你怎样说，不如看你怎样做。企业行为和活动既以统一的经营理念，又以生动、形象的活动方式反映经营的风格；既以经营理念为指导思想和基本原则，又以组织化、系统化的行为方式传达企业存在的社会价值以及独具特色和优势的个性。如果说行为识别是企业理念识别的动态表现方式，那么视觉识别就是企业理念识别的静态传递方式。视觉识别系统通过严格精密、创造性的逻辑思维，运用企业的基本要素（企业名称、标志、标准字、标准色、图案造型等）和应用要素（产品造型、办公器具、工作服饰、交通工具、包装用品、建筑物等），通过视觉符号系统的设计和展现，有效传递企业理念，在图像符号表现的抽象意义和形象思维中，实现树立良好企业形象的目的。现代生理学、心理学的研究表明，人的视觉器官所接收的信息占日常接收全部信息的83%，视觉器官接收信息、文字、色彩及其组合是对企业理念的一种深层次的提炼，将复杂和多样化的理念浓缩为一种耐人寻味的寓意，从而成为具有强烈冲击力的视觉符号，给社会公众留下深刻的印象。没有企业理念作指导和底蕴，就不可能产生意义深刻的视觉识别系统；没有鲜明的视觉识别系统，也不可能有塑造良好企业形象的代表性象征和标志。

其二，企业识别系统涉及企业文化、CIS战略、企业形象三方面，独特的企业文化是塑造具有鲜明个性企业形象的灵魂，没有独特企业文化的指导，便不会产生独特的经营理念和经营行为，信息传递就会失去生命力；塑造良好的企业形象是实施CIS战略的目的，明确的目的决定了CIS战略实施的途径、步骤、手段和方法；CIS战略是自觉实现塑造良好企业形象的必要过程和最佳手段。正确理解三者之间的相互关系，是有效实施CIS战略的前提条件。

其三，CIS战略与企业形象是两个既相互关联，又有重要区别的概念。首先，二者含义不同。企业形象的英文表述是Corporate Image，又译为公司形象，是指社会公众和企业员工对企业的整体印象和评价，即人们对企业的基本看法和客观认识。CIS战略的英文表述是Corporate Identity System，译为"企业识别系统"，是指企业通过不同的传播方式和传播媒介将企业经营特点或个性化特点进行社会化定位，获取社会公众的认同、喜爱和支持，即企业通过识别系统向社会公众传播具有特色、能得到公众认同的个性化信息。其次，二者构成要素不同。企业形象是一个总体性概念，它体现于产品形象、价格形象、广告形象、顾客服务形象、环境形象、员工形象、企业家形象、公共关系形象之中，是企业综合素质和整体行为的有力表现。CIS战略是在特定经营环境中设计和塑造企业形象的有力手段，它由观念识别、行为识别、视觉识别三大要素构成，为整体性传播企业信息、引导公众认识、争取社会舆论的认同和支持、塑造良好的企业形象，提供了科学而实用的理论与方法。

综上所述，CIS战略具有整体的统一性和独特的识别性的特征，它是指企业通过理性化的行为和系统传播方式，将企业最具特色和优势的经营理念和经营行为定位到社会公众的头脑中去，塑造良好的企业形象，获得社会公众认同、喜爱和支持的经营管理战略。

3. CIS 战略的功能

企业识别系统是企业在特定的经营与竞争环境中，设计和塑造企业形象的有力手段，由此决定了其基本功能是通过各种传播方式和传播媒体，将企业存在的意义、经营思想、经营行为、经营特色与个性进行整体性、组织性、系统性的传达，以获得社会公众的认同、喜爱和支持，用良好企业形象的无形资产，创造更辉煌的经营业绩。除基本功能之外，CIS 战略还具有管理功能、识别功能、协调功能。

（1）管理功能。CIS 战略的管理功能不是泛指企业行为的一般管理或日常性事务管理，而是一种统观全局、事关企业生存与发展的战略性管理。它从企业文化视角出发，通过总结和提炼企业的发展历史、经营理念、价值观、道德行为规范、发展方向和目标，形成全体员工的共识和行为规范，确定企业与众不同的鲜明个性和差异化优势，为提高整体性、长期性、组织性、系统性的企业行为和企业及员工素质，提供了科学而有效的管理方式。CIS 战略管理不同于投资、市场营销、人事、财务、后勤等管理，也不只是在某一领域产生效益，而是一种高层综合管理，它涉及的管理准则是约束全体员工行为的"先锋"。它所管理的内容是提供和增加企业难以用价值计算却又创造价值的无形资产，它所管理的重点是一种事关企业生死荣辱的战略性资源，因此其实质就是保证企业自觉朝着正确的方向发展，巩固和发展竞争优势，创造更多经济效益和社会效益的基础性管理。

（2）识别功能。在企业运营过程中，CIS 战略能够随时、随地的向企业员工和社会公众传递信息，为人们提供识别和判断的信号。但在 CIS 战略产生之前，这种传递是自发的、随机的和杂乱无章的。CIS 战略的导入和实施，使企业信息传递成为一种自主、有目的、有系统的组织行为，它通过特定方式、特定媒体、特定内容和特定过程传递特定信息，把企业的本质特征、差异性优势、独具魅力的个性，针对性极强地展现给社会公众，引导、教育、说服社会公众形成认同，对企业充满好感和信心，以良好企业形象获取社会公众的支持与合作。

（3）协调功能。CIS 战略的导入产生两方面重要的协调功能：从企业内部关系协调来看，共同的企业使命、经营理念、价值观和道德行为规范，创造一种同心同德、团结合作的良好氛围，强化企业的向心力和凝聚力，产生强烈的使命感、责任感和荣誉感，使全体员工自觉地将自己的命运与企业的名誉联系在一起，从而生成一种坚不可摧的组织力量，为推动企业各项事业的发展提供劳动资源；从企业外部关系协调来看，塑造良好的企业形象的实质是企业以社会责任为己任，时刻不忘自己的社会使命，用优质产品和服务以及尽可能多的公益行为满足社会各界及大众的需要，促进经济繁荣和社会进步。完整、系统、有目的、有计划地实施 CIS 战略，必然赢得社会公众的好感，密切企业与消费者及社会公众之间的关系，为企业长期、健康的发展奠定广泛而深厚的社会基础。

第三节　CIS 战略的导入与实施

企业形象竞争是一种高层次、综合性、整体性的竞争，CIS 战略是塑造企业形象以提高竞争优势的管理方法，是现代企业战略管理的主要内容之一，是企业文化管理的重要手段。研究中国企业 CIS 战略导入与实施的基础、原则、时机和方法，具有重要的理论意义和现实意义。

一、CIS 战略导入的基础与原则

1. CIS 战略导入的基础

CIS 战略作为现代企业管理的重要方法，既有特定的管理内容和重点，又融合了文化管理和经营战略管理的本质要求。CIS 战略导入的基础包括：

（1）质量——企业的生命。企业形象从顾客开始，顾客是企业形象最初、最直接、最重要的评判者，也是形成社会公众形象的基础。从顾客角度分析，质量是产品和服务的实用性和顾客的满足程度，即顾客在使用企业提供的产品和服务过程中，以实用性、满足程度来衡量和评价企业营运业绩和工作价值。产品和服务的质量综合反映企业的经营理念、价值取向、人员素质、技术及管理水平等状况，它直接影响企业形象的好坏。一旦出现质量问题，不仅给顾客带来损害，而且给企业形象造成损害，这种损害甚至比其他损害更大、更持久。在激烈的市场竞争中，没有高质量的产品和服务，便没有良好的企业形象，企业就断绝了生命之源。质量是顾客及社会公众对企业信赖和偏爱的最根本的内在根据。忽视产品与服务质量，一味追求外在包装和宣传，即使能取得短期效果，但终究要落个身败名裂的可悲下场。

（2）服务——制胜的法宝。在卖方市场转向买方市场的过程中，商品严重短缺的状况不复存在，消费者收入水平普遍提高并在购物中拥有较大的选择权。在商品技术、工艺、质量、功能基本相同的情况下，消费者购物选择除考虑价格因素之外，更主要的是考虑厂商能否提供全面周到的服务。强化服务意识，增加服务手段，改进服务方式，提高服务水平，便成为企业塑造良好企业形象最基本的手段，也是竞争制胜最重要的法宝。如果说企业的技术设施和产品质量是塑造企业形象的"硬件"，那么为顾客提供周到、全面、一流的服务就是提高企业美誉度的"软件"，虽然"硬件"重要，但"软件"在某种意义上更重要。高质量服务带来的顾客满意度，以及由此产生的顾客广告效应，在给企业带来光环和荣誉的同时，必将大大提高企业的经济效益，使企业得到良好的利润回报。

（3）信誉——宝贵的资源。信誉是指企业的信用程度和声誉好坏，是企业履行自己职责和使命而获得的公众信任。信誉作为企业最重要的无形资产和宝贵资源，是企业通过长期提供优质产品和服务所产生的必然结果，最有价值的永久性的资产，虽然不能用货币价值进行计量，但却长久发挥作用，给企业带来滚滚财源。随着市场发育的不断成熟，消费者心理发生了深刻变化，从过去只购买商品本身的"单一购买"发展为既购买商品本身又购买服务和商品信誉的"双重购买"。人们宁愿跑较远的路、花较多的钱，也要到信誉好的商店购买服务周到的名牌商品。信誉是顾客及社会公众信任和喜爱的基础，它贯穿于企业全部经营活动之中。企业在市场经营中，与其说是在推销商品和服务，不如说是在传播企业信誉。要想成功地推销商品，首先要成功地推销企业。遵纪守法、公平公正、童叟无欺、恪守合同、直率坦诚、实事求是、言行一致、取信于民，是良好信誉的基本宗旨。企业经营中的亏损是可以计算和补偿的，而企业信誉是赔不起、补不回的，其损失是带有致命性的综合伤害，甚至会置企业于死地。

总而言之，CIS战略的管理和实施，一要苦练内功，将质量、服务、信誉作为塑造企业形象的基础；二要常抓不懈、一抓到底，将CIS战略贯穿于企业经营运作各个方面、各项环节和全部过程之中。

2. CIS 战略导入的原则

CIS 战略导入是一个涉及范围广、综合性强、投入量大、时间持久的系统工程，要实现既定目标，需要遵循以下六项基本原则：

（1）战略性原则。企业识别系统的导入与实施，属于战略管理范畴，企业决策者必须亲自抓，并站在战略管理高度，通过全面、系统的调研、定位、策划、设计和实施，挖掘和传播企业的资源优势，并将所有资源优势转化为形象优势和竞争优势，用良好的企业形象构筑起企业长盛不衰的市场地位。

（2）民族化原则。企业识别系统的导入与实施，其本质反映民族文化典型特征，是经营管理与民族文化一体化的推进过程。在不同文化背景下形成的 CIS 战略，才能形成凝聚和激励企业员工的重要力量。那种对外来文化生搬硬套、生吞活剥，或对传统文化不加批判地继承和套用，都会使 CIS 战略的策划与实施失去灵魂和作用。

（3）个性化原则。企业形象实质是一种企业个性定位，它的关键之处在于向社会公众展现极富个性和魅力的企业风采。每个企业都有一整套企业信息传递系统，它的设计与实施必须准确地宣传自己的特质，展现自己的实力和优势，并与同行企业有着显著的区别，以鲜明的个性构成企业独特的形象。在整个 MI、BI、VI 系统中都要突出企业特质与个性，用鲜明生动、简单明快、寓意深刻、易于识记的各种标志设计，在社会公众中成功塑造富有个性魅力的企业形象。

（4）系统性原则。CIS 战略是一个复杂的系统工程，在设计与实施中，注意 MI、BI、CI 功能的统一性，使三者相辅相成，有机结合，共同作用，以系统功能的作用塑造完整的、富有个性的企业形象。如果 CIS 战略系统的三大要素缺乏统一性，甚至相互矛盾，就会使公众对企业整体形象理解困难，甚至产生认识偏差或反感，不仅降低 CIS 战略导入功效，而且会丑化企业形象。

（5）创新性原则。创新是企业发展的希望所在，创新是企业生命活力的助推器，要发展必须创新，无创新就无发展。创新性原则是指导企业一切行为的基本原则。富有活力和成效的 CIS 战略与创新性的策划和设计密不可分。没有意境新、构思新、形式新、行为新的 CIS 战略策划、设计和实施，就很难在社会公众中形成印象深刻、耳目一新的企业形象。创意陈旧、构思呆板、形式雷同的 CIS 战略策略、设计和实施，除了劳民伤财外，一无所获，在社会公众中难以留下什么痕迹。

（6）可操作性原则。CIS 战略策划与实施，不是策划人或决策者的主观想象和个人行为，它必须符合客观环境要求和企业经营与发展战略的需要，并在人、财、物等方面提供保障。在 CIS 战略策划和实施中，脱离客观环境和实际环境，忽视实效性和可操作性，一味追求大而全，或盲目高攀、明知力所不及而为之，只能欲速则不达或半途而废。搞好调查研究，明确目标，精心策划，是 CIS 战略策划与实施的基本原则之一。

二、导入 CIS 战略的程序

为提高 CIS 战略导入的效率和质量，必须建立和遵循一套科学的程序和步骤。具体地说，CIS 战略的导入程序可分为四个阶段：

1. 提案阶段

提案立项是 CIS 战略导入的最初阶段，它的主要任务和工作重点是明确 CIS 战略导入的目的，制定计划，编制立项报告。

CIS 战略导入目的确认的过程中，首先要深刻认识 CIS 战略导入的意义，明确目的和方向，解决动机问题。企业为什么导入 CIS 战略？导入 CIS 战略要解决什么问题？答案一般来自企业经营的内部需要和外部压力两个方面。一方面，从企业经营的内部需要来看，吸收各类高素质人才，以适应企业扩大规模和提高市场竞争力的需要；激励员工士气，强化企业文化管理，创建良好的组织氛围；统一设计形式，节省制作成本，提高广告效果，增加企业营业收入。另一方面，从企业经营的外部压力来看，提高企业知名度和美誉度，改善企业与社会公众之间的关系（特别是密切与顾客、股东、金融机构、中间商、社区居民、政府官员、新闻媒介之间的关系），增强社会公众对企业的好感和信任；应对竞争者的挑战，创造企业差异形象和优势定位，以富有特质、个性、优势的企业形象谋求企业长期健康而稳定的发展。

组建 CIS 战略管理机构——建立专人负责的组织机构，全面负责 CIS 战略的策划，设计和实施。CIS 战略属于企业战略管理范畴，涉及部门多，任务繁杂，工作量大，应由企业最高领导人或决策层亲自领导，某一职能部门领导人主管，组建 CIS 战略管理机构。该机构既应得到企业决策层的全力支持，也应谋求企业外部人士的参与和合作，如 CIS 战略管理研究的学者、咨询公司的策划专家等，机构人员以 5~10 人最佳。CIS 战略管理组织机构在这一阶段的主要任务是制定 CIS 战略导入计划，其主要内容包括：统一目标，明确作业项目、主要内容、时间安排、负责人、编制 "CIS 战略作业日程表"；编制资金预算报告，确定从调研、策划、设计到实施所需资金总额，投资的具体项目、使用范围和管理方法；草拟 CIS 战略导入的报告书或者整体策划方案，提交企业最高决策报告书，一旦通过便成为 CIS 战略管理的行动纲领。

2. 调研阶段

周密、准确、有计划的调查研究，全面、系统的分析判断，是成功导入 CIS 战略的重要保证，是确定 CIS 战略总体方案、创造性地塑造企业形象的必要条件。

CIS 战略调研是一项基础性的工作，必须有计划地统筹安排，扎扎实实地进行。如果对调研的目的、对象、项目、时间、程序、人员没有统筹安排，只是零打碎敲、浮皮潦草地工作，就难免出现信息偏颇或疏漏，产生错误的形象定位和形象设计体系。因此，制定切实可行的调研方案是调研阶段的基础性工作。调研方案主要包括：调研目的、调研内容、调研项目、调研对象、调研方法、调研程序、调研期限、调研人员以及调研成果形式。

在对公司全面、系统调查，获得众多信息资料的基础上，CIS 策划人员对企业的历史和现状进行客观、准确地分析和判断，正式提交 CIS 战略策划调查报告，为 CIS 战略策划提供必要依据。

3. 开发设计阶段

在充分调研的基础上，CIS 战略的策划人员进入策划和设计阶段，主要任务是编制 CIS 战略导入与实施方案，即编制富有倡议、完整详尽的 CIS 手册（或 CIS 战略导入与实施的规划）。该手册囊括 CIS 战略的总体构思到各个具体环节的设计，将一系列的创意付诸形象表现。

总体构思是开发设计阶段中的一项关键性任务，它以 CIS 理念定位和表现，CIS 战略目标、方针、重点、策略、传播要领为主要内容，成为建立企业识别系统的核心，为 CIS 战略的设计及实施明确方向，提供 CIS 总体计划方案和基本框架。

各种识别要素的设计是开发设计阶段中另一项主要工作，它是通过统一的行为和视觉表达的创造性设计，要求在内容上必须明确具体，能够全方位、准确地传递企业信息。

4. 实施管理阶段

实施管理阶段是 CIS 战略管理的实质性阶段。没有高效率的实施与管理，再好的策划方案也会失去应有的价值。该阶段的主要任务是，在全员教育的基础上，通过对物、事、人的运作管理，全面推进 CIS 战略计划的实施，实现预期目的，并对 CIS 战略实施效果进行评估，进一步改进或修正原有方案。

建立 CIS 战略的执行与监督机构，聘请专家作为 CIS 战略实施管理的督导，专人负责，一管到底，确保 CIS 战略方案的实施。

在实施过程中，要及时、广泛地进行有关信息的传播沟通，让企业员工和社会公众了解企业的 CIS 活动与企业形象的全新面貌。

要对实施效果进行测定与评估，了解方案的实施是否达到预期目的，综合评价实施效果及存在的问题，总结经验，修正错误，改进工作，调整方案。

三、CIS 战略在中国的发展

1. 中国企业导入 CIS 战略的现状

CIS 战略最早源于第一次世界大战前的德国 AEG 电器公司，该公司首先将商标应用到系列电器产品和办公用品上，进行了视觉形象识别的尝试。CIS 战略作为完整的企业识别系统，形成于第二次世界大战后的美国。随着科学技术的发展和国际经济复苏，企业经营走上国际化轨道，建立一整套统一的识别系统，准确地向公众传递企业信息，塑造独特风格的企业形象，成为许多企业的共识。IBM 公司率先导入 CIS 战略并获得举世瞩目的成功，对西方企业导入 CIS 战略产生了良好的示范和推动效应，使 CIS 战略成为现代企业重要的战略管理方法，并在广泛传播中得以完善和发展。

改革开放后的中国企业面临着严峻的挑战和众多的发展机遇。如何创造中国的名牌企业和名牌产品，如何塑造良好的中国企业形象，是中国企业在市场经济体制下，能否成功地与国际经济接轨、参与国际市场竞争所必须首先解决的问题。20 世纪 80 年代中期以前，少数企业首先接纳、认同 CIS 战略，并掀起一股学习、普及、探索、试验的热潮，不仅出现了一批企业导入 CIS 战略获得巨大的成功，如太阳神 CIS 战略、江铃汽车集团的五十铃 CIS 战略、李宁运动服装品牌策划以及"康师傅""三九""威力""新科""春兰""长虹""海尔""乐百氏"等品牌实践，而且召开了中国企业形象战略研讨会，举办 CIS 电视讲座，开辟 CIS 专栏，建立学术研究组织，创建企业形象策划公司。今日的中国，CIS 战略研究与实践风起云涌，方兴未艾，为企业生存与发展提供了新的思路，推动企业经营活动向深层次、高标准发展。

然而，中国企业 CIS 战略导入与实施还仅仅是一个开始，由于起步晚、时间短、外部环境差、观念上存在误区以及人员素质低等因素的制约，CIS 战略的导入与实施还存在诸多问题，需要努力去解决，使 CIS 战略的导入和实施不断完善。

2. 中国企业导入 CIS 的两个混淆

企业形象战略传入中国，为中国企业有目的地加以应用已经有 10 多年历史了。在这 10 多年时间中，中国许多企业相继实施了企业形象战略，取得了令世人瞩目的成就。然而，中国企业导入形象战略所面临的形势十分严峻，主要表现在：对企业形象战略的概念缺乏深入了解。根据我们对众多企业的调查，当前我国企业在实施形象战略时往往存在一定的盲目性，对企业形象战略的相关概念缺乏深入的认识，因而产生了许多概念上的混淆，从而影响了企业实施形象战略的效果。

（1）混淆了 CI 和 CIS 这两个既有联系又有区别的概念。如果你稍微留意一下，就会发现，现在有许多文章，不少图册与论著，都把 CI 和 CIS 相提并论，混为一谈，这是不对的。如果 CIS 就是 CI，那么何必既要 CI 又要 CIS 呢？

CI 是英语 Corporate Identity Sign（企业识别标志）的简称，而 CIS 则是英语 Corporate Identity System（企业识别系统）的简称。因为有两个 CIS，难以辨识，所以把企业识别标志简称为 CI。企业识别标志，即 CI 是由企业专用品牌的标准名称、标准图形、标准色彩按照标准的组合规范构成的一个有机整体，从而把不同的企业和产品特别是同类的企业和产品，从语义、图形、色彩及其三位一体的组合中辨识而区别开来。如图 6-1 所示，其中，图 a 是中国银行的标志，方圆组合为"钱币"的象征，方口上下两竖意为"中国"的"中"字。图 b 是丰田汽车公司的标志，设计的重点是椭圆形组成的左右相对称的构成。椭圆具有两个中心的曲线，表示汽车制造者与顾客心心相印。并且，横竖两椭圆组合在一起，表示丰田（TOYOTA）的第一个字母 T。背后的空间表示 TOYOTA 的先进技术在世界范围内拓展延伸，面向未来、面向宇宙不断飞翔。图 c 是电话公司的标志，图形组合巧妙，传意明了。图 d 为日本三菱公司的企业标志，具有鲜明的可视性和可识别性。

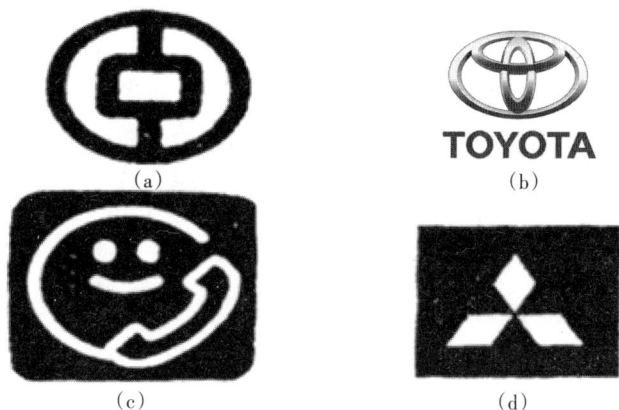

图 6-1　四个企业标志

企业识别系统，即 CIS 则是由视觉识别系统（Visual Identity System，VIS），行为识别系统（Behaviour Identity System，BIS），理念识别系统（Mind Identity System，MIS）以企业识别标志为中心构成组合为一个网络整体，把不同的企业和产品特别是同类的企业和产品，从视觉、行为、理念三大识别系统及其三位一体的组合中辨识而区别开来（如图 6-2 所示），它具有很强的层次性（如图 6-3 所示）。

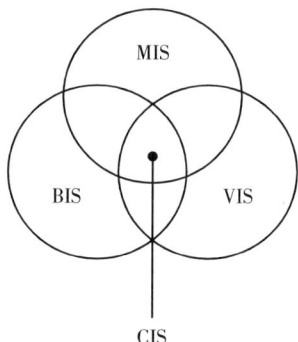

图 6-2　CIS 系统示意图

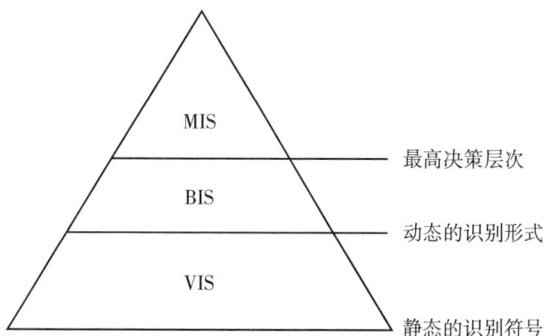

图 6-3　企业识别系统结构

CI 与 CIS 的区别主要表现在，CI 重在企业及其产品的整体识别同一性，CIS 则重在企业及其产品整体识别同一性的网络组合系统性。然而两者之间又存着紧密的联系，两者相辅相成、相互作用。一方面，CI 必须通过 CIS 才能贯穿和渗透于企业生产经营的所有方面、一切环节、整个过程之中，不然，企业识别标志就无以时时处处表现和展示企业及其产品的整体识别同一性；另一方面，企业识别系统只有以企业识别标志为中心，才能把视觉识别系统、行为识别系统、理念识别系统网络交织的构成组合起来，不然，企业识别系统就无以时时处处表现和展示企业及其产品的整体识别同一性及其网络组合系统性。

误把企业识别标志 CI 和企业识别系统 CIS 相提并论，混为一谈，这是我国企业实施企业形象战略中存在的首要问题，这种错误认识，无论在认识上还是在操作中，弊端甚多，后果严重。

（2）混淆了导入 CIS 与导入企业形象战略的概念。有人认为，导入企业识别标志（CI）为中心的企业识别系统（CIS），目的在于塑造企业形象，由于 CI 是英语企业形象 Corporate Image 的简称，因此，导入 CIS 就是导入企业形象（CI），导入 CIS 就是导入企业形象战略。

这种认识，且不说把企业识别标志和企业形象都简称为 CI，人为地造成了 CI 的歧义和混乱，更重要的是 CIS 既不是指企业形象，更不是指企业形象战略，而是指企业识别系统。企业形象、企业形象战略、企业识别系统绝不是三个同义词。导入 CIS 是指通过企业识别设计、开发和导入实施以企业识别标志为中心，视觉识别系统和行为识别系统以及理念识别系统网络整体构成组合的企业识别系统。企业形象战略是指导入企业识别系统（CIS）的战略。这就是现代工业设计和企业识别设计一起抓，开发和创造优质的独特名牌产品，塑造和传播良好的企业识别形象，大力实施攻心制胜的形象营销和形象竞争。正因为导入 CIS 企业识别系统和导入 CIS 企业形象战略既有联系，更有区别，所以两者既相辅相成，又相互作用。一方面，导入 CIS 企业形象战略必须导入 CIS 企业识别系统，以视觉、行为、理念三大识别系统的网络整体构成组合，塑造、渲染、传播企业识别形象，否则，企业形象战略就失去了市场整合传播的支撑系统和传播网络。另一方面，导入 CIS 企业形象战略除了导入 CIS 企业识别系统外，还必须导入现代工业设计，并且同企业的网络整体构成组合，设计、开发、更新优质名牌产品，否则，企业形象战略连同企业识别系统就失去了存在、发展、完善的前提、基础、生机、活力和后劲。如果把导入 CIS 企业识别系统和导入 CIS 企业形象战略相提并论，混为一谈，就必然会割裂企业整体形象和企业识别形象，以企业识别形象取代企业整体形象；就必然会割裂现代工业设计和企业识别设计，以企业识别设计取代工业设计；就必然会割裂名牌产品战略和企业形象战略，以企业形象战略取代名牌产品战略，从而在根本上抽空了企业识别系统的导入战略——企业形象战略。

四、中国企业导入企业形象战略的主要困难

国际经济的迅猛发展，使得经济一体化进程日益加快，企业间的竞争也更加激烈，这就要求我们中国的企业必须迅速导入 CIS，实施企业形象战略。然而，刚从计划经济脱胎而来的中国企业要实施形象战略还面临着诸多的困难。依据我们的调查了解，这种困难主要表现在以下四个方面：

1. 市场机制不健全

中国市场经济刚刚确立，处于初级阶段。这就造成了市场运行极不规范，讲人情、拉关系、凭权势、地方保护、行业保护等陈规陋习严重干扰着市场的正常运行，这就形成不了靠提高企业实力塑造良好形象来公平竞争的市场氛围，进而影响企业形象战略的实施。尽管国家颁布了《反不正当竞争法》等法律法规，但距形成完善的市场竞争机制还有一个过程。市场上的不公平竞争是阻碍企业形象健康发展的主要障碍。

2. 现有体制存在明显缺陷

中国的企业存在着许多体制上的弊端，产权关系不明确，责权利不清楚，经营管理体制落后。虽然普及了厂长经理负责制，并在逐步推行和实施现代企业制度。但厂长、经理往往是由上级任命的。这些都会影响到企业决策层面的长期性和稳固性，亦使许多企业的领导者片面追求短期效益，注重短期行为，而对长效投资、长期规划不感兴趣，对企业的长期发展缺乏责任心和使命感。这直接影响到企业形象的导入。因为企业形象导入是一项立足长远、耗资巨大的综合性的系统工程，有时甚至要以牺牲一定的短期利益为代价。因而，在现有体制下，导入企业形象战略对中国许多企业来说还要走相当长的一段路。

3. 观念落后

中国的许多企业及其领导人缺乏先进的、符合时代需要的思想观念。大多数企业没有自己明确的经营理念和宗旨，缺乏独具特色的经营价值观和企业精神。"酒香不怕巷子深"的传统观念在许多人心目中根深蒂固，这些都制约着企业形象的导入。

4. 企业形象传播乏力，专业人员严重缺乏

虽然中国的大众媒介在企业形象导入、普及企业形象知识等方面做出了巨大贡献，但与中国经济发展的速度、企业发展的需要相比远远不相适应。根据有关部门对中国的一些企业及企业负责人进行调查的统计表明：中国目前约有60%的企业不知道企业形象及企业形象战略为何物，约有30%的企业仅仅听说过，而不知道其准确含义及内容。有少数具有远见卓识、具有超前意识的企业家也想到借助CI导入来提升企业形象，却不知如何去做。对企业来说是这样，对企业形象策划专业工作人员来说亦是如此。中国企业形象策划专业人才十分紧缺，即使已经从事企业形象策划工作的专业人员，大多没有经过专业理论的系统教育，而是从工业设计、美术设计、广告策划等部门转移过来的，有的甚至仅仅懂一点广告理论而已。低素质的人才导致企业形象设计水平低，制作、策划能力差，影响了企业形象导入的声誉，这对刚刚起步的中国企业形象导入来说是一个致命的缺陷。

五、中国企业实施企业形象战略存在严重的误区

由于缺乏科学、系统的企业形象战略理论的指导，以及企业形象导入面临的各种困难，中国企业的形象导入存在着明显的认识和行为上的误区。

1. 重规划，轻调查

企业形象的导入需要全面、科学的规划，但这个规划是否符合企业的实际，离不开对企业实际的调查。调查是企业形象开发的第一步，只有通过严密、周全的调查才能客观地对企业做出诊断，有针对性地进行企业形象策划，找出提升企业形象的关键。但是目前进行企业形象导入的许多中国企业，在企业形象导入过

程中往往忽视调查，有的甚至不屑于进行调查，其结果往往使企业形象策划与企业实际相脱离，导致企业形象导入的流产或失败。

2. 重形式，轻内容

许多企业在企业形象导入时只注重视觉识别，忽视企业理念的诉求，忽视企业行为规范的建设。正如日本企业形象大师中西元男先生所指出的：企业导入企业形象，绝不仅仅是设计上的变更，设计也不仅仅是形状的东西；导入企业形象是企业意识的变革，是体质的改善，是设计的升华。这几年中国企业形象策划的探索主要都放在视觉识别上，对企业形象战略缺乏全面的理解和认识，没有对企业理念给予足够的重视，而这恰恰是企业形象战略导入的关键。

3. 重设计，轻推广

企业形象的推广以企业形象设计为基础，一个企业的企业形象设计合理有助于设计成果的推广，设计不合理则不利于企业形象的推广。但即使企业形象设计十分完善，若不注重其成果的推广，也无法使公众了解企业。中国一些企业实施形象战略效果不理想，问题往往在于对设计成果推广不力。不仅企业外部公众不了解企业的经营理念、行为规范和视觉识别，连企业内部员工也缺乏全面、准确的理解。在这种情况下，设计再好，也无法达到提升企业形象的目的。

4. 重眼前，轻长远

企业形象是企业经营管理的一种理念和技法，具有软性投资的长期性。因而，必须把企业形象导入作为一种长期的、系统的事业。而中国一些企业往往把它作为解决企业眼前难题的灵丹妙药，注重短期效益，而对导入的长期性认识不足，指望一蹴而就。

5. 以观赏代替应用

中国企业的视觉识别设计，往往从纯美学的角度进行艺术制作，忽视企业形象识别的实用价值与适用原则，缺乏与企业精神、企业理念相结合的个性内涵。

中国的企业形象导入任重而道远，我们必须具有鲁迅先生倡导的"拿来主义"的胆识，善于借鉴日、美企业形象战略理论和实践中对我们有益的合理因素，更要准确地去理解和掌握企业形象的本质含义与特征，结合中国的国情大胆发展、创新，从而营造出一个具有中国特色的、融合东西方文化的企业形象战略发展模式。

【案例分析】

创造神话定位——"太阳神"

"太阳神"的原名叫"万事达"，太阳神集团有限公司的前身是东莞市黄冈镇保健饮料厂。对于保健饮料，人们更多的是知道"百奥健"而很少人知道"万事达"。"万事达"一直默默无闻，年产值仅几十万元。

1987年，CIS策划人员给"万事达"一个新的品牌形象定位，一个富于现代神话色彩的品牌定性——"太阳神"。产品还是那个产品，产品的经营者还是那一群经营者。仅仅是换了一个品牌形象及推广策划，就使"太阳神"第一年产值达到528万元，以后连续几年倍增，至今已是年产值10多亿元的大企业了。它充分有力地说明，一个好的CIS策划，却能成就一个企业、一个市场。

"太阳神"的成功首先来自CIS策划人员为其所做的神话定位——充分利用中国传统中医的神秘不易说清而又有效的社会公众的文化认知，以及中医强调多次治疗的疗程意识，使消费者不但试饮而且多饮，进而容易使消费者形成"太阳神"的品牌意识。

尽管"太阳神"的CIS不是一个人、也不是一个CIS机构独立完成的，但参与策划"太阳神"各项工作的人员和机构，都能把握CIS的精髓，把握其神话形象定位，而且能不约而同地配合一致。同行如敌国的狭隘意识，在CIS的精神下消失了。

下面介绍"太阳神"推广策划。

1989年，"太阳神"企业及产品通过一年多的开拓已经初具规模，在一些消费地域已被人们认识并开始畅销，也许可以这样说，它已经具备了"太阳神"的品质和内在动力。揭示"品质"和"亮相"是当时广告策划的重点，揭示的手段有两种：第一，展现"太阳神"口服液的内在功能，教育消费者知晓"太阳神"对人体的功效与作用。第二，制造"太阳神"的社会效应。在心理上建立人们对"太阳神"的信任。从一般的广告原则来说，第一种手段与方法是首选的、保险的、常用的。因为，当时的"太阳神"口服液在市场上处在生命周期的开拓期，使消费者认识、了解其功效是尤为关键的。这也是商品的第一属性对人的生理功能的满足。但是，我们放弃了这一选择，原因有三个：其一，"太阳神"口服液原产东方医学与中国传统秘方，它与气功等东方神秘一样，有其功效，而当今科学却无法解释明白。其二，当时同类的其他产品不少，花大气力解释其功能也许是"大家乐"，对"太阳神"尽快与对手拉开距离不利。其三，东方人对东方神秘是认可的而不是怀疑的。从这点上看，"太阳神"的魅力更能满足心理要求。故此，我们选择了第二种手段与方法去努力和研究。首先制造"太阳神"的社会效应，在心理上建立消费者对"太阳神"的信心。

因此出现了1990年上半年的"太阳神"的系列片，针对"儿童""少年""青年""中年""老年"五个不同的市场同时出击，这一系列并没有在功能上直说"太阳神"对以上五个市场的消费者的功用，而只是表现在这五个市场已经都有消费者使用和正在使用"太阳神"口服液，给没有接触过"太阳神"产品的潜在消费者造成心理压力，提前为"太阳神"造成在社会上已被普遍接受的现象，抢先于其他牌号的同类产品占有市场规模。事实证明这是可行的，是成功的。在牌子推出后的几个月，"太阳神"与人们生活息息相关的效应产生了。与此同时，白马人在天寒地冻、荒芜人迹的新疆巴音布鲁克草原制作第三步的"太阳神"企业影片。

1990年12月26日"当太阳升起的时候，我们的爱天长地久"的太阳神企业形象片以其壮阔的魅力，开始感染每一个电视观众——消费人，"太阳神"的形象依赖着强劲的实力、优质的产品终于树立起来了。

"神话"的头开始了，如何发展呢？商品的第二属性——心理需求的满足本来应该是建立在第一属性——生理需求满足之上的，但是我们反其道而行了。事实证明是成功的，一年下来，产值增了10倍足以说明问题，但这并不等于商品的第一属性是可忽视的。因此开始了第二年的广告策略。策划重点——体现商品的第一属性——"太阳神"的功能和对人体的作用。是时候揭示功能了：其一，有了一定的科学依据。其二，现时的"太阳神"产品远远抛开了所有同类产品，独占鳌头。其三，有功效的东方神秘使人更相信。针对这一在人们心目中形象极好的"太阳神"，我们回过头来要解释它实在不容易，"小道理"或一般的解释难以与"太阳神"相配。既然这样，那么白马人就用"原理"去注解它。于是产生了"太阳神"的"火"的原理篇、规律篇、"平衡"的道理篇。1991年下半年这些片子（共6部）在内地市场、香港市场相继推出，奠定了"太阳神"广告的另一根基。与此同时，"太阳神"的形象进一步社会化、亲切化了。1991年9月教师节和 11 月的"第一届世界女子足球锦标赛"期间相继推出与时事热点相关的系列片，产生了深入人心的影响。可以这么说，白马人在"太阳神"的广告方案里，大大地开了一个"反常规"的头，又细心地、认真地兜了个底。

接着"太阳神"开始向香港市场进军。

香港这个市场不同于国内市场，生活节奏快，新鲜事物铺天盖地。所以，输出的概念不能太复杂。若用多途径软性输出，再让香港人经综合思考后理解概念的做法，广告效果就被会削弱。倒不如灌输一个显而易见，香港人又已经熟悉的字眼。于是，从"太阳神"众多功能中选取一个包含量大的词——"平衡"，强调"太阳神"可平衡人体机能，推出"平衡、健康、太阳神"的口号，使香港人只接受这两个字，在奠定市场基础之后，再转回"人群反映"的策略。

简明的概念，要采取最直接的表现方式，整个策划都选取生活中最常见和最能表现平衡的小品——体操之平衡木、小丑走钢丝、马戏、狗跷跷板，简朴明晰可爱。除电视外、电台外，请杂志社等做配合。杂志设计上采用图片强调标题的有力方式，顺着轴线自上而下，主体图片、标题、正文、产品、口号，一时攻势迅猛，"平衡"概念遂见功效。

在国内广州市场上，"太阳神"受到国内新产品"娃哈哈"的冲击。"娃哈哈"的广告策略十分成功，一下子挤走了"太阳神"许多市场。其实它的策略并不新鲜，本来太阳神就是这样做的，即把专家对产品的评价和消费者的回信赞词连篇累牍地在报纸上以新闻报道形式登出。但"娃哈哈"欲在此招上超过"太阳神"。因为它有两个高招：一是做广告的自身条件好，它所含纯中药成分，广告上能讲得清楚，市场细分准，只针对少年儿童；二是请的专家层次高，连国家营养学会的主席也在其中。一时间两家你说我不安全我说你有激素的广告成为广州市民的热门话题。

这时我们认为，再用新闻方式在报纸上回击已无意义，而且消费者已开始反感这种形式的对战。于是我们的策略是你打我的，我打我的。我们认为，我们有一点不但要看齐对手，还要超过对手，就是概念要明晰。这样我们把在香港使用"平衡"概念在这里"杀个回马枪"。我们认为，我们具有设计者们精良的优势，是可以打败视觉新鲜、久尝无味的新闻式策略的；同时也考虑国内市场毕竟具有良好的基础，不必大声疾呼，于是用"平衡"概念结合"人群反映"，采取细腻真实的刻画，以情动人，以理服人。因此，在概念上由"平衡"导入，生活点则要绝对写真，设计上力图突破下文的程式，尽量使文图浮出，撰文丝丝入扣，毫不经意地引出"太阳神"。当然能成功地为一种要费尽唇舌向多种人群解释如此多种功能的产品建立和输出一个明晰的概念，是值得由衷的欣慰和回味的。

根据上述案例，试分析：

1. "太阳神"的成功源于什么？
2. "太阳神"对今后企业的发展有何借鉴意义？

【本章小结】

● 形象策划价值能让企业还未进入市场之前对市场需求做出正确的判断，有效阻止了企业不正确的操作投入造成的巨大经济损失。

● 形象策划的核心在于传播，如何把企业形象传播出去，打造优良的企业形象，是形象策划最关键的地方。

● 企业形象由于其信誉高，销量大，附加值高，可以使企业加速资金周转，获得高额利润。

● 形象策划的最终目的是为了持续获取较好的销售与利润。

【思辨题】

1. 企业形象策划对于一个企业的成功发展有什么意义？
2. 中国企业形象策划所面临的问题是什么？该如何解决？
3. CIS 的导入对中国企业的发展有何意义？

‖第七章‖
企业文化策划

【教学目标】

通过本章学习，了解企业文化调研制订的原则，能够在正确分析调研资料的基础上进行企业文化诊断与测量，并撰写分析报告和企业文化手册，为企业文化策划、建设进行推进，提高企业的核心竞争力。

【教学要求】

知识要点	能力要求	相关知识
企业文化的概念、结构	能够掌握企业文化的层次结构	企业文化
企业文化策划的方法与实施	熟悉企业文化策划方法，掌握企业文化策划步骤	企业文化策划的操作流程
企业文化的诊断、测量与方法	对立价值构架的运用	企业文化的测量维度，企业文化诊断工具
企业文化策划存在的误区	认知我国企业文化策划存在的问题	企业文化的真正内涵和发展规律

【开篇阅读】

安全文化，重在落实

"不开隐患车，处处保安全"。该车间通过班前会、车间班子成员参加班组安全活动等形式，向员工宣传安全的重要性，分析岗位存在的安全隐患，工作中应注意的安全事项等，转变员工的思想观念，变"要我安全"为"我要安全"。车间现配备先进的多功能天车两台，五吨天车五台，堆垛天车一台。日常工作中，要求天车工在车上交接班，"不开隐患车，处处保安全"，有问题在交接时当面讲清楚，该处理立即联系处理，不留隐患。车间主任熊辉在车间班前会多次强调："生产耽误了可以弥补回来，可是因为车况不好，存有安全隐患，出现安全事故，不管是对员工的人身，还是对生产设备，都会造成无法挽回的损失，是无法弥补的！安全是天，不是空洞的口号，而是实实在在的与每位员工息息相关的，要落实到车间的每个岗位，体现到具体工作中去。"正是基于这样的指导思想，目前车间的安全工作已深入班组，深入到每位员工的心中。员工的安全意识增强了，"三违"现象没有了，形成了较为浓郁的安全文化氛围，促进了生产安全的有序进行。

案例讨论：

1. 结合上述企业文化建设的案例谈谈对企业文化建设的认识。

2. 你认为企业文化的策划有什么作用？

第一节 企业文化的概念、结构和功能

一、企业文化的历史形成

企业文化是人类文化、民族文化发展的结果，是人类文化经过渔猎文化、农耕文化发展到商业文化的产物，是商业文化中的一部分，是商品经济高度发展的工业社会特有的社会文化现象。

应当说，有企业和企业管理存在，就有企业文化存在。但是，一般说来，这时的企业文化属于自然生成的企业文化，真正把企业文化当成一门科学来对待，有意识地对它进行研究并运用于企业管理实践，是 20 世纪 80 年代以后的事情。

二、企业文化的概念

中国社会科学院研究生院教材《企业文化》（第四版）对企业文化的定义作

了统计，全世界给企业文化下的定义共有 180 多种，几乎每一个管理学家和企业文化学家都有自己的定义，具有典型意义的定义有：

（1）美国学者汤姆·彼德斯（Tom. Pelers）和罗伯特·沃特曼（Robert Waterman）（1979）给出的定义：员工做出不同凡响的贡献，从而也就产生有高度价值的目标感，这种目标感来自对生产、产品的热爱，提高质量、服务的愿望和鼓励革新，以及对每个人的贡献给予承认和荣誉，这就是企业文化。

（2）霍恩斯（1950）给出的定义：企业文化是在工作团队中逐步形成的组织规范。

（3）特雷斯·迪尔（Terrence·E.Deal）和艾伦·肯尼迪（Allan Kennedy）（1982）给出的定义：企业文化是为一个企业所信奉的主要价值观，是一种含义深远的价值观、神话、英雄人物标志的凝聚。

（4）帕斯卡尔和阿尔斯（1981）给出的定义：企业文化是指导企业制定员工和顾客政策的宗旨。

（5）塔格尤尔·利特温（1968）给出的定义：企业文化是企业内通过物体布局所传达的感觉或气氛，以及企业成员与顾客或其他外界成员交往的方式。

（6）威廉·大卫（1987）给出的定义：企业文化就是传统气氛构成的公司文化，它意味着公司的价值观，诸如进取、守势或是灵活——这些价值观构成公司员工活力、意见和行为的规范。管理人员身体力行，把这些规范灌输给员工并代代相传。

（7）约翰·P.科特和詹姆斯·L.赫斯克特（1992）给出的定义：企业文化"是指一个企业中各个部门，至少是企业高层管理者们所共同拥有的那些企业价值观念和经营实践。是指企业中一个分部的各个职能部门或地处不同地理环境的部门所拥有的那种共通的文化现象"。

综上所述，笔者认为，企业文化是指在一定企业中形成的某种文化观念和历史传统，共同的价值准则、道德规范和企业意识形态。简言之，可称为企业宗教。

我们可以对企业文化的本质及其与其他文化的区别加以界定：企业文化是一种从事经济活动的组织之中形成的组织文化。它所包含的价值观念、行为准则等意识形态和物质形态均为该组织成员所共同认可。

企业文化有广义和狭义之分，广义的企业文化是指企业物质文化、行为文化、制度文化、精神文化的总和；狭义的企业文化是指以企业价值观为核心的企业意识形态。

三、企业文化的结构

荷兰组织人类学和国际管理学教授 G.霍夫斯坦德（Geert Hofstede）在其著作《跨越合作的障碍——多元文化与管理》中开篇即论述道：尽管不同时代、不同民族的文化各具特色，但其结构形式大体是一致的，即由各不相同的物质生活文化、制度管理文化、行为习俗文化、精神意识文化四个层级构成。根据该理论，我们把企业文化分成物质、制度、行为和精神四个层次（见图 7-1 所示）。

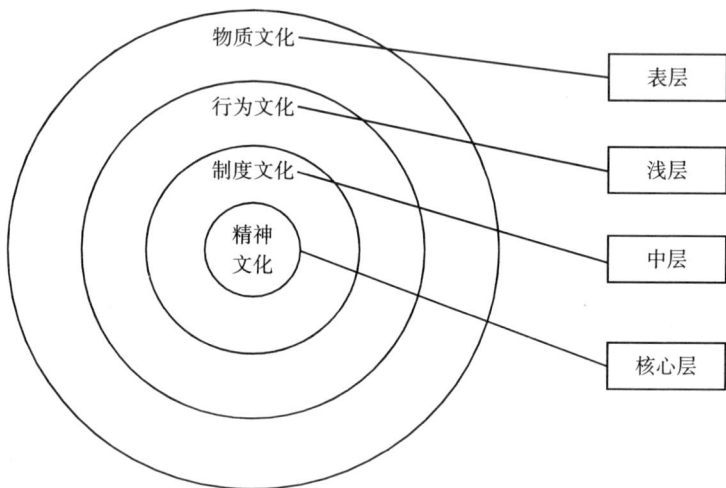

图 7-1　企业文化结构

企业文化的物质层也叫企业的物质文化，是由企业员工创造的产品和各种物质设施等构成的企业文化，以物质形态为主要表现，包括企业生产环境、企业建筑、企业广告、产品包装与设计等。

企业文化的行为层也叫企业的行为文化，是企业员工在生产经营、学习、娱乐活动中产生的，包括企业经营、教育宣传、人际关系活动、文娱体育活动等。从人员结构上划分，包括企业家行为、企业模范人物的行为、企业一般员工的行为。

企业文化的制度层也叫企业的制度文化，包括企业领导体制、企业组织结构和企业管理制度等方面。

企业文化的精神层也叫企业的精神文化，是企业在生产经营过程中，受一定的社会文化背景、意识形态影响而长期形成的一种精神成果和文化观念，包括企业精神、企业经营哲学、企业道德、企业价值观念、企业风貌等内容，是企业意识形态的总和。

四、企业文化的功能

所谓功能，是指以一系统影响、改变他系统以及抵抗、承受他系统的影响和作用的能力，是一系统从环境中取得物质、能量、信息而发展自身的功用。企业文化的功能主要有以下六个方面：

1. 振兴功能

所谓振兴功能，是指通过建设企业文化，可以使企业经营管理有序，建立优势，形成特色，持续发展，在竞争中长期立于不败之地。国内外很多企业的成功，都是有着先进的企业文化的结果。尤其在第二次世界大战迅速崛起的日本，之所以能取得巨大成功，就是由于建立了非常强大的文化。事实上，强大的企业文化也是美国企业持续发展的动力。

2. 导向功能

一般地说，任何文化都有一种价值取向，规定着人们所追求的目标，具有导向的功能。企业文化是一种企业的价值取向。卓越的企业文化，引导着企业去主动适应健康的、先进的、有发展前途的社会需求，从而走向胜利。

3. 协调功能

企业文化能够协调企业和社会的关系，使社会和企业和谐一致。因为无论是中国的企业文化还是外国的企业文化，其精神内容都是要企业自觉地为社会服务。具体地说，通过文化建设，企业可以调整自己，满足顾客不断变化的需要。企业文化的协调功能，也可以扩展到整个国家，整个人类社会，成为创建和谐社会的巨大推动力。

4. 凝聚功能

企业文化可以增强企业的凝聚力。这是因为企业文化有同化作用、规范作用和融合作用。这三种作用的综合效果，是实现企业文化的凝聚功能。企业文化的共有价值观念，一旦成为员工的自觉行为，就会像其他文化形式一样起到强制性的规范作用。这种作用会大大增强企业的凝聚力。

5. 美化功能

企业文化力求把职工的工作与生活统一起来。企业文化理论可以帮助职工发掘工作本身的意义，使之成为职工所愿意、所喜欢从事的工作。在那些企业文化搞得好的企业里，工作本身成了激励因素，职工们觉得上班比下班更有意思，工作环境如同生活环境，心情很放松。

6. 育人功能

文化具有育人功能。企业文化同样具有育人的功能。如松下电器公司通过卓越的企业文化，也确实造就了不少人才。

【案例赏析】

一方水土　一方车文化

120年前德国人卡尔·弗里德利希·本茨（Karl Friedrich Benz）发明了世界上第一辆汽车，汽车对人类产生了很大的影响，但由于不同国度的人在文化上的差异，所以产生了不同的汽车文化。

美国车以宽大、舒适闻名。美国的地域环境和人文气息产生这种特殊的汽车文化。美国的大城市大都面积辽阔、道路宽敞，高速公路网贯穿全国。美国人崇尚个性自由、追求个性开放，所以就形成了美国独特的汽车文化。美国的汽车的确体现了一种力量。日本则由于本国的特殊环境及文化特点形成了自己独特的汽车文化。日本国土狭窄、能源短缺，大城市人口密度大，人们善于精打细算，讲究效率，所以日本汽车就以省油、轻巧、便宜闻名于世。韩国也有自己独特的汽车文化。韩国的汽车工业发展于20世纪60年代，韩国人非常注重自己的民族精神，所以韩国人坚持开本国产的汽车，在韩国很少有人开进口车的。欧洲是现代汽车的发源地，各种汽车琳琅满目：各种节能车、经济实惠的家庭车、精工细作的豪华车、奇特的跑车。汽车文化也在这里演绎得淋漓尽致。高贵的奔驰、追求驾驭权限的宝马、赛车极品的保时捷、车中极品的劳斯莱斯……汽车文化让人们眼花缭乱。

课堂讨论:

1. 简述各国汽车文化特征的形成。

2. 简述地域文化与汽车文化的联系与区别。

第二节 企业文化策划方法与实施

一、企业文化策划的原则

1. 整体竞争实力提升原则

追求企业整体竞争实力的增强,已经成为企业文化策划的基本原则和基本目标。激烈的竞争将使企业再也不能简单地或盲目地跟随市场、应和市场,而必须把握市场经济深层次规律,进行开拓市场、创造市场、培育市场的竞争。创造市场的竞争,不再是单纯质的竞争与量的竞争,也不再是"一招一式"的较量,而是企业整体实力的竞争。企业的实力,不再是单纯表现在企业规模和拥有"硬"资源上,也不再是单纯的产品销量的较量,而是企业整体的系统性、科学性和应变性,以及企业整体的创新能力。企业的创新能力是指企业在一定条件下产生新思想、新方案、新组合、新方法的能力,它是企业内部综合素质的体现。随着世界经济一体化和国际市场竞争的加剧,一般意义上的科学管理,已经不能给企业带来超额利润。企业必须要有新的突破,不断创造出比别人更新的管理方式和创新技术,才能在竞争中取得优势。因此,进行企业文化策划,必须确立整体性谋略思想,以提高企业整体竞争实力为目标。2004年,百年老店"双合成",在进行以"双合成月饼"为内容的企业产品文化建设策划中,就是按照追求企业整体竞争实力增强的文化战略要求,将构筑食品安全信用体系建设作为整体工作的切入点，深刻地认识到"双合成"文化必须是以立足长远的整体质量文化为依托，通过文化建设不断增强"双合成"的企业整体竞争实力。为此，"双合成"将每年的 8 月 15 日定为企业食品安全信用宣传日，形成了"双合成"企业文化中行为文化的一个重要内容，同时向社会公开发表《双合成食品安全信用宣言》（以下简称《宣言》）。《宣言》向公众庄严承诺：双合成坚持以技术创新为先导的产品开发原则，大力推进"三绿工程"（即绿色食品工程、绿色包装工程、绿色环境工程）；在企业内部坚持将食品安全信用教育长期化、常规化、制度化；不断强化员工"质量监督检查意识、环境卫生保持意识、精细化作业意识、诚信待人意识"等。应该说，这些理念的推出和文化活动的开展，也都是为了追求企业整体竞争实力的增强，以及确保企业可持续发展的目标而确定的。

2. 专家智能策划原则

专家智能策划模式将把企业文化策划推进到一个新的阶段。知识经济时代，随着现代科学技术的迅猛发展，市场机制逐步成熟，企业环境将更加复杂，企业间的竞争也日趋激烈。在这种情况下，企业文化策划不仅不能是"个人英雄"式的谋略行为，即使是以人力为主的"群体专家策划"也将注入新的策划理念，其中重要的就是专家智能策划的理念。所谓专家智能策划，不仅具有"群体专家"的特点，即策划主体是由不同学科、不同领域的专家群体以及他们的学科组合构成，而且可以通过电子计算机将成千上万的专家的灵感汇集、存储起来，并能够按需要方便、迅捷地进行选择、组合和加工，即除了包括策划人的智能，还包括机器的智能，这实际上是一种更大规模、更加广泛的"专家法"。

3. 信息技术战略原则

信息技术成为企业成功进行文化策划的关键。知识经济时代是一个大规模生产和使用信息、知识的时代，信息作为社会组织的重要资源，是企业文化策划的基础性要素。在企业文化策划的实施中，信息战略与信息战术的策划与谋划，占有举足轻重的地位。由于知识经济时代，信息传播迅猛，传递速度快捷，企业文化策划中，不仅要考虑占有了多少信息以及用怎样的方式占有了信息，更重要的还在于对信息的综合分析、加工组合和有效利用。策划中，如何把零散的资料变为系统信息，形成企业文化策划的有效信息，关键在于策划者对信息的综合分析以及合理组合。没有对信息的综合分析，就不可能激发灵感，也不可能产生企业文化策划中的创意与构想。因此，信息技术以及运用信息技术形成的信息战略、战术必然是企业文化策划成功的关键。

4. 知识创新原则

知识创新是企业文化策划的灵魂。知识经济是以创新的速度、方向来决定成败的经济，创新是知识经济发展的内在驱动力，是知识经济的灵魂。创新需要在企业、消费者与科研机构等不同行业之间进行大量交流，在科学研究、工程设计、产品开发、生产活动与市场营销之间进行复杂的反馈，从而形成一种网络创新模式。这种网络创新模式将改变过去研究与开发的线性模式，使人类的各种行为更具有活力，推动创新精神的发扬和创新技术的出现。既然知识已经成为知识经济发展的主要动力，知识创新已经成为企业创新的典型特征，因此，企业文化策划必须以知识创新为灵魂。

二、企业文化策划产生的作用

企业文化策划作为企业文化管理咨询的延伸，从服务品牌理念构建，到支撑理念的服务接触点、运营控制点、服务产品等的规划与设计，我们能够基于客户的全面需求，构筑有竞争力的服务品牌与服务运营模式，同时对企业内部员工有一定的促进作用。

1. 企业文化是企业的灵魂

首先，从战略的高度来看，企业文化可以明显地将该企业与其他企业区分开来，可以传达该企业的经营理念并以形象的视觉宣传企业，可以激发企业员工对企业的认同感和企业士气。其次，从经济的角度来看，只有实现物质生产力的发展和经济的发达，才能有文化的昌盛，这是经济社会发展的一般规律。再次，从文化的角度来看，随着社会主义市场经济的深入发展，文化在保持其意识形态属性的同时，其产业属性也越加明显。最后，文化作为一种精神力量，也越来越成为经济社会发展的重要动力。随着社会的规范化发展、人类文化素养的进一步提高，文化在综合国力竞争中的作用确实越来越突出，甚至会具有全局性的决定意义。因此，面对文化与经济相互交融的发展趋势，我们应当切实把握好企业文化与企业经济的辩证关系，更好地发挥文化在经济发展中的支撑作用。

2. 企业文化有助于提高企业学习与创新能力

建设创新型企业，全面提升企业的技术创新、制度创新、管理创新和文化创新能力，为实现企业的持续健康发展创造条件。创新能力是企业生存与发展的必然保证。

3. 企业文化活动对推动职工文化建设的意义

职工文化与企业文化存在密切联系。企业文化是一种管理理论，即所谓的文化管理。职工文化既是企业文化的载体，同时也进一步促进了人才强企战略、大力实施职工素质建设工程（即全面提高职工的思想道德素质、科学文化素质、技术技能素质和健康素质）等一系列活动的开展和普及。职工文化活动的开展，将在一定程度上对企业文化建设的深入和落实起到积极的推动作用。

三、企业文化策划的方法

国际国内企业文化的比较研究。学习借鉴国际、国内著名公司的企业文化建设经验，以及企业文化的前沿研究成果、研究方法和应用途径，以使自己在策划设计和操作时，胸怀全局，思路宽阔。

1. 关键事件、典型案例的调研分析

把握企业文化发展阶段、影响因素、管理行为特征、关键事件、典型案例，以及高层管理者的设想及各层人员的反映，使策划设计和操作更加切合实际。

2. 抽样问卷调查与量表评价诊断

设计和实施调查问卷与量表统计，获得企业文化现状和重新设计及建设的依据，并找出企业文化发展阶段的因素特征和管理行为特征间的结构性联系。

3. 科学辩证的思维与设计创意

企业文化设计需要创造思维，需要调动人的想象力、思辨力以及分析、综合、归纳和演绎能力。例如头脑风暴法，亦称智力激励法，这是一种调动集体智慧、集体协调创作的方法。个性独创法注重发挥个人的独特思维，是出奇制胜的设计方法。

四、企业文化策划操作流程

企业文化策划设计操作必须由企业高层主管和有关人员组成领导小组，由有关部门人员组成项目小组。邀请专业咨询公司帮助策划设计的企业，双方应共同组成领导小组和项目小组，把外部专家咨询和内部企业文化发动结合起来，实施"并行工程"。

企业文化策划操作一般分为五个阶段：

1. 准备阶段

主要是分析客观形势的发展趋势，掌握本企业文化现状，初步确定企业文化建设的目标，在企业领导班子中统一认识，在职工中做好思想酝酿。刚刚起步的企业需要对分散在职工中的、隐藏在企业日常经营管理活动中的优良文化传统发掘出来，作为提炼设计的基础和依据。

2. 调研阶段

主要是对与企业文化有关的方面进行调查，如企业发展过程、经营思想、领导决策、职工素质、规章制度等，做到心中有数。调研工作包括，查阅企业文档资料；召开不同方面（领导骨干、员工、客户、协作单位）人员代表座谈会，听取意见和建议；进行抽样问卷调查等。

3. 分析诊断阶段

主要是根据调研资料和分析数据，结合企业发展战略和实际情况，进行文化定位研究和诊断，发掘文化传统和文化优势，找出差距和不足，明确企业文化建设的总体目标和规划方案。

4. 提炼设计阶段

从企业历史和现状出发，结合企业文化建设的总体目标和规划方案，提炼企业价值观、经营理念、企业精神，以及企业道德、企业作风等；根据实际需要进行视觉识别系统的设计。

5. 推广实施阶段

主要是在企业内部，坚持广泛宣传和深入细致相结合：首先，做到企业全体员工了解和掌握本企业文化的具体内容和精神实质；其次，进一步完善修订企业规章制度，使之真正体现企业价值观和经营理念；再次，开展有针对性的企业文化培训，提高全体员工的文化自觉性；最后，在实践中，一方面检验企业文化是否符合客观形势和企业实际，及时加以完善；另一方面要加强管理，开展思想教育，使企业文化落实在行动中，发挥应有的作用。

五、企业文化策划的心理机制

1. 运用心理定式

人的心理活动具有定式规律——前面较强烈的心理活动，对于随后进行的心理活动的反应内容及反应趋势有影响。

企业文化建设的重要手段是干部和职工的培训。在对新职工、新干部的培训上，心理定式的作用十分突出。怎样做一名新干部、新职工，应该具备什么样的思想、感情和作风，在新员工头脑中还是一片空白。通过培训，不仅可以提高他们的业务能力，更主要的是可以把企业的经营哲学、战略目标、价值观念、行为准则、道德规范及企业的优良传统，系统而详细地介绍给他们，并通过讨论、总结、实习、加深理解，入脑入心。这样，从新职工、新干部上班的第一天起，就形成了与企业文化相协调的心理定式，对其今后的行为发挥具有指导和制约作用。

在对老企业的转型改造过程中，相应地要更新和改造原有的企业文化，首先要打破传统的心理定式，建立新的心理定式。随着工厂从单纯生产型向生产经营型转变，工厂的经营哲学、战略目标、价值观念和行为规范也必须相应地加以改变。事实证明，观念的转变绝非易事。企业的主要负责人应率先转变观念，然后通过参观、学习、培训等多种方式，组织各级干部和全体职工理解和掌握新的企业文化，形成新的心理定式。许多企业的实践表明：这种学习和培训是完全必要的和富有成效的。

2. 重视心理强化

强化是使某种心理品质变得更加牢固的手段。所谓强化是指通过对一种行为的肯定或否定（奖励或惩罚），从而使行为得到重复或制止的过程。使人的行为重复发生的称为正强化，制止人的行为重复发生的称为负强化。

这种心理机制运用到企业文化建设上，就是及时表扬或奖励与企业文化相一致的思想和行为，及时批评或惩罚与企业文化相悖的思想和行为，使物质奖励或惩罚尽量成为企业精神的载体，使企业精神变成可见的、可感的现实因素。许多工厂制定的厂规厂纪，以及开展的诸如立功、五好评比、双文明标兵等活动，都发挥了良好的心理强化作用。

3. 利用从众心理

从众是在群体影响下放弃个人意见而与大家保持行为一致的心理行为。从众的前提是实际存在或想象存在的群体压力，它不同于行政压力，不具有直接的强制性或威胁性。一般来讲从众心理较强的人主要有：重视社会评价、社会舆论的人；情绪敏感、顾虑重重的人；文化水平较低的人；性格随和的人；以及独立性的人。

在企业文化建设中，企业领导者应该动员一切舆论工具，大力宣传本厂的企业文化，主动利用从众心理，促成全厂职工行动上的一致，一旦这种行动局面初步形成，对个别后进职工就构成一种群体压力，促使他们改变初衷，与大多数职工一致起来，进而实现企业文化建设所需要的舆论与行动的良性循环。

许多企业通过厂报厂刊、厂内广播、厂内闭路电视等宣传手段，表扬好人好事，讲解厂纪厂规，宣传企业精神等，形成有利于企业文化建设的积极舆论和群体压力，促成职工从众行为，收到了较好的效果。对于企业中局部存在的不正之风、不良风气、不正确的舆论，则应该采取措施坚决制止，防止消极从众行为的发生。

4. 培养认同心理

认同是指个体将自己和另一个对象视为等同，引为同类，从而产生彼此密不可分的整体性的感觉。初步的认同处于认知层次上，较深入的认同进入情绪认同的层次，完全的认同则含有行动的成分。个体对他人、群体、组织的认同，使个体与这些对象融为一体、休戚与共。

为了建设优良的企业文化，企业主要负责人要取得全体职工的认同，这是首要的任务。这就要求企业主要负责人办事公正、作风正派、以身作则、真诚坦率、待人热情、关心职工、善于沟通和具有民主精神。只要这样做了，全厂职工自然会把他视为良师益友、靠得住、信得过的"自家人"。职工对企业主要负责人的认同感一旦产生，就会心甘情愿地把他所倡导的价值观念、行为规范，看作自己的价值观念，从而形成企业负责人所期望的企业文化。

除此之外，还应着重培养职工对企业的认同感。为此，企业负责人应充分尊重职工的主人翁地位；真诚地倾听群众呼声，吸收职工参与企业决策和其他管理活动，同时，应尽量使企业目标与个人目标协调一致，使企业利益与职工的个人利益密切挂钩，并使职工正确地、深刻地认识到这种利益上的一致性。久而久之，全体职工就会树立企业文化的真正基础。当然，更重要的措施是把企业的名牌产品、企业在社会上的良好形象、社会各界对企业产品和服务质量的良好评价，及时地反馈给全体职工，激发全体职工的集体荣誉感和自豪感。对企业充满光荣感和自豪感的职工，必定对企业满怀热爱之情，总是站在企业发展的角度思考和行事，自觉地维护企业的好传统、好作风，使优秀的企业文化不断发展和完善，这是主人翁责任感的升华。

5. 激发模仿心理

模仿指个人受到社会刺激后而引起的一种按照别人行为的相似方式行动的倾向，它是社会生活中的一种常见的人际互动现象。

不言而喻，模仿是形成良好企业文化的一个重要的心理机制，榜样是模仿的前提和根据。企业中的模范人物、英雄人物，是企业文化的人格化代表。全体职工对他们由钦佩、爱戴到模仿，也就是对企业文化的认同和实现过程。

企业的主要负责人，首先应该成为企业的模范人物、英雄人物，身教胜于言传，作为企业文化的倡导者，他的一言一行都起着暗示和榜样作用。"耳听为虚，眼见为实"，实际事件的意义对于个体观点的改变是极其重要的。

美国三角洲航空公司的高级经理人员在圣诞节期间帮助行李搬运员干活，已成为公司的传统，并每年至少与全体职工聚会一次，直接交换意见，以实践"增进公司的大家庭感情"的经营哲学。日本三菱电机公司的总经理为了倡导"技术和销售两个车轮奔驰"的企业精神，改变过去重技术轻销售的状况，亲自到公司零销店站柜台，宣传自家商品，听取顾客意见。这些领导者，不仅提出了整套的经营哲学，而且他们本人就是实践这些哲学的楷模。

企业领导者通过大力表彰劳动模范、先进工作者、技术革新能手、模范人物等，使他们的先进事迹及其体现的企业精神深入人心，就可以在全厂职工中激发起模仿心理，这也是企业文化建设的有效途径。当然，树标兵应实事求是，力戒拔高作假，否则将适得其反。

6. 化解挫折心理

在企业的生产经营活动中，上级与下级之间、同事之间难免会发生一些矛盾和冲突，干部和职工总会在工作和生活中遇到各种困难和挫折，这时，他们就会产生挫折心理。这种消极的心理状态，不利于个人积极性的提高，不利于职工的团结，不利于工作中的协同努力，不利于优良企业文化的形成。如何化解职工出现的挫折心理，也是企业文化建设中应该予以注意的问题。

日本松下电器公司下属的各个企业，都有被称为"出气室"的"精神健康室"。当一个牢骚满腹的人走进"出气室"后，首先看到的是一排哈哈镜，逗人哈哈大笑一番；其次出现的是几个象征经理、老板的塑像端坐在那里，旁边放着数根木棍，如果来者怨气仍然未消，可拿起木棍，把"老板"痛打一顿；最后是恳谈室，室内职员以极其热情的态度询问来者有什么不满或问题、意见、建议。当然，我们不必照抄日本松下电器公司的做法，但应该借鉴他们重视职工心理保健的管理思想。我们的企业领导者，可以通过家访、谈心、职代会会议等环节，向各级领导提出批评和建议，也可在职工之间展开批评和自我批评，解决矛盾，化解挫折心理，为企业文化建设创造和谐舒畅的心理环境。

只要根据本企业实际情况，综合运用上述各种心理机制，我国企业文化建设就可以日益深入地开展起来，发挥出应有的巨大作用。

六、企业文化策划的辩证思考

1. 多与少

任何事物发展，不平衡是绝对的，而平衡是相对的。我国企业文化建设也呈现出明显的不平衡性，主要表现在三多三少。

（1）大中型企业重视的多，小企业和乡镇企业重视的少。在大中型企业中，多数企业已经把企业文化建设列入议事日程，至少都提炼出明确的"企业精神"。但在小企业和乡镇企业中，仅仅是极少数先进企业有了自身的企业精神，它们的企业文化建设还未能从自在的状态进入自觉的状态中。

（2）成功的企业重视的多，落后的企业重视的少。许多优秀企业往往都抓了企业文化建设，其中一部分企业在企业文化建设上发挥了带头作用和示范作用。然而，一些落后企业不是亏损，就是效益不高，或是人心思走。这些企业陷入困境的原因很多，但管理水平低、凝聚力差、政治思想工作薄弱几乎是主因。按理说，狠抓企业文化建设，改造本企业落后的甚至是劣性的文化，塑造振奋人心、具有号召力和凝聚力的崭新群体价值观，应该是企业走出困境的必要途径。但奇怪的是，许多落后企业仍是忙于解决资金、原材料、能源、销售等具体生产经营问题，而无暇思考整个企业的总体战略和根本管理思想。企业文化建设的落后既是其处于落后状态的表现，也是其尚未摆脱落后状态的原因。

（3）知识密集型企业重视的多，劳动密集型企业重视的少。电子工业、家电行业、机器制造行业等知识、技术相对密集型的企业，由于其技术人员比例、技术创新压力、职工文化水平高于生产社会化程度，在企业文化建设上的内在需求更加强烈，内、外期望更高，因此，更具有积极性和主观能动性。

至于一些劳动密集型企业，如建筑工地（特别是农村建筑施工队）、缝纫厂、商店、饭馆、农产品加工厂等，职工文化水平低，企业领导管理水平也不高，甚至根本没有企业文化的概念，也感受不到内在需求和外界的压力，因此它们的企业文化仍然处在"自在"阶段。

产生"三多三少"的情况具有一定的必然性，其影响因素很多，但根本性的因素是企业素质，特别是企业负责人的素质。一般而言，小企业、乡镇企业、落后企业、劳动密集型企业人员素质低于大中企业、股份制企业、先进企业、知识密集型企业的人员素质，特别是企业负责人的思想素质、心理素质、文化素质、能力素质差距很大。若想使这些企业的管理上台阶，使其企业文化建设从"自在"状态进入"自觉"状态，首先就要通过培训、选聘等环节，提高企业领导人的素质，除此之外无捷径可走。

2. 党与政

在党与政二者中间，企业文化应该由谁来抓？大家存在着不同的理解。组织领导上的倾斜性，在不同企业之间差别很大。企业文化建设进展缓慢的原因，是行政领导重视不够，把企业文化建设工作仅仅看作是党委的事，位置摆得不够正确。他们也不否认企业文化建设的必要性，但却仅仅把它当作开展企业政治思想工作的一种方式，由党委系统、政工部门负责，而行政系统特别是各级经理对此不闻不问，这是一种误解。

诚然，优秀的企业文化、企业风气是陶冶职工思想情操的大熔炉，因而是新时期思想政治工作的有力工具，但是它的意义远不止于此。企业文化首先是一种管理思想、管理模式，即把培养人、提高人的素质看作是治理企业的根本，把提高职工积极性、提高企业凝聚力、建设蓬勃向上的企业群体意识看作是增强企业活力的关键。

企业文化是企业两个文明建设的交汇点，是经济意义与文化意义的融合。它的精神层可以统一全企业的经营思想、追求目标和价值取向，丰富和升华职工的业余文化生活；它的制度层可以规范全体职工的行为作风，形成科学、民主、勤奋、团结、严谨、求实、创新的风气；它的物质层可以提高公司的技术工艺水平，形成产品独具特色的风格，塑造企业的美好形象，从而增加企业的竞争能力。以上多方面的综合效果已经远远超出了政治思想工作的范畴。企业文化贯穿于企业的全部活动，影响企业的全部工作，决定企业全体成员的精神风貌和整个企业的素质，它应该成为企业振兴的一把钥匙。

因此，企业文化建设应该由党政齐抓共管，企业的董事长、总经理应该亲自挂帅，把它当作企业经营管理的"牛鼻子"。

3. 个性与共性

目前普遍存在的另一个问题是企业文化缺乏个性。企业文化的个性主要体现在观念层，特别是企业精神。而许多企业在概括企业精神时往往是全面有余而个性不足，经常变成在团结、拼搏、求实、开拓、创新、严谨、勤奋、奋进几个元素间排列组合。请看以下四个工厂的企业精神：①团结、求实、奉献、开拓；②团结、振奋、开拓、奉献；③团结、务实、开拓、奋进；④团结、奉献、开拓、奋进。你能想到这是四个不同行业、不同地区的企业精神吗？这种没有个性的企业精神，对职工也将缺乏吸引力和凝聚力，不能给职工亲切感和认同感。

"大一统"思想和"官本位"观念束缚了企业家对独立个性的追求，造成了企业文化个性的模糊和缺乏。然而，企业文化若没有个性，就没有吸引力，就没有生命力。为纠正企业文化"千厂一面"的弊病，企业家应该从"官本位""一刀切"的传统观念中解放出来，变"求同"思维为"求异"思维，不求全，但求新，大胆地追求自己的个性，使企业文化独具特色。

在企业文化的概括方法上，也不是越抽象越好，因为一般来讲，越抽象越易失去个性。当然，如果抓住特点进行恰当的抽象，也不一定就表现不出个性。概括和抽象的方法可以千变万化，只要企业家执着地追求本企业的个性，总可以如愿以偿的。

4. 上墙与入心

目前我国企业文化建设中另一个最为普通的问题是流于表面化。笔者曾去过一些工厂，虽然墙上书写着醒目的企业精神，但当你向车间职工询问"你厂的企业精神是什么"时，他可能摇摇头说"不知道"。至于企业愿景、企业哲学、发展战略等，则更难普及了。产生这种现象的原因很复杂。一些企业的负责人之所以搞企业文化，是出于从众心理，觉得先进企业在搞，自己这里不搞不好。但实际上他并没有真正理解企业文化的真谛。因此，只满足于口号上门、上墙，并没有下苦功夫，使之深入人心。这些企业首先应转变企业负责人的思想，总经理从心底里产生改变管理观念的内在需求——坚决从过去那种经验管理转变到现代科学管理或文化管理的轨道上来，坚决从过去那种"以生产为中心"或"以钱为中心"的管理转变到"以人为中心"的管理上来。

另一些企业的负责人并不满足于口号上墙，他们也想把自己倡导的企业文化尽快转变成全体职工认可的群体意识，进一步化为职工的自觉行动，但苦于找不到适当的方法。若想使企业家的追求变成全体职工的共同追求，使企业家的价值观念变成全体职工共同信奉的价值观念，使企业家提倡的行为准则变成全体职工自觉接受的行为准则，一句话，使企业文化由上墙到入心，关键在于企业家应遵循心理学的规律，采取相应措施一步一个脚印地在企业内部创造适宜的心理环境，使全厂职工在感染熏陶中形成共识。

5. 继承与创新

对一些具有悠久历史的企业而言，如何处理继承与创新的关系，往往成为企业文化建设的拦路虎。

企业文化建设是一个文化积淀的过程，不能割断历史，反而应该尊重历史。正确的做法是：对过去的企业传统，要一分为二，取其精华，去其糟粕，其中的优良传统，应该成为未来文化的起点和基础。

但是，更重要的是创新。随着企业内外环境的变化，企业应该站在战略高度，展望未来，提出前瞻性的新价值观，引导企业在经营管理上开拓全新的局面。这样，企业文化就会常做常新，与时俱进，永远充满活力。

同仁堂、茅台酒厂在这方面为我们做出了榜样。美国的 IBM、GE、HP 等企业，更是值得借鉴和学习。

6. 以我为主与借鉴他人

企业文化与世界上一切事物一样，是共性和个性的统一。正因为有共性，所以企业之间可以互相借鉴；正因为有个性，所以企业之间不能互相照搬。

常言道，"人挪活，树挪死"，树木一旦离开了自己的土壤，就很难存活。企业文化亦然。在我们向国内外优秀企业学习时，特别是向世界著名公司学习时，切不可盲目照搬。而应该像"嫁接"一样，把他人经验之枝，嫁接到本企业之干上。

海尔公司就是这样做的。他们把日本松下电器公司和美国通用电气公司的成功经验借鉴过来，但是决不照搬，而是保留了中国文化的底蕴，也保留了海尔自身的优良传统。因此，海尔文化是中国的，具有中国特性和中国气派，就像海尔主楼那样。同时，海尔文化又是世界的，具有全球化、信息化、知识化的特点，为全世界的企业所称赞。

7. 求同与存异

在一些大型企业，特别是一些大型企业集团，有许多二级单位、三级单位，甚至于分散在全国、全球的企业。在长期的发展过程中，各自形成了自己的文化。在企业文化建设中，他们面临的一个共同的问题：求同与存异如何掌握？

这实际上是一致性与灵活性、主旋律与变奏曲的关系问题。

毫无疑问，大型企业和大型企业集团，应该建设共同的文化，树立共同的形象。因此，保持内部文化的一致性是完全必要的，这就是坚持原则。但是，又要尊重各个下属单位文化的差异性，这就是实事求是。具体做法：要求各个单位的企业愿景、企业核心价值观、企业哲学、企业标识和基本制度保持一致。这样，企业才能维持统一的形象，统一的价值观主旋律，统一的制度框架。在这个前提下各个单位可以保留独特的观念、习惯和规范。在主旋律下的变奏曲，可以使音乐更富感染力；在一致性基础上的百花齐放，更显得春色满园，充满活力。这就是求大同下面的求小异。

第三节 企业文化的诊断、测量与方法

企业文化作为企业组织的一种特性，它的内涵及影响企业的方式在一定的时期内是可控的。我们知道，企业的每一次变革都将会对现有文化产生影响，而现有文化也扮演着阻碍或推动变革的角色。因此，企业文化现状的诊断与测量，是了解、控制、管理甚至改变企业文化的基础工作，也是企业文化建设的一个关键环节。本节介绍了企业文化测量的特征、内容与工具，同时介绍了企业文化的实施过程。

一、企业文化测量的意义与特点

1. 企业文化测量的意义

有效地对企业文化进行测量是进行一切与企业文化相关的实践与研究之基础。它的意义体现在三个方面：

（1）为企业文化诊断提供工具。企业文化的核心是企业价值观。企业价值观是企业在生产、管理、经营活动中所体现的判别标准和价值取向，它是一种主观性的状态。基于此点，一些学者认为，对某个企业进行文化诊断的最佳方法是实地考察，采用观察、访谈甚至参与企业活动等方式来了解和分析该企业的文化内涵和文化状态。不过，这种"质"的诊断方法也存在着周期长、调查面窄（尤其对大企业而言）、不便于比较分析等不足。进入 20 世纪 90 年代，"量"的诊断方法，即采用企业文化量表进行大规模施测的诊断方法逐渐兴起，它与"质"的诊断方法结合使用，既能保证文化诊断的全面性和深刻性，又能反映出特定企业环境下的文化个异性，因此受到人们的普遍认可。

事实上，从企业文化研究的发展过程来看，走的是一条理论研究与应用研究相结合、定性研究与定量研究相结合的道路。20世纪80年代中期，在对企业文化的概念和结构进行探讨之后，人们很快便提出用于企业文化测量、诊断和评估的模型，进而开发出一系列量表，从而实现了对企业文化进行可操作化的、定量化的深入诊断，并迅速应用于世界各地的企业。

（2）为企业文化变革提供依据。文化变革可分为两部分。其一，分析现有企业文化，弄清需要改变的方面，然后制定并实施文化变革策略。也就是说，我们先要找出主要的，特别是那些隐蔽的观念、信念、价值观和行为规则以及由其所造成的那些限制企业的行为模式。然后了解其之所以存在的理由，分析改变现状的成本或期望收益，最后进行企业文化变革。其二，企业文化的变革是一个漫长而艰苦的过程，其间会遇到公司传统文化及某些利益团体的抵制。企业文化变革成功的关键是企业领导人及中高层管理人员自身观念的转变，自觉主动接受新的企业文化，同时能够有意识地通过自己的行为将企业的核心价值观及原则渗透到企业中去。

要实现这种自觉性，新的企业文化必须既能对原有文化中的优秀因子继承发扬，又能针对企业面临的新环境突破创新，方能被人们接受。因此，对企业现有文化进行测量，全面调查企业成员的价值观和行为，为企业文化变革提供事实依据，是进行企业文化变革不可或缺的环节。

（3）为企业文化实证研究提供科学基础。企业文化测量的研究一直在试图解决一个问题："企业文化到底是什么？"二十多年的研究过程中围绕这一问题的争论从来没有停止过。例如，当我们在讨论企业文化时，往往指的是企业内人们所共享的价值观，在西方心理学传统中，过去都习惯于使用"风气"的概念来描述团体或组织成员所共享的信念，并且形成了相应的测量工具，造成20世纪80年代企业文化风行之时，很多研究者把组织风气与组织文化的概念混合使用。尽管这两个概念从问题的提出以及内涵都不相同，但是由于组织文化测量研究的基础不够完善，使得很多人至今认为企业风气的测量可以替代企业文化的测量。所以，从学术角度来看，企业文化测量的研究实质上是在为"企业文化"这一术语心理学范畴的概念寻找科学的管理范畴的解释。

2. 企业文化测量的特点

（1）客观性。测量的目的在于发现并精确地描述客观存在的"真实"的企业文化。很多企业有明确的企业文化理念，例如 GE 文化理念"更精简、更迅捷、更自信"反映了韦尔奇对现代企业的诠释，但这一理念是否真正融入到每个员工的行为中，是否客观地存在于企业，则可以通过企业文化测量来得到验证。企业文化测量是从员工认同时间的程度来衡量企业文化特征，而不只是简单地描述某种文化理念的内容。

（2）相对性。任何测量都应具备两个要素，即参照点和单位。参照点是计算的起点，参照点不统一，所代表的意义就不同，测量的结果就无法比较。理想的参照点是绝对零点。单位是测量的基本要求，理想的单位应有确定的意义和相等的价值。但测量企业文化时并不具备这样理想的两个条件，测量时所得到的只是企业成员对企业文化特征的一个描述性序列。企业文化测量就是分析这种描述性序列的特征，然后把它与其他企业文化的平均水平作比较，这种比较一般以类别或等级来表示。

（3）间接性。企业文化是一种内化的企业特性，可以通过企业生产活动中的各种行为表现出来，因此，企业文化测量是通过测量企业成员的行为特点来简洁地得到企业的内在价值观。

（4）个异性。企业文化是一种亚文化，每个企业都有自己特定的历史与外部环境，因此，企业文化具有个异性。测量中对文化个异性的反应深度取决于量表的设计，一个量表的测量维度划分得越细致，越能反映出企业与众不同的文化细节。

二、企业文化测量的范畴

企业文化的测量特征对测量工具的设计提出了具体要求，即企业文化到底测什么？如何测？前一个问题要求给出一个可操作的"企业文化"概念，而后者则要求给出一个测量的维度框架，即解决从哪几个维度来测量评价企业文化的问题。

一般认为，企业文化的内涵从外到里可以分为三个层次：

第一，物质层。指企业的物质文化，包括企业名称、标识、标准色、外部形象及文化传播网络等。

第二，制度层。指员工与企业的行为准则，包括一般管理制度、特殊制度和企业风俗。

第三，精神层。包括企业共同价值观以及基本信念。

从测量的角度来看，这种定义不容易进行操作，因此，还需要针对企业文化的测量来界定一个可操作性的企业文化概念，目前应用中比较常见的定义为美国教授艾德·希恩（Edgar H. Shien）在 1985 年提出的："企业文化应该被视为一个独立而稳定的社会单位的一种特质。如果能够证明人们在解决企业内外部问题的过程中共享许多重要的经验，则可以假设：长久以来，这类共同经验已经是企业成员对周围的世界以及对所处的地位有了共同的看法。大量的共同经验将导致一个共同的价值观，而这个共同价值观必须经过足够的时间，才能被视为理所当然而不知不觉。"

这个概念的本质就是企业的共同价值观与基本假设，也就是把企业文化的测量界定在企业的精神层。目前大多数的测量量表都是以企业价值观与基本假设作为测量对象，在十套国际上常用的企业文化测量工具中，有三套测量企业员工行为特征（如 FCA 量表），其余七套则测量企业价值观与基本假设（如 DOCS 量表），其中有两套量表测量内容包括价值观和企业管理特征（如 VSM94 量表）。

三、企业文化的测量维度

影响企业文化特征的因素很多，例如民族文化传统因素以及企业所在的地域，甚至企业的类型、规模、生命周期都将对企业文化产生重要影响。在设计企业文化量表时需要选择能够反映不同企业之间文化差异的关键因素，也就是如何来设计企业文化的测量维度。

测量维度的设计是企业文化量表的精髓所在，需要分析从哪些方面来测量、描述和评价企业文化特征。维度的选择一般有三个要求：能够反映企业文化特征，这是最基本的要求；能够度量出不同企业之间的文化差别，具有代表性；维度相互独立，满足统计检查的要求。

从企业文化测量维度的研究过程来看，西方国家的起步较早，而国内及东亚地区的研究近十年来处于刚起步的阶段。由于东西方在民族、地域文化上存在着巨大的差异，这种差异也必然会在各自的企业文化中得到体现。

四、企业文化诊断工具

我们用组织文化评估工具（如表7-1所示）来进行组织文化的评估。这个工具由一系列问卷组成，问卷主要向组织里的个人了解他们对组织的六个方面的看法。虽然还有其他的方法可以评估组织文化，但是这种方法被证明是有效且准确的。这种方法被运用在1000多个组织里面，它被用来推测组织绩效。目的是帮助确认组织现行文化，这是第一步；同样的工具帮助确定组织成员认为应该发展的组织文化，并迎合将来环境发展的需要和组织将要面临的挑战，这是第二步。

我们鼓励你现在花些时间为你自己的组织回答这六个问题。仔细评估组织目前的情形，而不是想当然。完成这六个问题大概要花五六分钟。

在你使用完第一个工具之后，花另外五分钟来使用第二个工具。这是些同样的问题，但回答时要假设你的组织在五年里照你所喜欢的方向发展。换句话来说，如果你的组织更卓越，如果达到了你所期望的目标，如果成为杰出表现的例子，如果超过行业平均水平，如果所向披靡，你希望它的文化是怎样的呢？

五、诊断组织文化的说明

组织文化评估工具的用途是评估组织文化的六个核心方面。在使用这个工具的过程中，提供一幅体现了你的组织运作和价值观特点的画面。在这个过程中，没有所谓正确或者错误的答案，就像没有正确或错误的文化一样。每一个组织都会产生一些不同的反响。因此，在回答问卷时，越准确地回答问题将会得到越准确的诊断。

这些问题会让你为组织打分。首先要选择对哪个组织进行评估，你可以选择你老板领导的公司，或是你所在的策划部门，又或是你所在的一个和其他机构有分明界限的部门。因为我们要使用的这个工具可以非常有效地找到目标的文化变革途径，所以必须明确将要分析的目标。例如，我们可以对整个福特汽车公司进行分析，但是结果可能毫无意义，因为它太大、太复杂了。新产品设计部、冲印车间以及客户服务中心之间都有着显著的不同，因此当你回答这些问题的时候，要千万小心，因为你的组织很可能为此而发生改变。

表 7-1 组织文化评估工具工作表

现状得分

	1A
	2A
	3A
	4A
	5A
	6A
	总分
	平均分（总分除以 6）

现状得分

	1B
	2B
	3B
	4B
	5B
	6B
	总分
	平均分（总分除以 6）

现状得分

	1C
	2C
	3C
	4C
	5C
	6C
	总分
	平均分（总分除以 6）

现状得分

	1D
	2D
	3D
	4D
	5D
	6D
	总分
	平均分（总分除以 6）

期望状态得分

	1A
	2A
	3A
	4A
	5A
	6A
	总分
	平均分（总分除以 6）

期望状态得分

	1B
	2B
	3B
	4B
	5B
	6B
	总分
	平均分（总分除以 6）

期望状态得分

	1C
	2C
	3C
	4C
	5C
	6C
	总分
	平均分（总分除以 6）

期望状态得分

	1D
	2D
	3D
	4D
	5D
	6D
	总分
	平均分（总分除以 6）

　　组织文化评估工具有六道选择题。每个选择题都有四个选项。将100分分配到这些选项中，情况越接近你的组织情况的选项将获得越多的分数。例如，在问题1中，你觉得A最接近你的组织的情况，B和C则有些接近，D就不怎么接近了，那么你就选择A打55分，B和C各20分，D只有5分。你必须确保四个选择的总分是100分。

　　表7-2中的相关栏目都做了描述。你要根据栏目中的描述和组织现状评价你的组织。在表7-3中，则是你的组织的期望状态，当你认为你的组织将在五年内取得巨大成功时，你将怎样为那时的组织打分，你会发现表7-2、表7-3除了打分所根据的状态不一样，其余各部分都是一样的。表7-4会告诉你你的评估结果将会是什么样子。

表7-2　组织文化评估工具——现状

1. 主要特征		现状	
A	组织是一个人性化的地方，就像是家庭的延伸，人们不分彼此		
B	组织具有很高的活性和创业精神，人们勇于冒险和承担责任		
C	组织的功利性很强。人们主要的想法是完成工作，员工的能力很高并且期望成功		
D	组织被严格地控制且组织严明。人们按照条例办事		
	总分	100	
2. 组织的领导能力		现状	
A	组织的领导通常被视为体现了导师、推动者或培育者的作用		
B	组织的领导风格主要是创业、创新和尝试冒险		
C	组织的领导风格主要是"没有废话"，具有进取性和高功利性		
D	组织的领导风格主要是有条理、有组织性、运作顺畅且充满效率		
	总分	100	
3. 员工的管理		现状	
A	管理风格是团队合作、少数服从多数以及参与性强		
B	管理风格是个人英雄主义、喜欢冒险、勇于创新、崇尚自由和展现自我		
C	管理风格具有很强的竞争性，要求和标准都非常严格		

续表

3. 员工的管理		现状	
D	管理风格主要是确保雇佣关系，人们的关系是可以预见、稳定和一致的		
	总分	100	
4. 组织的黏合力		现状	
A	组织靠忠诚、互信黏合在一起。人们都具有承担义务的责任感		
B	人们靠创新和发展结合在一起，走在时代的前端是重点		
C	成功和完成目标把人们联系在一起。进取和取得胜利是共同的目标		
D	人们靠正规的制度和政策在一起工作，维持一个顺畅运作的组织是非常重要的		
	总分	100	
5. 战略重点		现状	
A	组织重视人力资源发展、互信、开诚布公和员工持续的参与		
B	组织主要寻求新的资源和迎接新的挑战。尝试新的事物和寻求机遇是员工价值的体现		
C	组织追求竞争和成功，打击对手和在市场中取得胜利是组织的主要战略		
D	组织希望看到持久和稳定，效率、控制和顺畅的运作是工作重点		
	总分	100	
6. 成功的标准		现状	
A	组织对成功的定义为人力资源、团队合作、员工的贡献和对员工的关怀上的成功		
B	组织对成功的定义是组织是否具有最特别和最新的产品，组织是否是产品领导者和创新者		
C	组织对成功的定义是赢得市场份额并且打败对手，成为市场的领导者		
D	组织视效率为成功的基础。相互传递、平稳的工作安排和低成本是至关重要的		
	总分	100	

表7-3　组织文化评估工具——期望的状态

1. 主要特征			期望的状态
A	组织是一个人性化的地方，就像是家庭的延伸，人们不分彼此		
B	组织具有很高的活性和创业精神，人们勇于冒险和承担责任		
C	组织的功利性很强。人们主要的想法是完成工作，员工的能力很高并且期望成功		
D	组织被严格地控制且规范严明。人们按照条例办事		
	总分		100
2. 组织的领导能力			期望的状态
A	组织的领导通常被视为体现了导师、推动者或培育者的作用		
B	组织的领导风格主要是创业、创新和尝试冒险		
C	组织的领导风格主要是"没有废话"，具有进取性和高功利性		
D	组织的领导风格主要是有条理、有组织性、运作顺畅且充满效率		
	总分		100
3. 员工的管理			期望的状态
A	管理风格是团队合作、少数服从多数以及参与性强		
B	管理风格是个人英雄主义、喜欢冒险、勇于创新、崇尚自由和展现自我		
C	管理风格具有很强的竞争性，要求和标准都非常严格		
D	管理风格主要是确保雇佣关系，人们的关系是可以预见、稳定和一致的		
	总分		100
4. 组织的黏合力			期望的状态
A	组织靠忠诚、互信黏合在一起。人们都具有承担义务的责任感		
B	人们靠创新和发展结合在一起，走在时代的前端是重点		
C	成功和完成目标把人们联系在一起。进取和取得胜利是共同的目标		
D	人们靠正规的制度和政策在一起工作，维持一个顺畅运作的组织是非常重要的		
	总分		100
5. 战略重点			期望的状态
A	组织重视人力资源发展、互信、开诚布公和员工持续的参与		
B	组织主要寻求新的资源和迎接新的挑战。尝试新的事物和寻求机遇是员工价值的体现		

续表

5. 战略重点			期望的状态
C	组织追求竞争和成功，打击对手和在市场中取得胜利是组织的主要战略		
D	组织希望看到持久和稳定，效率、控制和顺畅的运作是工作重点		
	总分		100
6. 成功的标准			期望的状态
A	组织对成功的定义为人力资源、团队合作、员工的贡献和对员工的关怀上的成功		
B	组织对成功的定义是组织是否具有最特别和最新的产品，组织是否是产品领导者和创新者		
C	组织对成功的定义是赢得市场份额并且打败对手，成为市场的领导者		
D	组织视效率为成功的基础。相互传递、顺畅的工作安排和低成本是至关重要的		
	总分		100

表7-4　组织文化评估工具——评估结果

现状	
A	55
B	20
C	20
D	5
总分	100
期望的状态	
A	35
B	30
C	25
D	10
总分	100

六、组织文化评估工具的得分

计算文化评估工具中获得的分数是件非常容易的事情，只需要基本的数字知识即可。第一步是将"现状"中所有 A 选项的分数相加，然后除以 6，得到 A 选项的平均分。然后重复同样的方法计算出 B、C 和 D 选项的平均分。

第二步就是将期望的状态中的 A 选项的分数相加然后除以 6 得到平均数，就这样，用表 7-1 组织文化评估工具工作表计算出剩下的选项的平均数。

七、企业文化测量表的设计

经过企业文化测量维度的设计之后，即可编制测量表。量表是一种简单快捷地获取信息的方法。测量人员把标准化量表发给员工，员工通过填写问卷来描述其工作环境中的价值观、基本假设、行为方式、组织承诺等方面的信息。

一般来讲，企业文化量表包括两种形式的问题。一种是采用标准化测量表形式，针对各个维度设计价值观及管理行为特点方面的条目，让测试对象按企业实际情况的符合程度进行打分评价；另一种是提一些简单的开放性的问题让员工进行回答，例如："请描述你所在团队的最提倡/反对的行为"之类的问题。这两种不同的提问方式所获取的信息重点不尽相同，各自有各自的优点和缺点。在实际运用中，有效量表都是由这两类问题有机组合而成。

量表的设计首先要根据企业的特点，建立相应的测量维度，再针对各个测量维度编制测量题目。在编制题目的过程中，需要注意以下四点：

（1）编制题目时既要参考管理专家现有的资料，又要听取企业相关工作者的建议，以便编写出最能反映企业文化本质特征的题目。

（2）每个维度的测量题目在 6~8 个，数量太少难以反映该维度的特征，而数量太多则容易发生内涵重叠的情况，难以通过统计检验。

（3）题目的表达务求准确、直白，避免使用容易引起思考混乱和理解歧义的词语和句型，也应该尽量避免使用生僻的专业词汇。当调查对象的文化水平不高时，应该力求使用最简单的表达方式。

（4）开放式问题不宜太多，要选取最具代表性的问题。

【案例赏析】

个人文化与组织文化的融合

26岁的苏先生到一家跨国公司做销售已经五个月了，业务做得较为出色，但苏先生与领导和同事的关系却越来越紧张。通过人才测评，我们发现苏先生思路敏捷，善于沟通，且考虑问题极为理智客观，是一个做事积极、果断、喜欢独立工作的人，这些特质都有助于苏先生在销售领域的工作开展。为什么还会出现要辞职的想法呢？原来，苏先生是一个非常理智的人，他极为关注事物之间的逻辑联系，却较少考虑他人的情绪、感受；同时，他也觉得工作应该是每个人都敢闯敢干，大家相互竞争，公司要鼓励优胜劣汰，并且希望与同事保持一定的距离。而苏先生所在的公司却是一个强调合作、关心他人的工作环境，在这样的企业文化里，公司通常为员工营造出和谐的气氛，避免内部的冲突和竞争。现在问题清楚了：苏先生的行为风格与公司的企业文化之间存在明显的冲突，这个公司的确不太适合他，长此以往，必然影响个人绩效，从而影响到组织绩效，最终导致苏先生的离职。

课堂讨论：

招聘什么样的员工才能与公司的组织文化相契合，从而实现个人和组织的绩效最大化呢？

第四节　对立价值构架

一、对立价值构架概念

组织文化评估工具应建立在对立价值构架的理论构架上。这个构架在帮助管理和解释形形色色的组织现象时非常有效。我们将在这一章节中阐述为什么构架是非常重要的，构架是怎样在组织效能的研究中建立起来的。我们同时会阐述四种该构架中包含的组织文化。这些文化类型是组织文化评估工具的基础。另外，文化定义着组织的核心价值观、基本前提、解释和途径，我们也许期望其他的组织特征也同样反映在四种文化类型中。我们将举例说明这是怎么一回事。需要特别说明的是，我们将展示对立价值构架在组织设计、周期发展策略、组织质量、效能理论、领导能力的作用和人力资源管理，以及管理技巧等方面的帮助作用。

二、构架的价值

许许多多的组织文化标准被提出来的一个原因是组织文化真是范畴太广了，太包罗万象了。它包含了一系列复杂、相互关联、广泛而又关系不明的要素。因此，想对组织文化中的所有要素都进行分析和评估向来都是不可完成的事。新增加一个要素，通常会引起一系列的新辩论。在如何决定最重要的要素时，这个理论的构架就可以帮助我们缩小并聚焦于关键要素的范围。没有一种构架是全面的，当然也没有唯一正确的构架，其余都是错误的说法。准确地说，最适当的构架来源于经验积累，它可以最准确地获得事物的本质（也就是要有效），并且可以整合和组织绝大多数被提出的组织文化要素。这就是用对立价值构架来分析和启动组织文化变革的目的。这个构架由经验推导而出，既有理论依据又有经验积累，同时可以整合其他作者提出的文化要素。

三、对立价值构架的发展

对立价值构架最初是从有关组织效率的研究中得出来的。在调查问卷中下面四个重要问题被提了出来：①什么是判断组织有效率的标准？②什么是组织效率的定义？③什么是定义组织是否有效率的关键元素？④在判断组织效率时，人们的心目中有哪些标准？美国教授约翰·Y.坎贝尔和他的同事（John Y.Campbell et al.，1974）创造了一个由 39 个指标组成的清单，他们认为清单可以表现所有可能出现的组织效率的标准。美国组织行为专家鲍勃·奎因和约翰·罗尔博（Bob Quinn and John Rohrbaugh，1983）研究了这一组清单，看看清单上的格式和组合是否可以被确认。因为这个指标真的显得太多了，所以他们想出了一个简化的版本。39 个指标被进行了统计分析：

第一个标准的大组成是：将最重要的两组指标整合在一起，最后指标被划分成四个组。在两个大组中，一个代表了灵活机动、任意性强、高度的适应能力；另一个则代表了稳定、遵守秩序和控制。有一些企业因为能够改革、因势而变和有活性而被认为是有效率的，例如微软和耐克。另外的一些组织则因为稳定、可以预见（表现）和有条不紊而被认为是有效率的，例如大多数的大学、政府部门和一些联合集团组织。波音公司，就因为其设计和产品而被视为长寿和有着稳定力量的。一头是灵活机动、柔韧性强，另一头是坚定而耐久，所有的变化都在其中。

第二个标准的大组成是：一些组织内部管理严格，注重内部管理、组合、统一，例如：有一些组织因为能够协调内部的各种不同而有效率，例如 IBM 和惠普，它们被认同为有着永远统一不变的"IBM 方式"和"惠普方式"。另外一些组织则坚持差异性、竞争之间的比较，因为关注重视与自己竞争对手的竞争而具有效率，例如丰田和本田，它们因为著名的理论——"放眼世界，力在本土"，尽量发掘本土优势而出名。所有变化都在一头是组织的聚合和一致性，另一头则是组织的区别和独立性中。

把两个大标准组成一个四象限图形，每个象限都代表了一组截然不同的体现组织效率的指标，并阐明了它们之间的关系（如图 7–2 所示）。这些指标也反映出人们对组织效率的评价。这四个象限的组合，换句话说，就是代表了做出不同评估的价值取向所在。

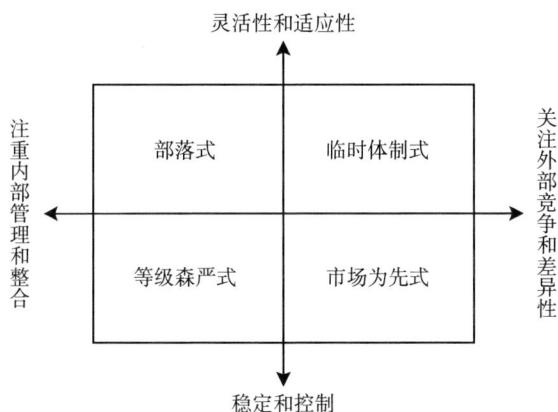

图 7–2 对立价值构架

四个象限最显著的特点就是代表了完全对立或者具有竞争关系的假设。每一个坐标的两端都代表着一个极端。例如灵活性相对稳定性高，注重以内部管理外部竞争为主。综上所述，这是一个对角线完全对立的四象限。例如：左上角的象限表示组织重视内部管理和灵活而又有生机；而右下角的组织则比较关注外部事物和喜欢控制一切。同样，右上角的组织重视外部竞争同时又希望能有机管理；相反，左下角的组织则重视内部管理以及所有的控制权。这些互相对立或竞争的象限构成了我们所讨论的对立价值构架。

图 7-2 中的每一个象限都有一个代表其显著特征的名字：部落式、临时体制式、等级森严式和市场为先式。在图 7-2 中，部落式位于左上角，临时体制式位于右上角，市场为先式位于右下角，等级森严式则在左下角。值得注意的是，这些象限的名称不是随意取的，事实上，是从有关描述组织价值和表现的著作中提炼出来的。我们发现这四个象限所代表的组织类型正好符合组织科学发展过程中的四种主要的组织特征，同时四个象限和组织的成功、组织的质量管理、领导角色和管理技巧等关键管理理论相符合。此外，在以前的有关儿童成长（例如 Piaget，1932）、知识获得图形（例如 Hampton-Turner，1981），以及信息处理系统的研究中，也提出了相似的尺度和标准来找出大脑和四肢活动的方式以及行为组织方式。

图 7-2 中的尺度和所产生的象限有一种强大的能力，来解释不同的情况和那些代表人类行为的对立价值。这些包罗万象的尺度和内容丰富的象限告诉我们，每一个象限就是一个文化类型。也就是说，每一个象限都表现了基本的假设、情况、价值和描述组织文化要素是相同的。组织文化评估工具就是用这些基本核心文化类型来研究组织的主导性情况的工具。同时也帮助你了解组织文化的优势、类型，以及组织的一致性。

我们将在下面图解和分析每一种文化类型。

四、四种主要的文化类型

1. 市场为先式文化

一种组织管理的形式在 20 世纪 60 年代末变得非常流行，当时许多组织面临着新的挑战。这种形式从根本上不同于等级型的假设，由美国经济学家奥立弗·威廉姆森（Oliver Williamson）、比尔·乌奇（Bill Ouch），和他们的同事（Ouch，1981）所建立。这些学者提出了一系列被认为是组织效率基础的新要素，其中最重要的要素是交易成本。

这种新的设计反映了一种叫作"市场为先"式的组织。"市场为先"不是市场营销的同义词，也不是拥有消费者的交易场所，而是一种组织的类型，这些组织运作起来本身就像是一个市场，它的结构主要面对的是外部环境，而不是内部管理，它关注与外部机构的交易，例如供应商、顾客、承包商、专业人士、协会、市场管理者等。与主要由制度、分工、中央决策来控制的等级型不同的是，市场为先式主要通过市场机制运作，进行金钱交易。所以，市场为先式的组织最重视的是如何进行交易（兑换、销售、合约等），如何与合作伙伴在竞争中赚取利润。利润率、底线、区域市场环境的竞争力、延伸目标，以及保留客户都是这类型组织的首要目的。毫不奇怪，市场为先式组织的核心价值观就是：竞争力和生产力。

2. 临时体制式文化

世界从工业时代进入信息时代，市场形势瞬息万变，原有很多企业的文化明显不适应新的情况，这是 21 世纪的典型特点。伴随着产品和服务优势半衰期的迅速变短，一套新组织文化建化的设想应运而生。这些设想是：革新和主动的先驱性是成功的关键；组织主要致力于开发新产品和服务，以便为将来做准备；管理的主要任务是培养组织家的能力、创造力和鼓励最前沿的活动。这种文化认为，适应和革新会带来资源和利润，组织应该把重点放在对未来的设计上。

总而言之，就像组织文化评估工具里评定的，临时体制式文化的特点就是动态的、创业式的并且充满创意的工作场所；人们敢于伸出脖子冒风险。有效的领导是充满想象力、创新和风险导向的；使整个组织凝聚在一起的黏合剂是实验和创新的使命；重点被放在新知识、产品和（或）服务的领先优势上；随时准备迎接变化和新的挑战非常重要。组织的长期目标是迅速成长和获得新的资源，成功意味着生产出独一无二的原创性产品和服务。

3. 部落式文化

在图 7-2 左上角的象限所代表的组织文化类型是部落式文化，这是因为它与家庭型组织文化非常相似。在研究了 20 世纪 60 年代末期和 70 年代早期日本公司的情况后，许多学者发现了美国的市场为先式和等级森严式组织文化与日本部落式组织文化的根本区别（Ouch，1981；Pascal & Athos，1981；Lincoln，1990）。部落式文化中充满了共享价值观和目标、团结与互助、彼此不分的氛围。

他们热爱家庭胜过热爱创业。与市场为先式和等级森严式不一样的是，部落式文化更注重团队精神，员工的参与感和组织对员工的照顾。团队获得奖惩时都是由整个团队来接受，而不是单个的员工。质量管理小组鼓励员工勇于提建议和意见来改善工作和业绩，以及创造一个自主性很强的工作环境。

部落式模式有几个前提，分别是：员工最适合用团队合作和自我提升来管理；顾客最适合用合作伙伴关系来对待；部落式组织其实是在建设一个人性化的工作环境，其主要目的在于给员工更大的自主权，激发他们的参与、贡献和忠诚。

4. 等级森严式文化

最早的对现代管理组织的著作都基于德国社会学家马克斯·韦伯（Max Weber），他对 19 世纪欧洲的各政府机构做了研究。他说："这些机构在工业革命的时候面临的主要挑战是如何为不断扩大的社会生产提供充足的产品和服务。后来，韦伯提出了传统官僚制度中的七种最显著的特点［制度化、专门化、知识技能、等级、所有权分离、冷漠、责任和义务；见 Weber（1947）］。这些特点在达到其目的的过程中是非常有效的，它们在需要效率、可靠性、平稳流程和可以被预见行为的组织中被广泛使用。事实上，直到 20 世纪 60 年代，大多数有关管理的书籍都认为韦伯提出的等级制度和官僚机制是组织中最理想的形式，因为它们可以创造稳定、效率、高度一致的产品和服务。只要环境相对还比较平稳，任务和功能就可以被整合和指挥，稳定一致的产品和服务就得以保持，工人和工作就可以被严格地控制。清晰的决策构架、标准化的制度和工序，以及严格的控制、责任和义务都是成功的关键要素。

五、企业文化类型策划的选择与评价

企业文化类型判定的作用在于激发你去考虑能使组织向期望的未来的文化发展的行动和行为。它为变革的启动提供意见，并激发你自己去创造性思考。企业管理者常常指出他们知道自己要做什么（如加强临时体制象限），但是他们不知道从哪里开始、从哪里行动，或者最先对付什么。表 7-6（1）至表 7-6（4）的行动清单来自众多开始实施文化变革的经理人，其中有很多可能和你的境况并不相关。因此，在考虑每个象限你想完成什么时，选择与你的境况最有关联的方法。

在这些建议之外，加上你在头脑风暴讨论上得到的其他内容。

（1）市场为先式文化，见表 7–5（1）。

表 7–5（1） 经理人行动清单

1	审视在企业层面上使用的愿景、价值、目的、目标和方法。为你的部门制定自己的愿景。参照你的 CEO 会在公司里执行的方式来执行
2	重新检查和/或重新改造客户联系及客户与组织之间信息流的流程
3	考虑特殊客户群的需求，找到适合他们的新方法。例如，尝试将对账系统与对年长公民按上月收入模式相结合等
4	检查你现有的市场反应时间，并与主要竞争对手相比较，找出使反应时间更有竞争力的方法
5	依靠和市场有紧密联系的人群开展试探性集中会议，经常分析市场变化
6	研究竞争对手的最佳成功案例，并和员工分享，征求他们如何能更有竞争力的建议
7	提出提高业绩的改进方案，要求每个员工提出建议，这些建议可以直接提高收益、生产力、质量或反响
8	召开会议，向投资人展示你的战略计划，并与你的关键管理人员见面
9	评估你的部门对全球化视角的需求，并提供机会使得他们的视野更加广阔和具有全球性
10	制定一个更合理的企业贡献计划。研究那些接近你的组织寻求贡献和支持的外部组织，向那些适合你的战略价值观的外部组织提供支持，并创造互助互利的合作关系
11	雇佣市场调查公司来调查顾客的满意度。评估员工表现出来的礼貌、能力和对顾客的关心
12	执行消费者联盟的概念，与你的客户建立合作计划，为他们参与你的决策过程提供时机，就像合伙人参与金融合作一样
13	和所有的经理们召开讨论，让严格的审核、改进的建议和评估及责任说明结合在一起
14	与顾客召开特别见面会，了解他们对服务和产品的现有期望值和满意水平
15	增加顾客在你的组织里感受到的真诚。发展一个顾客教育系统来帮助顾客在你们所提供的服务和产品类别中做出选择
16	分析你的组织的能力并与将来的需求相比较。制定一个能力获得计划
17	制定一个可以评估部门对公司整体竞争力所做贡献的方法。根据评估，建立一个系统，借此每个部门可以更好地为全局做贡献
18	创建一个系统，只需一个电话，所有的顾客的需求和问题都可以得到满意的答复
19	评估你的部门对公司建立的战略伙伴策略所做的贡献
20	在你实施的变革中建立具有竞争力的标准。使员工了解其他竞争对手的优秀做法
21	强调利润中心的概念。向每个部门强调关于获利的责任，包括行政职员
22	增加估测成绩的标准，主动开除所有表现不佳者。对表现不好的部门予以通报
23	组成小组来评定核心业务的成长潜力并且锁定新的高成长领域

24	申请鲍德里奇国家质量奖（Baldrige Award），ISO 9000 认证，或者加入类似标准体系，使内部流程向外部的某些标准和评估体系看齐，迫使整个组织自我提升
25	执行全面质量管理系统
26	研究减小退休金压力的最佳方案
27	安排人手了解目前有关行业对手的情报，让他评估你的部门的竞争情报反应机制，以及给出合理的建议
28	确立一些不容易实现、需要组织达到从来没有达到的高度才能实现的目标

（2）临时式体制文化，见表 7-5（2）。

表 7-5（2）　经理人行动清单

29	根据临时体制文化的重点，分析组织的关键价值观，鼓励将更多的重点放在管理未来上面
30	对现行的愿景做出尖锐的分析。它是否提供了认知和情感的方向？它是否激发了创造性和积极性
31	使用一个具有 5 年规划视野的流程，包括短期和长期计划。这个计划流程将延伸现有的状态
32	从等级森严式变为强调速度和敏捷的临时性结构
33	找到企业里主要的问题，并且运用"一个声音"概念，向每一个问题发起一次挑战
34	从每一次接触中了解顾客的需求，找到超越那些需求的方法
35	请一线员工中的精英提供可以扩展市场开发新业务的新策略
36	广泛阅读关于持续改进的概念。了解别人已经成功地进行了哪些工作
37	召开会议来研究转换型领导风格和过渡型领导风格的不同，为部门变革的实行探寻这两个概念的含义
38	将所有的资源和部门集中到新服务和产品设计的第一阶段。确认客户的心声能够被听到
39	在所有层面上，制定制度来鼓励、评估和奖励创新的行为
40	就像社区的公民那样，对企业整体行为做出严格的评估。了解该行为引发了什么问题，做出了什么贡献。从旁观者的角度了解这些问题
41	实施一个关于制定和实行变革的阅读计划
42	探寻管理外部的驱动力而非依靠现存内部的功能进行管理的可能性。了解组织改进和组织再造的步骤
43	分配人手去阅读关于集体学习的概念的文献。确定你的部门是否是个有效的学习团队。做出变革来提高你的部门的能力，从而能更有效地学习
44	让所有的员工接受培训，内容包括：创造性思考，因市场反应不断增强而产生的策略性动机，以及组织创新的基础原则
45	让执行总裁和中层管理人员召开集中面谈会，测验他们对公司的战略方向了解多少。在如何使战略方向更明确方面收集他们的建议

46	探寻新科技的运用，特别是资讯科技，以此在更广泛多样的资讯资源基础上，创造更快更好的新选择
47	做出有意识的努力使组织从满足顾客的需求，转向提供给顾客喜爱的产品。通过组织的产品或服务来解决顾客本没有想到要解决的问题，从而使他们获得惊喜和欣慰
48	了解你组织的领导花在为组织将来定位上的时间，以及处理现实问题的时间
49	举行庆祝会和组织内部贸易展览，允许员工展示他们的新的、不成熟的、实验性的主意。表扬尝试和从错误中学习等精神
50	展开各种奖励来表扬员工、团队和部门的创新和发明。不仅表扬好的主意，还表扬促成和发起帮助新想法发展和实施的活动

（3）部落式文化，见表7-5（3）。

表 7-5（3） 经理人行动清单

51	建立一个360度评估系统来评定所有高级经理的领导行为，也就是说，从下属、同事和上级那里收集评估信息。确保所有高级经理，包括执行总裁，在分析数据上获得真实的信息，以及为实现更高的表现获得协助
52	设计一个职业发展计划，它强调跨部门流动性，而且对跨功能交流非常有益
53	制定一个有效的员工调查计划，它可以系统地观察员工的态度和想法。安排员工针对在调查中确定的变化开展变革
54	使员工参与所有的战略策划
55	推出各种计划和项目，来增强工作队伍的工作能力和团队建设的技能
56	了解和明确哪些部门之间长期存在矛盾。分析并设计一套系统化的实行方法来消除这些矛盾
57	评估和改进与员工多样性相关的程序
58	检查真正驱动中层管理者的激励体系。改革激励的方式，使得中层管理者能有更多的授权和创新
59	作为授权进程的一部分，在人力成本和预算降低的同时增加员工的决策能力
60	明确一个有效的适当的续任计划
61	为中层管理者制定一个培训计划，让他们更好地理解组织面对的战略性压力，此外让他们明白为了使公司更有效率，他们的角色应该怎样改变
62	加强员工奖励机制。授权经理们使用组织资源来奖赏员工额外的努力
63	执行福利计划，允许每个员工做出选择。例如：在确定的数额以内，允许个人选择医疗、牙医、人寿和残疾保险覆盖的期望水平
64	创造一个内部"大学"。为企业的每个层次提供系统的培训计划
65	评估每个部门对培训的需求，按轻重缓急排列，满足部门在培训上的需求。鼓励部门内部人员来做培训

66	要求所有没参加培训员工的主管做缺席原因报告，来增加培训计划的出席率
67	通过每天与所有的经理召开 15 分钟的会议，建立部门间的联合作业。会议议程就是明确部门间需要协作的所有项目。具体问题则在会外解决
68	通过建立一个提供每天和每三天计划的运转策划小组来实现跨功能的联合作业
69	为了更好地跨部门协作、辨别问题和提供建议，高级管理者和不同级别的跨部门小组每月定期举行"跨级别"会议
70	持续地监控一线主管的问题，注意他们关心的问题。确认他们的工资待遇比他下属的好
71	通过撤销一线主管直接上级来使二线主管真正得到授权。对所有需履行的责任做记录，提供必需的培训，并且完全授权给一线主管去做关键性的决定，并对他们的需求做快速反应
72	改革评估制度，让下属对主管表现作评价并作为主管人员评估的一部分
73	改善后勤支援和生产线部门间的关系。让管理者帮助每个后勤支援小组明确在提供支持方面，他们的强项和弱势。帮助前线小组鉴别他们最关键的后勤需求。召开会议，使得这些小组探求它们之间的关系，并发展出一套更好的新流程
74	加强员工建议制度的效力。以其他组织里最好的制度为行动的基准，更新现有的体制

（4）等级森严式文化，见表 7-5（4）。

表 7-5（4）　经理人行动清单

75	调查从顾客要求到服务和产品到位所需的时间。重新设计系统使这个时间缩短一半
76	开展年度审计，了解是否所有的评估和财会系统都侧重于将来，而非现在
77	制定评估制度，其中顾客的反馈意见可以立即影响组织的行动
78	在接下来的五年里，每年减少 5% 的成本
79	评价每个单位里的每项惯例和程序。建立测量标准和方法来保持责任到位
80	考虑使用可减少文书工作的科技，将部门转向无纸概念的组织
81	考虑组织的最合适的尺度概念。不要仅仅减少组织里人员的数量，还要明确那些需要增加人员的地方
82	建立一个"工作解决"计划。虽然劳动力经常被削减，工作的数量却常常维持不变，甚至有所增加。将工作从系统中取走
83	增强信息在高强度下和危机发生时在系统里传递的能力
84	选择最基础和最普遍的运作任务，并考虑用科技和集中程序来减少该运作任务成本的可能性
85	通过"正好及时"的理念来检查现有的库存管理水平是否可以提高到更有效率的水平
86	开始一个关于健康和安全的审查。发展一个可以评估和改善健康和安全的系统，召开年度审查会议，近距离地检查所有的措施
87	让一位项目经理负责建立一个公用系统，它允许所有部门之间可以互相获取信息

续表

88	通过转移集中功能可以减少部门与部门之间的时间成本，缩短周期。比如，考虑桌面办公系统
89	加强预防性的维护流程
90	如果高层的经理花费相当多的时间来批准他们了解很少的或小数目的费用，则修改流程，让那些低层管理者拥有更多的决策权
91	使用流程改进审核。同行业标准做对比，分析行业里其他企业的最佳做法
92	对可能影响组织的破坏情况做评估，研究可能产生危机的因素和防止危机的计划
93	做一个所有部门实际位置的分析，并与内部客户关系的分析进行比较。发掘哪些变化有可能推动内部顾客之间更好地协作
94	建立一支能够及时监督的团队，来执行组织里最大的项目。这个团队可以在决议被做出时就实施审查，而不是通常在事后才进行监督
95	控制所有信息系统的年度运行成本，并测定是否每一分钱都被适当地使用
96	推出一个一年内的冻结购买新电脑的计划。用这个时间来研究如何使投资在电脑上的钱被更有效地使用
97	评估预算过程和资源计划过程之间联系的程度，并做出适当的变化
98	与一个单独的维护供应商签署合同，以减少成本，解决组织里所有的电脑的维护需求
99	审视企业现行政策和流程。建议适当地缩减开支
100	建立能更有效地通知人们事件、活动和节目的内部沟通计划。为这个系统配备最新的科技
101	更换那些其行为不能反映公司信奉的价值观的高级经理，不论他们以前多么成功
102	每五年对公司设备资产作一个全面盘点。每次都运用最新的科技来改进这个过程
103	从公司主体上将权力分散出去，这样每个部门或车间主管就有权控制部门内所有预算

第五节　企业文化策划存在的误区

当前，我国还有相当多的企业没有掌握企业文化的真正内涵和发展规律，在策划企业文化的过程中存在许多误区，主要表现为：

一、企业文化是手段

国内很多企业领导都把建设企业文化仅仅看成企业实现其经济目标的手段，

而不是企业应该达到的重要目的之一，企业文化本身没有上升到企业最终目的的层面。不少人仍然强调盈利才是企业追求的唯一目标，因此他们只是将关心员工、让顾客满意作为达到企业经济目标而采取的一种手段。这种倾向最常见的表现是企业管理层不是从根本上关心员工、顾客，而是把企业自身的短期利益看得高于一切，这种思想无疑和现代企业的理念相抵触。这些企业应该借鉴优秀公司的先进理念，例如，摩托罗拉对员工的倡导是：公司的目的是光荣地为社会服务，以公平的价格提供高质量的产品与服务；联想对员工的价值承诺是：联想，成就人，成就于人。

二、企业文化策划只是领导的事

不少企业认为企业文化有与没有、好与差，都是领导的事，有什么样的领导，就有什么样的文化。领导者则把自己的思想、信念、价值观强加于企业，无视企业的客观现实和企业员工的权利、义务和利益。员工们则抱着与己无关的心态，没有主人翁的意识。

以为企业文化就是领导者或老板所倡导的文化，这是一个很大的误区。文化可分为四个层面：民族文化、组织文化、群体文化和个人文化。领导者所倡导的文化在没有得到组织成员认同和接受之前，只能说是一种个人文化或领导层的群体文化，而不是组织文化或企业文化。企业领导者确实在很大程度上可以选择企业文化要素，但并不能独自决定企业文化，因为人的意识具有主观能动性，员工对文化具有自主选择性。

三、企业文化策划中员工只是被动的接受者

在一些企业的文化建设过程中，通常注重采取自上而下的方式，缺乏自下而上的必要沟通。管理层不注重倾听员工的建议和意见，所制定的制度和采取的方式措施也没有反映员工的普遍愿望和需求。其实，员工应成为企业文化建设的主动参与者和积极的创造者。企业文化作为员工共享的信念和期望的行为模式，它的培育过程一定要让广大员工积极主动地参与，加强交流沟通，积极鼓励员工的反馈。

四、企业文化可以速成

许多企业认为，企业文化可以迅速拥有，无须下太多功夫。因此在企业文化建设中短期行为很突出。如一些企业领导把企业文化建设简单地看成视觉形象识别设计，似乎建设企业文化就是创造优美的企业物理环境，注重企业外观色彩的统一协调，员工服饰的整洁大方，商标与包装的图案优美等。有些企业以为企业文化建设无非就是提炼几种精神，列出几条宗旨，总结几条经验，编一编，写到纸上，贴到墙上，很快就能完成。他们将一些标语口号贴在走廊、办公室和各车间的墙上，内容形形色色，如"以人为本""人本管理""团结""求实""创新""拼搏""奉献"等，至于这些内容是否能真实地反映本企业的价值取向，甚至连企业的决策者本身都说不清楚。还有些企业认为企业文化就是给企业贴上个"文化标签"。热衷于报纸上登几篇文章，电视里指出几条新闻，让企业出名挂彩等。以为这样，企业就算是有文化了。

五、企业文化就是员工的文化生活

一些企业认为企业文化建设就是要搞好企业员工的文化生活。以为排排节目，跳跳舞、唱唱卡拉 OK，组织组织联欢，搞搞体育比赛等，这就是企业文化。应该说这些可以成为企业文化建设过程中的部分工作内容，但并不是主要内容。

六、企业文化重建设轻变革

由于长期以来计划经济体制的影响，国内许多企业形成的文化与现代市场经济发展的要求往往不相适应，特别是老的国有企业表现得尤其明显。例如，不尊重人的现象十分普遍，用人制度老化，考核与分配制度不合理，管理方式落后，家长制与官僚主义严重等。因此，这些企业都面临着组织文化变革这一紧迫的任务，而很多企业的领导者由于自身能力的局限性或惧怕文化变革的困难，在企业文化建设中只重建设新文化不重变革旧文化，结果是新文化缺乏生存和发展的土壤，难以存活。在这类企业的文化建设中，必须正确地处理好破和立的关系，没有对旧文化的有效变革，就不可能有新文化的成长与发展。

【案例分析】

华为企业文化

华为成立于 1988 年。经过 10 年的艰苦创业，华为建立了良好的组织体系和技术网络，市场覆盖全国，并延伸到中国香港、欧洲、中亚。公司现有员工 3000 余人，其中研究开发人员 1200 余人。在发展过程中，华为一直坚持以"爱祖国、爱人民、爱公司"为主导的企业文化，发展民族通信产业，连续三年获得深圳市高科技企业综合排名第一，1995 年获得中国电子百强第 26 名。1996 年产值达 26 亿元，1997 年已超过 50 亿元，到 1999 年已达到 120 亿元左右。

从 1996 年初开始，公司开展了"华为基本法"的起草活动。"华为基本法"总结、提升了公司成功的管理经验，确定华为二次创业的观念、战略、方针和基本政策，构筑公司未来发展的宏伟架构。华为人依照国际标准建设公司管理系统，不遗余力地进行人力资源的开发与利用，强化内部管理，致力于制度创新，优化公司形象，极力拓展市场，建立具有华为特色的企业文化。

一、核心价值观

追求

第一条　我们的追求是在电子信息领域实现顾客的梦想，并依靠点点滴滴、持之以恒的艰苦追求，使我们成为世界级领先企业。

员工

第二条　认真负责和管理有效的员工是我们公司最大的财富。新生知识、新生人格、新生个性，坚持团队协作的集体奋斗和决不迁就有功但落后的员工，是我们事业可持续成长的内在要求。

技术

第三条　广泛吸收世界电子信息领域的最新科研成果，虚心向国内外优秀企业学习，独立自主和创造性地发展自己的核心技术和产品系列，用我们卓越的技术和产品自立于世界通信列强之林。

精神

第四条　爱祖国、爱人民、爱事业和爱生活是我们凝聚力的源泉。企业家精神、创新精神、敬业精神和团结合作精神是我们企业文化的精髓。我们决不让雷锋们、焦裕禄们吃亏，奉献者定当得到合理的回报。

利益

第五条　我们主张在顾客、员工和合作者之间结成利益共同体，并力图使顾客满意、员工满意和合作者满意。

社会责任

第六条　我们以产业报国，以科教兴国为己任，以公司的发展为所在社区做出贡献。为伟大祖国的繁荣昌盛，为中华民族的振兴，为自己和家人的幸福而不懈努力。

二、基本目标

顾客

第七条　我们的目标是以优异的产品、可靠的质量、优越的终生效能费用比和周到的服务满足顾客的最高需求，并以此赢得行业内普遍的赞誉和顾客长期的信赖，确立起稳固的竞争优势。

人力资本

第八条　我们强调人力资本不断增值的目标优先于财务资本增值的目标。具有共同的价值观和各具专长的自律的员工，是公司的人力资本。不断提高员工的精神境界和相互之间的协作技巧，以及不断提高员工独特且精湛的技能、专长与经验，是公司财务资本和其他资源增值的基础。

核心技术

第九条　我们的目标是在开放的基础上独立自主地发展具有世界领先水平的通信和信息技术支撑体系。通过吸收世界各国的现代文明，吸收前人、同行和竞争对手的一切优点，依靠有组织的创新，形成不可替代的核心技术专长，持续且有步骤地开发出具有竞争优势和高附加值的新产品。

利润

第十条　我们将按照我们的事业可持续成长的要求，设立每个时期的足够高的利润率和利润目标，而不单纯追求利润的最大化。

公司的成长领域

第十一条　只有当我们看准了时机和有了新的构想，确信能够在该领域中对顾客做出与众不同的贡献时，才进入新的相关领域。公司进入新的成长领域，应当有利于提升我们的核心技术水平，有利于增强已有的市场地位，有利于共享和吸引更多的资源。顺应技术发展的大趋势，顺应市场变化的大趋势，顺应社会发展的大趋势，就能使我们避免大的风险。

成长的牵引

第十二条　机会、技术、产品和人才是公司成长的主要牵引力。这四种力量之间存在着相互作用。机会牵引人才，人才牵引技术，技术牵引产品，产品牵引更多更大的机会。加大这四种力量的牵引力度，促进它们之间的良性循环，并使之落实在公司的高层组织形态上，就会加快公司的成长。

成长速度

第十三条　我们追求在一定利润率水平上的成长的最大化。我们必须达到和保持高于行业平均的增长速度和行业中主要竞争对手的增长速度，以增强企业的实力，吸引最优秀的人才，和实现公司各种经营资源的最佳配置。在电子信息产业中，要么成为领先者，要么被淘汰，没有第三条路可走。

成长管理

第十四条　我们不单纯追求规模上的扩展，而是要使自己变得更优秀。因此，高层领导必须警惕长期高速增长有可能给公司组织造成的紧张、脆弱和隐藏的缺点，必须对成长进行有效的管理。在促进公司迅速成为一个大规模企业的同时，必须以更大的努力管理公司，促使公司更加灵活和更为有效。始终保持造势与务实的协调发展。

我们必须为快速成长做好财务上的规划，防止公司在成长过程中陷入财务困境而使成长遭受挫折，财务战略对成长的重要性不亚于技术战略、产品战略和市场战略。

我们必须在人才、技术、组织和分配制度等方面，及时地做好规划、开发、储备和改革，使公司获得可持续的发展。

根据上述案例，试分析：

1. 华为企业文化的核心是什么？

2. 如何实现民族文化和企业文化的融合，它对实现企业的总目标有何意义？

3. 如何实现企业整体的制度文化、管理者文化和员工文化的融合？

【本章小结】

● 企业在企业文化策划过程中必须要有新的突破，不断创造出比别人更新的管理方式和创新技术，才能在竞争中取得优势。

● 企业文化策划理念的推出和文化活动的开展，也都是为了追求企业整体竞争实力的增强，以及确保企业可持续发展的目标而确定的。

● 企业文化策划应从企业历史和现状出发，结合企业文化建设的总体目标和规划方案，提炼企业价值观、经营理念、企业精神，以及企业道德、企业作风等，根据实际需要进行视觉识别系统的设计。

● 企业文化策划能够使企业文化更好地托举和支撑名牌，使之产生更大的经济效益和社会效益，好的企业文化能够打造企业名牌文化，确保名牌之树长青。

【思辨题】

1. 企业文化对企业的管理和发展有何重要作用？

2. 21 世纪企业价值观有哪些新变化？

3. 如何理解企业文化内容的创新与发展？

‖ 第八章 ‖
公关策划

【教学目标】

通过本章学习，了解公关策划的制作程序及相关原则，使大家在制定公关策划的过程中能够保证公共关系目标以及组织发展目标的顺利实现。

【教学要求】

知识要点	能力要求	相关知识
公关策划的定义以及公关策划的思维方式	正确理解公关策划并了解策划的思维方式	策划的定义和思维方式以及相关案例
公关实务策划的原则与作用	对实务公关策划的能力的提升	政府、企业、事业单位的公关策划
公关策划与谋略的关系以及谋略对公关策划的作用	学习传统谋略对公关策划的重要作用	
公关策划的类型	了解各种公关策划对其相应组织的作用	实务公关策划的分析与制定

【开篇阅读】

出版商的营销策略

一位出版商手头积压了一批书卖不出去，眼看就要大亏本了。情急之下，出版商想了一个点子：给总统送去一本，并频频联系征求意见。忙得不可开交的总统随便回了一句："这书不错。"这一来出版商如获至宝，大做宣传："现有总统喜爱的书出售。"还把"这书不错"四个字印在封面上。于是他手头的书很快被抢购一空。不久,这位出版商又有一批书,便照方抓药,给总统送去一本,总统有了上次的教训,想借机奚落一番,就在送来的书上写道:"这书糟透了。"总统还是上了套儿,书商又大肆地宣传:"现有总统讨厌的书出售。"人们出于好奇而争相抢购,书很快便全部卖掉。第三次,出版商再次把书送给总统,总统有了前两次被利用的教训,干脆紧闭金口,不理不睬。然而,出版商还有话说。这次他的宣传词是:"现有令总统难以下结论的书,欲购从速。"结果,书还是被抢购一空。在这个故事里,书商采取逆向思维的方法,利用总统的评价,成功地把书都卖出去了,取得了策划的成功。

案例讨论:

1. 谈谈你对公关策划的了解?

2. 结合上述出版商的营销方法谈一下你认为他的公关战略有哪些方面的作用。

第一节 公关策划

一、公关策划的概念

1.公关策划的含义

公共关系策划是指组织策划者为实现组织形象战略目标和获得公共关系活动成功,对公共关系活动性质、内容、形式和行动方案进行有科学程序地谋划和设计的思维活动。对于公共关系策划的理解,通常人们是从两个角度展开的:

(1)宏观的公共关系策划,即指公共关系战略的制定、公共关系活动的设计;

(2)微观的公共关系策划,即指具有相关条件的公共关系活动策划和实施,包括公共关系营销策划、公共关系企业策划、公共关系广告策划、公共关系活动策划。

2. 公关策划的特征

公关策划是对组织的公共关系全局发展具有指导意义的战略行为，组织公共关系取胜的关键在于公共关系战略家的运筹帷幄，统筹全局。作为一种战略性活动，它具有一般战略活动的基本征特。

（1）目的性。公关策划是具有明确目的的活动，组织公共关系工作的总体目标是扩大组织的知名度、美誉度，塑造良好的组织形象。组织的公关策划总是围绕着公关目标展开的，必须为公关战略和整体目标服务，为公共关系活动的成功服务。公共关系目标既是公关策划的起点，又是公关策划的归宿。目标越明确、越清晰，公关策划就越容易，组织的整体目标就越容易实现。要想明确组织的公关目标，首先要开展调查研究，"没有调查就没有发言权"，要在调查研究的基础上确定公关目标，开展公关策划，才能做到有的放矢。

（2）计划性。公关策划是有计划的活动。公关策划的目的是要克服公共关系活动的随意性和盲目性，按照社会组织自身发展的特点，遵循公众在接受新事物时的认知规律和心理反应规律，有计划、分步骤地实施公共关系策略，使人们能够在自然之中强烈地感受公共关系的感染力。公共关系策划的计划性就是在严密的运筹规划中，使公共关系活动的各个环节、各个要素相互协调、相互促进。

（3）全局性。公关策划是对组织整体公共关系活动的运筹帷幄，涉及社会、组织的方方面面，同时又耗费大量的人力、物力、财力，来不得半点马虎。在公关策划时，既要考虑社会效益，又要考虑组织利益；既要考虑长远利益，又要考虑短期利益；既要考虑战略，又要考虑战术。因此，在公关策划时，必须深谋远虑，综观全局。

（4）创新性。在公共关系发展的历史中，公共关系先辈们、专家学者们进行了无数次的经典的、杰出的公共关系策划，设计了数不清的公关策划方案，给人们留下了宝贵的精神财富。创新是公共关系策划的灵魂，公关策划离不开创新思维。坚持"古为今用""洋为中用"，不为前人所限，体现时代精神，敢于开拓，敢于创新，充分发挥创作人员的想象力，创新独特、别具一格的方案，是每一个公关策划人员的历史使命。

（5）灵活性。组织生存的环境无时无刻不在变化之中，变是绝对的，不变是相对的。面对日新月异的变化，组织公共关系策略也要做出相应的调整。任何计划周密、严谨的方案，都会因为主观和客观环境的变化需要做出调整。组织的公关策划方案在制定之初，就要留有一定的余地，以做到"以不变应万变"。

二、公关策划的思维

公共关系策划是一种创造性的思维活动，创造性思维是公共关系策划的理论基础，公共关系策划是创造性思维的具体应用。公共关系策划与创造性思维的关系可以概括为以下几点：

1. 公共关系策划以创造性思维理论为基础

公共关系策划只有按照一定的规律进行，策划方案才能具有现实性、可行性、有效性。公共关系策划所遵循的规律其实就是创造性思维的规律。也就是说，只有在创造性思维理论指导下的公共关系策划，才能顺利进行、才能取得成功。公共关系策划必须以创造性思维的理论为基础。

2. 公共关系策划是创造性思维的具体应用

创造性思维作为一种思维形式，与其他思维形式一样具有抽象性和工具性。抽象的思维工具，它的价值只有通过应用才能得到充分体现，也就是说，如果不与具体的活动相结合，便不会产生具体成果，那么，创造性思维的作用则难以发挥。公共关系策划则是创造性思维的具体应用，是使其发挥作用的重要途径。

3. 创造性思维贯穿于公共关系策划的全过程

公共关系策划作为一种系统的创造性的思维活动与操作过程，它具有明显的阶段性，必须按照一定的程序进行。公共关系策划的程序就是按照时间先后依次安排、衔接紧密、连续不断的活动步骤。公共关系策划的一般程序应该包括四个阶段，十四个步骤，具体如图 8-1。在公共关系策划的全过程中，每一个活动阶段、每一个操作步骤都需要以创造性思维为理论依据。

4. 创造性思维遍布公共关系策划的各个类型

根据不同的标准，可以将公共关系策划分为不同的类型。例如：按不同层次

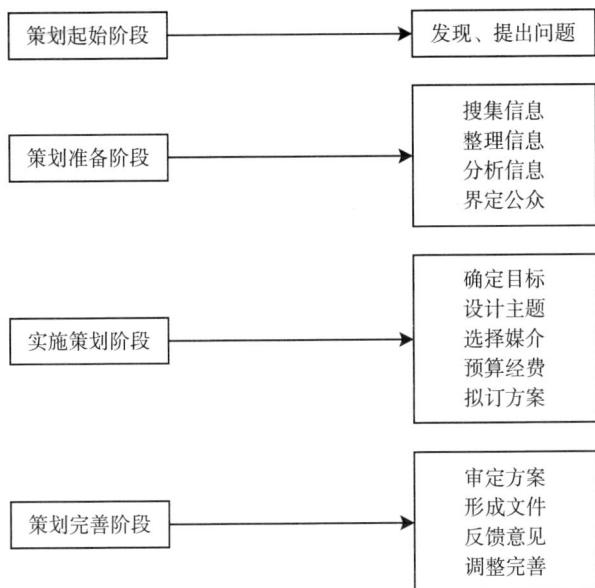

图 8–1 公共关系策划程序

可以区别为：总体战略策划、专题活动策划、具体操作策划；按不同目的可以区分为：形象识别策划、关系协调策划；按主体可以区分为：政府公关策划、企业公关策划、事业公关策划、城市形象策划等。但无论何种层次、何种目的、何种组织的公共关系策划都必须应用创造性思维的理论和方法。

5. 创造性思维涉及公共关系策划的各个要素

公共关系策划是策划主体的创造性思维活动。正常的公共关系策划主体的思维活动都要涉及策划对象、策划目标、策划依据、策划方法、策划方案等要素。也就是说，公共关系策划在涉及每一种策划要素的过程中，都需要分析综合、抽象概括、求异创新、推演假设、承前启后、循序渐进，即都需要以创造性思维作为指导。

创造性是公共关系策划的基本特性，是公关策划的灵魂。缺乏创造性的策划只能是旧有模式的模仿与重复，难以取得最佳的效果。因此。在市场经济不断发展、竞争日趋激烈的今天，公关策划人员需要具备高超的创造性思维能力，并全面掌握与公共关系策划密切相关的创造性思维技法。

第二节 公关实务活动策划

一、公关策划的原则

1. 公众利益优先的原则

公众利益优先，不仅是公共关系工作的指导思想，同时也是公关人员所应遵循的职业道德标准。公众利益优先，并不是要组织完全牺牲自身的利益，而是要求组织在考虑自身利益与公众利益的关系时，始终坚持把公众利益放在首位。要求组织不仅要圆满完成自身的任务，为社会做出贡献，同时还要重视其行为所引起的公众反应，并关心整个社会的进步和发展，以此获得自身利益的满足。组织只有时时处处为公众的利益着想，坚持公众利益至上，才能得到公众的好评，才能使自身获得更大、更长远的利益。

2. 尊重客观事实的原则

在策划过程中，要始终坚持以客观事实为依据，尊重客观事实，没有事实，就没有公共关系。在现实中不存在的事物，就不能作为公关传播的内容。出现什么事情，就说什么事情，言出无据，只会失信于公众。此外，要据实公开组织运作过程中发生的事实，如有必要公开，必须依据事实，做到客观、真实、全面、公正。客观，就是要还事物以本来面目，不以猜测和想象代替事实；真实，则要求面对事实，一是一，二是二，不夸大也不缩小；全面，要求充分掌握事实，公开事实的全部材料，而不只是取某一部分；公正，即对事实采取公众可接受的立场，不袒护和推诿。尊重客观事实的原则，对处于不利情况下的组织来说尤为重要。敢于承认不利的事实，才可能理智地进行策划；企图掩盖事实真相的策划，只能使组织走向自己愿望的反面。

3. 独创性与连续性相统一的原则

严格地说，不会有两个相同的公关策划，这是因为不同组织的主客观条件不一样，就是同一个组织，其自身的条件和环境也是在不断变化的。因此，公关策划必须要有一定的独创性。策划者要根据社会条件的变化、公众心理状况的变化、组织内部的变化进行新的策划，使之不仅与自己组织过去的活动有所不同，更要与自己竞争对手的活动有所不同，使组织策划的活动能够先声夺人、标新立异，取得更好的效果。值得注意的是，组织的形象并不是靠一两次成功的活动就能够得到迅速改善并保持不变的，组织的形象效果要有一定的积累性。也就是说，公众是通过多次参与对组织形象的评判，才建立起对组织较为确定的评价的。因此，公关人员在进行策划时，不仅要考虑一次活动的独创性，还要考虑本次活动与前后活动的连续性，使独创性和连续性统一起来。只有坚持公关策划独创性与连续性相统一的原则。才能更科学地进行公关策划。

4. 计划性与灵活性相统一的原则

经公关策划所形成的行动方案，将列入组织的整体计划中，构成组织整体运行计划中的一部分。因行动方案涉及组织各方面工作的协调，涉及人、财、物的配备，具有较强的计划性，所以，行动方案一旦确定，在通常情况下，是不能轻易改变的。只有这样，才能保证整个行动方案得以贯彻执行。但是，由于组织的主客观条件和外部环境随时都在发生变化，公关人员在策划时，应使所选定的行动方案中有充分的回旋余地，针对可能发生的变化，考虑灵活的补救措施，使策划出的行动方案具有一定的灵活性。

5. 与组织整体计划相一致的原则

策划者应清楚地认识到，公关策划是在组织整体计划的约束下进行的，所策划出的行动方案应纳入组织的整体计划，并与整体计划相一致。否则，与组织整体计划相悖，再好的行动方案也只是一种空想，再好的策划也是劳而无功。

【案例赏析】

广州本田自我曝光

2007年3月19日起，50余万辆雅阁、奥德赛和飞度轿车被广州本田汽车有限公司实施召回。本次召回包括2003年1月7日到2006年12月21日期间生产的各款雅阁轿车共419613辆。召回范围内车辆在长期使用过程中，方向盘转动沉重，由助力转向操纵力增加。本次召回还包括2005年2月22日到2007年2月14日期间生产的奥德赛轿车共68993辆，2005年8月1日到2005年9月30日期间生产的雅阁、奥德赛和飞度轿车共39800辆。

课堂讨论：

1. 公共关系是坚持以"美誉为目标"，广州本田自揭家丑的行为和公共关系的原则是否矛盾？你是怎样理解的？

2. 与此同时结合本节课的内容谈谈这样的行为体现了什么原则。

【趣味链接】

公关策划的方法

1. 头脑风暴法

头脑风暴法又称为脑力激荡法或智力激荡法，创始人是美国创造学家亚历克斯·奥斯本（Alex Osbom）。头脑风暴法作为一种群体组织策划的方法，在全世界被广泛运用，而且实践证明也是有效的。

2. "635"法

头脑风暴法由美国传到德国后，德国创造学家荷立根据本民族习惯于沉思的特点，创造了默写式头脑风暴法。该方法规定，每次会议由6人参加，要求每个人在5分钟内提出3个设想，所以也称之为"635"法，在举行"635"法会议时，先由主持人宣布题目，接着发给与会者每人几张设想卡片，每张卡片上标有1、2、3等号码，在两个设想之间要留有一定的间隙，可让其他人填写新的设想。在第一个5分钟里，每人针对题目填写3个设想，然后把卡片传给右边邻近的人。往下一个5分钟里，每个人可以从别人所填写的3个设想中得到启发，再填写……如此多次传递，在最好的状态下，半小时可传6次，一共可产生 108 个设想。

3. 菲利浦斯"66"法

菲利浦斯"66"法是美国蒂尔大学校长菲利浦斯提出来的，主要用于人数较多的创意场合，能有效地解决人数太多而时间又有限的外部局限。其主要方法是将出席者按每组 6 人进行分组，每组讨论问题的时间控制在 6 分钟。这种方法既能让参加会议者发表意见，增加参与创意的机会，又能使全体会议有激烈的对抗意识，由此提高会议的效果。

二、公关策划的地位

公关策划在整个公关活动中具有指导性、决定性、提前性，在公关活动中居于核心地位。这可以从两个层面来认识。

第一个层面，可以从公关策划在公关活动全过程中的位置，以及与其他公关活动（或者说公关活动的其他方面）的相互关系来加以认识。

公关活动的全过程，一般可分为：公关调查、公关策划、公关计划、公关行动和公关效果测定五部分，如图 8-2 所示。

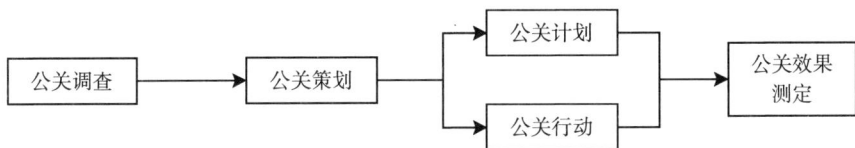

图 8-2　公关活动的全过程

从图 8-1 可知，公关策划处于公关活动的第二环节，承前启后，承上启下，地位十分关键。

公关策划以公关调查为基础条件。公关调查涉及组织现状、公众评论和看法、社会环境、社会发展趋势等信息。公关调查的成果，一方面，为公关策划所利用，公关策划正是在公关调查的基础上，使组织能有针对性地开展公关活动；另一方面，公关策划又是公关调查的指导，因为任何调查总有一定的限度、一定的范围，不可能像大海捞针那样滥用经费和浪费精力，因此公关策划又决定了公关调查的目的、范围、调查手段。离开公关策划指导的公关调查，将是不经济的，也是没有意义的。公关调查最终要为公关策划服务。

由此可见，公关策划在公关活动的全过程中居于核心地位。

第二个层面，可以从公关策划所要确定的公关活动的基本原则、方向、战略、策略、媒体选择等重要内容，来认识这种核心地位。

通过一项公关策划，最终所要决定的是：为什么要进行这项公关活动，公关的对象是谁，公关的策略是什么，公关的最有利时机是什么，怎样进行公关活动更有效等。这些内容如果不明确，那么，公关活动的成功就无从谈起。正是通过公关策划，才能产生一系列的成果，它们包括：公关目标、公关对象、公关策略、公关时机、公关媒体、公关效果等。公关策划的全过程，如图 8-3 所示。

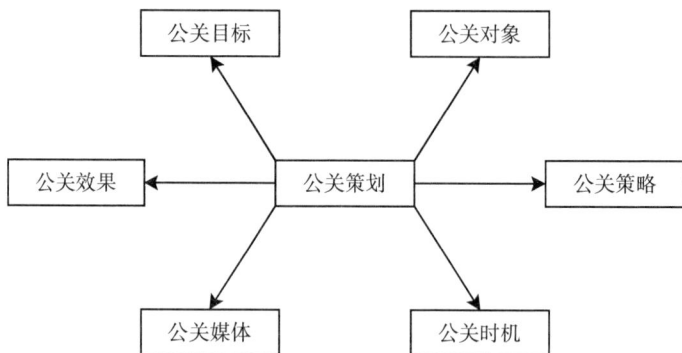

图 8-3　公关策划的全过程

因此，当我们把公关活动看作一个系统时，公关策划在这个系统中居于核心地位。

第三节　公关策划与谋略

一、公关策划与谋略的关系

为了搞清楚公关策划与谋略的关系，首先应该弄明白策划与谋略之间的关系。

其一，谋略是公关策划不可或缺的内容，是公关策划的要义和精髓，那么这是否意味着，谋略特别是传统谋略中的内容就可以不加选择地全部搬到公关策划中来呢？答案当然是否定的，这是因为，谋略虽然是公关策划不可或缺的内容和指导思想、是公关策划的要义和精髓，但谋略特别是传统谋略中的不少内容，是与公共关系以及公关策划的精神和原则不相一致的，有些不一致还是实质性的。如果对这些内容缺乏应有的了解和认识，或虽有了解，但却置若罔闻并且依然自行其事，同样也是不可能做好公关策划的。

其二，谋略的三个特点：功利性、对抗性和针对性。谋略或传统谋略与公共关系和公关策划的精神和原则相冲突：公共关系和公关策划必须遵循互惠原则，公共关系和公关策划的主体与公众之间的关系是互惠互利的伙伴关系；而谋略或传统谋略的三个特点却是与互惠原则相反，当谋略者与其对手之间是在根本利益不一致或完全相反时，这种相互反对、相互冲突的情况就尤为明显，尤为突出。

谋略的三个特点中，直接违背公共关系和公关策划互惠原则的是对抗性。关于这一点，只要稍微联想一下政治斗争和军事争斗中谋略运用的目的及其实际效果就不难明白了。政治斗争中的谋略运用，往往就是钩心斗角、尔虞我诈的代名词；军事争斗中的谋略运用，其直接或间接的后果则往往是你死我活、鲜血淋漓、更加残酷。这一切，与公共关系和公关策划的互惠互利的精神和境界简直相差十万八千里。

至于谋略的功利性特点，似乎与公共关系和公关策划的互惠原则搭上了界，但也存在实质上的差别。在公共关系和公关策划中，公共关系主体与其公众之间的利害具有一致性或具有协调一致性的可能性，双方的功利不是排他的，而是可以相互包容的。谋略的功利性则不一样，它实际上是一种排他的或者说自私的功利性，谋略者与其对手的功利具有针锋相对的性质：谋略者的利就是其对手的害，谋略者的害就是其对手的利。在谋略行为中，谋略者非但不去促成对手的利和消灭对手的害，而且还处心积虑地促成对手的害和消灭对手的利，甚至不惜用利害去引诱对手，误导对手，以达到最终战胜对手的目的。因此，谋略的功利性与公共关系和公关策划的互惠互利是不可同日而语的。

除了功利性、对抗性之外，谋略还具有针对性。任何谋略都是因人、因地、因时而设的。具体情况具体分析，是谋略成功的保证，同时，也是策划成功的必备条件。

【案例赏析】

美国最出色的广告人：奥巴马

奥巴马 2008 年底获得了美国第 44 届总统大选的胜利，成为美国历史上第一个黑人总统。他的成就也代表了公关策划手段的进化和发展，伴随着新媒体和数字技术的广泛应用，美国总统竞选也以更深入互动的方式建立起了总统候选人与选民之间的关系。

奥巴马在年轻化品牌定位下，充分利用年轻强势的新媒体，通过这种开放民主的媒介形式，不断拉近与年轻人的距离，在 2008 年 1 月 1 日，奥巴马开通了自己的微博后，被人们称为 Web2.0 总统。

总统大选虽已结束，奥巴马的胜利代表着太多革新，尤其是网络互动的应用。奥巴马筹集的超过 5.2 亿美元的竞选经费，估计超过 85% 来自互联网，其中绝大部分是不足 100 美元的小额捐款。凭着网络的力量，奥巴马互动的手法赢得的不只是捐款，更是一张张珍贵的选票，以及伟大的美国梦的传奇。

通过奥巴马的成功案例，让我们看到了广告、促销、公关手段的进化和发展。如今，消费者不再单向接收企业传播的信息，在使用产品的同时，他们也在参与品牌的建设，企业应以更深入和互动的方式建立起与消费者之间的关系，以获得消费者的忠诚和信任。

课堂讨论：

1. 奥巴马在思维上如何超越了他人？

2. 奥巴马的这种思维是不是谋略？谋略与策划是否相同？

二、传统谋略对公关策划的作用

在谋略或传统谋略中，如果剔除那些违背公共关系和公关策划基本精神和原则的内容，我们就会发现，符合公共关系、公关策划精神和原则并且对于公关策划大有裨益的内容在数量上要多得多。学习、掌握并且运用这些内容，对于进一步提高公关策划的水平，促进公共关系事业的发展，有着重要的意义和巨大的作用。这些作用既可以在宏观上得到充分完整的展示，也可以在微观上得到具体生动的体现，其范围是相当广阔的。这里，我们仅从四个方面加以说明。

1. 传统谋略中的求实精神对公关策划的作用

这里所谓求实精神，有两个方面的含义：①解决实际问题、注重实效的务实精神；②从实际情况出发的实事求是精神。在传统谋略中，这两种精神都是非常突出的。

公关策划是指在解决公共关系实际问题的一种现实活动。传统谋略的务实精神对于公关策划无疑具有巨大的启迪意义和直接的指导作用。在实际公关策划中，有些人往往纸上谈兵，不讲实效，讲起理论来天花乱坠，涉及现实问题却不着边际，理论似乎特别高深可就是不解决实际问题。

2. 传统谋略重视对实际情况的调查研究

传统谋略将实际情况调查研究作为确定战略、策略的前提条件，认为只有这样，才有可能取得事业的成功，否则，夺取胜利便是一句空话。孙子则更是将是否了解实际情况与能否取得战争胜利直接联系起来："知己知彼者，百战不殆；不知彼而知己，一胜一负；不知彼，不知己，每战必殆。"（《孙子·谋攻篇》）在《孙子·地形篇》中又进一步指出："知彼知己，胜乃不殆；知天知地，胜乃不穷。"类似这样的论述，无论是在《孙子》一书中还是在其他传统谋略的著作中，都是屡见不鲜的。在现实生活中，绝大多数公关策划人也都是重视对实际情况进行调查研究的，许多公关策划之所以能够获得成功，其中一个很重要的原因就在于此。

3. 传统谋略中的整体观念对公关策划的作用

整体观念是中国传统谋略体系中一以贯之的重要内容。这种整体观念对于公共关系和公关策划都是非常有意义的。就公关策划而言，无论是整体形象的策划还是具体活动的策划，无不需要总揽全局，统筹兼顾，通盘考虑，每一个问题，每一个方面，每一个环节，每一个步骤，每一个程序，每一个细节，都不能有丝毫马虎。因为任何一点小小的失误，都可能造成难以弥补、无法挽回的重大损失，这个问题在整体形象的策划中表现得尤为突出。因为任何一个组织的整体形象其实就是公众对该组织的总体评价，而公众对组织的评价，往往就是通过一些具体的甚至微不足道的小事来进行的。所谓第一印象，所谓晕轮（The Halo Ef-feet）效应，就属于这一类现象。如果从理论上分析，这种现象属于社会知觉的误差，是一种非理性的体现。但是我们不可能回避这个问题，也不可能完全杜绝这种现象。这就要求公关策划人员必须树立牢固的整体观念，唯有如此，才有可能获得策划的成功。既然整体观念对于公关策划和公关策划人员有着这样大的意义，那么，从传统谋略中学习、借鉴涉及整体观念的思想，当然就是题中应有之义了。

【案例赏析】

如何对待传统谋略

取其精髓，得其奥妙。在实践中根据客观情况灵活运用，不断进行再创造。

1991 年，由多国部队进行的海湾战争是一场耗资好几百亿美元的高科技现代战争。其结果是以多国部队极少量的伤亡在短期内取得了决定性的战果。这不仅是由于多国部队装备精良、武器先进，而且也在于其战略决策准确无误，牢牢地掌握了战场的主动权，较多地体现了中国古代的谋略思想。根据报道：自海湾战争开始后，战场上出现了"孙子热"。美国总统布什将《孙子》一书视为珍宝，经常研读；美国海军要求陆战队全体官兵把《孙子》作为必读书，对之"再三研究，融会贯通，牢记腹中"。在海湾战争中，对抗的双方不仅用实力来拼杀，而且用谋略来较量。而多国部队无论是在战略方针上，还是在作战指挥中，许多做法都与《孙子》中的主张不谋而合。这也从一个侧面证明了中国传统谋略思想在现代战争中的重要价值。谋略思想的现代意义不仅被国外的军事家们所看重，而且也受到越来越多的政治家和企业家们的重视。

课堂讨论：

传统谋略对于当代实践有什么意义。

4. 传统谋略中的辩证思维方式对公关策划的作用

（1）辩证思维，是传统谋略中最显著、最活跃、最有价值的精华所在。综观传统谋略的经典著述，特别是《孙子》一书，辩证思维方式的运用真可谓处处生金，美不胜收。无论是利与害、虚与实、时与势还是正与奇，无一不是辩证思维的鲜明体现，无一不是运用辩证思维方式的智慧结晶，而其中奇正相生、因敌制变、应形无穷的思想，更是将辩证思维方式运用到了极致。

（2）传统谋略中关于审时度势的思想对于公关策划也是很有意义的。在公关策划中，一个非常重要的问题就是如何选择最恰当的时机。大量事例证明，时机选择是否恰当，往往决定公关活动能否获得成功或活动成效的高低。例如北京亚都公司为其产品加湿器开拓天津市场所进行的策划，就是正确选择时机而获得成功的。他们选择 1991 年 11 月 15 日在天津的主要报刊同时刊登加湿器促销活动的广告。因为加湿器这个产品的功能是将室内空气的湿度提高到适合人体需要的正常状态。而每年的 11 月 15 日这一天，是天津市各单位冬季开始供暖的法定日，一旦开始供暖，室温骤然升高，湿度必然随之降低，人体不适应表现最为敏感。在这样的时候做加湿器的广告宣传，当然是再恰当不过的了。然而在公关策划中，在时机的选择和运用方面，像亚都公司这样成功的例子并不太多，而效果一般甚至较差的情形倒是屡见不鲜。

总之，传统谋略中既有与公共关系、公关策划的精神和原则不相一致的内容，也有并不违反这些精神和原则而且大有益于公共关系和公关策划的内容。对于前者，我们当然应该保持高度的警觉，绝不能让它们影响了公共关系和公关策划事业的健康发展。可是对于后者，我们则应该努力地学习和掌握，充分发挥它们在公共关系和公关策划中的作用。只要我们这样做了，那么提高公共关系活动和公关策划的水平，也就有了更加坚实的基础。

【案例赏析】

孙子对于整体观念的分析

"故经之以五事，校之以计，而索其情：一曰道，二曰天，三曰地，四曰将，五曰法。道者，令民与上同意也，故可以与之死，可以与之生，而不畏危。天者，阴阳、寒暑、时制也。地者，高下、远近、险易、广狭、死生也。将者，智、信、仁、勇、严也。法者，曲制、官道、主用也。凡此五者，将莫不闻，知之者胜，不知者不胜。故校之以计，而索其情，曰：主孰有道？将孰有能？天地孰得？法令孰行？兵众孰强？士卒孰练？赏罚孰明？吾以此知胜负矣。"（《孙子·始计篇》）

课堂讨论：
《孙子兵法》中的思维方式。

第四节　公关类型策划

一、政府公共关系策划

政府是国家或地方的行政机关，是辖区公众的代表。对其管辖区的各方面事务负有指导、规划、管理、协调、服务、监督、保卫等基本职责。因此，政府的工作具有突出的公共性。政府公共关系是指以各级政府为主体、以广大内外公众为客体的一种特殊类型的公共关系。政府公共关系策划是指国家和地方各级政府为了树立"创新、务实、廉洁、高效"的政府形象，更好地体现国家管理职能，增进社会公众对政府工作的了解、支持、监督，以协调内部和外部各种关系的一种行政活动。各级政府为了更好地协调与公众的关系，树立良好的政府形象，有效地对公共事务进行管理、争取广大公众的信任和支持，以形成和谐稳定的社会政治局面，就需要对开展的公共关系活动进行策划。

政府公共关系是一种特殊类型的公共关系。它既具有一般公共关系的属性，又具有其独特的内容，其特点主要表现为以下五个方面：

1. 目标的独特性

任何公共关系活动都是为了建立主体与客体的良好关系。但是，不同的社会组织有不同的情况，公共关系工作的侧重点也有所不同。政府公共关系的任务是提高政府的美誉度。在我国，人民当家做主，一切权力属于人民，政府代表人民意志对社会进行管理。政府公共关系的基本目标是树立"创新、务实、廉洁、高效"的政府形象，以此来赢得人民群众的信任与支持。

2. 主体的权威性

政府公共关系的主体是作为国家行政机关的政府，政府是特殊的社会组织，其特殊性首先表现在政府拥有极大的权力，具有权威性，它可以制定政策、颁布法令，并强制推行。在一般情况下，同一国家或同一地区，不可能有几个政府并存，因此政府还具有唯一性。由于政府的这种特殊性，往往容易产生官僚主义、主观主义、命令主义等问题。

3. 公众的复杂性

政府公共关系面临的社会公众，要比企业等其他社会组织面临的公众更广泛、更复杂，包括社会的各阶层、各民族、各党派、各种社会组织、各种群众团体等。此外，当然还有一个国际关系问题。政府所面临的是整个社会公众，不仅数量众多，而且还呈现出极其复杂的结构。这些以一定利益关系为基础的社会公众，又可划分成各种不同的利益群体。这些利益群体，既有共同的社会利益，又有着不同的特殊利益。

4. 传播的优越性

政府公共关系的传播条件是最优越的。首先，政府掌握大量的大众传播工具，广播、电视、电影、报纸、杂志等大众传播媒介都由政府管理。这在客观上为舆论导向提供了条件，并可以通过多种新闻工具，从各个角度大量地、反复地传播某种信息，来加深公众的印象，提高传播的效率。

5. 效益的社会性

一切公共关系活动，都是为了获得公众对组织的理解和支持，但如何评价公共关系活动的成效，标准却不尽相同。企业是直接的生产经营单位，必须围绕生产经营来开展公共关系活动；而政府是社会管理部门，对政府公共关系的评估标准，归根结底是看它是否具有"人民利益高于一切"的精神，是否受人民拥护，也就是政府能否被人民群众了解、信任和支持，让人民群众觉得它是人民自己的政府。

二、企业组织的公关策划

企业是指从事生产和经营活动的独立核算的经济组织，是现代国民经济的基本单位。按从事的经济活动可分为工业企业、农业企业、商业企业、交通企业、金融企业、建筑企业、服务企业、信息企业等。追求利润最大化是所有企业组织的共同目标和基本特征。为了在激烈的市场竞争中取得优势，企业必须针对公众的需求，通过有效的公关活动，向公众提供优质的产品和优良的服务。以建立、协调和改善同公众的关系，创造企业生存和发展的良好关系环境。

现代企业经常利用名人公关，竭力影响公众。名人大都是公众关注的对象，他们的一举一动都可能影响公众。利用名人公关一般可分为三个步骤。首先，收集名人的信息资料加以整理；其次，对名人进行超常服务，以获得其对企业的最佳印象；最后，通过新闻媒介大力渲染宣传，影响公众。

社会名流对公众舆论和社会生活有很大的影响力，往往是新闻界和舆论注意的焦点。利用名人进行公关，不仅能为企业创造良好的舆论气氛，而且还可以通过名人疏通各种公众关系，扩大社会关注度，提高企业在公众心中的地位。

企业公关策划中经常遇到的问题有以下三个方面：

其一，内部关系方面。①内部公众体系不明确；②内部关系总是危机四伏；③谁也不愿意承担责任；④喜欢传播对组织不利的言论；⑤内部人际关系紧张；⑥领导没有威信，员工缺乏向心力；⑦员工没有受到重视的感觉，也不重视别人；⑧不知道如何营造全员公关的氛围。

其二，顾客关系方面。①不知道顾客是谁以及他们在哪里；②不明白顾客的需求是什么，以及不同的顾客有什么不同的行为特征；③分不出该与哪些顾客建立并保持长期的关系；④对顾客的重要程度没有排序；⑤与顾客发生冲突后不知如何处理最好；⑥不清楚如何维持顾客的忠诚；⑦不知道如何才能让顾客满意；⑧总是觉得"问题顾客"很多。

其三，媒介关系方面。①觉得媒介总是不配合；②经常出现好事变成坏事的情况；③一点点的风吹草动就会闹得满城风雨；④不知道如何利用舆论；⑤不知道如何才能与新闻记者成为朋友。

【案例赏析】

香港店名的创意

你漫步在香港闹市区，看到"天天渔港""新星渔港"等招牌，可别以为是港码头，实际上这是酒楼、吃海鲜的场所。以"渔港"为招牌，叫人联想到渔船回港时，生猛海鲜，鲜虾活蟹，活蹦乱跳，即捞即烹，令人食欲大增。而

"大家乐""大快活"等大众化的饮食店,一切就在此处,一定经济实惠,快捷如意。一些传统行业,为适应新潮流,也绞尽脑汁地想出一些言有新意的名字。如"友栽杆"理发店。"友栽"意即对发型剪裁的艺术,又与"发财"谐音。"88"眼镜店。横过来就是两副眼镜,引人注目,又与"发发"谐音。"时间廊"钟表店,使人联想到这里是岁月的走廊,更加珍分惜秒。

课堂讨论:

1. 以上企业体现了企业公关策划哪一方面问题?

2. 以上企业运用了公关策划的什么思维?

三、事业组织的公关策划

事业组织通常称之为非营利性组织。这些组织向公众提供的"产品"和"服务",与企业有很大的甚至根本性的不同,它不仅满足公众的物质性需求,而且主要满足公众对精神、知识、审美和健康等方面的需求。因此,这些组织在进行公关策划活动时,根本的目标不是盈利,而是以实现某种社会效益,推动某项事业的发展为目的。

不同的事业组织其公共关系活动策划有着不同的内容,但也存在着共同之处,这些共同特点具有一般性和普遍性,因此,应该成为事业组织公共关系活动策划的重点内容。

1. 突出事业组织的社会意义

事业组织的公共关系活动策划,一般来说都具有崇高的社会意义。如学校为社会培养合格人才;科研院所通过科研成果来推动科技与社会的发展;医院为人民解除病痛,救死扶伤,维护人民群众的身心健康;图书馆收藏书籍资料,传播人类文明;福利团体对社会上有困难的人进行救助等。因此,突出事业组织存在的社会意义,应该成为公共关系活动策划的首要工作。

2. 争取社会各界的实际支持

对社会具有重要作用又非营利性是事业组织的共同特点。因此,在进行公共关系策划时，就需要在突出事业意义的基础上，寻求社会各界的实际支持。例如资金的支持、物质的支持、人力的支持、道义的支持、舆论的支持等。为了取得支持，策划的活动方案必须充分考虑社会公众的心理需求，只有使公众的心理需求得到满足，才能取得理想的活动效果，得到社会各界的实际支持。

3. 努力为社会发展做出贡献

突出事业组织的社会意义以及争取社会各界的实际支持，其目的都在于为促进事业的发展提供必要条件。事业组织只有努力为社会的发展做出贡献，才能充分体现它存在的意义，才能名正言顺地给支持它的公众一个满意的答复。例如，"希望工程"策划，通过公关策划使 50 多万失学儿童因为得到了各方资助而能够重返校园学习。中国青少年发展基金会正是因为通过此项活动策划为社会做出了实际贡献，所以才得到了社会各界的信任和拥护，才树立起了良好的组织形象。

第五节　公关策划人员的素质要求

一、公关策划人员的政治素质

1. 马克思主义理论素养

提高公关策划人员的马克思主义理论素养，并不是要使他们成为精通马克思主义的理论专家，而是要使他们在掌握马克思主义基本理论的基础上，学会运用马克思主义的基本理论和基本方法分析和解决公关实践中的问题。对于公关策划者来讲，他们的马克思主义理论素养，主要体现在理论联系公关实践的能力。公关策划人员马克思主义理论素养的提高，应该抓住"两头"。一头是理论的学习。不能满足于仅仅通过几本理论教科书来了解马克思主义，还要认真读一些马克思主义的经典著作。通过学习原著来加深对基本理论、基本观点的理解。另一头是不断实践。公关活动是我国社会主义建设实践的构成部分之一，它为我们学习、应用和发展马克思主义提供了用武之地。我们必须很好地认识实际，在公关实践中加深对理论的理解。

2. 强烈的事业心和高度的事业责任感

强烈的事业心和高度的责任感，是人们在坚定的政治信仰的驱使下，为实现远大理想而献身于具体事业的强大动力和坚强决心。吴玉章同志说："人生在世，事业为重。一息尚存，绝不松动。"凡是对人类做出杰出贡献者，无不从小立志，具有强烈的事业心和高度的责任感。在我国社会主义制度条件下，人与人之间是平等的，每个人在各自的工作岗位上为社会主义现代化建设贡献出自己的力量。公关策划人员作为建设者之一，理应具备强烈的事业心和高度的责任感。

公关策划人员的事业心，具体体现在竭尽全力完成组织为实现总体目标而下达的各项具体公关任务；能够较好地处理组织与公众的利益关系；在取得成绩时，不满足于现状，勇于进取和探索，继续扩大成果；在遇到困难和风险时，不畏头畏尾，敢于创新和另辟蹊径，灵活运用公关策略，努力开拓公关的新局面。公关策划人员的责任感和他们的事业心是紧密地联系在一起的。从大的方面来讲，责任感，就是以天下为己任，以振兴中华为自己的神圣职责；从小的方面来讲，责任感就是尽职尽责地搞好公关策划工作，努力实现组织的公关目标。

3. 高尚的品德

品德是指人的品质与道德。心理学的光环效应认为，如果某人的人格品性很完美，外貌与举止都很有魅力，在人们心目中就会形成良好的印象，从而他就会被一种积极的、美好的光环笼罩，人们就会不自觉地信任他。如果公关策划人员能被这种积极的、美好的光环笼罩着，他就会有极强的左右能力，从而便于成功地进行公关策划。公关策划人员高尚的品德主要体现在下述三个方面。

（1）自知之明的美德。自知之明的实质在于每个人都能正确地认识和估价自己。既知己短，又明己长。根据主客观条件和各方面的具体情况，扬长避短，发挥优势，使自己永远保持竞技状态，以最大限度地显示自己的社会价值。公关策划需要解放思想，既要遵循一般规律，又要打破常规，勇于探索。而探索离不开每个人能量的发挥，只有敢于正视自己，表现自己，扬长避短，才能使公关策划面对实际，从而富有成效。

（2）公正廉洁的美德。公正，就是要求公关策划人员在策划公关时要公道正派，坚持原则，不徇私情。公关人员是组织和社会的中介人，如果只考虑个人或本组织的利益，这是一种不适当的颠倒。例如在公关推销策划中，采取不公正的态度，其产生的影响和造成的损失将是严重的。

廉洁，就是不谋私利，不见利忘义。廉洁奉公在目前公关人员包括公关策划人员中占有重要地位。社会主义道德所反对的是一切损人利己，损公肥私，金钱至上，以权谋私，欺诈勒索的思想行为。一个公关人员只有廉洁，才能赢得组织的良好形象；只有廉洁，才能在公关策划中发挥自己的胆识和才能；只有廉洁，才能勇敢地同各种形式的不正之风作斗争。

（3）豁达大度的美德。策划方案的优劣，不在于自己对策划系统主观的问题提出了多少解决的办法，而是在于策划者是否具备"豁达大度"这一重要素质。我们知道，个人的智慧再大也是有限的。深明此理的策划者要想公关活动卓有成效，必须豁达大度。豁达大度不仅是策划者获得智慧的重要手段，同时也是策划者具有智慧的一种表现形式。俗话说，"宰相腹中能撑船"，就是说策划者宽广的胸怀能容纳四海之士，虚怀若谷，谦虚谨慎，恭以待人。容纳四海之士就能划进智慧的海洋，凭借智慧的海洋，"航船，就能鹏程万里。"公关策划者只有具备豁达大度的美德，才能集思广益，兼听则明，才能制订正确的适应各种条件变化的公关决策，最快最佳地实现组织的公关目标和整体目标。

二、公关策划人员的心理素质

公关活动具有多样性、复杂性和高度创造性等特点，公关策划者要承受比一般人更为沉重的心理压力。因此，一位称职的公关策划人员要胜任自己的工作，没有良好的心理素质是根本不行的。

人的心理素质主要是在后天的实践中逐渐形成的。先天素质的差异虽然对形成一个人的心理素质有一定的影响，但并不是决定性因素。因此，策划者可以通过实践活动和自身努力，来完善自己的心理品质。公关策划者应具备的心理素质，主要有以下两个方面。

1. 良好的认识素质

公关策划者的认识素质是指观察、注意、记忆、想象等能力的综合。

（1）观察力。人的知觉可以分为有意知觉和无意知觉。观察是有意知觉的最高形式，是一种有目的、有计划、有组织的知觉。有意知觉的能力称为观察力。观察力的好坏直接影响人们对客观事物认识的范围和程度。公关策划者的良好观察力主要有如下基本特征：①观察的客观性。即在观察过程中，要克服各种因素造成的错觉，正确反映客观事物的本来面目。②观察的全面性。任何事物都与其他事物有着千丝万缕的联系，任何事物都有它的过去、现在和未来。因此，策划者观察事物时，就应该从各个方面进行全面考虑。③观察的敏锐性。即在观察事物时，善于抓住那些稍纵即逝而又不易察觉的现象。观察力的培养与锻炼，要依赖于强烈的观察意志和正确的观察方法，有顺序、有系统、不间断地进行观察。

（2）注意力。注意是指在特定时间心理活动有选择地指向一定的对象而抛开其他对象的现象。如某人专心地观看一场精彩的足球比赛，而旁若无人，这就是注意现象。注意可分为随意注意和不随意注意。注意力就是人们随意注意的能力，即按预定目标在特定时间把心理活动指向特定对象的能力。公关策划者为了适应复杂多变的公关活动，需要具有良好的注意力。良好的注意力表现在以下方面：第一，稳定性。即能把注意力始终不渝地集中在主要问题上，不分散精力，不会东抓一把、西抓一把。第二，广阔性。即在同时间内把握对象的数量多、范围广。第三，转移性。即能根据新的要求，迅速将注意力转移到新的对象上。注意力的培养，主要靠加强意志锻炼，善于忘却过去，把该忘记的一律忘记。

（3）记忆力。记忆是过去经历过的事物在头脑中的重新反映。它包括识记、保持、重现、再认识四个基本环节。衡量一个策划者的记忆能力如何，主要就是看其识记是否敏捷，保持是否持久，能否迅速回忆和再认识所需的东西，以及记忆的内容是否准确。

2. 公关策划人员的性格

性格是一个人表现在态度和行为上的比较稳定的心理特征和行为方式，心理学将人的性格分为三类：

（1）理智型。用理智来衡量一切并支配行为。理智的性格特征在其性格上占据优势。具体表现在感知方面有主动观察型和被动观察型、详细分析型和概括型、快速型和精确型。

（2）意志型。这类性格的人，具有明确的目标，行为主动，表现出较强的目的性、独立性、主动性、组织纪律性；有较强的自制力、恒心；在处理问题时比较镇定、果断；具有顽强、勇敢的精神。

（3）情绪型。情绪体验深刻，行为举止主要受情绪变化的影响，表现出情绪强度较大，很容易受情绪的感染支配，意志对行为较难控制，情绪波动较大，持续时间不长。人的性格亦无好坏之分。一名优秀的公关策划人员应具有良好的态度体系，它包括对社会具有责任感、对集体有集体感、对他人有同情心，为人正直、诚实，对待工作有认真细致的态度和勇于创新的精神，对待自己有谦虚谨慎的态度和充满自信等。

三、公关策划人员的业务素质

公关策划人员的业务素质可以分为两大类，即：知识素质和能力素质。知识素质包括自然科学、社会科学的基础知识和公关专业知识等，公关策划人员的知识面太窄就很难适应工作的需要；能力素质主要包括决策能力、创新能力、应变能力及社交能力、表达能力等。知识素质与能力素质既有联系又有区别。知识丰富有可能转化为较强的能力，但知识并不能简单地等同于能力，知识可以靠传授而获得，而能力却一定要靠直接的实践才能形成。因此，能力比知识具有更强的实践性。

【案例分析】

麦当劳——3·15危机公关借鉴

我们看到太多在3·15晚会被曝光之后翻船的企业，2010年的3·15典型案例麦当劳，却是险中求生，很巧妙地化解一场在其他企业眼中实为难熬的危机。因为，在麦当劳被曝光的第二天，虽然国家相关部门已经约见麦当劳相关负责人，并对各个店面展开了前所未有的检查与检验，并发出整改通知，但是从麦当劳入店的消费人群来看，依然是"人满为患"。是消费者忽视了自身的消费安全权益，还是麦当劳被媒体小题大做：从市场的反映来看，显然是麦当劳胜利了。麦当劳并没有因此而陷入"翻船"境地，反而因央视的免费广告又火了一把。化险为夷，还占尽好处，这是国内众多企业需要学习的有效公关策略。麦当劳处理危机的具体做法有三步：

第一步：速度制胜，利用最新传播方式，及时向公众公开道歉并向相关监督部门表示感谢，诚意十足。麦当劳在央视曝光后的1小时，即用微博形式发出第一条官方声明，对曝光事件进行正面对待，并阐明自己观点。这是危机公关速度上的胜利。在国内多数企业都采取找关系、拖时间来解决危机问题时，麦当劳的速度是显而易见的，通过及时的传播和快速的反应，来反映企业对事件的重视程度，来表达企业的态度，显然比任何找关系、拖时间的危机公关都有效。

第二步：决策制胜，及时向外界表明企业对事件的处理态度及行动措施。在被央视曝光之后，麦当劳能够就事件形式作出快速决策，这是体现企业管理团队工作效率的一个重要方面。微博致歉与关闭问题店，显然是连贯性的措施，让问题瞬间消失，让消费者看不到所谓的问题，是巧妙的公关手段。微博致歉是正视问题，关闭问题店是解决问题，让这个被曝光的事实，在极短的时间内消失，让消费者善于遗忘的大脑，产生不了记忆，那么，这就给借此想制造事端的媒体或者其他舆论机构一个很好的回避。

第三步：感情制胜，争取更多基础消费者的同情心，让个案永远是个案。出了问题并不可怕，可怕的是企业在面对问题时，还依然狡辩或者顾左右而言他，绕开消费者需要正视的问题，这样无疑会让大多数消费者寒心。麦当劳在这次堪称重大的事件面前，既没有新闻发布会，也没有过多的言论反驳，而是精准的微博致歉，让更多的粉丝和受众，看到其真诚的一面，将一个事件交给消费者去认识、去评判。通过消费者对麦当劳的长期认识，感染更多终端去客观认识一个品牌的是与非，通过博得消费者的同情，去传播更多的理解与谅解。

根据上述案例，试分析：

1. 你认为麦当劳处理危机时运用的公关策略哪些方面值得借鉴？
2. 请举一个利用公关策略处理企业危机的案例。

【本章小结】

● 制定公关策略需要了解社会政治、经济、文化等环境因素的特点以及以发展趋势作为背景参考。

● 为了保证公共关系目标以及组织发展目标的顺利实现，组织的总体公共关系战略和具体的实务运作必须经过事先的周密策划。

● 公关策划对企业起着很大的作用，公共关系策划可以保证公共关系战略和实务运作的目的性、计划性以及有效性。

【思辨题】

　　1. 确立公关目标应该遵循哪些原则?

　　2. 学习公关策划的现实意义有哪些?

　　3. 公关策划人员应该怎样做?

‖第九章‖
广告策划

【教学目标】

通过本章学习，了解企业广告策划的基本步骤，明确广告策划依据的原则，掌握广告创意策划的内涵，学会企业广告策划的媒体选择。

【教学要求】

知识要点	能力要求	相关知识
广告策划的基本步骤	了解企业广告策划的步骤 把握广告策划各个阶段的步骤	企业广告的作用及制作理念 广告策划的概念 广告策划依据的原则
广告创意策划	明确广告创意策划的内涵 掌握企业广告创意策划的方法	广告创意的理念 引进广告创意策划的缘由
广告策划的媒体选择	了解企业广告策划的媒介种类 掌握企业广告策划的媒体选择的方法 明确通过媒体选择带来最大收益	广告策划的媒体简介

【开篇阅读】

雀巢速溶咖啡广告的成功

当年速溶咖啡投放市场时，家庭主妇们纷纷抱怨速溶咖啡味道不好，不像真正的咖啡。但在随后的蒙眼试饮的实验中，这些家庭主妇并不能分辨出速溶咖啡和新鲜咖啡的区别。显而易见，是消费心理使她们产生了抵触。后来，调查人员设计出两张内容几乎完全相同的购货单，要求参加测试的人员分别推测购物单主人的社会特征和个人特征。参加测试的人员的判断呈现出显著的差别：看到速溶咖啡购物单的测试者中，有相当高比例的人认为购物单主人必然是一个"懒惰、浪费、安排不好家庭计划的妻子"；而看到普通咖啡购物单的测试者则认为，购物单主人必然是一个"勤俭、有家庭观念和喜欢烹调的人"。显然测试者把自己对购买速溶咖啡的忧虑和不良印象通过虚构的形象反映出来。速溶咖啡公司迅速开展一个针对性的广告宣传活动来改变人们的不良印象。广告设计人员将广告主题由原来的"又快又方便"转为"质地醇厚"；广告画面的视觉中心是一杯热气腾腾的美味咖啡，它的背景是一颗颗粒粒饱满的褐色咖啡豆；再配之以"味道好极了"的广告语。由于有了准确的重新定位、极富视觉冲击力的广告画面以及诱人的广告语，使产品迅速打开了新的饮料市场。

案例讨论：

1. 根据上述案例，谈一谈广告是什么，有什么作用？
2. 根据上述案例，谈谈我们怎样才能做一次成功的广告。

第一节 广告概述

一、广告的概念

当今社会，随着市场经济的不断发展和市场竞争的日益激烈，广告在现代企业创造利润中成为不可忽视的手段和工具。广告是创造信息和传播信息的活动，企业通过各种媒介来传播自己的商品或劳务信息，唤起受众的注意和欲望，影响受众的购买行为，促进商品或劳务的销售。广告既是一门具有高度综合性的学科，同时也是一门具有巨大商业价值的艺术。

事实上，现代广告的含义有广义和狭义之分。广义广告泛指一切形式的旨在沟通信息、促进认知的传播活动，包括商业广告和非商业广告。商业广告广泛应用于企业经营活动中，是传统广告学研究的主要对象，旨在通过传播活动促进企业销售，非商业广告不以盈利为目的，主要来源于政府、个人、社会团体的公告、启示、声明等。而狭义广告又称经济广告，即商业广告。

综上所述，可将广告的定义概括为：通过一定的媒体，支付一定的费用，有计划地采取科学提炼和艺术加工手段，在一定的时空环境下，向目标公众传递商品、劳务、观念或自身形象信息，以实现特定传播目标的、公开的、非面对面的信息传播活动。

二、广告的构成要素

广告主要由广告主体、广告信息、广告媒体、广告受众四个基本要素构成。广告活动是广告主体、广告媒体、广告受众之间的广告信息闭合流动过程（如图9-1所示）。广告的四个基本要素互为条件，缺一不可，构成一个有机整体。

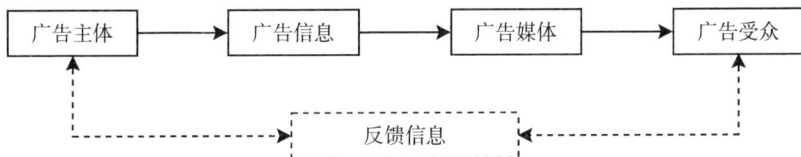

图9-1　广告活动的闭合环

1. 广告主体

广告主体是指为推销商品或者提供服务，自行或者委托他人设计、制作、发布广告的法人或其他经济组织或者个人。

2. 广告信息

广告信息是广告主体在广告活动中要传播的内容，也称广告客体。一般而言，广告信息来源十分广泛，涉及社会、经济、政治、文化、地理、日常生活以及各类组织等诸多方面的信息。

3. 广告媒体

广告媒体是指传递广告信息的媒体或工具。随着技术进步和市场经济的发展，广告媒体种类也越来越多，一般广告媒体分为六大类：印刷媒体、电子媒体、邮寄媒体、户外媒体、展示媒体、其他媒体等。

4. 广告受众

广告受众是广告信息传播的对象、广告信息的接受者。广告受众是整个广告活动的中心,广告的选择特性决定了其要根据广告目标的要求,来确定广告活动特定的诉求对象,成功的广告能吸引广告受众的注意,调动他们的购买欲望,把他们由被动的宣传对象变成主动的购买者。

三、广告的功能

1. 传播功能

信息传播是广告的最基本功能,当前我们已经进入一个前所未有的信息时代,信息已经成为一种重要资源。大到一个国家,小到一个企业,都离不开信息。广告作为信息的重要传播方式和途径,对企业来说是其发布和了解信息的渠道;对于消费者来说,则是获取企业、商品和劳务信息的重要途径。

对于商业广告而言,告知与劝服是广告信息传播的基本目的与任务,体现在广告传播中,促成了广告的基本传播功能:

(1)促进功能——加强消费者现有的需求和欲望;

(2)劝服功能——劝服消费者改变认识和态度;

(3)增加功能——保证消费者的购买决策的功能,有助于消费者对购买行为的肯定;

(4)提示功能——触发消费者的习惯性购买行为。

2. 经济功能

商业广告得以产生并发展的直接原因,是其为经济、商业或者说市场带来的经济效益。市场营销理论认为,广告是企业促销活动、实现与消费者沟通的重要方式。因此,广告的经济功能直接体现在促销活动以及实现与消费者沟通的环节上,表现在:

(1)沟通产销,刺激需求。广告为社会和公众提供商品和劳务信息,把生产与消费、供应与需求有机地连接起来,密切了产需之间的联系,沟通了产销,缩短了生产者与消费者在时间、空间上的距离。同时,在沟通的基础上,广告通过对消费者的消费兴趣与欲求进行不断刺激，引起购买行为。广告不仅是一般性地起到介绍商品的作用，更重要的还在于针对消费者的兴趣和欲求去进行"大剂量"的频繁、反复的刺激，以引起购买的倾向。这种创造欲求的刺激，有助于创新流行、促进消费者的消费习惯形成、吸引新的消费者群体。

（2）加速流通，扩大销售。在日益激烈的市场竞争环境下，一个企业不仅要生产出好的商品，还必须让好产品顺利地销售出去，并且不断扩大市场。这其中，广告扮演着重要角色。国外许多企业案例都很好地说明了这一点，如英国P&G公司针对多元化品牌和产品策略而辅之的广告策略，单就广告开支就占到销售额的30%，保证了这些品牌和产品先后在市场上获得预期的成功。而著名的食品企业美国马斯公司的案例则从相反方面很好地认证了这一点。马斯公司的烧豆、番茄汤罐头和宠物食品罐头一直受到消费者的青睐，一段时期公司的猫食罐头 Kit-E-Kat 比其他罐头卖得好。马斯自认为这个产品无懈可击，进而怀疑一年300万美元的广告支出是否必要，于是做出停止广告的大胆决定，结果猫食罐头的销售一落千丈，先是低于本公司其他罐头的销售额，再往后又低于其他公司的宠物食品罐头，不到一年，它几乎被市场遗落到了濒临亏本的境地。此时，公司醒悟后下令恢复广告支出，但恢复市场地位所需的代价比维护市场地位要高得多。当然，广告的扩销功能也不可盲目夸大，一家企业的生存和发展是由多种因素决定的，广告只是其中的一个因素，而非唯一因素，对此必须有正确的认识。

（3）引导消费，便利购买。对于消费者来说，广告具有引导消费、便利购买的功能。首先，广告能够说服消费者，接受其诉求劝说，同情、理解、信服、接受广告中的信息和观点，有助于消费者转变对于广告商品的认知以及提高认知程度，并按照它的劝导指引其行为。如一些广告把商品的性能、成分、功效、特点、用途，甚至包括副作用等，都做了较详细的宣传，消费者便可以从广告宣传中认识该商品，从而根据自身需要决定是否购买。其次，广告能够为消费者提供购物便利。一般商业广告中对本企业开展销售活动的宣传，对产品新花色、新款式、新品种、新特点的宣传，对销售地点、时间、方式等的宣传，可以为顾客选购商品提供很大的便利，节省时间，提高效率。

（4）树立企业形象，塑造品牌形象。企业通过广告可以告知消费者自身的经营理念、价值观、规模、发展战略、业绩等情况，从而树立良好的企业形象；也可以告知消费者其所生产经营产品的特色、质量、价格、服务等情况，从而扩大产品知名度和美誉度，塑造企业的品牌形象。综观国内外名牌产品都与成功的广告宣传分不开，万宝路的成功与李奥·贝纳广告公司设计和宣传的牛仔形象分不开，哈撒韦衬衫的成功与大卫·奥格威为其设计的戴眼罩男人的独特形象分不开等，不胜枚举。

第二节　广告策划

一、广告策划的概念

广告策划经过数十年的发展，伴随着解决市场竞争中出现的不同问题，其含义也历经了不同的变化，出现了狭义和广义之分。狭义的理解是把广告策划看成是整个广告活动中的一个环节，在某种特定的条件下将广告活动方案进行排列组合和计划安排，以广告策划方案或策划书的编写为终结。广义的观点认为广告策划是从广告角度对企业市场营销管理进行系统整合和策划的全过程，从市场调查开始，根据消费者需要对企业产品设计进行指导，对生产过程进行协调，并通过广告促进销售，实现既定传播任务。现代意义的广告策划基本上以广义为共识，把广告策划看作是以企业营销组合为基础，对企业广告活动进行的规划、决策、组织和协调。具体来说，就是根据广告主的营销策略，按照一定的程序对广告活动的总体战略进行前瞻性规划的活动。它以科学、客观的市场调查为基础，以富于创造性和效益性的定位策略、诉求策略、表现策略、媒介策略为核心内容，以具可操作性的广告策划文本为直接结果，以广告活动的效果调查为终结，追求广告活动进程的合理化和广告效果的最大化。它是广告公司内部业务运作的一个重要环节，是现代广告运作科学化、规范化的重要标志之一。

广告策划的内涵主要有以下六个方面：①广告策划的基础：周密的市场调查；②广告策划的依据：广告主的营销策略；③广告策划的规范性：广告策划有特定的程序，需合理布局，不能随心所欲；④广告策划的核心内容：广告的诉求策略、定位策略和媒介策略；⑤广告策划的结果：以文本的方式来体现，即广告策划书；⑥广告策划的目的：追求广告进程的合理化和广告效果的最大化。

综上所述，所谓广告策划，就是对广告整体战略与具体策略的运筹规划。它按照一定程序，以广告主的营销策略为依据，通过周密的市场调查，对广告策略

的实施与广告效果的检验进行预先考虑与设想，最终形成广告策划文本，以追求
广告活动进程的合理化和广告效果的最大化。

二、广告策划的特性

广告策划作为广告公司运作业务的战略性统筹谋划，具有以下不同于一般计
划的特殊性：

1. 战略性

广告策划是从广告角度对企业市场营销管理进行系统整合和策划的全过程。
因而它要配合企业的整体营销进行战略层面上的运筹，眼界应高远、宽广，其作
用具有原则指向性、抗衡协同性。

2. 全局性

广告策划对于未来的广告计划、广告执行具有统领指导作用，因而它必须是
既要向前看，又要向后看，既要有前瞻性，又要有全局性。广告策划者在策划时
必须尽量全面地考虑到一切因素，包括常规的和突发的，在脑海里要时刻装着整
体的概念，这样的策划才不会轻易地被外界因素所干扰。

3. 策略性

广告策划的灵魂和核心是战略指导思想、基本原则和方向的确立，是决定
"做什么"的问题。但一旦战略确定，就要有与此相匹配的可操作性的、巧妙的
战术和方法，就要同时制定出关于"如何做"的一系列策略，例如广告表现策
略、广告媒体策略等。

4. 动态性

广告策划要适应变化多端的未来环境和条件，应该是富于弹性的、动态和变
化的。广告策划伴随着整个广告活动全过程，包括事前谋划、事中指导、事后监
测，因而是周而复始、循环调整的。在整个广告活动过程中都有相应的阶段性策
划工作重点，应该把策划作为广告活动的调控器来运用。

5. 创新性

广告策划活动是一项创造性思维活动。创造性是广告策划的关键和保证，从别人的所有特点中找出空隙的能力，具有找出别人所没有做过事情的功能，具体表现为广告定位、广告语言、广告表现、广告媒体等各个方面。

三、广告策划的类型

广告策划的类型可大体分为商业广告策划和非商业广告策划。商业广告策划可以分为：

1. 为不同目的而进行的广告策划

（1）促销广告策划。促销广告策划的目的是直接为了促进商品的销售，时间短、见效快、集中投入较多的广告费用，使广告促销效果最大化。促销广告策划建立在对广告主的直接目的和基本情况了解的基础上，在促销广告策划中最重要的是一定要设定明确的量化目标，使广告能按照销售量进行策划，同时也有了一个准确的检验标准。

（2）形象广告策划。形象广告策划的目的是树立企业或产品的形象，增强消费者对它的信任度。形象广告策划通过持续稳定的广告费用投入，对广告主经营理念的深入了解，运用较长时间的广告效果积累，逐渐使企业或产品形象被消费者所认知，并获得好感，从而产生购买欲望，直至做出购买行为。形象广告策划很难有一个可以量化的标准。

（3）观念广告策划。观念广告策划的目的是传达观念，说服消费者认同自己的观点。观念广告策划通过持续稳定的广告费用投入，对产品所代表的消费观念的深入了解，运用较长时间的广告累积，逐渐使消费者接受广告所要传达的观念。观念广告策划同样很难有一个可以量化的标准。

（4）解决问题广告策划。解决问题广告策划的目的是直接解决紧迫问题，时间短、见效快、集中投入较多的广告费用，使广告问题得到顺利解决。解决问题广告策划建立在对广告主要面临的问题和广告主的基本情况了解的基础上，在解决问题广告策划中要设定直接的或间接的目标。

2. 针对不同对象的广告策划

根据对象的不同，广告策划可以分为以消费者为对象的广告策划和以经销商为对象的广告策划。它们的区别主要体现在以下几点：

（1）以消费者为对象的广告策划注重产品优势的宣传和对消费者使用产品能够获得的利益的承诺；以经销商为对象的广告策划注重产品市场前景和获利可能的承诺。

（2）以消费者为对象的广告策划比较注重声势；以经销商为对象的广告策划更注重信息传播渠道的选择。

（3）以消费者为对象的广告策划通常采用大众媒介来进行；以经销商为对象的广告策划常常采用分众媒介来进行。

四、广告策划的作用

广告策划的作用主要表现在以下三个方面：

1. 使广告目标明确

目标正确与否决定着广告效果的好坏，甚至决定一个企业的生死存亡。因此，广告策划中广告目标的确定至关重要。

2. 使广告要素整体连贯

广告策划是由各要素所构成的完整的运动体系，缺少任何一个要素，这个系统就不成立。各要素之间具有内在的有机联系，各要素协调配合才能完成广告策划的整体运作。

3. 使各环节有条不紊

广告策划的过程具有内在的规律，规律贯穿于广告策划的全过程，随意跳过某个环节，必会牵一发而动全身，影响整体广告策划工作的进行，甚至失败。

五、广告策划的原则

因为广告策划有其自身的内在规律性，因此要遵循一定的原则。广告策划的原则是策划工作的行为规范，又是每个广告人在广告创意、制作、广告效果测定中应遵守的准则，其目的是确保广告目标的有效实现。广告策划原则不是凭空臆想的，而是来源于对广告实践经验的归纳。

1. 系统原则

系统是普遍存在的。所谓系统，简单地说就是相互作用的若干元素的复合体。而系统理论的基本思想是整体性、综合性。其中，整体效应是系统理论最重要的观点。按照系统理论原理，在广告策划中仅仅重视各个单元、各个要素的作用是不够的，应该把重点放在整体效益上，放在策划对象的系统上。运用系统理论研究广告策划，就要对广告策划的过程进行系统分析。一个系统化的策划过程包括：调查研究、目标定位、理念设计、资源整合、运作切入、形象塑造、文化底蕴、政治糅合，还有实战操作、过程监督、微调修正、总结提高等。

在广告策划过程中的系统原则，要求把握好如下三个方面：

第一，广告策划的目的性。每个系统都应有明确的目的，不同的系统有不同的目的，应针对不同系统的不同目的，进行不同的广告决策与计划。目的不明确，或者混淆了不同的目的，必然导致广告策划全过程的混乱。应当看到，一个系统通常只有一个中心目的。否则，众多目的相互干扰，就无法优化。广告策划工作要围绕一个中心目的展开，才符合系统原则。

第二，广告策划的整体性。在社会经济生活中，局部与整体的利益并不总是一致的，从局部看有利的事，从总体看并不一定有利。因此，广告策划必须有全局观点，必须统筹规划、全面安排。

第三，广告策划的层次性。任何复杂系统都有一定的层次结构。系统之间的运动能否有效及效率的高低，很大程度上取决于能否分清层次。广告策划系统也是分层次的，各层应做各层的事，这才是有效的广告策划。

2. 战略至上原则

策划最讲究的是战略，目前的广告、营销等，主要涉及功能和战术的层面。

如果将战略和战术完美结合将是无往不胜的。在战略方向没有确定之前，任何战术都无所谓好坏。正如一句英国谚语所说：对于一艘盲目航行的船来说，任何方向的风都是逆风。

3. 创新原则

克隆的价值是有限的。策划贵在创新，只有创新才能保持竞争优势。创新原则要求在广告创意、设计、制作过程中要善于创造，善于标新立异，避免一个模式、一种手法，更要避免盲目模仿。只有创新，广告才能有吸引力，才能给受众留下深刻的印象，并影响其购买行为。

4. 动态原则

所谓动态原则，就是根据系统总是处于运动、变化的特性，在动态过程中做好广告策划工作的一项原则。任何系统不但受到自身条件的影响和制约，还要受到与之有关联的其他系统的影响和制约，如国家政策、产业形势、竞争状况等。广告策划活动处在一定的市场环境条件下，其本身随着市场、产品、消费者、竞争者的变化而变化。因此，在广告策划中，广告计划、广告目标、广告创意、广告预算等不是绝对一成不变的，而应当考虑可能出现的变化，使广告策划保持一定的弹性。

5. 效益原则

广告活动作为一种经济活动，具有一切经济活动所共有的投入产出的特点，要讲究实际效益。不讲效益的广告活动是不存在的。这里说的广告效益包括广告的经济效益、社会效益和心理效益。效益性是广告策划艺术与其他艺术的重要区别，也是衡量广告策划成功与否的重要标准之一。

美国广告大师克劳德·霍普金斯（Claude C.Hopkins）与大卫·奥格威（David Ogilvy）在强调广告促进销售量这点上是一致的，他们曾经对不注重效益的广告行为进行批评："广告创作者忘记了他们自己是推销人，而竭力要成为表演者，他们寻求的不是销售量，而是掌声和喝彩。"

6. 真实原则

广告策划的真实性，主要是指它的信息和文稿内容要真实准确，不要浮夸、伪造，这是广告策划的基本原则。

真实是广告的生命。用广告的真实内容去再现产品的真实作用，就能让受众对所宣传的产品产生信任感，从而使受众产生消费愿望。相反，如果一支广告脱离了它的真实性，一味夸大其词地鼓吹该产品如何好，即使增加了一时的销售量，但最终也不会形成忠诚的消费群。真实在很大程度上决定着受众是否能得到真实、准确的信息，能否产生符合真实状态的对应情绪，能否产生正确的消费意向，更何况有些广告当时就让人难以置信，如某药厂做了一则药品广告，画面上是一个人拿着锤子、凿子正在敲击人的牙齿。这时，画外音响起："某某药能治疗各种疼痛。"言外之意，因故意伤害造成的疼痛也能治疗。虽然在表现手法上进行了大胆的创意，但过度的夸张使该广告的宣传效果大打折扣。因此只有符合真实性原则的广告才是符合"以人为本"的广告理念的。目前受众对广告的怀疑、不信任心态，就是许多虚假广告造成的恶果。广告活动如果失去了受众的信任，广告本身也就成了毫无意义的行为了。

虚假的广告要把自己煞费苦心地伪装起来，其带来的恶果，只能是搬起石头砸自己的脚。这种事例确实也不少。

【案例赏析】

成也广告，败也广告

曾经独领风骚、出尽风头的"蒙妮坦奇妙换肤霜"，在进入北京市场前，曾在广州、上海等城市风靡一时，靠的是广告策划的火爆的宣传用语："一次使用，更换老化皮肤"，"八次使用，彻底换个模样"，"无任何副作用，有效率达100%"。连著名演员胡慧中也被请来做广告，她声称："我用我的人格保证，蒙妮坦产品是一流的。"颇具诱惑力的广告词，使每个购买者都抱着"旧貌换新颜"的希冀，不但使俊男靓女趋之若鹜，甚至令不少白发苍苍的老人也怦然心动。但是不久，北京消费者协会就收到投诉信件和投诉电话，也有人当面反映，"换肤"的结果，使一部分皮肤易过敏的消费者，真的"换了皮肤"。皮肤受伤害较重的消费者诉诸法庭，最后，以"蒙妮坦"赔偿损失600多万元了结此案，北京市工商局不得不正式下文暂停该换肤霜的广告宣传。文件指出，该换肤霜广告宣传中存在不实之处。这也是1993

年"十大"虚假广告之一。柜台前曾人头攒动的"蒙妮坦"，最后落得"门前冷落鞍马稀"的下场。

课堂讨论：

谈谈虚假广告的危害。

六、广告策划的主要内容

广告策划要对整个广告活动进行全面的策划，其内容千头万绪，主要包括市场分析、确定广告目标、广告定位、广告创意表现、广告媒介选择和规划、广告预算、广告实施计划以及广告效果评估与监控等内容的策划。这些内容彼此间联系密切，相互影响又相互制约。虽然在这里我们暂时分别论述，但在后面的内容中，要将它们像珍珠一样串起来，形成一条项链，使广告活动顺利进行。

1. 市场分析

市场分析是广告策划和创意的基础，也是必不可少的第一步。广告市场分析基于市场调查，通过一系列的定量分析和定性分析得出广告主和竞争对手及其产品在市场中的地位，为后续的策划工作提供依据。市场调查主要是以产品营销活动为中心展开的，围绕着市场供求关系来进行。市场分析的主要内容包括营销环境分析、企业经营情况分析、产品分析、市场竞争性分析以及消费者分析，通过深入细致的调查分析，了解市场信息，把握市场动态，研究消费者的需求方向和心理偏好，并且明确广告主及其产品在人们心目中的实际地位和形象。

2. 确定广告目标

广告目标是指广告活动要达到的目的，而且这样的目标必须是可以测量的，否则就失去了意义。具体而言，要回答这样的问题：

（1）广告活动后，企业或产品的知名度及美誉度提高的百分比；

（2）市场占有率提高的百分比及销售额或销售量提高的百分比；

（3）消费者对企业或产品态度或评价转变的情况。

但是，营销活动和其他活动有千丝万缕的关系，广告目标仅属于营销目标的一部分，有时销售额的增长很难说明是广告的作用，还涉及产品、渠道等问题。因而，广告目标的确立要有明确的衡量指标，既要有实际性，又要有可操作性。

3. 广告定位

20世纪80年代，美国的艾尔·里斯（AL Reis）和杰克·特劳特（Jack Trout）创立了定位学说，从此揭开了广告乃至营销史上新的篇章。定位的核心理念就是寻找消费者心中的阶梯，是站在消费者的角度，重新对产品定位，是将产品定位和确立消费者合二为一，而不是将它们彼此分离。在对消费群体进行细分的基础上确立目标消费者，然后在这群消费者的心智中寻求还未被占用的空间，再将产品的信息削尖了，钻进这个未被其他品牌或产品使用的空间，牢牢地占稳消费者的心智。广告定位就是要在目标消费者心中寻找产品的最有利于接受的信息。

4. 广告创意表现

这一部分内容是要将广告策划人头脑中的东西从无形转为有形的阶段，也是广告策划的重点。首先是广告主题的确立，即明确说明要表达的重点和中心思想。广告主题由产品信息和消费者心理构成，信息个性是广告主题的基础与依据，消费者是广告主题的角色和组成，消费心理是广告主题的灵魂和生命。只有使两者合二为一的主题才能打动消费者，在此基础上，进行广告创意，并将创意表现出来。广告创意是个极其复杂的创造性思维活动过程，其作用是要把广告主题生动形象地表现出来，它的确定也是广告表现的重要环节。广告表现是决策进入实施的阶段，即广告的设计制作。广告表现直接关系到广告作品的优劣。

5. 广告媒介选择和规划

媒介策划是针对既定的广告目标，在一定的预算约束条件下利用各种媒体的选择、组合和发布策略，把广告信息有效地传达到市场目标受众而进行的策划和安排。广告活动最基本的功能即广告信息的传送。选择广告信息传递的媒介，是广告运作中最重要的环节之一，也是广告媒介策略需要解决的问题。广告活动是有偿的传播活动，它需要付出费用，而广告预算是有限的。因此，要在有限的费用里，得到比较理想的传播效益，如何运用好广告媒介便是一个关键问题。广告媒介策略主要包括媒体的选择、广告发布日程和方式的确定等内容。

6. 广告预算

广告是一种付费活动，广告界盛传："花的广告费一半浪费掉了，但却不知道是哪一半。"如果不对广告活动进行科学合理的预算，浪费的将不只是一半的广告费。广告预算就是广告公司对广告活动所需费用的计划和预算，它规定在一定的广告时期内，从事广告活动所需的经费总额、使用范围和使用方法。准确地编制广告预算是广告策划的重要内容之一，是企业广告活动得以顺利开展的保证。广告预算的制定会受到各方面因素的制约，如产品生命周期、竞争对手、广告媒介和发布频率以及产品的可替代性等。

7. 广告实施计划

广告实施计划是广告策划在上述各主要内容的基础上，为广告活动的顺利实施而制定的具体措施和手段。一项周密的广告策划，对广告实施的每一步骤、每一层次、每一项宣传，都规定了具体的实施办法。其内容主要包括：广告应在什么时间、什么地点发布出去，发布的频率如何，广告推出应采取什么样的方式，广告活动如何与企业整体促销策略相配合等。其中，较为重要的是广告时间的选择和广告区域的选择，这两者都与媒介发布有着密切关系，可以说是媒介策略的具体化。

8. 广告效果评估与监控

广告发布出去之后，有没有达到广告的目的或有没有产生对其他方面的影响，就要对广告效果进行全面的评估。为了增加广告的有效性，还要在广告活动中，甚至广告活动前，进行广告效果的监控和评估。通过广告效果的评估，可以了解到消费者对整个广告活动的反应，对广告主题是否突出、诉求是否准确有效以及媒体组合是否合理等作出科学判断，从而使有关当事人对广告效果做到心中有数。广告效果的评估和监控不能仅仅局限在销售效果上，而传播效果作为广告效果的核心应该受到重视。此外，广告还会对整个社会的文化、道德、伦理等方面造成影响。

9. 整合营销传播

随着整合营销传播的作用越来越受到营销和广告人士的认同，广告主为了能在媒体环境中追求产品的统一声音，希望广告公司同时能承担起整合的传播功能。因而对于现代广告公司逐步向整合传播公司转型，在承担原先的工作任务的同时，强调将其他的传播方法，如人员推销、直销营销、公共关系、销售促进等与广告结合，产生协同作用。

七、广告策划的程序

前面所述是对广告策划的各个内容的简要概括，实际上广告策划是一种运动的状态，遵照一定的步骤和程序进行运作的系统工程。

1. 整体安排和规划阶段

（1）成立广告策划专业组。广告策划工作需要集合各方面的专业人士进行集体决策。因此，首先要成立一个广告策划专业组，具体负责广告策划工作。一般而言，策划专业组应主要包括：策划创意人员、设计制作人员、媒介公关人员以及市场调查人员。这些人员通常由一个策划总监或主管之类的负责人统领。

（2）规定任务和人员安排，设定各项时间进程。这是对策划前期工作的落实。

2. 调查研究阶段

（1）市场调查、搜集信息和相关材料。立足于与消费者的良好沟通，有选择地汲取营销调查的相关成果。或者通过直接调查获得第一手资料，或者通过其他间接途径搜集有关信息，最大限度地掌握相关材料。

（2）研究和分析相关资料。对所得的材料进行整理、归类，剔除多余信息，将有用信息总结分析，制定出真实确凿的数据报告，为进一步制定策略提供依据。

3. 战略规划阶段

战略规划是关系到任何组织生存发展的重要活动，越来越引起人们的广泛重视。做好战略规划是企业高层管理者和广告公司的共同职责，决定着广告活动的前途和命运。

（1）制定广告战略目标。这是广告规划期内广告活动的核心，所有其他有关内容都是围绕这一中心展开的。不同的广告战略目标直接决定着后期广告开展的不同走向。

（2）广告战略选择。根据广告战略目标，勾勒出广告活动的大致轮廓，选择确定广告的定位策略，根据广告定位、广告目标和消费者的心理，提出广告主题，明确广告诉求策略。处于不同生命周期的产品，其广告战略也明显的不同。例如，脑白金的广告活动，市场导入期采取的是高曝光率，追求高知名度的广告战略；而发展期采取稳健、理性说服和多种媒体组合的广告战略。此外，位于不同市场地位的广告主，其广告战略选择也应该有明显的区别。

4. 策略思考阶段

这是整个广告策划的核心运作阶段，也是广告策划的主体。

（1）集中并总结归纳前期调查分析的成果，对调查研究结果做出决定性选择。

（2）以策划、创意人员为中心，结合相关人员对广告战略目标加以分析，进而发展出广告的文案策略和艺术创意以及表现策略，根据产品、市场及广告特征提出合理的媒介组合策略、其他传播策略等。

（3）这个阶段还包括广告时机的把握、广告地域的选择、传播活动的配合以及广告活动的评估标准等。

5. 制定计划和形成文本阶段

这是把策略思想用具体系统的形式加以规范化，把此前属于策略性、思想性的各种意向，以一种详细的展露和限定形式加以确定，以确保策略的实施。

（1）制订计划。将在策略思考阶段形成的意向具体细化，确定广告运作的时间范围和空间范围，制定具体的媒介组合表，明确广告的频率以及把广告的预算经费具体分配到各项事物上。

（2）编制广告策划文本，即策划书。把市场研究成果和策略及操作步骤用文本的形式加以规范表达，便于客户认知及对策划结果予以检核和调整。

6. 实施与总结阶段

（1）计划实施与监控。按照策划书的规划，组织人员进行创作设计、在市场中实施的细节，并对整个过程进行监控和必要的调节。

（2）评估与总结。在广告活动实施中进行评估，并及时地对广告策划做出适度的调整。在整个广告策划运作完毕后，按照既定的目标对广告活动结果加以评估，并对整个工作予以总结。

第三节 广告战略策划

一、广告战略策划的概念与特征

广告战略策划是广告策划的中心环节，是决定广告活动成败的关键。一方面，广告战略是企业营销战略在广告活动中的体现；另一方面，广告战略又是广告策划活动的纲领，它对广告推行程序策划、广告媒体策划、广告创意等具有统率作用和指导意义。

1. 广告战略策划的概念

广告战略是指在一定时期内指导广告活动的带有全局性的宏观谋略。具体说来，广告战略是根据市场分析、产品分析、消费者分析得到的资料，对广告开展的方法、劝说侧重方式和媒介选择总体原则等做出决策。

广告战略策划是指对整个广告活动的指导思想、目的、原则等的宏观运筹与谋划。

2. 广告战略策划的特征

广告战略策划具有以下五个特征：

（1）全局性。广告战略策划要进行宏观的运筹与谋划，会影响企业的未来发展方向，因而具有全局性。一方面，广告战略是企业营销战略的一部分，既要体现企业营销总体构思的战略意图，又要服务于企业的营销战略；另一方面，还要着眼于广告活动的全部环节，即广告战略统筹、广告指导思想、广告重点、广告目标、广告策略、广告创作、广告实施、广告效果评估等广告活动。

（2）指导性。广告战略策划解决的是整体广告策划活动的指导思想与方针的问题，对广告策划的实践性环节提供宏观指导，对各个具体环节具有指导意义，能使广告活动有的放矢，有章可循。

（3）对抗性。广告战略策划要针对主要竞争对手的广告意图，制定出符合实际情况的抗衡对策。作为市场竞争产物的广告活动，在广告战略的确定中，要考虑企业、产品、市场等方面的竞争因素，做出好的广告策划，使自己立于不败之地。

（4）目标性。广告战略策划要解决广告活动中的主要矛盾，保证广告目标的实现。广告战略的目标性体现在企业的营销目标和广告战略目标两个方面。营销目标是在企业战略思想指导下，在战略期内企业全部市场营销活动所要达到的总体要求。广告战略目标是广告活动所要达到的预期目标。没有广告目标或者广告目标不明确，广告战略策划也就失去意义。

（5）稳定性。广告战略是在市场调查的基础上经过分析研究制定的，对整个广告活动具有牵一发而动全身的指导作用，在一定时期内具有相对的稳定性。当然，随着条件和环境的变化，广告战略具有一定的适应性。

【案例赏析】

耐克广告战略策划

耐克的创始人是美国人菲尔·奈特，起初的本意是从日本向美国进口价格低廉的运动鞋，耐克与当时的体育用品霸主阿迪达斯根本无法相提并论，销售量仅是其几十分之一。在耐克公司成立并默默存在了几年之后，到 1984 年中期，耐克和阿迪达斯几乎同时拥有了一项将气垫放入运动鞋内以减轻鞋重的技术，并且他们在同一时间段将这款鞋推向市场，结果这件事成了耐克品牌崛起的转折点。因为耐克进行了广告定位集约，与乔丹签订一份为期五年的合同，邀请乔丹作为其品牌代言人，创造性地把乔丹与气垫鞋结合起来，成为耐克市场战略和整个运动鞋、运动服生产线的核心，不但增加了耐克的品牌魔力，也为耐克公司创造了展示其新技术的最佳途径。同时，耐克在广告传播道路上，集约强势媒体，广告传播更重视效果而不是数量，增加广告投入，将品牌推到众人面前。迈克尔·乔丹既是耐克进行广告集约的工具，也是耐克新的符号标识。一系列的广告集约不仅使耐克新系列的球鞋马上脱销，而且带动了耐克其他运动系列产品销售量的大幅增长。在 1984 年到 1987 年的短短三年时间内，其销售量从不到 100 万美元一路飙升到 2 亿美元。相比之下，阿迪达斯产品的销量并无实质性的突破。自此之后，耐克这一普通的运动品牌跻身于世界知名品牌行列，产品的销售总量超过两个老牌运动知名品牌——阿迪达斯和锐步，确立了全球第一运动品牌的地位。

课堂讨论：

根据上述案例，谈一谈你对广告战略策划的认识。

二、广告战略设计

广告战略设计就是设计众多广告战略方案，并从中选择最能体现广告战略思想、符合广告产品及企业的实际、适应市场营销需要的广告战略方案。

根据广告战略策划的一般经验，可供选择的广告战略主要有以下九种：

1. 从市场角度设计广告战略

（1）目标市场战略。目标市场战略是企业把广告宣传的重点集中在目标市场上的战略。

根据市场学理论，市场本身是一个抽象概念，目标市场是对市场的具体细分，即以消费者为对象，依照消费者的欲望和需求的差异性，把市场划分为若干个消费者群体，每一个消费者群体便是一个细分市场。企业产品最适合群体消费者，这个消费群体便是该产品的"目标市场"。针对目标市场设计的广告战略，便是目标市场战略。

（2）市场渗透广告战略。市场渗透广告战略是一种站稳、巩固原有市场，并采取稳扎稳打的方式，逐渐开辟新市场的广告战略。主要包括两方面内容：

1）尽可能挖掘原有老顾客的购买潜力。稳定原有的消费者，保持老顾客购买老产品的数量。这些消费者对老产品的性能比较了解和信赖，在一定条件下形成了习惯购买行为，要力争让原有的消费者更多地购买原有产品。

2）在稳定原有市场的基础上，利用原有的产品去争取更多的消费者，开辟新的市场。从同行业竞争对手的市场范围内把消费者争取过来。这就要求广告策划人尽可能突出广告产品的独特优势，做好老产品更新与新产品开发的宣传，争取潜在的消费者，把产品卖给新客户，努力使潜在的消费者变为现实的消费者。

一般针对跨地区、跨国经营的商品可考虑采用此种广告战略。一是最大限度地合理使用广告资金；二是利用成熟市场对新市场的号召力，使商品在跨市场间的流动更合理，而且能减少促销成本。

（3）市场开发广告战略。市场开发广告战略，是指在原有的市场基础上，巩固其产品在原有市场的占有率，同时将未改变的原有产品打入新市场的广告战略。这一战略的实质是向市场广泛进军，采取市场开发战略的企业，通常是老产品在原有的市场上趋于饱和状态。例如，日本电器公司在中国的营销战略，就是使日本国内企业已饱和的电器消费市场的产品转向中国市场，开发了中国这一新市场。

2. 从内容角度设计广告战略

（1）企业广告战略。企业广告战略是以提高企业知名度、树立企业形象、宣传企业信誉为主要内容的广告战略。一般来说，企业广告战略的重点不是直接宣传其产品，而是通过对企业的规模、业绩、历史、实力、精神等特点的宣传来提高企业的知名度和美誉度。

（2）产品广告战略。产品广告战略是以推销产品为目的，向消费者提供产品信息，劝说消费者购买其产品的广告战略。一般来说，产品广告战略的重点是宣传该产品独有的特点、功能以及给消费者带来的好处、利益等。

1）品牌战略。这里首先予以说明的是，品牌和产品之间有一个重要的区别。产品是带有功能性目的的产品。所有的品牌都是产品，但并非所有的产品都是品牌。

品牌是能为消费者提供其认为值得购买的功能利益和附加价值的产品。附加价值是品牌定义中最重要的部分。所有最重要的附加价值都是非功能性的。美国广告大师詹姆斯·韦伯扬（James Webb Young）把它简明扼要地描述为："通过广告在产品的有形价值上附加的无形价值。"例如一套衣服，作为一种产品，它的功能性利益是保暖、遮盖。雅戈尔西服除了具有保暖、遮盖的功能性利益外，还附加了"成功"、一定的社会地位等非功能性利益，从而使雅戈尔成了一种品牌。

因此，附加价值源于使用此品牌的人的主观心理感受，而品牌大多由广告培育而成。因而，在广告策划中采用品牌战略是非常有必要的。

品牌战略即在广告活动中，不仅需要宣传产品独特的功能利益，而且同时应通过合适的广告意象给产品附加有别于同类产品的非功能性个性和形象，从而打造品牌、塑造品牌形象的广告战略。

2）差别战略。就是在广告活动中侧重宣传广告产品的特别之处，强调产品差别的广告战略。

采用这种广告战略可以从广告产品与同类产品的差别入手进行宣传。如果产品质优，则可侧重强调产品的质量优势；产品独特，可侧重宣传产品的与众不同；产品新潮，可侧重宣传产品体现了时尚潮流。还可以通过宣传产品在原料上、设计上、性能上、价格上的变更来吸引消费者购买，从而占领市场。

3）系列战略。就是将广告活动中的产品组合成系列来进行宣传的广告战略。采用这种广告战略，必须从整体协调的角度考虑问题，要有计划地将产品组合成一个系列来进行广告宣传，使各种产品之间的广告宣传互相配合，起到相得益彰的效果。这种战略多采用广告形式相对稳定、广告内容不断变化的宣传手段。

3. 从时间角度设计广告战略

（1）长期广告战略。长期广告，是指为期两年以上所实施的广告。长期广告战略是指对广告内容所做的两年以上的宣传的广告战略。其着眼点不是现在，而是未来。

例如，天津手表厂对某项体育活动提供赞助，从近期来看，对推销其产品海鸥表不会产生效果，但从长远来看，对提高海鸥表的知名度、树立企业和产品形象具有长远意义，有利于企业的生存和发展。这就是采取了立足于未来的长期广告战略。一般来说，长期广告战略不但着眼于开拓市场，打开产品销路，而且还着眼于提高产品的知名度，树立企业的良好形象。因而，长期广告战略要注重全局性、系统性和深远性，强调广告目标的长期性和连贯性。

（2）中期广告战略。中期广告，也称年度广告，是指为期一年的时间所实施的广告。中期广告战略，是指对广告内容做为期一年的广告宣传的广告战略。

采用这种广告战略，要在计划时间之内，反复针对目标市场传递广告信息，持续地加深消费者对商品或企业的印象。保持消费者头脑中的记忆度，努力发掘潜在市场，提高商品知名度，促使消费者重复购买。一般来说，中期广告战略通常作用于时间性、季节性不强的产品。采用中期广告战略，要注意产品的实际销售效果，同时也应兼顾品牌的知名度，还要考虑到一年时间内广告额度的安排，力求适当变化，疏密有致。

（3）短期广告战略。短期广告，是指一年内按季度、月份所实施的广告。短期广告战略是指在有限的市场上，在较短的时间内推销某一产品的广告战略。一般来说，短期广告战略适用于新产品或时令性较强的产品。

新产品刚入市场时，要对准目标市场进行短期突击性的广告宣传。它有利于集中优势抢占先机，在短期内迅速造势，扩大广告影响力，达到迅速提高商品销售额的效果。如我国台湾地区三阳公司"野狼125摩托车"在上市之前的一个月内，就集中进行短期的"轰炸性"悬念广告，告知消费者一种新型摩托车即将上市，收到奇好的促销效果。

一些季节性、节假日性强的商品也适合采用短期广告战略。如季节性较强的电风扇、羽绒服、取暖器等商品，应随季节变化的规律，适时开展短期广告宣传活动。时机的选择要适当，过早会造成广告费的浪费，过迟会延误时机而直接影响商品的销售。最好在销售旺季即将来临时就逐步推出广告，为旺季销售做好外在准备和心理准备。一旦销售旺季到来，广告宣传就迅速推向高潮。旺季一过，广告活动也可以结束。

4. 从空间范围角度设计广告战略

（1）特定区域广告战略。特定区域广告，是指对某一特定区域范围内所做的广告。特定区域广告战略，是根据广告宣传所针对的特定区域的情况，对该区域的广告活动做统筹规划的广告战略。广告宣传可以根据不同地区的不同特点制定不同的广告战略。如电视机广告，在经济发达地区，可以宣传其功能齐全、款式新颖、辐射低、有利于健康等信息；在经济欠发达地区，则应突出其物美价廉、经久耐用等信息。

（2）全球广告战略。全球广告是指以国际市场作为目标市场的广告。全球广告战略是以世界市场为目标市场，对广告活动所做的世界范围内的全局性的统筹谋划的广告战略。一般来说，全球性广告战略谋划深远、考虑全面，注重广告口号、广告风格、广告表现手法的一致性，为了在世界范围内塑造一个统一的产品形象或企业形象，美国百事可乐，统一配方、统一品味、统一规格瓶装。在广告宣传上，强调"新一代的选择"，以统一的主题在世界各地与可口可乐抗衡。同时在广告宣传中还统一标识、统一口号，形成了统一的品牌形象，表现出广告战略的宏观性和深远性。

5. 从发挥优势角度设计广告战略

（1）集中广告战略。这是选择产品优势或市场优势集中宣传的广告战略。采用这种广告战略时，广告宣传要选择产品占有率赢得广告战略区，集中宣传产品的质量、价格，良好的售后服务等优于同类产品，以争取使用同类产品的用户转而使用自己的广告产品。先突破这一点，取得市场优势，步步为营，蚕食市场，将原有老产品"嫁接"到新市场上去，进而向新市场进军。这种战略花钱少、见效快。

（2）整体广告战略。这是将企业形象与产品形象作为统一整体进行宣传的一种广告战略。在广告内容上，既宣传产品，也宣传企业；在广告范围上，是全方位的广告宣传；在广告媒体上，则采用多种媒体组合搭配的方式；在宣传层次上，则是建立多种宣传渠道，形成多层次宣传网。

整体广告战略常用在新产品的导入期和成长初期，它有利于通过各种媒介宣传统一的广告内容，迅速提高产品和企业的知名度，以达到创品牌的目的。

整体广告战略还适用于有实力的企业产品的成长后期和衰退期。因为企业的社会生命周期长于产品的市场生命周期。消费者对产品和企业都了解后，企业的产品即使进入衰退期，企业也可以利用消费者对本企业产品的信任而赢得消费者等待本企业新一代产品问世的耐心。消费者的这种耐心对于企业经营或销售来说是至关重要的，它为产品的更新和改进提供了必要的时间。整体战略的意义在于老产品衰退期、新产品尚未问世之际。但整体广告战略计划需要巨额广告资金，一般中小企业难以承受，广告策划人应依据广告主的实力予以采用。

6. 从消费者心理角度设计广告战略

（1）广告诱导心理战略。这是抓住消费者潜在的心理需求，通过某种承诺，使消费者接受广告宣传的观念，自然地诱发出一种强烈购买欲望的广告战略。

小天鹅"爱妻号"洗衣机就是抓住了丈夫体贴、怜爱妻子的心理做广告诱导丈夫们购买。而"威力洗衣机——献给母亲的爱"这则电视广告，是从儿女体贴母亲洗衣的辛苦，满足了儿女们孝敬母亲的心理需求。这两种产品的广告就是采用了广告诱导心理战略。

（2）广告迎合心理战略。这是根据消费者不同性别、年龄、文化程度、收入水平、工作性质，在广告中迎合不同消费者的需求的一种广告战略。例如服装广告，在经济发达地区，消费者注重的是质地、款式、个性。那么，广告就要迎合消费者的这种心理需求，如"彬彬西服，不要太潇洒"；在经济落后地区，消费者注重的则是价格低廉、保暖、凉爽、结实耐穿，那么广告宣传也要迎合消费者的这种心理。采用迎合消费者心理需求的广告战略，关键就是要弄清消费者最关心的是产品哪方面的内容，广告就应去突出宣传产品在这方面的特点和相关信息。

（3）广告猎奇心理战略。这是在广告中采用新奇的媒体、新颖的形式、独具特点的内容等特殊的手法，使消费者产生强烈的好奇心，从而引发购买欲望的广告心理战略。

例如，1993 年美国航空航天局发明了一种全新的"太空广告"，即利用火箭和飞行器发射广告，登广告者只需付 50 美元，即可在火箭体表买下 1.77 米长的广告区。这种媒体材料新、形式奇，给人以全新的刺激。

采用这种心理战略的关键在于，用新奇的手法引起消费者的注意，但也要讲究分寸。记住过于刁钻、怪异的事物，其怪异程度如果超出了人们的接受能力和承受度，是不会引起人们的好感的，反而会让大家产生排斥心理。

7. 从传播范围渠道的角度设计广告战略

（1）全方位战略。全方位战略即不做地域选择，而尽可能在最大范围内多方面、多角度地大肆宣传。广告"四处开花"，辐射面大，就可能取得"东方不亮西方亮"的效果。这种战略适合于资金雄厚、产品面向全国的大企业。

（2）多层次战略。多层次战略是指采用多种宣传渠道，形成全国性或地方性的宣传网络。采用这种战略，就会既利用多种媒体进行宣传，又利用人员推销进行宣传，体现出广告宣传的多层次性。

8. 从媒体角度设计广告战略

（1）多媒体战略。多媒体战略是指选择多种广告媒体同时做广告，花钱虽多，但传播范围广，覆盖面大，效果非常好。资金雄厚的企业多采用多媒体广告战略，如力士香皂在媒体运用上就采用了多媒体广告战略，采用电视媒体中妇女爱看的节目段做广告，选择《家庭》《现代生活》杂志为媒介做广告。

（2）单一媒体战略。单一媒体战略是指只用一种媒体做广告的广告战略。采用这一战略，花钱不多，有一定的效果，但特别要注意媒体的选择。要在资金允许的范围内根据广告产品的性能特点、消费者的媒体接受情况，选择具有权威性、针对性、覆盖面广、收听收视率或阅读率高的媒体。例如汽车和其他自动化机器的制造商和杂货商多采用印刷广告。化妆品、食品、药品用电视广告效果最好。当然选择何种媒体做广告取决于广告主的广告预算和支付能力以及产品的特点和市场范围。

9. 从进攻性角度设计广告战略

（1）进攻型战略。进攻型战略是以竞争对手或市场某一目标为出发点，通过广告宣传，在广告的覆盖面、促销力、信任度及产品的公众知名度、市场占有率等方面超过主要竞争对手。这是一种赶超性进攻战略。一些能够左右市场的大公司，经常运用大量的广告来保持产品或企业的知名度、市场占有率，即使产品畅销，也不间断地做广告。

（2）防守型战略。防守型战略是指在广告活动中以防御对手为主的广告战略。由于受主客观因素制约，不愿进攻或没有进攻实力的企业，就应防止被竞争对手击败。这种战略在广告宣传上处于守势，只求保持原有的销售市场的知名度，不求开发潜在市场。

第四节　广告创意策划

一、广告创意的内涵

通过各种形式的广告，可以感受到广告创意的魅力，那么广告创意到底是什么？我们先简要地从"创意"的词义进行考察，在我国，"创意"一词广泛应用于广告主题创意、广告表现创意、广告媒体创意等各个方面。由此可见，创意的含义非常模糊。实际上，以上这些观点全都没有错，只是出发点不同，观察的角度不同，所以结论自然有异。广告创意，从动态的角度去理解，是广告创作者对广告活动进行的创造性的思维活动；从静态的角度来看，广告创意是为了达到广告目的，对未来广告的主题、内容和表现形式所提出的创造性的建议。

从广义角度去分析，广告创意是指广告中所涉及的创造性思想、活动和领域的统称，这几乎包含了广告活动的所有环节；从狭义的角度去分析，广告创意是介于广告主题策划和广告表现制作之间的艺术构思活动，即根据广告主题，经过精心思考和策划，运用艺术手段，把所掌握的材料进行创造性地组合，以塑造一个意象的过程。简而言之，广告创意即是广告主题（意念）的意象化。

由此可以理解为，广告创意是广告人根据调查结果、产品特性和公众心理以及广告主题概念，选择最佳信息传达方式，创设适当的意境结构，以指导广告制作实践、达到最佳广告效果的思维过程。

广告主题（意念）的意象化，是将广告活动中的广告主题，诸如效果、成分、利益、情感、美妙、质朴等，用与意念相符，并经过思维和情感化的客观形象来表达的过程。由此可见，广告创意不仅要紧密围绕和全力表现广告主题，而且要对如何与受众进行有效沟通和艺术构思。广告创意是广告创作的前提。英国著名广告人乔治·路易丝（George Lois）说："一个伟大的创意就是一个好广告所要传达的东西，一个伟大的创意能改变大众文化，一个伟大的创意能改变我们的语言，一个伟大的创意能开创一项工业，一个伟大的创意能挽救一家企业，能彻底改变世界。"

几则胶水广告的创意

美国：（超级三号胶）把杂技演员倒粘在天花板上；

英国：（阿拉迪特胶液）把小汽车粘在广告牌上"示众"；

南非：（尤赫牌胶水）把替身演员粘在飞机的双翼上；

中国香港：（劳特牌胶水）将一枚金币粘在闹市的墙上。

二、广告创意的思维

企业投放广告的目的很明确，就是要赢得消费者的关注。要做到这一点，就要在广告创意上下功夫。广告创意要想突出，靠的是广告创意思维。广告创意思维有以下三个类型。

1. 按思维媒介分类

按思维所借助的媒介分类，广告创意思维可分为抽象思维、形象思维和灵性思维。

（1）抽象思维（理性思维）。它是人们在认识活动中，运用概念、判断、推理等思维方式，对客观事实进行间接的、概括的反映过程。在广告创意的各个阶段都要运用抽象思维进行科学的分析与综合、合理的归纳和演绎、严密的推理与认证。

例如"农夫山泉有点甜"，七个字使农夫山泉在所有的矿泉水中脱颖而出。如何传达农夫山泉的品质，把甘甜的概念表现得淋漓尽致，这就需要消费者运用理性思维来判断了。

（2）形象思维（直觉思维）。借助具体形象的生动性、实感性进行创造性思维的活动，是广告创意最为常见的一种思维方式。它以直觉为基础，通过想象，从一种事物引发联想，从而产生创意。

例如，西班牙的一则反种族歧视的电视公益广告，以一双手在黑白两色钢琴键上弹奏悦耳动听的曲子，来表达"黑与白也能够和睦相处"的广告主题。形象思维可使广告创意人员摆脱习惯性思维定式的困扰而产生奇思妙想。

（3）灵性思维（顿悟思维）。它是具有突发性、瞬时性、随机性的思维活动方式，是潜意识转化为显意识的一种特殊表现形态。灵性思维的发挥能使广告创意更新颖独特。

例如，甲壳虫的广告语：想想还是小的好，大众甲壳虫。这个广告语给人们一种潜意识，就是说，小的车型更适合您的需要和社会的运作，给人一种突然感悟的感觉。

2. 按创造性思维常规分类

按创造性思维的常规分类，可将广告创意思维分为顺向思维和逆向思维。

（1）顺向思维（定式思维）。在广告创意中采用顺向思维，就是按照常规定式，从小到大、从低到高、从前到后进行思考，自然顺畅，使人容易接受。

例如1993年底，"万宝路"为中国市场而创作的一则贺岁广告就充分运用了顺向思维。

万里长城的西端起点，丝路文化和长城文化融为一体、交相辉映的"边陲锁钥"——嘉峪关，马蹄声声，无数身穿中国民族服饰的骑手从各个城门涌入，震天锣鼓，响彻云霄。长城内外，身穿中国民族服饰的西部汉子，排着整齐的方阵，跳着庆祝丰收的锣鼓舞。随着鼓声戛然而止，一声嘹亮、豪迈的长啸划破天空。一时间，无数鲜红的缎带从长城上倾泻而下，正契合了中华传统文化的"鸿运高挂"之意。"万宝路恭贺各位新年进步"的广告语在一片喜气洋洋的场景烘托下，传到了我们耳边。

万宝路广告形象及广告表现始终如一。在本土，它选择的人物形象是具有美国西部背景和原形的牛仔。因为美国提倡的是张扬个性、勇于探索、追求创新。当面对中国的受众时，万宝路广告则做了适当的修改，它选择的人物形象是具有中国西部背景的西部汉子，因为中国的传统是以朴实、善良、勤劳、勇敢为美德。这样，就将狂放不羁的万宝路精神融入了中华民族的文化氛围当中，易被中国的消费者接受。万宝路这一"国际品牌本土化表现"策略——地点、人物、表现手法的选用，令其品牌概念在文化层面上与中国消费者达成了沟通，深刻体现出对中国文化的理解和尊重。

外商所做的成功的广告，大都是根据受众的文化心理进行创意的。广告创作者要针对不同的受众来研究他们的传统文化、风俗习惯、伦理道德、价值观念、语言习惯等。只有在了解受众文化对广告受众影响的基础上进行创意，广告才能为受众理解和接受，否则，就无法赢得市场。

（2）逆向思维。逆向思维也叫求异思维，它是对司空见惯的似乎已成定论的事物或观点反过来思考的一种思维方式。敢于"反其道而思之"，让思维向对立面的方向发展，从问题的相反面深入地进行探索，树立新思想，创立新形象。

3. 按创造性思维方向分类

按创造性思维的方向分类，可将广告创意的思维方式分为发散思维、聚合思维、纵向思维、横向思维。

（1）发散思维（扩散思维、辐射思维、开放思维）。这是一种由一点向外联想、发散思考的方法，即以思考对象为中心，从多个不同角度探索思维结论。

例如：难舍最后一滴，景芝景阳春酒；钻石恒久远，一颗永流传；滴滴香浓，意犹未尽；木莓香皂，光洁皮肤，不禁触摸等都堪称经典。

（2）聚合思维（收敛思维、集中思维）。与发散思维相反，这是一种由外及内、异中求同、归纳集中的思维方式，即围绕需要解决的问题，运用多种方法和手段，在众多的信息中找出最优信息。

例如"可口可乐"的一个主题广告"要爽由自己"个性剧集第一季"缘起篇"在中国热播，吸引了很多观众的眼球。六位青春偶像以"演自己、唱自己、舞自己、个性张扬要爽由自己"的青春告白，倾情演绎中国版"老友记"，用鲜明的个性和精彩的故事吊足了观众的胃口。随着第一季"缘起篇"的成功上演，"可口可乐"中国版老友记的第二季"初吻篇"和第三季"电梯篇"以更加令人期待的情节，带给年轻人"要爽由自己"的全方位超凡体验。可口可乐运用多个续集来表达"要爽由自己"的广告主题，运用的就是聚合思维。

（3）纵向思维（垂直思维）。这是按照事物产生、发展的既定方向，借助现有的知识、经验，从问题的正面进行上下垂直式思考。它是一种选择性的、分析性的、必然性的、排除不相关因素的思维方式。

例如，美国的一则征兵广告就利用了垂直思维的手法，告诉青年人当兵并不可怕，改变了死气沉沉的征兵局面。广告词是这样写的：

来当兵吧！当兵其实并不可怕。应征入伍后你无非有两种可能：有战争或没战争，没战争有啥可怕的？有战争后又有两种可能：上前线或不上前线，不上前线有啥可怕的？上前线后又有两种可能：受伤或不受伤，不受伤又有啥可怕的？受伤后又有两种可能：轻伤或重伤，轻伤有啥可怕的？重伤后又有两种可能：治得好或治不好，治得好有啥可怕的？治不好更不可怕，因为你已经死了。

（4）横向思维（水平思维）。它是通过改变原有定式、传统观念，经过分析比较，从多个方向找出新的思维原点，用全新的思维去思考，是一种具有激发性、跳跃性，探索最不可能途径的思维方式。

例如，俄罗斯《消息报》的一则征订广告就利用了水平思维的手法，列举生活中的细节事例，形象而生动地把订报费同报纸订阅人的利益展示出来。广告词是这样写的：

亲爱的读者：

从9月1日开始征订《消息报》。遗憾的是1991年的订户将不得不增加负担，全年订费为22卢布56戈比。订费是涨了。在纸张涨价、销售劳务费提高的新形势下，我们的报纸将生存下去，我们别无出路。而你们有办法。你们完全有权拒绝订阅《消息报》，将22卢布56戈比的订费用在急需的地方。《消息报》一年的订费可以用来：在莫斯科的市场上购买924克猪肉，或在列宁格勒购买102克牛肉，或在车里亚宾斯克购买一瓶好的白兰地酒……这样的"或者"还可以写上许多。但任何一种"或者"只能享用一次，而您选择《消息报》——将全年享用。事情就是这样，亲爱的读者。

三、广告创意的原则

1. 真实性原则

坚持真实性原则是广告的生命，是对广告创意的基本要求；广告的真实性原则就是要求广告创意中要坚持实事求是。实事求是既是市场经济形态的必然要求，同时又是一切艺术形式创作的基本前提，是广告创意为广大消费者所接受的一个重要基础。有人说过："承诺，大大的承诺是广告的灵魂。"

2. 创造性原则

一项创造性工作，是基于创新、源于智慧的创造性思维活动。广告创意的创造条件是指广告创意中不能因循守旧、墨守成规，而要勇于善于标新立异、独辟蹊径，主要表现在广告的构思和形式等方面的创造和优化。要实现创造性，要求树立强烈的变革观念、发展观念和精益求精的意识，积极开发想象力，积极发现新事物，积极学习科学新方法。广告创意的创造性具有最大强度的心理突破效果。如与众不同的新奇感会引人注目，且鲜明的魅力会触发人们强烈的兴趣，能够在受众脑海中留下深刻的印象，长久地被记忆，这一系列心理过程符合广告传达的心理阶梯的目标。

3. 合规性原则

广告创意必须符合广告法规和广告的社会责任，内容必须要受广告法规和社会伦理道德以及各国家各地区风俗习惯的约束，以保证广告文化的正确影响。例如意大利的服装品牌"贝纳通"，在一则有争议的广告中，其使用了三个孩子伸出舌头的广告形象，本意是"尽管我们肤色不同，舌头的颜色却是相同的"，此广告在英、美、德获奖，但却因受到伊斯兰国家的谴责而撤销，因为在那些国家，暴露人的内部器官被认为是色情的，这使得"全球统一化"的贝纳通陷入尴尬局面。

4. 渗透性原则

人最美好的感觉就是感动。感人心者，莫过于情。受众情感的变化必定会引起态度的变化，就好比方向盘一拐，汽车就得跟着拐。出色的广告创意往往把"以情动人"作为追求的目标。如2004年1月7日《湖北日报》A4版刊发的半版公益广告"你是否考虑过他们"，画面以两个农村孩子渴望读书的眼神和教室一角破烂不堪的课桌椅为背景，已审核报销的上万元招待费发票紧压其上，引发读者强烈的心理共鸣。农民挣一分钱是那么不容易，而有的人用公款招待却大手大脚。如果我们每人省下一元钱，就可以让更多的贫困孩子实现读书的梦想。由于这个公益广告情感表达落点准确，诉求恰当，因而获得了2004年度湖北新闻奖一等奖。

5. 关注原则

日本广告心理学家川胜久认为："抓住大众的眼睛和耳朵，是广告的第一步作用。"只有吸引消费者才能在消费者心中留下印象，才能发挥广告的作用，"要吸引消费者的注意力，同时让他们来买你的产品，非要有很好的点子"。立邦漆广告画面的主体是八个孩子的小屁股对着受众。孩子是家庭生活的重心，立邦漆是家庭装修产品，多种肤色的小孩表现出立邦漆是一个国际品牌，而小屁股上的亮丽油漆更让人感到漆就像皮肤一样细嫩。该广告用强烈的视觉冲击效果表达了产品的健康品质和丰富的内涵。

6. 简洁原则

简洁原则，广告创意既要求简洁，又要内涵丰富。要善于把握、发现能够反映本质的信息，以一滴水见太阳。不论是语言文字，还是图像、画面等表现手段，要能让受众感到意味深长，饶有趣味，从而加深印象。

近年来国际上流行的创意风格越来越简单、明快。一个好的广告创意表现方法包括三个方面：清晰、简练和结构得当。简单的本质是精练化。广告创意的简单，除了从思想上提炼，还可以从形式上提纯。简单明了绝不等于无须构思的粗制滥造，构思精巧也绝不意味着高深莫测。平中见奇、意料之外、情理之中往往是传媒广告人在创意时渴求的目标。如大众甲壳虫的平面广告，一个很小的甲壳虫汽车在画面的中间显得更小，要仔细看才能看得清楚，但广告的效果与产品的特点十分吻合，画面简单但意思清晰，抓住了目标受众的消费心理。个性及不拘一格是甲壳虫的主要特色，这与青年人的性格相得益彰。

四、广告创意的过程

1. 收集资料阶段

广告创意者的工作首先从收集资料开始。优秀的创意是以绝密的调查和分析为基础的。创意者在这一阶段必须收集所有相关资料，一方面是解决眼前问题所需的资料；另一方面则是平时不断积累的一般知识资料。

2. 分析资料阶段

这一阶段主要是对获得的资料进行归纳和整理，找出商品本身最吸引消费者的地方，发现能够打动消费者的主要之处，也就是广告诉求点。这一阶段的工作主要包括以下三个方面：

（1）列出属性。列出广告商品和同类商品所具有的共同属性，如产品的设计思想、生产工艺水平、适用性、耐久性等。

（2）对比分析。列出广告商品与竞争产品各自的优势和劣势，通过对比分析，找出广告商品的竞争优势。

（3）找出重点。以列表方式列出有关商品的特征，以清楚地了解商品的性能与消费者的需求和所能获取利益之间的关系，最后结合目标消费者的具体情况，找出诉求重点，即定位点。

3. 酝酿构思阶段

这是广告创意的潜伏阶段。在这一阶段，广告创意人员为找到一个好的创意性点子，会在关键问题的引导下，积极思考，运用、改造素材，把积极的形象、语言、片段等在脑海中进行各种排列组合，可谓绞尽脑汁，冥思苦想，甚至到了废寝忘食的地步。这时，广告创意者往往处于焦躁、激动不安和煎熬当中。

4. 灵感闪现、产生创意阶段

在这一阶段，会浮现出很多好创意，这些创意往往具有不同的特点，应做好记录，以备筛选。广告大师罗杰·冯·奥克推荐了七种寻找创意的技巧：

（1）调整。即从其他角度提示受众改变思维方式，从而加深其印象。例如：康宝汤的一则广告，画面是一碗热气腾腾的西红柿汤，碗底下醒目地写着"健康保险"。这是借保险的概念来突出康宝汤的功效。

（2）想象。多问自己，"如果……会怎样？"不要怕出格。例如，想象一下，如果动物在客厅中畅饮会怎么样？美国某酒吧真的用了这个想法，其广告表现了一头大象和一头驴穿着西装在桌旁敬酒，标题是："克莱德，大家的选择。"

（3）颠倒。从反面看待事物，有时所期望的结果的反面恰好具有很大的冲击力和很强的记忆力。例如：有家化妆品公司为其保湿润肤霜做的广告，"向你的丈夫介绍一位更年轻的女士"。而大众老爷车的广告则采用了这么一条标题："丑陋只是表面现象。"

（4）联系。把两个不相干的想法合并在一起。例如：为了鼓励人们索取目录介绍，加勒比皇家游轮公司的广告极为简单，画面为目录封面，上面简洁的标题为"邮寄航海"。

（5）比喻。用一个概念描述另一个概念，有助于人们理解。例如：一本高档杂志上的派克高级钢笔的广告就是一个纯粹的比喻——"美妙绝伦，纯银出身，丝般流畅"。

（6）删节。抽掉部分东西，或打破常规。在广告创作中，墨守成规几乎不会有什么收获。例如：七喜就是因为宣传了它所不具备的因素（非可乐）而名声大噪，并且成功地把自己定位为可乐的替代品。

（7）滑稽模仿。幽默与创造性有着密切的关系，幽默如果运用得当，便可能产生出色的广告。例如：美国飞乐公司的一则电视广告表现一只螳螂脚穿飞乐运动鞋飞快地爬上叶梗，以逃避杀手般的配偶，这条广告获得了《广告时代》的好评。

5. 评定创意阶段

在这一阶段，从诸多的构思中抽选出优秀的构思，最后确定一个最好的创意。确定创意要注意从三个方面来考虑：①所提出的创意与广告目标是否吻合；②是否符合诉求对象及将要选用的媒体的特点；③与竞争商品的广告相比是否具有独特性。经过认真的研究审核后，再确定选用哪一种创意。

【案例赏析】

Adidas：卡恩（Kahn）拱门户外广告创意

　　Adidas 告诉你：没有不可能（Adidas—Impossible is Nothing）。这幅巨型户外广告全长大约 65 米，如果你在晚上见到的话一定会印象更加深刻！

　　这幅巨大的广告是 Adidas 为世界杯制作，高约 18 米，长约 65 米。广告中的人物是卡恩（Kahn）：卡恩是德国队的主力门将，作为一个天才门将，他在球场上的出色表现，经常使本队化险为夷，然而有时又因为得意忘形而犯低级错误，成为人们的笑柄。卡恩作风顽强，自从 1994 年加盟拜仁慕尼黑队后已经成为德国足坛最为优秀的门将，而 Adidas 这则广告发布在世界杯主办城市的慕尼黑的机场旁，并且"没有不可能"这句广告语用在天才门将卡恩身上也的确更加贴切，他在球场上的表现完全可以用这句话来形容。

课堂讨论：

　　请在此基础上深入研究这个户外广告的有关背景，分析该广告创意的思路、方法以及表现。

第五节　广告媒体策划

一、广告媒体的概念

　　媒体是把信息传输给社会大众的工具。从广告信息传播的角度来看，广告媒体是运载广告信息、达到广告目标的一种物质技术手段，是传播广告信息的载体。凡能刊载、播映、播放广告作品，在广告宣传中起到传播信息作用的物质和工具都可以称为广告媒体。例如电视、广播、报刊、互联网等大众性传播媒体，路牌、灯箱、交通工具等流动性传播媒体以及售卖点、包装、工商名录等其他媒体都是广告媒体。

二、广告媒体的分类

可用于广告的媒体形式多样，种类繁杂，常用的有电视、广播、报纸、杂志、书籍、电影、路牌、招贴、摄影、邮寄品、霓虹灯、飞艇、气球、交通工具等。总而言之，凡是能传播信息的物体，在一定条件下，都可以成为广告媒体。

尽管广告媒体种类如此繁多，但可以从不同的角度对其进行分类。

1. 按媒体的物质属性分类

这是通常采用的分类方法。它可分为九类：

（1）电波媒体。包括电影、电视、互联网、广播等。

（2）印刷媒体。包括报纸、杂志、书籍、传单、小册子、说明书、工商名录等。

（3）户外媒体。包括广告牌、路牌、霓虹灯、灯箱、交通工具、招贴、街头装饰、气球等。

（4）邮政媒体。包括商品目录、订购单、销售信、说明书等。

（5）销售现场媒体。销售现场媒体又称售点媒体，包括门面、橱窗、货架陈列、实物演示、店内广告等。

（6）人体媒体。包括时装模特、广告宣传员等。

（7）包装媒体。包括包装纸、包装盒、包装袋等。

（8）礼品媒体。包括年历、手册、小工艺品、精美印刷品等。

（9）其他媒体。主要指利用现代科学技术的烟火、飞艇、激光、火箭等媒体。

2. 按媒体的受众面分类

通常可分为三类：

（1）大众媒体。大众媒体如电视、广播和一般性报纸，受众广泛，没有明显的年龄、性别、职业、文化及消费层次的区分。

（2）中众媒体。指受众具有年龄、性别或职业的明确指向的媒体，一般没有地理、文化及消费层次的区分。

（3）小众媒体。它是诉求目标有限的特定媒体，如户外媒体、礼品媒体等。

3. 按媒体的时效分类

按媒体的时效不同可分为长期广告媒体、短期广告媒体、快速广告媒体和慢速广告媒体四类:

（1）长期广告媒体。指本身使用时间较长，不会轻易更换或被淘汰的媒体，包括户外广告媒体，如路牌、霓虹灯等；印刷广告媒体中的杂志、书籍、说明书等；电波广告媒体中的互联网等。这类媒体，适宜于做企业形象广告及产品性能比较稳定、内容比较复杂需详加说明的商品广告。

（2）短期广告媒体。指本身使用或传播时间较短的媒体，主要包括报纸、广播、电视、包装纸等广告媒体。这类媒体多适用于新产品上市、时尚流行产品以及情感型、印象型或新闻性等方面的商品广告。

当然，时效的长短是相对而言的，它们之间是可以相互转化的，如长时间地播放电视短期媒体广告，其积累效应也是长期的。

（3）快速广告媒体。指信息传播至受众较快的媒体，主要有电视、广播、互联网、报纸、传单、招贴等。这类广告媒体可以紧密配合企业市场营销策略的实施，以最快速度将广告信息传播出去。

（4）慢速广告媒体。指信息传播速度相对较慢的媒体，主要包括杂志、书籍等。这类广告媒体受出版周期限制，所以不适宜做新闻性广告，而适合于专业性强、阅读次数多、针对性强的商品广告和企业形象广告。

4. 按受众的感觉分类

通常可分为三类:

（1）视觉广告媒体。包括报纸、杂志、广告牌、互联网、说明书、模拟物、橱窗、霓虹灯、灯箱、交通工具等。

（2）听觉广告媒体。包括广播、录音带、电话及各种形式的口头宣传等。

（3）视听觉广告媒体。包括电视、电影、光盘、VCD、录像等媒体。由于这类媒体具有综合性传播功能，被视为最受大众欢迎的媒体。

5. 按媒体的影响范围分类

通常可分为三类:

（1）国际性广告媒体。互联网、国际间发行的出版物、国际间交通工具、出口商品的包装物、赠品等，都可以作为国际性广告媒体。

（2）全国性广告媒体。全国范围内发行的报纸、杂志，全国范围的广播、电视等，都视作全国性广告媒体。

（3）地区性广告媒体。主要包括地区性的报纸、杂志、电台、电视台、户外广告媒体等。

6. 按广告信息在传播媒体中的比值分类

通常可分为两类：

（1）借用媒体。指借用新闻媒体和大众媒体传播广告信息。报纸、杂志、电视、广播、互联网等五大广告媒体均属此类。借用媒体传播迅速，覆盖面广，但广告处于从属地位，容易造成信息的互相干扰。

（2）专用媒体。指专门用于广告传播的媒体，如路牌、交通工具、霓虹灯、售点等。专用媒体广告信息单一，有效时间长，容易引起受众的关注。

以上从不同角度对广告媒体进行分类，其意义在于对各种广告媒体的特点有一个初步的了解。这既是认知、熟悉广告媒体的基础，又是选择广告媒体的依据之一。

三、广告媒体的选择

1. 广告媒体选择原则

不同的媒体具有不同的特点。一方面表现在空间上，如传播的范围和对象；另一方面表现在时间上，如传播速度和时间等。广告媒体选择与使用就是通过对广告媒体性质、特点以及广告面向的目标市场的研究，根据广告目标选择，确定最佳的媒体及媒体组合策略，以尽可能少的费用实现广告目标和广告效益最大化。

由于不同的产品在性质、特点、使用价值和流通范围等方面各有差异，在媒体的选择上也就有较大的区别。考虑到广告传播效果是建立在广告信息传播与对象之间密切联系的基础上，因此对于那些可能影响信息传播的共性因素的把握，是广告媒体选择原则认知的重要出发点。一般来说，有以下三个方面的因素：第一，能否按产品的使用对象选择媒体；第二，能否按消费者的专业特点选择媒体；第三，能否按消费者的生活习惯选择媒体。

对上述影响因素进行分析，就能得出对于广告媒体选择的原则性认识。

（1）媒体选择的总体原则。以最小的成本取得尽可能大的广告效果。媒体选择首先要根据广告目标来确定，以媒体达到目标受众的能力和媒体吸引受众的注意力程度作为评价标准。

（2）媒体选择的具体原则。在媒体选择的过程中有着一些具体的原则：考虑选择什么样的媒体。在这个问题上必须考虑到相互关联的因素，例如，在选择那些"传达性好、针对性强、效果显著"媒体的总体要求下，应该考虑的因素包括广告目标的要求是什么，广告传播的对象是谁，广告媒体的量和质的情况如何，广告产品的特性是什么，广告费用的支出和国家法律规定等。考虑媒体本身"质"的问题。所谓广告媒体本身的"质"，就是指某种媒体在长期宣传过程中所建立起来的社会威望和可信度，这种社会威望和可信度对广告信息本身的质量会产生重要的影响。

关于广告媒体的"量"的问题。广告媒体的"量"的问题是其产生影响的前提条件。但是各类媒体对"量"的衡量标准是不同的。例如，衡量印刷媒体的"量"的标准是发行量，而衡量电视广告媒体的"量"的标准是收视（听）率等。

2. 影响媒体选择的具体因素

影响媒体选择的具体因素是多方面的，如表9-1所示。

表 9-1　媒体选择的影响因素

因素	内容解释	具体说明
覆盖面	不同的广告媒体都只能在一定的区域范围内发挥作用。一般认为，广告媒体覆盖面越广，信息影响就越广	由于广告宣传是针对目标市场进行的，从效益的角度考虑，最理想的情况是媒体覆盖面与目标市场分布面大致吻合
接触率	指接触广告媒体所传播信息的人数	接触的人数越多，媒体传播效果越好，就越会造成有利的购买局面
吸引力	不同的广告媒体给受众的吸引力是不同的，广告媒体的吸引力可以通过努力予以提高	一个缺乏吸引力的媒体，在广告传播中是不可能产生理想效果的
影响度	媒体自身在社会上的知名度和美誉度决定了它的影响度	由于媒体自身在社会上的知名度和美誉度不同，这就会连带影响到该媒体上所发布的广告信息的可信度。例如，中央电视台与地方电视台的影响度就不可相提并论

续表

因素	内容解释	具体说明
广告频率	广告频率是指一定周期内广告发布的次数。一般来说，频率越高，就越能引起人们的注意。广告媒体使用频率策略有均衡频率、交化频率和交叉频率等策略	广告频率增高要有限度，应从实际情况出发。如果广告过分长久地简单重复，会使人们产生厌烦与逆反心理。这种情况在许多产品的广告中都不同程度地存在，成为人们对广告产生反感的重要原因

四、广告媒体的组合

媒介组合是将不同的媒介混合起来，使之有效地传达给目标受众。媒介策划人可以采用两种媒介组合方式：一种是集中式媒介组合，另一种是分散式媒介组合。

因为使用单一媒介往往很难达到预期的传播效果，所以在实际运作中，广告信息往往通过多种媒介来传达。因此，媒介组合是指将经过选择广告媒介在时间、版面上进行合理的配置，以提高广告的传播和诉求效果。媒介组合有多种方式，最主要的方式有三种：同类媒介组合运用、异类媒介组合运用、综合媒介组合运用。

1. 同类媒介组合

将同一类别的不同媒介组合起来运用。例如，报纸、杂志、挂历、小册子这四种媒介同属于印刷品媒介，把它们配合起来运用，共同对某一产品进行广告宣传。

例如，公交媒体，除移动电视外，还包括车身、候车亭、沿线看板、票据、无人售票车刷卡计费器套袋、站点液晶电子字幕显示屏、司机背板、座位套、扶手环等多种形式都可以成为新的广告载体。

2. 异类媒介组合

将不同类型的媒介组合起来运用。例如，将视觉媒介与听觉媒介加以组合，或者将印刷品媒介与电子媒介加以组合等。异类媒介组合能够多方面地刺激人的感官功能，累加记忆，能收到较为理想的传播效果。

例如，公交移动电视广告与其他形式的户外广告的组合。户外广告可以使信息在固定的地点得到较大面积、较长时间的暴露，是一种提醒性能较好的广告形式。一些户外广告与广告主所在地很近，如大型商场和超市往往在其卖场附近的路口设置巨型户外广告。这种户外广告客观上还起到了"线路导游"的作用，使得户外广告在提供简便迅速的信息的同时，在一定程度上还能促成目标消费者就近前往卖场进行消费。

3. 综合媒介组合

就是指与其他媒体组合。这种组合策略是企业在花钱购买媒介进行组合运用的同时，也利用自有的媒介进行相同内容的配合性广告宣传。

例如，厦普赛尔"清苦"茶上市推广案（媒介策略部分）中，综合评估厦普赛尔集团在区域的优势，该集团的系列产品是国家级星火科技项目，厦普赛尔集团公司是华北地区较大的集团公司，产品获山西省名牌产品的称号，具有较强的区域优势。厦普赛尔是山西区域标志名牌，有优势品牌资源，多年的品牌培育，形成较好的品牌基础，造就了较高的知名度和较好的口碑，清苦茶乘此东风，打开了销路。

厦普赛尔清苦茶是公司推出绿色健康饮品之一。面对竞争激烈的太原茶饮料市场，策划人员通过对区域茶饮料市场的品牌构成、占有率、竞争对手、消费行为的研究分析，认为清苦茶虽然是新品种，属于导入期，但却有很强的品牌资源。确定为老品牌形象下体会新概念的茶饮。广告策划中概念定位为"有清苦才有幸福"，诉求重点为"健康绿色配方"，广告口号为"吃点苦有好处"，表现策略为：将民族朴素思想融入健康时尚的文化潮流，将口味和品味生活融合在一起，在"吃点苦有好处"中感悟生活真谛，来区别其他产品，彰显产品个性。整个推广活动以"吃点苦有好处"为统一主题，以电视媒介作为龙头进行概念、形象宣传，辅助媒介交通广告配合扩大认知率，终端宣传和促销活动与消费者产生无距离沟通。以此影响市场的宽广度、引起区域内部青年消费者群的兴趣。从产品包装、电视广告投放、推广活动、终端销售形成一体效应，迅速创造市场规模，形成竞争优势。

这样综合考虑多种媒介组合，在时间周期内可以有力地推广新产品。

例如，利用销售现场、产品订单、包装盒袋、霓虹灯、招贴画等，与报纸和电视媒介组合并相互配合，以此来造声势，扩大影响。一般情况下，有条件的企业都会充分利用自用媒介作为购买使用媒介组合的补充，充分体现媒介的综合优势。

其实，策划人员不论怎样去选择同类的或不同的媒介进行组合，媒介组合也会出现优势或缺陷，例如，当公交移动电视广告与户外大牌、霓虹灯等大型广告进行组合时，就应该考虑到户外广告所在位置与公交车所经路线的重合性。这样，不仅使广告可以增加对重点目标消费者的影响力，而且还能够在充分发挥媒介组合作用的基础上，强化媒介的聚集效应。

但是，将公交移动电视广告与车身广告、候车亭广告、沿线看板广告等进行组合，其特点是候车乘客、行人、其他车辆内的乘客对广告的接触率较高，但车厢内的受众对广告的接触率比动静组合法要低，并且受众接触广告时间也比较短促，不利于受众对广告信息的记忆及印象的加深。

因此，评价媒介组合策略，实际上就是寻找媒介组合的最佳方案，实现媒介的最佳组合。

五、广告发布

即将广告媒体的时间、版面等基本单位，在组合媒体的同时进行广告单位的组合。

1. 广告时间策略

广告在媒体上推出的时间，主要是相对于商品进入市场的时间，一般有拖拉推出、即时推出和延时推出三种方式。

（1）拖拉推出。这是指广告推出的时间早于商品进入的时间，用广告拖拉推出商品，目的在于制造声势，先声夺人。商品尚未投放市场，由于广告的作用，给消费者制造悬念，形成渴望，让消费者翘首以待。等到商品上市之时，即可形成旺销。

此种方式选用的范围较广泛，首先，适用于全新产品的推出，声势在前，商品在后，能够刺激消费者的好奇心，激发其购买动机。其次，适用于老产品更新换代或部分改进后重新上市，使消费者"未见其物，先闻其声"，唤起新的消费欲望。再次，适用于季节性商品在旺季到来之前。提前做广告，能先入为主，抢先占领消费者的记忆空间，一直延伸到旺季的到来，使消费者始终有较深刻的印象。特别是市场竞争比较激烈的产品，拖拉推出应用更多一些。

需要注意的是，广告推出的时间与商品上市的时间间隔不可过长，否则将失去拖拉的意义和作用。

（2）即时推出。广告推出的时间与商品推向市场的时间相同。选择这种推出广告的时间方式最适合于老产品、供求平衡或供应稍偏紧张的产品。目的在于告知，好处是见到广告就可买到产品，但此种方式不适合竞争激烈的市场。

（3）延时推出。广告推出的时间晚于商品进入市场的时间，此种方式用得不多。一般情况下，适用于没有把握的新产品。商品先行上市试销，根据销售情况或少做或多做广告，且针对性强。另一种情况，就是在商品上市后，先做试探性广告，视情况再决定是否做广告及其投放的规模大小。

2. 广告时机策略

利用媒体发布广告，还要善于利用和把握各种时机。时机就是时间上的机会，企业的一切营销活动都存在着利用和把握时机的问题。抓住了时机，就能事半功倍；失去了机会，就会失去效益，就是最大的损失。广告的时机，是在时间上与广告商品、市场行情以及人们的注意程度等有关的一系列机会。发布广告信息的时机要注意把握下面四种情况：

（1）商品时机。利用商品与时机的内在联系，巧妙地发布广告信息。例如飞亚达手表的广告选择了中央电视台晚间 7 时新闻联播前的瞬间时段，"飞亚达为你报时"就得到了较高的收视率，引起了观众的关注。

（2）重大活动时机。抓住重大活动的时机推出广告。一般来说，涉及全国甚至全世界瞩目的重大活动，如体育比赛、文艺演出、会议等，新闻媒体和受众都高度关注，信息量密度空前，是推出广告的良好时机。如奥运会历来都是广告商重点抓住的时机，许多企业都愿意把巨额的广告费投放其间。如北京奥运会，不少广告商都参与其中。

（3）黄金时机。这是抓住"黄金时间"，把握人们记忆"最珍贵瞬间"的策略。电视和广播均有其"黄金时间"。就是观（听）众收视（听）电视（广播）节目的高峰时段。在黄金时间，观（听）众收视（听）节目的注意力比较集中，易于接收信息，记忆力比较高。但此时段的广告费也相对比较昂贵。如中央电视台新闻联播后与天气预报之间的时段，就是一个黄金时段。所以，很多企业都不惜重金，争取抓住这一时机，在这一时段播出广告，以争取较好的传播效果。

（4）节令时机。节令时机是节日或季节为商品销售带来的时机。逢年过节、假日，往往是人们大量消费的时间，会形成销售的旺季，要善于抓住这销售旺季前的机会发布广告。属于季节性的商品，也会在季节变换交替之时产生销售旺季。在销售旺季前的一段时间便是广告的良好时机，抓住节令时机发布广告，在选择时机时，要考虑安排适当的提前量。

【案例分析】

台湾黑松广告媒体策略

具有 60 多年历史的台湾本土名牌汽水"黑松"，为了同可口可乐、百事可乐等世界大牌争夺市场、争取目标消费者，于 1992 年制订了全套营销计划，并配以强大的广告攻势。其 1992 年度广告目标为：提高黑松汽水在年轻消费群体中的产品认知度达到 65%，为此广告代理商制作了"年轻的绿色饮料"的电视 CF 及平面稿《促销篇》和《形象篇》。其广告媒体运用如下：

1. 电视

（1）电视媒体是本品牌广告的最佳选择。这类广告在视觉、听觉方面均有良好效果，可以达到将信息传达至目标市场的目的。

（2）时段选择：

第一选择：星期一至星期五之 8 点档播出的连续剧。晚间 21：30 后播出的新闻节目和影集。

第二选择：星期六、星期日晚间 8：30、12：00 的综艺节目、影集、新闻报道。

第三选择：下午 6：00、7：00 的娱乐节目。

2. 报纸

（1）在促销时，辅助电视媒体，告知消费者。

（2）时间为 6 月初至 9 月初。

（3）报纸选择：以《民生报》为主，因为其具有消费、休闲、流行的诉求特征；以《联合报》《中国时报》为主，因其发行量大，普及率高。

3. 杂志

（1）以提高产品形象和知名度为主。

（2）时间集中在旺季。

（3）以商业杂志为主（《年轻上班族》《天下》《破》《管理》《统领》《日本文摘》等）；辅以专业杂志（《汽车》《休闲》《女性》等）。

4.广播

以中、西流行歌曲节目为主，如 ICRT 时段以凌晨 0：00~12：00 为主。在促销时间，配合促销活动。

5.车厢外

（1）促销期间，以行驶台北市忠孝东路及中华路的公车为主要广告媒体。

（2）春节时（12 月至次年 2 月）提醒消费者采购黑松汽水。

黑松凭借几乎涵盖所有媒体的广告策略，再配以"喝汽水、做环保"的大型促销活动，及"绿化生存环境，年轻人大集合"的大型演唱会，另有一系列小型促销和公关活动，而在该年取得了令人瞩目的业绩，顺利完成了广告目标，有力地配合了整体营销战略。

根据上述案例，试分析：

1. 黑松的广告媒体包括哪几类？

2. 黑松的广告媒体选择有哪些原则？考虑了哪些因素？

3. 黑松广告为什么如此成功？怎样才能做一个成功的广告媒体策划？

【本章小结】

● 广告策划的原则包括系统原则、战略至上原则、创新原则、动态原则、效益原则、真实原则。

● 广告策划的程序包括整体安排和规划、调查研究、战略规划、策略思考、制定计划和形成文本、实施与总结。

● 广告创意的过程包括收集资料阶段，分析资料阶段，酝酿构思阶段，灵感闪现、产生创意阶段，评定创意阶段。

● 广告创意的方法有横向思考法、垂直思考法、头脑风暴法、固有刺激法。

● 广告媒体的组合方式主要有：①同类媒介组合；②异类媒介组合；③综合媒介组合。

【思辨题】

1. 怎样理解广告，广告对于一个企业有什么作用？

2. 一则成功的广告，需要我们做什么准备？

3. 广告策划的过程中要注意哪些问题？

4. 怎样能有一个好的广告创意？

‖第十章‖
企业网络策划

【教学目标】

通过本章学习，了解企业网络策划的含义及策划原则，为企业制作网站策划书，设计特色的公司网页，为企业运营发展提供良好的环境。

【教学要求】

知识要点	能力要求	相关知识
网站策划	网站策划的含义及基本原则 网站策划的内容 网站策划的意义	企业网络营销渠道 网站的相关知识
网站策划的程序	网站策划流程 网站策划书的写作方法	网站策划的注意事项
网页的创意设计	了解网站的创意设计 学会并运用创意设计	网页的设计概念

【开篇阅读】

聚美优品的发展历程

聚美优品其前身为团美网，2010年3月由陈欧、戴雨森、刘辉三人创立于北京。2010年9月，团美网正式全面启用聚美优品新品牌，并且启用全新顶级域名。聚美优品的宗旨为"聚集美丽，成人之美"，致力于为用户提供更优质专业的服务，让变美更简单。

聚美优品本质上是一家垂直行业的B2C网站。从最初每日一件限时折扣团购模式到如今每日多件产品限时抢购，在品类管理上主要以推荐明星产品搭配其他产品进行销售。

聚美优品坚持只从品牌厂家、正规代理商、国内外专柜等可信的进货渠道采购商品，并在采购部专门设置自己的质检员。让消费者拥有良好的服务体验，进而取得消费者的信任。从 2010 年 3 月成立至今，凭借口碑传播，短短一年半就从月销售额不足 10 万元发展到当月销售上亿元的规模。至今，聚美优品拥有 300 万注册用户，占女性化妆品团购市场份额的 80% 以上，是国内最大的化妆品团购网站，开创了一个以团购模式呈现的电子商务奇迹。在天使投资人徐小平看来，网购化妆品也是近两年刚刚出现的事情，是聚美优品改变了人们购买化妆品的消费习惯。

现在已经成为中国最大的化妆品限时折扣网站，拥有百万以上的女性用户，每天成交近两万单，月销售超过了 3000 万元。注册用户 80 万，在化妆品团购的市场份额已达 60% 以上。在 2010 年 9 月，为了进一步强调团美在女性团购网站领域的领头地位，深度拓展品牌内涵与外延，团美网正式全面启用聚美优品新品牌，并且启用全新顶级域名。

网站特色分析：

1. 正品保证

聚美优品曾被央视多个频道进行过专题报道，及中国互联网协会（商务部和国资委批准评级机构）授予的 A 级信用认证，成为团购网站中首家获得互联网协会 A 级以上信用级别认证的网站。承诺所有出售商品均为百分百正品。

2. 30 天拆封无条件退货

聚美优品提出行业最高标准 30 天拆封无条件退货政策：如果消费者对从聚美优品购买的商品不满意，即使化妆品拆封，用户也可在收货之日起 30 天内可以无任何条件退回货物并获得全额退款。退货运费由聚美优品全额承担。

3. 百分百实物拍摄

为了最真实、最可信的美妆购物体验，聚美优品耗巨资筹建专业摄影棚，聘请专业摄影师，坚持百分百实物和真人拍摄，清晰展现所有产品的每一个细节和实际使用效果，力求最客观细致地介绍产品，让用户买的踏实、用的踏实。

4. 口碑中心

聚美优品口碑中心是一个美容品使用体验交流平台，用于用户分享的点滴心得。只有在聚美优品购买过该美妆的用户才能发表口碑报告，评论均来自于真实的购买者和体验者，从而保证口碑报告的真实公平，杜绝品牌"托儿"的存在。聚美优品口碑中心已有共计10余万篇来自聚美优品用户的使用心得报告，并成为聚美优品用户在选择购买化妆品时的可靠依据。

案例讨论：

1. 通过阅读案例，你认为聚美优品是怎样进行网络策划的？
2. 聚美优品的网站创意策划是什么？
3. 请你根据对案例的理解做一个网站策划书。

第一节　网络策划概述

一、网络策划的概念

网络策划是一项复杂的系统工程，它属于思维活动，但它是以谋略、计策、计划等理性形式表现出来的思维运动，是直接用于指导企业网络营销实践的。它包括对网站页面设计的修改和完善，以及搜索引擎优化，付费排名，与客户的互动等诸多方面的整合，是网络技术和市场营销经验的协调作用的结果。它也是一个相对长期的工程，期待网站的营销在一夜之间有巨大的转变是不现实的。一个成功的网络营销方案的实施需要通过细致的规划设计。

二、网络策划的基本原则

1. 系统原则

网络策划是以网络为工具的系统性的企业经营活动，它是在网络环境下对市场营销的信息流、商流、制造流、物流、资金流和服务流进行管理的。因此，网络方案的策划，是一项复杂的系统工程。策划人员必须以系统论为指导，对企业网络策划活动的各种要素进行整合和优化。

2. 创新原则

网络为顾客对不同企业的产品和服务所带来的效用和价值进行比较带来了极大的便利。在个性化消费需求日益明显的网络环境中，通过创新，创造与顾客的个性化需求相适应的产品特色和服务特色，是提高效用和价值的关键。特别的奉献才能换来特别的回报。创新带来特色，特色不仅意味着与众不同，而且意味着额外的价值。在网络方案的策划过程中，必须在深入了解网络环境尤其是顾客需求和竞争者动向的基础上，努力营造旨在增加顾客价值和效用、为顾客所欢迎的产品特色和服务特色。

3. 操作原则

网络策划的第一个结果是形成网络方案。网络方案必须具有可操作性，否则毫无价值可言。这种可操作性，表现为在网络方案中，策划者根据企业网络营销的目标和环境条件，就企业在未来的网络营销活动中做什么、何时做、何地做、何人做、如何做的问题进行了周密的部署、详细的阐述和具体的安排。也就是说，网络策划方案是一系列具体的、明确的、直接的、相互联系的行动计划的指令，一旦付诸实施，企业的每一个部门、每一个员工都能明确自己的目标、任务、责任以及完成任务的途径和方法，并懂得如何与其他部门或员工相互协作。

4. 经济原则

网络策划必须以经济效益为核心。网络策划不仅本身消耗一定的资源，而且通过网络方案的实施，改变企业经营资源的配置状态和利用效率。网络策划的经济效益，是策划所带来的经济收益与策划和方案实施成本之间的比率。成功的网络营销策划，应当是在策划和方案实施成本既定的情况下取得最大的经济收益，或花费最小的策划和方案实施成本取得目标经济收益。

三、网络策划的内容

1. 根据网站的目的确定网站的结构导航

一般企业型网站应包括：公司简介、企业动态、产品介绍、客户服务、联系方式、在线留言等基本内容。更多内容如常见问题、营销网络、招贤纳士、在线论坛、英文版等。

2. 根据网站的目的及内容确定网站整合功能

如 Flash 引导页、会员系统、网上购物系统、问卷调查系统、在线支付系统、信息搜索查询系统、流量统计系统等。

3. 确定网站的结构导航中的每个频道的子栏目

如公司简介中可以包括：总裁致辞、发展历程、企业文化、核心优势、生产基地、科技研发、合作伙伴、主要客户、客户评价等；客户服务可以包括：服务热线、服务宗旨、服务项目等。

4. 确定网站内容的实现方式

如产品中心使用动态程序数据库还是静态页面；营销网络是采用列表方式还是地图展示。

四、网络策划需要注意的方面

1. 市场的策划与分析

（1）相关行业的市场是怎样的，市场有什么样的特点，是否能够在互联网上开展公司业务。

（2）市场主要竞争者分析，竞争对手上网情况及其网站规划、功能作用。

（3）公司自身条件分析、公司概况、市场优势，可以利用网站提升哪些竞争力，建设网站的能力（费用、技术、人力等）。

2. 网站的功能定位

（1）为什么要建立网站，是为了宣传产品，进行电子商务，还是建立行业性网站；是企业的需要，还是市场开拓的延伸。

（2）整合公司资源，确定网站功能。根据公司的需要和计划，确定网站的功能：产品宣传型、网上营销型、客户服务型、电子商务型等。

（3）根据网站功能，确定网站应达到的目的和作用。

（4）企业内部网的建设情况和网站的可扩展性。

3. 网站的技术方案

根据网站的功能确定网站技术解决方案：

（1）采用自建服务器，还是租用虚拟主机。

（2）选择操作系统，用 Unix、Linux，还是 Windows XP/7/8/10。分析投入成本、功能、开发、稳定性和安全性等。

（3）采用系统性的解决方案（如 IBM、HP）等。是公司提供的企业上网方案、电子商务解决方案，还是自己开发的方案。

（4）网站安全性措施，防黑客、防病毒方案。

（5）相关程序开发。如网页程序 ASP、JSP、CGI、数据库程序等。

4. 网站的内容规划

（1）根据网站的目的和功能规划网站内容，一般企业网站应包括：公司简介、产品介绍、服务内容、价格信息、联系方式、网上订单等基本内容。

（2）电子商务类网站要提供会员注册、详细的商品服务信息、信息搜索查询、订单确认、付款、个人信息保密措施、相关帮助等。

（3）如果网站栏目比较多，则考虑采用网站编程人员负责相关内容。注意：网站内容是网站吸引浏览者最重要的因素，无内容或不实用的信息不会吸引匆匆浏览的访客。可事先对人们希望阅读的信息进行调查，并在网站发布后调查人们对网站内容的满意度，以及时调整网站内容。

5. 网页的 UI 设计

（1）网页美术设计要求。网页美术设计一般要与企业整体形象一致，要符合 CI 规范。要注意网页色彩、图片的应用及版面规划，保持网页的整体一致性。

（2）在新技术的采用上要考虑主要目标访问群体的分布地域、年龄阶层、网络速度、阅读习惯等。

（3）制定网页改版计划，如半年到一年时间进行较大规模改版等。

6. 网站的说服力

对于网站策划人员来说，如果想策划出高转化率的网站应该充分学习说服力的知识，并把相关的知识应用到网站策划中。学习说服力的知识要从研究人类的决策过程开始。一般情况下决策过程分为以下五个步骤，如图 10-1 所示。

需求确认　方案的收集　方案评估　克服决策压力　方案的执行

图 10-1　决策过程的五个步骤

五、网 络 策 划 的 意 义

网站建设始于网络策划，网络策划的好坏直接影响到网站建设的效果，因此，网络策划对于网站的运作至关重要，良好的网络策划是网站建设成功的一半。一个好的网络策划基于对客户需求的调查结果和竞争分析的研究，以客户认定的网站建设目标为导向，从网站信息架构设计、网站内容建设到网站创意设计、网站功能开发等进行全面的策划，同时兼顾企业的整体营销和特殊营销需要，考虑线上和线下的整合要求。

网络策划案中也将根据网站建设的实际需要，制定制作的标准和实施的流程及进度建议，同时提供可能的运营维护网站的方案和建议。

网络策划需要根据企业的具体要求，在网站建设项目的策划和实施后提供网站推广的服务内容，包括搜索引擎优化、内容优化、网络广告投放、媒体资源购买、广告效果监测等各项服务。

网络策划，始于网站项目的起点，延续到网站的运营，致力于为客户提供一站式的整体网络营销解决方案。

第二节　网络市场调查和分析

一、网络市场调查的内涵

市场调查是指以科学的方法，系统地、有目的地搜集、整理、分析和研究所有与市场有关的信息，特别是有关消费者的需求、购买动机和购买行为等方面的信息，从而把握市场现状和发展态势，有针对性地制定营销策略，取得良好的营销效益。而网络市场调查是指在互联网上针对特定营销环境进行调查设计、收集资料和初步分析的活动。

市场调查有两种方式：一种是直接收集一手资料，如问卷调查、专家访谈、电话调查等；另一种是间接收集二手资料，如报纸、杂志、电台、调查报告等现成资料。因此，利用互联网进行市场调查（简称网上调查），相应也有两种方式：一种方式是利用互联网直接进行问卷调查等方式收集一手资料，如"我国Internet现状与发展"调查就是在网上利用问卷直接进行调查，这种方式称为网上直接调查；另一种方式是利用互联网的媒体功能，从互联网收集二手资料。由于越来越多的传统报纸、杂志、电台等媒体，还有政府机构、企业等也纷纷上网，因此网上成为信息海洋，信息蕴藏量极其丰富，关键是如何发现和挖掘有价值信息，而不再是过去苦于找不到信息，对于第二种方式一般称为网上间接调查。

【案例赏析】

IResearch 中国网络用户在线调研

iUser Survey 拥有针对网络用户的调研分析系统，该系统可以根据网民的不同特性进行深入的调研和分析，同时支持网上联机调查及 E-mail 调研。开放性的客户调研后台，更可以协助客户定制分析数据。

课堂讨论:

1. 通过以上案例, 谈谈你对网上调研的认识。

2. 网上调研和一般的市场调研有什么区别?

二、网络市场调查的优势及局限性

1. 网络市场调查的优势

网络市场调查的优势可以大致分为以下七点, 如图 10-2 所示。

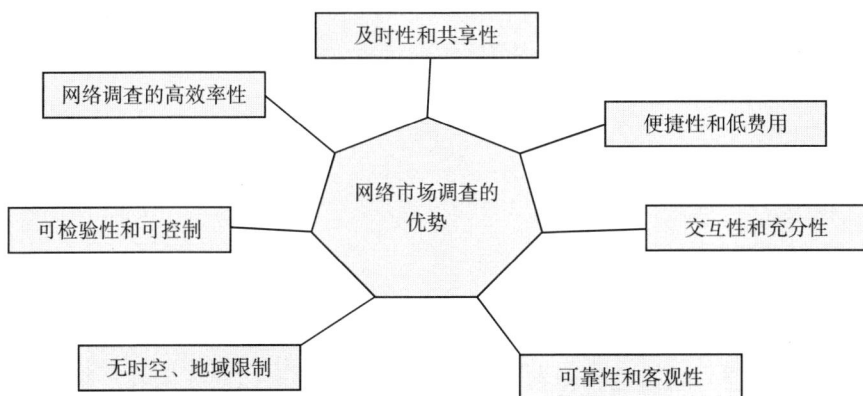

图 10-2　网络市场调查的优势

2. 网络市场调查的局限性

（1）问卷设计的局限性。由于在线调查需要访问者填写在线表单, 因此, 相对于一些问卷调查来说, 更应该具备简洁明了的特点, 尽可能少占用填写表单的时间和上网费用, 对问卷的设计要求更高。

（2）样本数量难以保证。样本数量难以保证是在线调查最大的局限之一, 目前还没有权威的统计资料说明有多大比例的访问者愿意参加在线调查。

（3）人口统计信息的准确性。由于人们担心个人信息被滥用, 通常不愿意在问卷中暴露准确的个人信息, 有时甚至因为涉及过多的个人信息而退出调查。

（4）被调查者的作弊行为。由于网上调查需要占用用户的时间, 因此, 作为补偿或者刺激参与者的积极性，问卷调查者一般都会提供一定的奖励措施，有些用户参与调查的目的可能只是为了获取奖品，甚至可能用作弊的手段来增加中奖的机会。

三、网络市场调查的程序

1. 确定调研目标

要完成一个有效的检索，应当首先确定要检索的目标是什么。

2. 明确市场调查对象

网络市场调查的对象，主要分为三大类：
(1) 企业产品的消费者；
(2) 企业的竞争者（数量、规模、品种、价格、渠道）；
(3) 企业的合作者和行业内的中立者。

3. 制定调查计划

网络市场调查的第三步是制定有效的调查计划，包括五部分内容：资料来源；调查方法（专题讨论、问卷、实验法）；调查手段（在线问卷、软件系统）；抽样方案（抽样单位、样本规模、抽样程序）；联系方法。

4. 收集信息

利用互联网做市场调查，不管是一手资料还是二手资料，可同时在全国或全球进行，收集的方法也很简单，直接在网上递交或下载即可，这与受区域制约的传统调研方式有很大的不同。

5. 分析信息

对从互联网上获得的市场调研信息，有关人员应根据调研的目的和用途进行认真的筛选、分类、整理等科学的加工，并形成规范的市场调研报告，以供有关企业决策者参考。

6. 提交报告

调研报告的填写是整个调研活动的最后一个阶段。报告不是数据和资料的简单堆砌，调查员不能把大量的数字和复杂的统计技术扔到管理人员面前，而应把与市场营销关键决策有关的主要调查结果写出来，并以调查报告正规格式书写。

调研报告的结构包括开头、正文和结尾三个部分。开头有问候语、说明和序言；正文有主要结论、调研的详细过程、调研的结果和小结、总的结论和建议；结尾有参考资料和附录等内容。

调研报告一般有两种形式：一种为专门性的具体报告，是供市场研究及市场营销人员使用的内容详尽的具体报告；另一种为一般性报告，是供职能部门的管理人员和企业领导者阅读，内容简明扼要、重点突出。

四、网络市场调查的方法

网络市场调查的方法分为网上直接调研、网上间接调研。

1. 网上直接调研

网上直接调研指的是为当前特定目的在互联网上收集一手资料或原始信息的过程。直接调研的方法有三种：专题讨论法、E-mail 问卷法、在线问卷法。网上用得最多的是专题讨论法和在线问卷法。

（1）专题讨论法。专题讨论可通过新闻组（News Group）、电子公告牌（BBS）或邮件列表（Mailing Lists）讨论组进行。第一步，确定要调查的目标市场；第二步，识别目标市场中要加以调查的讨论组；第三步，确定可以讨论或准备讨论的具体话题；第四步，登录相应的讨论组，通过过滤系统发现有用的信息，或创建新的话题，让大家讨论，从而获得有用的信息。

（2）E-mail 问卷法。将调研问卷制作成一份简单的 E-mail，并按照已知的 E-mail 地址发出。

（3）在线问卷法。在线问卷法即请求浏览其网站的每个人参与它的各种调查。在线问卷法可以委托专业调查公司进行，具体做法是：① 若干相关的讨论组邮去简略的问卷；②在自己网站上放置简略的问卷；③向讨论组送去相关信息，并把链接指向放在自己网站上的问卷。

要注意的是，在线问卷不能过于复杂、详细。在线问卷设计得不好，会占用被调查者太多时间，使被调查者无所适从甚至感到厌烦，最终会影响问卷的反馈率，影响调查表所收集数据的质量。为了最大限度地提高答卷率，可采取一定的激励措施，如提供免费礼品、抽奖送礼等。在网站建设和推广过程中，采用在自己网站放置简单问卷的形式，可以很好地了解访问者的人口统计特征，有助于网站内容建设和决定在网站上提供什么样的服务。

2. 网上间接调研

网上间接调研指的是网上二手资料的收集。互联网虽有着海量的二手资料，但要找到自己需要的信息，首先必须熟悉搜索引擎（Search Engine）的使用，其次要掌握专题性网络信息资源的分布。在互联网上查找资料主要通过三种方法：利用搜索引擎、访问相关的网站（如各种专题性或综合性网站）、利用相关的网上数据库。

（1）利用搜索引擎查找资料。搜索引擎是互联网上使用最普遍的网络信息检索工具。目前，各大搜索引擎主要以关键词检索即关键词法为主。

使用关键词法查找资料一般分三步：首先要明确检索目标，分析检索课题，确定几个能反映课题主题的核心词作为关键词，包括它的同义词、近义词、缩写或全称等。其次采用一定的逻辑关系组配关键词，输入搜索引擎检索框，点击检索按钮，即可获得想要的结果。最后如果检索效果不理想，可调整检索策略，结果太多的，可进行适当的限制，结果太少的，可扩大检索的范围，取消某些限制，直到获得满意的结果。

（2）访问相关的网站收集资料。如果知道某一专题的信息主要集中在哪些网站，可直接访问这些网站，获得所需资料。与传统媒体的经济信息相比，网络市场行情一般数据全，实时性强。

（3）利用相关的网上数据库查找资料。在互联网上，除了借助搜索引擎和直接访问有关网站收集市场二手资料外，第三种方法就是利用相关的网上数据库（即 Web 版的数据库），如 Dialog 系统（www.dialog.com）、ORBIT 系统、STN 系统（www.stn.com）等查找资料。

五、网络市场调查的策略技巧

网络市场调研的目的是收集网上的购物者和潜在顾客的信息。充分利用网络调研的优势，加强与消费者的沟通、理解并建立友谊，改善营销并更好地服务于顾客。而要达到这一目的的前提是让更多的顾客访问企业的站点，这样市场营销调研人员可以有针对性地制作网上调研表单，顾客可以发回反馈并参加联机，交互调查和竞赛，或者征询信息，市场营销调研人员才能掌握更多、更翔实的市场信息。

为使更多的消费者访问企业站点并乐于接受企业的调研询问，善意而又真实地发回反馈信息，市场调研人员必须研究调研的策略，以充分发挥网络调研的优越性，提高网络调研的质量。网络市场调研的策略主要包括如何识别企业站点的访问者以及如何有效地在企业站点上进行市场调研。

1. 识别访问者并激励其访问企业站点

传统市场调研，无论是普查、重点调查、典型调查，还是随机抽样调查、非随机抽样调查以及固定样本持续调查，尽管调查的范围不同，但对调研对象，如区域、职业、民族、年龄等都有不同程度的针对性，即对被调查对象的大体分类有一定的预期。而网络市场调研却没有空间和地域的范围，一切都是随机的，调研人员既无法预期谁是企业站点的访问者，也无法确定调研对象样本，即使是对于在网上购买企业产品的消费者，确知其身份、职业、性别、年龄等也是一个很复杂的问题。因此，网络市场调研的关键之一是如何鉴别并吸引更多的访问者，使他们有兴趣在企业站点上进行双向的网上交流。

2. 利用电子邮件或来客登记簿获得市场信息

电子邮件和来客登记簿是互联网上企业与顾客交流的重要工具与手段。

电子邮件可以附有 HTML 表单，访问者可在表单界面上点击相关主题并且填写附有收件人电子邮件地址的有关信息，然后发回给企业。来客登记簿（Guest Book）则是让访问者填写并发回给企业的表单。

通过电子邮件和来客登记簿，不仅所有顾客可以读到并了解企业的情况，而且市场营销调研人员也可获得相关的市场信息。例如，在确定访问者的邮箱后，就可以知道访问者所在的国家、地区、省市等地域分布范围；对访问者回复的信息进行分类统计，就可以进一步对市场进行细分，而市场细分是企业制定营销策略的重要依据之一。

3. 科学地设计调研问卷

一个成功的调查问卷应具备两个功能：一是能将所调查的问题明确地传达给访问者；二是设法取得对方的信任，使访问者能给予真实、准确的回复。但在实际调研中，由于被调查者的情况差异很大，还有调研人员的专业知识和技术水平不同会影响调研的结果。因此，调查问卷的设计应遵循以下四项原则：

（1）目的性原则。即询问的问题与调查主题密切相关，重点突出。

（2）可接受性原则。即被调查者回复哪一项，是否回复有自己的自由，故问卷设计要容易让被调查者所接受。无论在西方国家还是东方国家，对涉及有关个人问题时，例如个人收入、家庭生活中比较敏感的问题等，访问者一般不愿意或拒绝回复。因此，关于个人隐私的问题不应出现在调查问卷中，以免引起访问者的反感。

（3）简明性原则。即询问内容要简明扼要，使访问者易读、易懂，而且回复内容也简短省时。因此，调查问卷的设计应多采用二项选择法、顺位法、对比法等技巧，对调查问卷中问题答案的选项应给访问者提供相应的信息，以方便访问者回答。

在设计调查问卷时，调研人员应在每个问题后设置两个按钮（YES，NO），让访问者直观地表达他们的观点。这两个按钮是典型的 Mailto：它要求被调查者将他们的电子邮件地址传送到企业的邮箱中。

（4）匹配性原则。既要使访问者回复的问题便于检查、处理、统计和分析，又要提高市场调研工作的效率。

4. 给访问者奖励以激发其参与调研的积极性

一般的网络访问者可能担心个人站点被侵犯而可能发回不准确的信息，为此企业可根据实际情况，给访问者一定的奖品或给访问者购买的商品给予一定的折扣优惠，企业就可获得比较真实的访问者的姓名、住址和电子邮件地址。同时，当访问者按要求回复调查问卷时，企业应对其进行公告，访问者会在个人计算机上收到证实企业收到问卷的公告牌，被公告的访问者在一定期间内还可进行抽奖。

六、设计网络市场调查问卷

设计问卷的目的是为了更好地搜集市场信息，因此在问卷设计过程中，首先要把握调查的目的和要求，同时力求使问卷取得被调查者的充分信任，保证被调查者提供准确有效的信息。

问卷设计是由一系列相关的工作过程所构成。为使问卷具有科学性、规范性和可行性，一般可以参照以下程序进行：①确定调研目的、来源和局限；②确定数据搜集方法；③确定问题回答形式；④决定问题的措辞；⑤确定问卷的流程和编排；⑥评价问卷和编排；⑦获得各相关方面的认可；⑧预先测试和修订；⑨准备最后的问卷；⑩并实施。

步骤 1：确定调研目的、来源和局限。

调研过程经常是在市场部经理、品牌经理或新产品开发专家做决策时感到所需信息不足而发起的。受这个项目影响的每个人，如品牌经理助理、产品经理，甚至生产营销经理都应当一起讨论究竟需要些什么数据。询问的目标应当尽可能准确、清楚，如果这一步做得好，下面的步骤会更顺利、更有效。

步骤 2：确定数据搜集方法。

获得询问数据可以有多种方法，主要有人员访问、电话调查、邮件调查与自我管理访问。每一种方法对问卷设计都有影响。

步骤 3：确定问题回答形式。

如开放式问题、封闭式问题、量表应答式问题。

步骤 4：决定问题的措辞。

词必须清楚，避免诱导性的用语，考虑应答者回答问题的能力，考虑到应答者回答问题的意愿。

步骤 5：确定问卷的流程和编排。

问卷不能任意编排，问卷每一部分的位置安排都具有一定的逻辑性。有经验的市场研究人员很清楚问卷制作是获得访谈双方联系的关键。联系越紧密，访问者越有可能得到完整彻底的访谈。同时，应答者的答案可能思考得越仔细，回答就越仔细。

步骤 6：评价问卷和编排。

一旦问卷草稿设计好后，问卷设计人员应再回过来做一些批评性评估。如果每一个问题都是深思熟虑的结果，这一阶段似乎是多余的。但是，考虑到问卷所起的关键作用，这一步还是必不可少的。

步骤7：获得各相关方面的认可。

问卷设计进行到这一步，问卷的草稿已经完成。草稿的复印件应当分发到直接有权管理这一项目的部门。实际上，营销经理在设计过程中可能会多次加入新的信息、要求或关注。不管经理什么时候提出新要求，经常的修改是必需的。即使经理在问卷设计过程中已经多次参与，问卷草稿获得各方面的认可仍然是重要的。

步骤8：预先测试和修订。

当问卷已经获得管理层的最终认可后，还必须进行预先测试。在没有进行预先测试前，不应当进行正式的询问调查。通过访问寻找问卷中存在的错误解释、不连贯的地方、不正确的跳跃模型，为封闭式问题寻找额外的选项以及应答者的一般反应。预先测试应当以最终访问的形式进行。如果访问是入户调查，预先测试应当采取入户的方式。

在预先测试完成后，任何需要改变的地方应当及时修改。在进行实地调研前，应当再一次获得各方的认同。如果预先测试导致问卷产生较大的改动，应进行第二次测试。

步骤9：准备最后的问卷。

精确的打印指导、车间、数字、预先编码必须安排好，监督并校对，问卷可能进行特殊的折叠和装订。

步骤10：实施。

问卷填写完后，为从市场获得所需决策信息提供了基础。问卷可以根据不同的数据搜集方法并配合一系列的形式和过程以确保数据可正确地、高效地，以合理的费用搜集。这些过程包括管理者说明、访问员说明、过滤性问题、记录纸和可视辅助材料。

网上发布问卷可以有多种方式，既可以选择直接在社区发布，如爱调研网，也可以调用连接、嵌入 E-mail、QQ、MSN 论坛、BBS 发布问卷。网上问卷调查的流程是创建问卷、添加题目、完成编辑、生成问卷、发布问卷和统计分析，最终将数据导出和存储（如图 10-3 所示）。

创建问卷 ➤ 添加题目 ➤ 完成编辑 ➤ 生成问卷 ➤ 发布问卷 ➤ 统计分析 ➤ 数据导出和存储

图 10-3　网上问卷调查的流程

【案例赏析】

Double Click 的网络跟踪器

　　无论消费者浏览了哪些网页，他们都会留下自己的许多相关信息，我们称为电子指纹，如当消费者访问某个网站的时候，可以检测出消费者所使用的操作系统以及浏览器类型、消费者浏览过的页面、以前浏览过的页面或者从哪个页面离开本网站的等。

　　Double Click 是最大的在线广告网络，拥有将近 11500 个网站。当用户访问其中任何一个网站，Double Click 会在用户的计算机上放置一个 Cookie 文件。Cookie 文件可以存储关于用户爱好、购买记录、浏览过的网站、经常浏览的网页和曾经点击过的旗帜广告等信息。

　　之后，Double Click 又宣布将在跟踪用户信息的基础上进一步将跟踪客户的在线数据与客户的个人信息联系起来，如地址、年龄、性别、收入、信用卡和购买信息，此举引起了轩然大波，因为一旦将这两种信息联系起来的话，也就说明 Double Click 不仅知道了用户的爱好和购物习惯，而且很清楚地知道这样的用户是谁，网络上的匿名性已经彻底消失。

课堂讨论：

　　使用网络跟踪器对商家来说有什么好处，对网络消费者来说有什么不利的方面？

第三节　网上信息发布

一、信息发布的原则

　　网络营销信息传递原理表明，网络营销有效的基础是提供详尽的信息源，建立有效的信息传播渠道，让用户尽可能方便地获取有价值的信息，并且为促成信息的双向传递创造条件。因此在建立网络营销信息传递系统时，应遵循下列的一般原则，这些原则也是有效开展网络营销的核心思想。

1. 提供尽可能详尽而有效的网络营销信息源

无论是企业通过各种手段直接向用户传递的信息，还是用户主动获取的信息，归根结底来源于企业所提供的信息源。首先，应该保证信息量尽可能大。信息量大不只是信息的字节数多，字节数多少只是信息量多少的一种表现形式。含有用户希望了解而尚未了解的信息越多，信息量就越大。其次，网络营销信息应该是有效的。当用户通过各种渠道了解到企业的网址并访问网站，如果看到的是过时的信息，用户对企业的信任程度将大为降低。

2. 建立尽可能多的网络营销信息传递渠道

从传递信息量的完备性来看，在各种不同的信息传递渠道中，企业网站是完全信息渠道，所有必要的信息都可以发布在企业网站上。搜索引擎、网络广告等传播信息则具有不完全的特点，是希望首先获得用户的注意，然后来到网站获取全面信息。在信息传播渠道建设上，应采取完整信息与部分信息传递相结合、主动性与被动性信息传递相结合的策略，通过多渠道发布和传递信息，才能创造尽可能多的让用户发现这些信息的机会。

3. 尽可能缩短信息传递渠道

创建多个信息传递渠道是网络营销取得成效的基础，在此基础上还应创建尽可能短的信息传递渠道。因为信息渠道越短，信息传递越快，受到噪声的干扰也就越小，信息也就越容易被用户接收。这也从根本上解释了为什么搜索引擎检索结果中靠前排列的信息更容易得到用户点击，而用户自愿订阅的邮件列表营销效果更胜一筹等看起来理所当然的问题。缩短信息传递渠道在网络营销策略中主要表现在许多细节问题上，如将重要的信息放在网页最显著的位置上，为每个网页设计一个概括网页核心内容并具有吸引力的标题，在传递电子邮件信息时注重邮件标题和发信人显示信息的设计等。由此，网络营销中非常强调细节的重要性，在其他条件相近的情况下，往往是细节问题决定了网络营销的成败。

4. 保持信息传递的交互性

交互性的实质是营造企业与用户之间相互传递信息变得更加方便的环境。除了上述建立尽可能多而且短的信息传递渠道之外，还应建立多种信息反馈渠道，如论坛、电子邮件、在线表单、即时信息等，以保证消息传递交互性的发挥。这些渠道也是在线顾客服务的基本手段，可见网络营销中的交互性与顾客服务是密不可分的。也就是说，通过在线顾客服务职能的发挥，体现出网络营销交互性的特征。用户向企业传递信息，实际上需要企业首先建立好这种信息传递渠道。网络营销信息传递的原则明确了交互性的基本方法：交互功能是以在线顾客服务为基础，通过良好的在线服务才能发挥网络营销交互性的优势。

5. 充分提高网络营销信息传递的有效性

由于信息传递中的障碍因素，使得一些用户无法获取到自己需要的全部信息。提高信息传递的有效性，也就是减少信息传递中噪声和屏障的影响，让信息可以及时、完整地传递给目标用户。例如，网络营销导向的企业网站要求网站首页含有丰富的信息并且尽可能减少信息的层次，尤其是重要的产品信息可以通过首页直接获得，在网站中的任何一个网页最多三次点击可达到另一个网页，这些都是从缩短信息渠道的角度考虑的。因为延长信息传递渠道，也就意味着增加了失去现在顾客的机会。

6. 把握卖点进行信息发布策划

所谓产品卖点，就是能够吸引消费者眼球的独特利益点，也是广告诉求点和独特的卖点主张，如"卖的不是牛排而是烤牛排的嗞嗞声"。其实，企业生产的产品或提供的服务只是满足消费者的某一特定需求的工具或手段，消费者购买的并不是产品本身，而是他的某一需求或利益满足。"你的产品是什么并不重要，消费者认为你的产品是什么才是最为关键的"。任何产品的终极目的都是要得到消费者的购买和使用，而要让消费者购买和使用，让其知道和认可则是必须的前提。要让消费者知道并认可，你的产品或服务就必须具有明确和便于理解和记忆的说法，否则企业就没有实现销售和获利的机会。任何产品在营销传播中应该有自己独特的卖点主张，这一理论包含了三个方面的含义：①任何产品应该向消费者传播一种主张、一种忠告、一种承诺，告诉消费者购买产品会得到什么样的利益；②这种主张应该是竞争对手无法提出或未曾提出的，应该独具特色；③这种主张应该以消费者为核心，易于理解和传播，具有极大的吸引力。

7. 信息发布后的效果跟进

信息发布后效果跟进可以根据信息发布面的大小，信息的多少，接触到受众的层次和数量，接触到多少目标受众，多少目标受众能确认接收到信息，多少目标受众对信息理解了，多少目标受众对信息感兴趣，多少目标受众意见发生变化，多少目标受众态度发生变化，多少目标受众采取行动，最后还要考虑社会整体效益如何（如图 10-4 所示）。

一般有以下四个方面的跟进工作：

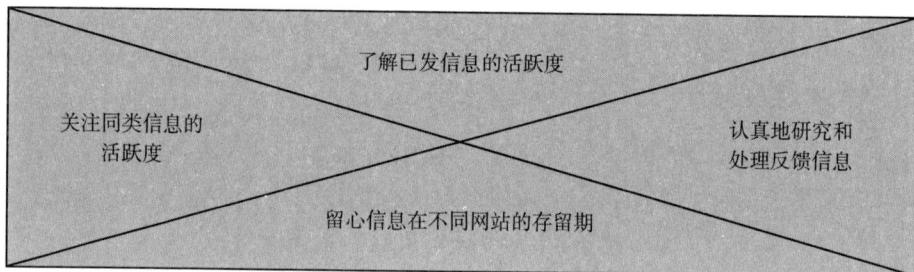

图 10-4　信息发布后的四个效果跟进工作

二、信息发布后的策划和推广

整理出信息的关键词。查找关键词可以通过第三方工具，如百度推广助手，或者通过百度指数相关需求图谱，或者根据搜索引擎的相关搜索下拉框以及推荐相关关键词。

整理信息关键词可以把关键词整理到工作表，然后进行大的分类，最后细分。

企业信息介绍。要求信息内容准确精练：要做到信息发布效果最大化，发布的信息内容非常关键，保证信息内容的全面准确是信息发布的基本要求。最好是以文字形式输出。

设计 LOGO 和图表，产品或新闻图片加注网址。

发布的信息内容中，只要可以链接的内容一定要提供链接，也可以填写网址、邮箱、QQ 号码等。

提高用户的体验程度，不但是文字还要包括图片、栏目设置、产品介绍以及多媒体演示等体验，让访问者花最短的时间了解想要的产品。

及时更新内容，保持信息的时效性。

发布的信息要记录，对发布的信息要加强管理。

优选发布网站。

多点发布。网上发布新信息，不是发布一次就可以一劳永逸，而是要进行信息的广域覆盖，才能提高被搜索率，更好地取得信息的发布效果。信息的多点发布主要由"一点多发"和"多点多发"两种模式。

信息的变类发布。信息的变类发布是信息发布一条重要原则。很多提供信息发布的网站分类不细或分类不准，产品放在哪一类别很难确定，有时一类产品可以归属两类。变类发布信息也是为了提高被搜索率，更好地取得发布效果。

【案例赏析】

小张淘宝店策划和推广

小张有一家茶叶淘宝店，价格十分优惠，货品也很齐全，可一个月下来，成交量为零。虽然她也花钱在网站上打了广告，可依然无效。

后来她到一些茶叶爱好者聚集的论坛里去发帖子，发些关于自己如何选茶叶的过程，而且还发布了一些照片，让大家看看茶叶，品评一下是否选对了，价格是不是合适。而且会留下些破绽，让那些茶叶爱好者认为小张的茶叶买贵了。

其实不然，事实上并不是真的买错了，这不过是个破绽，当然破绽绝对不会是原则性的，而是让大家觉得都在帮助小张，帮助她进步，帮助她创业。一来二去，她和这些论坛里的人都成为了朋友，她"成长"得很快，短短半个月的收茶过程中，她就成为论坛里的茶道高手。自然她的店子也就在这些人中有了口碑，一个真正茶道高手的店子，价格又便宜，自然受欢迎。而这些论坛里的朋友也开始喜欢到她的网店里订购一些茶叶，同时介绍自己的朋友去买茶。

刚开始不过是一包茶叶的小单，之后逐步开始有大单。短短几个月，生意红火起来了，来自全国各地的订单让小张每天都在发货，忙得不亦乐乎。其实就这么简单，这一次推广营销基本没花钱，效果却比花钱好上百倍。

课堂讨论：

1. 小张是利用了什么方法对她的店铺进行宣传？

2. 与同伴进行讨论，这种宣传方式较之前的传统的宣传方式有什么优势及劣势？

第四节　建立和推广营销导向型企业网站

一、网络营销网站概述

1. 网络营销网站的概念

在认识网络营销网站前，让我们先来了解下网络营销。网络营销有许多表达方法，至今还没有一个公认的、完善的定义，广义地说，凡是以互联网为主要手段进行的、为达到一定营销目标的经营活动，都可称之为网络营销。下面给出几个从不同角度对网络营销的定义。

从企业整体营销的角度给网络营销下定义：网络营销是企业整体营销战略的一个组成部分，是建立在互联网基础之上、借助于互联网特性来实现一定营销目标的一种营销手段。从网络营销的形式和实质给网络营销定义为：网络营销是指以现代营销理论为基础，以网络为传播手段，通过对市场的循环营销传播，达到满足消费者和商家需求的活动过程。不同的定义侧重点不同，但网络营销包括共同的活动，如网上调查、网上消费者行为分析、网络市场定位、网上营销策略制定、网上营销策略实施、网络营销的管理与控制等内容。

2. 网络营销网站的特征

在网站基本指导思想上表现为具有明确的目的性。

在网站功能方面，不仅要保证在技术上实现网站的基本功能，同时还要具有网站的网络营销功能。

在网站优化设计方面，不仅要适合搜索引擎的检索，更要适合用户通过网站获取信息和服务，并且方便网络管理员维护。

3. 网络营销导向型企业网站的建设原则

（1）系统性原则。企业网站是网络营销策略的基本组成部分，应充分了解企业的营销目标、行业竞争状况、产品特征、用户需求行为以及网站推广运营等基本问题，并将这些要素融入到网站建设方案中。

（2）适应性原则。企业网站的功能、内容、服务和表现形式等需要适应不断变化的网络营销环境，网站应具有连续性和可扩展性。

（3）简单性原则。在保证网站基本要素完整的前提下，尽可能减少不相关的内容、图片和多媒体文件等，使得用户以尽可能少的点击次数和尽可能短的时间获得需要的信息和服务。

（4）友好性原则。网站的友好性包括三个方面：对用户友好——满足用户需求、获得用户信任；对网络环境友好——适合搜索引擎检索、便于积累网络营销资源；对经营者友好——便于管理维护、提高工作效率。

（5）完整性原则。企业网站是企业在互联网上的经营场所，应该为用户提供完整的信息和服务：网站的基本要素合理、完整；网站的内容全面、有效；网站的服务和功能适用、方便；网站建设与网站运营维护衔接并提供支持。

4. 选择企业网站的种类和形式

企业网站是企业在互联网上进行网络营销和形象宣传的平台，相当于企业的网络名片，不但对企业形象是一个良好的宣传，同时可以辅助企业的销售，通过网络直接帮助企业实现产品的销售，企业可以利用网络网站来进行宣传、产品资讯发布、招聘等等。根据行业特性的差别，以及企业的建站目的和主要目标群体的不同，大致可以把企业网站分为以下三类：基本信息型网站、电子商务型网站、多媒体广告型网站（如表 10-4 所示）。

表 10-4　企业网站分类

类型	应用对象	内容	通俗称法
基本信息型	主要面向客户、业界人士或者普通浏览者，以介绍企业的基本资料、帮助树立企业形象为主	也可以适当提供行业内的新闻或者知识信息	这种网站通常也被形象地比喻为企业的"WEB Catalog"
电子商务型	主要面向供应商、客户或者企业产品（服务）的消费群体，以提供某种属于企业业务范围的服务或交易，或者为业务的服务、或者以交易为主	这样的网站可以说是正处于电子商务化的一个中间阶段，由于行业特色和企业投入的深度广度的不同，其电子商务化程度可能处于从比较初级的服务支持、产品列表到比较高级的网上支付的其中某一阶段	通常这种类型可以形象地称为"网上 XX 企业"。例如，网上银行、网上酒店等
多媒体广告型	主要面向客户或者企业产品（服务）的消费群体，以宣传企业的核心品牌形象或者主要产品（服务）为主	这种类型无论从目的上还是实际表现手法上，相对于普通网站而言更像一个平面广告或者电视广告	用"多媒体广告"来称呼这种类型的网站更贴切一点

5. 确立企业网站的功能

网站的功能在于信息量多，资讯更新快。网站上的资讯更新比任何传统媒介都快，通常几分钟之内就可以做到内容更新，从而使企业在最短的时间内发布最新的消息。网站宣传有"三全"：一是全方位；二是全天候；三是全世界。全方位是指可以宣传企业的各方面，而不必担心有时间限制、版面限制。全天候是指网站每天 24 小时不停开放，任何时间、任何人都可以去拜访。全世界是指网站是面向全世界的，无论是中国的，还是外国的，都可以看到您的网站，您的网站就是您的企业面向全世界的一个电视台、出版社、广播站。建立网站后，很快就会发现它独特的优势，可以在网站上发布调查表，得到来自消费者的最新资讯；还可以建立留言板，倾听消费者的呼声；还可以建立 BBs，请消费者为企业发展献计献策；还可以将自己的网站向世界上有名的搜索引擎注册，这样任何一个需要产品的人都能够很快地检索到产品，并来到该网站。

二、建设网站基本流程

1. 企业网站的定位

网站定位是一个网站能否运作成功的关键环节。那么如何做好这项定位呢？

（1）全面了解竞争对手。方法：在百度、搜狗中搜索关键词，必须得仔细搜索，看是否有相关网站出现，如果没有，初步定位不错，如果有，就进该站看一下，其中有几项值得注意：PR 值多少，内容是否完整，搜索引擎收录多少页，更重要的是反向链接数量，还有是否有顶级域名。如果时间多，可以给此网站发一封信，看回应的时间如何。

（2）全面了解目标人群。方法：在相关论坛上发一些类似调查的帖子，看看有多少人给你回复。若是回复太少，多半你的定位不合理，不受支持。一般情况下，定位准确，回帖就很多，还会给自己一些建议。多和周围的朋友聊天，把你的想法告诉他们，会得到相关的帮助；努力找到自己和目标人群的"共性"，切勿我行我素，网站是给大家看的，不是自己看。

（3）对目标人群细分，是很重要的。网站是给谁看的？所有人，主观上也许是，客观上最好不要，如果是电子商务网站，你的目标人群是所有人。每天给你3000IP 流量，你认为你的网站能给你带来多大收益？同样，你的目标人群是一部分人，每天给你 300IP 流量，你比较一下，哪一个给你的收益最大？

网站定位准确了。接下来你的网站设计就需要让顾客觉得很有吸引力或者使用起来很方便。下面要谈的就是如何进行网站的设计了。

2. 企业网站的设计

由于目前所见即所得类型的工具越来越多，使用也越来越方便，所以制作网页已经变成了一件轻松的工作。建立一个网站就像盖一幢大楼一样，它是一个系统工程，有自己特定的工作流程。你只有遵循这个步骤，按部就班地一步步来，才能设计出一个满意的网站。

（1）确定网站主题。网站主题就是你建立的网站所要包含的主要内容，一个网站必须要有一个明确的主题。特别是对于个人网站，不可能像综合网站那样做得内容大而全，包罗万象。通常个人没有这个能力，也没这个精力，所以必须要找准一个自己最感兴趣的主题，做深、做透，做出自己的特色，这样才能给用户留下深刻的印象。网站的主题无定则，只要是大家感兴趣的，任何内容都可以，但主题要鲜明，在网站的主题范围内做到大而全、精而深。

（2）搜集材料。明确了网站的主题以后，就要围绕主题开始搜集材料了。常言道"巧妇难为无米之炊"。要想让自己的网站有血有肉，能够吸引住用户，就要尽量搜集材料，搜集的材料越多，以后制作网站就越容易。

（3）规划网站。一个网站设计得成功与否，很大程度上取决于设计者的规划水平。规划网站就像设计师设计大楼一样，图纸设计好了，才能建成一幢漂亮的楼房。网站规划包含的内容很多，如网站的结构、栏目的设置、网站的风格、颜色搭配、版面布局、文字图片的运用等。只有在制作网页之前把这些方面都考虑到了，才能在制作时驾轻就熟，胸有成竹。

（4）选择合适的制作工具。尽管选择什么样的工具并不会影响设计网页的好坏，但是一款功能强大、使用简单的软件往往可以起到事半功倍的效果。网页制作涉及的工具比较多，首先就是网页制作工具了。目前大多数网民选用的都是所见即所得的编辑工具，这其中的优秀者当然是 Dreamweaver 和 Frontpage。如果是初学者，Frontpage2000 是首选。除此之外，还有图片编辑工具，如 Photo Shop、Photo Impact 等；动画制作工具，如 Flash、Cool 3d、Gif Animator 等；还有网页特效工具，如有声有色等。网上有许多这方面的软件，个人可以根据需要灵活运用。

（5）制作网页。材料有了，工具也选好了，下面就需要按照规划一步步地把想法变成现实。这是一个复杂而细致的过程，一定要按照先大后小、先简单后复杂来进行制作。所谓先大后小，就是说在制作网页时，先把大的结构设计好，再逐步完善小的结构设计。所谓先简单后复杂，就是先设计出简单的内容，再设计出复杂的内容，以便出现问题时及时修改。

（6）上传测试。网页制作完毕，最后要发布到 Web 服务器上，才能够让全世界的朋友观看。现在上传的工具有很多，有些网页制作工具本身就带有 Ftp 功能，利用这些 Ftp 工具，你可以很方便地把网站发布到自己申请的主页存放服务器上。网站上传以后，你要在浏览器中打开自己的网站，逐页逐个链接并进行测试，发现问题，及时修改，然后再上传测试。全部测试完毕就可以把网址发给大家，让他们来浏览。

（7）推广宣传。网页做好之后，还要不断地进行宣传，这样才能使更多的朋友认识它，提高网站的访问率和知名度。

（8）维护更新。网站要注意经常维护更新，保持内容的新鲜，不要一做好就放在那儿不变了。只有不断地给它补充新的内容，才能够吸引住浏览者。

（9）推广运营企业网站。网站建成以后，需要进行推广才能获得可观的访问量，使企业的经营取得实际的收益。因此，推广网站也是一项重要内容。网站推广是一个系统工程，这不仅表现为各种网站推广手段具有一定的关联性，更重要的是，理想的网站推广应该获得企业总体经营效果的提高，而不仅仅表现在网站访问量的增加上。如何根据企业的行业特征和营销资源等具体情况制定有效的网站推广综合解决方案呢？需要通过合理规划让有限的资金发挥最大的推广效果。

创建起一个网站很容易，因为现在有很多的软件支持，所以没有很专业的知识也能干起来。问题是如何创建出一个有特色的、能够持久发展的网站，是每一个站长都应提前考虑到的问题。我们的计划是：考虑现在的网民平均年龄；考虑网民的欣赏品位；考虑资源的多少；考虑未来网络发展的走向。根据这些展开网上调查，然后确定论坛的发展定位。常见的一些网站推广策略有如下九种方法，如图 10-5 所示。

投放网络广告	企业网站优化	微信公众号
软文营销	活动专题营销	论坛推广
微博营销	SEO 营销	E-mail 群发

图 10-5 网站推广策略的九种方法

建设网站可能有通用的建站模板，而搜索优化则需要针对每个网站的具体情况进行专门设计，要对原有的不规范的程序进行大量的修改，需要对网站结构和每个栏目每个网页的布局进行大量的调整，同时每个网页的内容描述都需要在用户获取信息行为分析和竞争者分析的基础上进行认真设计，其工作量要远远超过那些没有实现网络营销导向功能的网站建设。

网站优化是通过对网站功能、网站结构、网页布局、网站内容等要素的合理设计，使得网站内容和功能表现形式达到对用户友好并易于宣传推广的最佳效果，充分发挥网站的网络营销价值。

网站优化设计具体表现在三个方面：对用户优化、对网络环境（搜索引擎等）优化，以及对网站运营维护优化。

第五节　网上开店

一、网上开店概述

1. 网上开店的优势

网上开店是一种在互联网时代背景下诞生的新销售方式，区别于网下的传统商业模式。随着电子商务的迅猛发展，许多有一定传统资源的人，都正在计划或已经在网络上开拓出属于自己的天地，建立自己的网上商店。网上开店具有以下优势：投资少，回收快；不需要占用大量的资金；营业时间不限；地域限制小。

2. 网上开店如何盈利

网上开店的核心还是开店，只不过是由实体店换成了虚拟店。因此，网上开店同样面对进货、定价、推广、售后服务等一系列的问题，同样会有赚钱、亏损的情况。但由于网上开店方便简洁、成本低、经营灵活，因此网上开店的经营风险很小，导致人们产生错觉，认为网络就代表希望，网上开店值得投入时间和金钱。网上开店赚钱和赔钱的原因是多方面的。虽然投入的资金较低，但正常的商品选择、进货、营销等流程同网下开店是相同的，而网店的盈利与否也是由以下三方面所构成的。

（1）网店商品的选择。网店的商品决定网店所面对的顾客群，也决定了网店的商品销售范围，进而在最初就决定了所开的网店是否会盈利。任何一个卖家都需要考虑，如何突出自己小店的特色，使自己的市场产生壁垒，防止竞争对手的恶意竞争。网上开店要靠商品说话，要提供别人所不能提供的商品或者服务。换个专业的说法，就是要采取产品差异化策略。

（2）好的进货和发货渠道。进货渠道决定了商铺商品的价格和质量，而这也正是网上开店赚钱与否的最大决定因素，有好的进货渠道才能保证网店的商品价格，也只有好的进货渠道才能保证网店商品质量，才能保障网店顾客的回头率和网店的信誉，这两者也是决定网店经营情况的关键因素。而好的发货方式又可以节约商品配送上的花销。

（3）网店的营销策略。网店的经营推广也是决定网店盈利与否的一项重要因素，只有好的经营推广策略和好的推广手段才能保证自己网店的知名度，才能提高自己网店的访问量。也只有足够的客户访问量才能保证购物单数量，才能保证自己网店的盈利。

二、开店前准备及能力储备

1. 开店的条件

网上开店最大的好处是不需要太多的资金，只要有如下的一些硬件和软件，就可以在网上开家小店。

（1）网上开店的硬件要求。由于没有统一的标准，这里把网上开店的硬件要求分为两类，以便于各位卖家根据自己的经营策略和经济状况等进行取舍。

兼职型卖家的基本要求：一台计算机（可以刻录、上网），一台数码相机（高品质），一部手机（能随时联系到店长）即可。如果卖家是位兼职店长，且有稳定的交易额（交易额不高），那么对硬件的要求就严格了很多。当然，也不需要增添硬件，只是对硬件的要求提高了。首先需要一台计算机，还需要便捷、稳定的计算机网络；另外需要一个移动硬盘，以便于保存商品和客户的资料。还需要一台数码相机，能清晰地反映产品，因为网上开店主要是通过图片给客户展示产品。拥有高品质的数码相机，可以快速地把自己的产品多角度地、细致地反映到客户面前。

专业型卖家的基本要求：办公场所，一台计算机，一台笔记本电脑，一台数码相机，一部手机，一部固定电话，一台传真机，一台打印机和与产品相关设施。

（2）网上开店的软件要求。网上开店有很多软件方面的要求，有些非常专业和复杂。下面把一些简单的常用软件列出来，便于卖家根据自己的经营策略等进行取舍。①电子邮件。如：QQ 邮箱、网易邮箱、新浪邮箱等。②聊天软件。聊天软件非常重要，网上开店，打字聊天是最好的联系方式，你的生意就是在手指敲击键盘的时候谈成的。当然，打字要熟练，否则客户会认为你不认真。聊天软件非常多，常规的有 QQ、微信等，或者使用交易平台提供的沟通软件，如淘宝、旺旺等。③作图软件。尽管一些简单的作图就可以满足最初的需要，但为了更好的发展，建议学习 Photoshop 的操作。Photoshop 是目前应用最为广泛的图形图像处理软件之一，是一款比较优秀的图像处理软件，学习起来也比较容易。④文字编辑软件。在各种文档编辑制作的软件中，Word 是目前最通用、最流行的工具，主要用于编排文档，编辑和发送电子邮件，编辑和处理网页等。学会 Word 的基本操作后，就可以很方便地编写合同和自己的网站文案。

2. 网上开店的方式

网上开店选择什么样的方式，与自己的开业成本有关，同时也对自己的销售结果产生一定的影响。你要对各种不同的网上开店方式进行性价比的分析与比较，这样才会选择出合适你的平台。

（1）自助式开店。自助式开店是指在专业的大型网站上注册会员，开设个人的网店。像天猫、淘宝等许多大型 C2C 网站都是向个人提供网上开店服务，只要支付少量的相应费用，就可以拥有个人的网店，进行网上销售。

这种网上开店方式相当于去一些大的商场里租用一个店铺或柜台，借助大商场的影响与人气做生意。目前所看到的网上开店基本上都是采用这种方式。

（2）建设独立的网站。建设独立的网上商店是指经营者根据自己经营的商品情况，自行或委托他人设计一个网站。独立的网上商店通常都有一个顶级域名做网址，不挂靠在大型购物网站上，完全依靠经营者通过网上或者网下的宣传，吸引浏览者访问自己的网站，完成最终的销售。

当然，个性化的网店只有通过其他各种网站推广方式，才可以取得浏览者的关注，实现最终的商品交易。个性化网店由于需要独立证明卖家自己的信用，往往无法立即取得浏览者的信任。

（3）自己建网站和自助式开店相结合的方式。第三种网站开店的方式是两种方式的结合，指既在大型网站上开设网店，又有独立的销售网站。这种方式将前两者的优点集合，不足之处是投入相对较高。

许多网下的商店经营者认识到网络的作用，开始通过网络销售商品，而一些网上开店取得不错收益的经营者也会考虑在网下开一个实体店，两者相结合，销售效果相当不错。

三、网上商店的宣传

在网上开店可以根据自己店铺的经营规模和经营阶段，采取适合的网络宣传手段，一般来说，网上商店宣传有购买推荐位、登录导航网站、BBS 等若干种。

1. 购买推荐位

"推荐位"又称为"促销位"，购买"推荐位"这种网络推广方式，只适用于在 C2C 网上开店平台的店主们，而不适用于拥有独立的电子商务网站的店主。因为在网上开店平台上注册会员，登录商品的卖家有很多，不止你一个，大家卖的商品种类加在一起也有成千上万。而对于网上买东西的顾客来说，他们很少有耐心去看完所有的商品列表，所以排列在第一项的商品相对来说会更加吸引人们的眼球。浏览量的上升，使成交的机会相对就会大一些。对于一些热门的商品，购买"推荐位"更显得必要，不过购买"推荐位"是要付费的，所以要有选择地购买。

2. 登录导航网站

这几年网络上流行一种被称为网址站的导航网络，最知名的当数 hao123 网络之家了。这类导航网站其实就是早期的搜索引擎分类目录，以集中搜索各种类别的网站地址，堆在一个网页里，方便不太会使用搜索引擎的普通网民或懒人使用，访问量一般都很高。对于一个流量不大、知名度不高的网站来说，导航网站给你带来的流量远远超过搜索引擎以及其他方法。

3. 加入网站联盟

随着网上开店的火热，网络上出现了一些专门为店主设计的网站，他们把在易趣网、淘宝网等 C2C 网上开店平台上开设店铺的店主集中起来，一起交流经验心得，而如果你加入这些联盟，这些联盟就会把你的店铺地址放到相应的页面，帮助你的小店推广。

4. 利用友情链接宣传店铺

友情链接可以给一个网站带来稳定的访问量，还有助于提升网站在 Google 等搜索引擎中的排名。对于网上开店的店主来说，有两种友情链接形式：一种是常见的拥有独立网站的站长，这些站长可以主动向一些网站的站长发送友情链接申请，一般如果你和对方的网站访问量相当、内容不冲突的话，对方站长都会予以交换链接；另一种是在淘宝网、易趣网等开店平台上开店的店主，这些开店平台硬性规定店主只能与其旗下的店铺交换链接，所以你只能给同样是在相应开店平台上开店的店主发送友情链接。

5. BBS、论坛、社区宣传

在各种留言簿、论坛、聊天室、新闻组发布信息引人注意，这种方式不但有效而且还是免费的。具体方式想必大家也都清楚了，但需要记住两点：一是要找人气旺、高质量的论坛或留言簿发布信息；二是要注意别让人觉得明显是做广告的，因为这样不但会引起论坛网友的反感，也可能会被版主删除帖子甚至封杀账号。你完全可以潜移默化地进行推广，例如探讨某个问题的同时，把自己的小店网址留下来，或者干脆把广告做在你的论坛签名档中。记住不要老是写"欢迎光临我的小店"之类的话，应多与网友进行诚意的交流，在适当时提一下自己的网站地址和内容便可以了。

【案例分析】

她很平凡，拥有的是做母亲的生活阅历

淘宝网上有许多店主走过的是这样一个过程：大学毕业了，在某家公司工作；结婚了，要生宝宝了，辞职了；生宝宝以后在网上购买各种婴儿用品；有了做母亲的生活阅历，决定开一家卖婴儿用品的网店。

杭州的蒋萍就是这样的经历。蒋萍今年 30 多岁了，大学毕业以后进入一家政府机关工作，平平淡淡地度过了六年。六年后恰逢机构改革被精简了，属于停薪留职那种，正好这时候怀上宝宝了，就在家乖乖地做"妈妈"了。等宝宝十个月大的时候，蒋萍重新出去找工作，她很顺利地找到了一份适合自己的工作，受同事影响，她开了一家处理闲置用品的网店，业绩不错，并且一直维持至今。现

在，她的网店已经是皇冠了，她两头都放弃不了，就成了兼职的网店老板。

一、开始的念头，只是想处理一些闲置用品

"开网店也纯属偶然。"蒋萍这样开始了讲述，"我刚进新公司工作，周边的老同学、老朋友似乎都在开网店，没事都弄个网店玩玩，而且还蛮带劲的，我的好朋友居然玩到了'杭州商盟盟主'，在她的带动下我也加入了商盟，也开起了网店。"

一开始，蒋萍开店是带着一种玩的心态。当时淘宝规定必须有十件商品才可以申请店铺，可就这十件商品让蒋萍为了难，于是她从同学那里借了几件，自己再拿出几件宝宝的闲置新衣，总算把店给撑起来了。

开店的第一年冬天，蒋萍的女儿正好两周岁，老是尿裤子，每天婆婆给孩子换洗都来不及。蒋萍就从商场跑到市场，凡是看得上眼的，每个牌子都买一条棉毛裤。婆婆天天给女儿换洗，比较有经验了，判断说在服装市场上买的"婴之谷"品牌的料子最好，洗过之后还像新的一样。蒋萍受到称赞，干脆订了一批棉毛裤，结果女儿刚过两周岁生日就会叫"尿尿"了，于是刚批过来的棉毛裤多余了。蒋萍正愁网店东东接不上呢，就跟同事借了数码相机，拍照上架，同时在店铺里也把多余的故事写了进去，没想到第二天就有成交了，买家也是一位妈妈，跟蒋萍一样的情况，于是网店就从卖婴儿棉毛裤开始了。这时候，蒋萍才感觉到原来自己的闲置物品还能帮到别人。蒋萍也开始认准了这个牌子和料子，每次给女儿买衣裤，都会顺带着批发，然后把多余的上网卖。卖完了闲置，她就等着，有买家又拍下了，蒋萍才再去进一批来。进货都是利用中午休息时间的，生意好起来以后，蒋萍每天中午都顾不上吃饭，会赶着去市场进货，然后带到家里，打包，填单，发货。

二、学习做品牌代理

蒋萍坦言，生意慢慢好起来以后，她就开始考虑做品牌了。她决定先做童装，正好吻合自己喜欢给女儿买衣服的需要，可能是自己照相技术的原因吧，蒋萍选中的衣服很少有人来买，难得碰到好销的款，也总会留下最小的号没人要，因为妈妈们都怕宝宝长得快，喜欢买大一号的。品牌童装大概维持了半年，蒋萍感觉这样做下去不行，衣服的库存逐渐增加，等于没钱赚，甚至是亏本，于是转行卖围巾了。真丝的围巾，跟同学一起低价进来的，搞网上拍卖。当时网上比较

流行荷兰拍，蒋萍的小店人气一下子就上去了，一条丝巾，30cm×30cm 的，通常都是在 5~6 元就成交，基本没赚钱，但信誉冲上去了。有了人气，蒋萍感觉自己还是喜欢做童装，就继续往这个方向发展。蒋萍说这是她的爱好，"我喜欢给女儿打扮，外出看到漂亮的小朋友也都不舍得放手的"。不过，蒋萍这次改变了进货的通道，她从专业的网站进货，图片是现成的，也省去了自己拍照的辛苦。

三、做妈妈的经历很重要

蒋萍的店里陈列了许多与婴儿有关的东西以后，引来了许多准妈妈和妈妈的客户，她们和蒋萍交流，暴露出现在很多准妈妈什么都不懂，这跟现在的妈妈们都是独生子女有关，因此，蒋萍在跟客户交流的时候，谈得更多的是商品以外的东西，这些客户更加关心的也是如何当妈妈，这才是她们真正的需要，而蒋萍也从中得到了一种"满足"，这种满足的感觉不是赚到了多少钱，而是一种"被认可"的满足吧。蒋萍因为帮助了她们而自豪，所以再怎么辛苦都不觉得累。她举了这样一个例子：

"准妈妈们和我谈什么？例如宝宝不爱吃奶瓶怎么办？这个问题问得最多。杭州的商品条件很好，找品牌的供应商很容易，一般在杭州四季青市场里面都有代理点的。我在店里引进这个产品以后，销售得很好，有位妈妈还在淘宝论坛里写过推荐的呢，就是因为我推荐她使用 NUK 的乳胶奶嘴，宝宝很快就会吸奶瓶了。"

四、皇冠是一种无形资产

蒋萍现在已经是皇冠店了，她现在处在两难中。她既不愿意放弃自己现在的工作，也期待网店有更好的发展。我们开始讨论这个问题。

蒋萍说，"跟你说一句最想说的话：其实，我对自己网店将来的发展，只能用'随波逐流'来形容。但这些年来我对网店，一直用一种兼职的方法做到现在，这对我来说已经是一种成功。"

一个店做成了皇冠，就有了许多无形资产了，包括管理、经验、服务、员工、客户、数据……就是说，皇冠做其他产品也会成功的。其中的一部分企业，尤其是中小企业会重视皇冠。

五、妈妈开店优势

全职的新妈妈因为宝宝还未上幼儿园，所以要花更多精力照顾孩子。易趣、淘宝网等网站上还有许多全职妈妈的孩子已经入园或者上学，她们每天早上为宝宝做好早餐、送孩子去学校之后，就全心全意投入网店经营，下午接孩子回家后陪宝宝、做晚饭，等孩子睡觉后再处理订单和发货事务。妈妈卖家们往往有亲身经历，与买家之间易拉近距离。能结合自己经验为买家解惑，有利于销售。此外，妈妈卖家们还能在交易中结识一些志同道合的妈妈，沟通育儿经验。

根据上述案例，试分析：

1. 通过这案例你有什么样的启示？

2. 有效的网上开店的技巧有哪些？

【本章小结】

● 网络策划是以谋略、计策、计划等理性形式表现出来的思维运动，是直接用于指导企业网络营销实践的。

● 网站建设始于网络策划，网络策划的好坏直接影响到网站建设的效果。

● 网络市场调查是在互联网上针对特定营销环境进行调查设计、收集资料和初步分析的活动。

● 网上信息发布要提供详尽的信息源，并建立有效的信息传播渠道，让用户尽可能方便地获取有价值的信息，并且为促成信息的双向传递创造条件。

● 可以通过网上开店的形式，节省成本并更好地进行企业宣传。

【思辨题】

1. 如果让你进行一次网络策划，你会怎么做，请谈谈你的方法及步骤。

2. 你想要进行一次市场调查，你会以一种怎样的方式进行？你会如何让这个调查的范围扩大？

3. 假设你有一个网络商店，你会怎样经营？同时你如何对你的店铺进行宣传？

‖第十一章‖
企业创业策划

【教学目标】

通过本章学习，了解创业策划存在的必要性、含义及作用。明白创业策划前期准备。熟悉创业策划的考虑因素。能够完成一份合格的创业策划书。并对互联网创业有所了解。

【教学要求】

知识要点	能力要求	相关知识
创业策划的存在必要性、含义、作用	认识、了解创业策划的意义	创业策划存在的含义、必要性及作用
创业策划前期准备	熟知创业策划的前期准备	创业策划的前期准备——选定行业的相关要素
创业策划考虑因素	掌握创业策划考虑因素	八个相关要素
创业策划书示范	熟悉策划书流程	策划书的条目

【开篇阅读】

黄凯创业成功案例

2006 年 10 月，大二的黄凯开始在淘宝网上贩卖《三国杀》，没想到大受欢迎，而毕业后的黄凯并没有任何找工作的打算，而是借了 5 万元注册了一家公司，开始做起《三国杀》的生意，2009 年 6 月底，《三国杀》成为中国被移植至网游平台的一款桌上游戏，2010 年《三国杀》正版桌上游戏售出 200 多万套。

粗略估计，《三国杀》迄今至少给黄凯带来了几千万元的收益，并且随着《三国杀》品牌的发展，收益还将会继续增加。

大学：挂过科，失过恋，设计了《三国杀》。

从小我就有兴趣做桌面游戏，念初中的时候常把卡牌放在书下，做会儿作业画会儿卡牌。高中时很难描述自己以后想要做什么，看到"游戏设计"这个专业觉得已经很接近自己未来的一个期待就去报考。我运气比较好，正好赶上本科专业可以学习自己喜欢的东西，我从小喜欢画画的爱好才得以保持下来。

我是广院（现中国传媒大学）第一届游戏设计专业的学生。大一、大二学的东西相对比较枯燥，很多课不知道以后能用在什么地方，高数、线性代数常会让很多艺术类的学生比较崩溃。我也挂过科，好像是数学还是政治挂过一科，但后来补考都过了。

大二时通过网络了解到很多国外的游戏，才知道桌上游戏的世界有这么大，于是开始不断地去学习，下课就把画好的牌拿出来给大家玩。由于本身是游戏设计专业，设计游戏变得正大光明也做得更专业了。

大学毕业之前失恋了，当时头脑比较混乱，有一段时间常常是一个人闷在屋子里，不想《三国杀》，连毕业设计也不做。过了很长一段时间才慢慢放下，后面的四个月里一边做毕业设计一边画卡牌，真正走出来以后才觉得成就感十足。

我们是"80 后合伙人"。

2008 年，大四，第一套手绘制作的龙版《三国杀》设计出来了，我和朋友杜彬一起成立公司"游卡桌游"，这算是创业的开始。

杜彬当时是清华的在读博士，当时一个瑞典同学从国外带回很多桌游的游戏在同学圈里玩，他觉得挺新颖的，但他在国内能搜到的除了我在网上卖的几套手工制作的牌，其他都是老式的跳棋之类的游戏。

龙版《三国杀》做出来没多久，很快就有人找来说投资，那时候大家都认识到《三国杀》online 是一个马上要做的一个线上版本。

关于我们创业的故事，后半段都还好，最开始纠结的点在于要不要来做这个行业，毕竟我们是以开拓者的身份在做一个从来没有人涉足的领域。以公司化形态运作后各种麻烦接踵而至，我们都是新人，关于这个产业、宣传推广、市场公关都是一家家去跑，开发部门也是，每个人都要做很多份工作。氛围倒是其乐融融，大家也乐在其中，那是最有创业感觉的时候。

相比很多的创业故事来说，我自己心里觉得不算太苦。公司发展历史上融过几次资，心情上也有过大起大落。最能让我高兴的大事就是《三国杀》比赛的举办。起初是北京的一些玩家圈子里自发组织的，比赛非常激烈，我甚至在比赛现场就开始设计新的比赛规则。"3V3模式"就是比赛现场迸发的设计灵感。大家都没想过这个游戏还能办比赛，最开始的几场比赛人手不足，我就当幕后的操作员，在大屏幕上及时地给大家画画玩，当时觉得非常的开心，这种开心是看到玩家热情的参与，很多围绕你的游戏进行讨论，只有靠比赛才能聚集到这么多人。《三国杀》的游戏卖了很多套，我从没想过能和玩家有这么大规模的交流。

我还没看过《中国合伙人》，一直想去看。"不要和最好的朋友一起开公司"这句话我觉得有点道理，但从我和杜彬的情况来看说实话不算是最好的朋友而且这种关系也会不断地发生变化。我们对桌游对创业都有共同的认识，这让我们能成为合伙人，现在我和杜彬是工作和友情的关系，其他方面会分得很开，君子之交淡如水。

你努力，但你不在风口上；你聪明，但你不在潮流中！点击后方链接，击溃"然并卵"！

案例讨论：

1. 创业前期应该注重什么？需不需要策划？

2. 如果你知道创业过程中屡屡碰壁，该如何应对？

3. 如果你前期做一个策划，你会考虑哪些因素？

第一节　创业策划的含义、必要性及作用

一、创业策划含义

做任何事都离不开策划，创业更是如此。把创业过程系统地加以归纳整理，即我们常说的创业策划。有了创业策划，你就可以将纷繁复杂的创业过程按策划项目完成。可以毫不夸张地说，创业策划的好坏，直接影响着人们的创业成败。

但是，我们当中绝大多数人是初次创业，他们不可能像熟悉穿衣流程那样熟

悉创业流程，因此，制定一份详尽的创业策划显然势在必行。所谓创业策划，即一份关系到未来企业要做什么、如何去做以及获利情况预测等的书面表述。

创业策划是创业者在初创企业成立之前就某一项具有市场前景的新产品或服务，用来描述创办一个新企业时所有的内部和外部要素，并可以向潜在投资者、风险投资公司、合作伙伴等游说以取得合作支持或风险投资的可行性商业报告。创业策划通常是各项职能如市场营销策划、生产和销售策划、财务策划、人力资源策划等的集成，同时也是提出创业的头三年内所有中期和短期决策制度的方针。

二、创业策划必要性

1. 创业难题

谈到创业，几乎人人都有一套可以高谈阔论的生意经，然而真正付诸执行的个案实在是屈指可数。谈"创业"的人越来越多，但真正创业成功的人却很少。一部分人仅仅将创业挂在嘴边，缺乏付诸实施的勇气和决心；一部分人尽管雄心勃勃地投入到创业队伍中，到头来却惨败而归；更有一些人压根没想过要创业，在他们看来"创业难，难于上青天"。那么，创业为什么在人们眼中如此艰难，又体现在哪些方面呢，当我们决心创业之前，这个问题必须要想清楚。一般来讲，创业之难，体现在如下四个方面：

难题一：创意。

稀奇古怪的想法不见得是好的创意。如何既能独辟蹊径，又能被市场和顾客所接受，才是创意的精髓所在。

难题二：资金。

没钱，再好的想法也是空想。怎样才能在短时间内获得足够的创业资金？

难题三：团队。

创业不是一个人所能完成的。不过，要招募到志同道合、同甘共苦的团队又着实不易。

难题四：风险。

任何创业都存在风险，你的付出不可能总有同等的回报，万一创业失败，该怎么办？

2. 现金创业优势

在知道创业艰难的同时，我们还有必要了解一下如今的发展态势下创业都有哪些优势。

优势一：信息服务。

互联网的发展极大地促进了信息的交流与传播，创业者能更快、更方便地获取所需要的任何信息。

优势二：政策支持。

国家政策对创业者实行前所未有的支持，创业者办理相关手续后，就能获得相应的政策和资金支持。

优势三：专业顾问。

经验丰富的企业顾问能帮助创业者解决不少难题。如果你愿意，还可以到书店买一大堆创业指导书，抱回家慢慢钻研。

凡事预则立，不预则废。

中小企业创业，天时地利人和，一个都不能少。创业者的创业筹备的充足与否，直接关系到企业创立后的成败。如此说来，只要我们充分发挥创业优势、有效解决创业难题，离创业成功也就不远了。但在具体操作过程中却复杂得多，创业者必须合理安排每一个环节，同时确保各环节的衔接与整个工程的协调，这样创业策划就显得非常重要且意义重大了。

三、创业策划作用

对于创业策划的作用而言，至少包括以下三个方面的作用：

其一，帮助创业者自我评价，理清思路。在创业融资之前，创业策划首先应该是给创业者自己看的。办企业不是"过家家"，创业者应该以认真的态度对自己所有的资源、已知的市场情况和初步的竞争策略做尽可能详尽的分析，并提出一个初步的行动策划，通过创业策划做到使自己心中有数。另外，创业策划还是创业资金准备和风险分析的必要手段。对初创的企业来说，创业策划的作用尤为重要，一个酝酿中的项目，往往很模糊，通过制定创业策划，把正反理由都书写下来，然后再逐条推敲，创业者就能对这一项目有更加清晰的认识。

其二，帮助创业者凝聚人心，有效管理。一份完美的创业策划可以增强创业者的自信，使创业者明显感到对企业更容易控制、对经营更有把握。因为创业策划提供了企业全部的现状和未来发展的方向，也为企业提供了良好的效益评价体系和管理监控指标。创业策划使得创业者在创业实践中有章可循。

创业策划通过描绘新创企业的发展前景和成长潜力，使管理层和员工对企业及个人的未来充满信心，并明确要从事什么项目和活动，从而使大家了解将要充当什么角色，完成什么工作，以及自己是否胜任这些工作。因此，创业策划对于创业者吸引所需要的人力资源凝聚人心具有重要作用。

其三，帮助创业者对外宣传，获得融资。创业策划作为一份全方位的项目策划，对即将展开的创业项目进行可行性分析的过程，也在向风险投资商、银行、客户和供应商宣传拟建的企业及其经营方式，包括企业的产品、营销、市场及人员、制度、管理等各个方面。在一定程度上也可以是拟建企业对外进行宣传和包装的文件。

一份完美的创业策划不但会增强创业者自己的信心，也会增强风险投资家、合作伙伴、员工、供应商、分销商对创业者的信心。而这些信心，正是企业走向创业成功的基础。

有些创业者认为，根本没必要花费太多的时间和精力撰写创业策划，只需花上几小时做个 Power Point 就 OK 了，它同样可以表达你的想法。

对此，美国风险投资专家比尔·麦卡利尔（Bill McAleer）的建议是："Power Point 可以让创业者在陈述时更有针对性，还能帮助他们理清思路。但我还是希望能够看到一份写得更详细、具体，能对创业所涉及的各个环节做更清楚解释的创业策划，这些是 Power Point 无法做到的。"

这也是我们反复强调创业策划重要性的原因之一。在创业过程中，如果没有精密的统筹规划，没有想过自己的企业应该如何定位、将来如何发展，而是走一步看一步，一味迎合短期的市场需求，迟早会被市场淘汰。而创业策划正是对未来创业的一次预想，一场纸上的创业演习，所以，千万不要因为偷懒而试图用别的方式取代创业策划。

从图 11-1 中很容易看出，一份好的创业策划不仅可以成为创业者的行动指南，还能吸引投资者和有才之士加盟公司，这就有效地解决了开创公司所必需的财力、人力两大难题。而在实际创业过程中，创业策划的巨大作用显然不止于此，还可以帮你评估市场的发展潜力、检查财政及资金状况、对你创业过程中从事的大大小小的事进行考量……

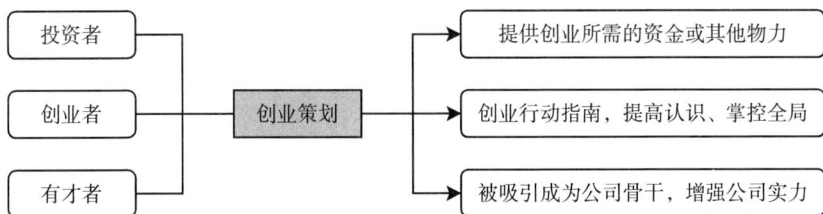

图 11-1　撰写创业策划

需要提醒大家的是，千万不要以为撰写创业策划是项一劳永逸的工作。你最初进行的预测和分析或许并不适合市场。因此，你必须密切关注市场和整个局势，以便及早洞悉其中微妙的变化，进而不断更新创业策划，以顺应市场变化的需求。不过，在创业开始之前，你要做的就是做好充分准备，写一份现阶段还算完善的创业策划。

第二节　创业策划的前期准备——选定行业

掘金要选好矿，钓鱼要选好塘。

在一个非金矿区掘金或在死海钓鱼，付出再大的努力也得不到任何收获。创业者创业，也如同掘金和钓鱼，需要选对自己所投资的行业。好的行业，是创业成功的前提，它为企业今后的生存、发展与壮大，提供了可能性和铺平了道路。当然，世上没有绝对的热门行业，选定合适的创业行业，对创业者来说是一个较难的课题。

一、生意的季节性

大多数行业中的销售和利润都存在着季节性变化。在受季节性影响非常大的场合，经营者必须为抵消这种影响而做某些调整。

第一种调整措施通常是从事季节特征各有不同的多种业务人员。例如防风门窗的制造商在夏季的几个月里可以增加一条遮阳篷生产线，专营供暖产品的企业可以兼营空调设备。

第二种调整措施就是保持一支规模较小的永久性员工队伍，在旺季时则通过招募临时员工来满足工作需要。

第三种调整措施是在全年度里均衡生产从而为旺季进行大量储备。

以上所提到的调整措施以及其他一些办法使创业者能以一个合理的效率进行经营。这就要求创业者有很高的经营技巧，而有些调整措施（如建立储备）可能伴随着很高的风险。因此，季节性过强在经营中被看作是一个负面的因素。

这种负面的因素是客观存在的，作为一个创业者，只有努力去适应它。

二、受宏观经济形势的影响程度

除去少数例外，大多数行业在经济衰退时都要受到负面的影响，但低价生活必需品受到的冲击最小。

对那些能够推迟消费的商品来说经济兴衰的影响最为明显。希望更新自己汽车的消费者可能会将购买行为推迟一年或几年，因此汽车制造商在景气年份必须开足马力生产而在萧条年份则只能发挥 60% 的生产能力。如果该公司的保本开工率为 80%，它在景气年份的利润会十分丰厚而在萧条年份则会蒙受损失。认识不到宏观经济对企业的影响会使企业陷入困境，甚至还会造成企业的破产。

三、产业的受管制程度

尽管我国迫切需要在更大程度上开发自给自足的能源，但新能源的开发却一再被延误，例如像核电厂那样，被迫在非经济规模的水平上运行。而在制药业中，管制者们大大减缓了新药诞生的速度。尽管可以让消费者免受不合格新产品的影响，但这种过度管制同时也使消费者不能享用那些能够改善其健康状况，甚至可以挽救他们生命的新药。

由于制药业的例子非常清晰，所以经常被用来说明过多管制的危害。其实，国民经济的所有领域都直接或间接地受到不适当管制的羁绊。在跨入行业之前，应当对影响企业发展的各种政策管制予以特别的注意。应避免从事那些仍处在初期管制阶段的行业，这些领域中的规则还不完备，经常朝令夕改且往往起着反作用。创业者在选择行业时应加以注意。

以下是管制程度较高的几个行业：通信业（包括电视和广播）、制药业、化妆品制造业（包括人们内服或外用的任何产品）、食品制造业、证券业、保险业、含酒精饮料制造业等。

四、行业的成长性

这项因素对于那些关注投资安全的创业者具有非同寻常的重要性。对于一个经营领域来说成长性是一个令人欢迎的词汇。

当评估某一行业的成长性时，销售额的高低并非是一个充分的衡量尺度。销售额的增长可能是由于商品销售数量的增加，也可能是由于涨价，还可能是两者共同作用的结果。那些仅靠提价来实现销售额和利润增长的企业，当其提价幅度超过经济总体通货膨胀幅度时，就可能由于价格过高而被逐出市场。

创业者在寻找成长性行业时，应当谨慎从事。处于成长阶段的产业能够为那些成活在该领域中的公司提供很好的发展前景，但企业成活率是微乎其微的。在改革开放后的一段时期里，彩电行业飞速地增长，使许多大企业纷纷跨入了这一领域。不到十年时间，只有屈指可数的几家站稳了脚跟，绝大多数逐鹿者都退出角逐。在其他领域中也重复着这一过程。

因此，创业者应尽力避免进入这种处于早期成长阶段的产业。即使一家新公司能够快速成长，这种扩张也会带来诸如融资困难以及难以对企业保持有效控制等问题。

当一家公司的规模在整个产业中相对较小，同时拥有特别的竞争优势时，即便在低成长产业中也有迅速成长的可能。

五、盈利能力

盈利能力是衡量企业成败的另一个标准。获得成功的企业都有一个共同的特征，就是它们都有平均水平以上的盈利能力，这一点保证了他们的高增长率。例如一家回报率为6%的公司在12年内能够实现翻番，但如果回报率提高到20%，在同一期间内，能够实现9倍的增长。

高利润率还具有防御功能。一家具有平均水平以上盈利能力的公司较容易筹措资金，这使得它在经济低潮时期的脆弱性得以降低。另外，盈利性强的公司还有能力引进降低成本的设备。当整个行业面临严峻的经济形势时，资金能力强的公司能够从较弱的企业那里获得额外的市场份额，这将弥补可能产生的利润降低。

利润是经济进步的必要因素。因此在选择自己的事业时，人们应该选择那些因拥有优质的产品和服务而具有较高的盈利能力的行业。

第三节　创业策划分析

一、项目可行性分析

当你选定了创业项目之后，接下来就要对项目进行可行性分析了，这也是创业策划中必不可少的内容，具体如表11-1所示。

表11-1　项目可行性分析

1. 对项目所属行业的分析	该行业的生命周期如何？是刚刚萌芽，还是正走向衰退？
2. 对项目所处阶段的分析	该项目目前发展到哪一阶段？还有多大的发展空间？
3. 对项目自身优势的分析	本公司在开展这一项目时具备哪些优势，如政策、技术优势等？
4. 对项目风险的分析	公司在运作该项目时都存在哪些风险，有没有化解的方法？
5. 对竞争者的分析	目前市场上从事同一项目的竞争者有哪些，自己如何脱颖而出？
6. 对项目前景的分析	对本公司在该项目上的发展进行前景预测及所要达成的目标。

之所以对项目进行可行性分析，是为了对项目的可操作性和优势所在进行一个总体的把握，同时也为了让投资者或合作伙伴对项目有一个初步了解和直观印象。在创业策划中，这项内容应该体现在策划摘要中。

策划摘要通常列在创业策划的最前面，它浓缩了整个创业策划的精华，是创业策划的导言。它要求创业者在有限的字数内，将整个创业策划的特点和最有价值的东西如实地反映出来。因此，策划摘要的好坏直接决定着整个创业策划的质量。有人说，如果你不能在前三分钟内吸引投资者，就别指望让他们掏钱投资了。这话虽然有些略显夸张，却也从一个侧面反映了策划摘要的重要性。

策划摘要一般包括公司概况、产品信息、市场介绍、行业分析、营销策略、资金状况等基本信息。在这一过程中，创业者应尽量突出公司的自身优势和获得成功的关键因素，同时，你必须做到言简意赅，倘若你的策划摘要长达数十页，不仅看起来麻烦，投资者也会觉得你根本不知道自己在做什么。

既然要突出自身优势，那么对项目的可行性分析就显得尤为重要。但是，在实际操作中，许多人根本不知道怎样对项目进行可行性分析，他们将可行性分析片面理解为吸引投资的工具，一味夸大、美化项目，吹嘘公司规模如何大、品牌价值如何高、拥有多少专利、投资回报多高等。事实上，这样不仅不利于公司未来的发展，也不足以令投资者信服。要知道，投资者不是傻子，他们需要的是具体的分析和调查，至于投资回报，投资者们更相信自己的计算。

因此，创业者在进行项目的可行性分析时，一定要本着客观、理性的原则，在充分调研的基础上对项目加以分析。当然，你可以融入自己的理解和对项目的美好憧憬，但一定不能毫无边际地夸夸其谈。

【案例赏析】

太阳能组件厂项目分析

太阳能是最好的可再生能源之一，因此，太阳能光伏发电具备可持续发展的特征，在未来的发展中，它极有可能进入人类能源结构，成为基础能源的重要组成部分。

随着技术的进步，太阳能发电的成本也越来越低，同石化类能源发电的成本相比，目前美国已经达到了 1:1.7 的水平，预计在 2~3 年内，太阳能发电的成本将会低于石化类能源发电的成本。

目前该行业的市场缺口很大，仅浙江、江苏、广东等地每年就有大量的太阳能庭院灯需要出口，年销售额高达 5 亿元。调研发现，目前该行业的平均利润在 30% 左右，即使较小的组件厂，利润也在 20% 以上。经过反复的市场调查和分析，太阳能光伏发电的确是个新兴的朝阳产业。而浙江又是能源消耗大省。因此，拟决定和清华大学、浙江大学、北京太阳能技术研究所和香港理工大学等专业机构建立紧密的合作模式，在杭州周边创办太阳能光伏发电组件厂，并且逐步创建中国第一个太阳能光伏发电产业基地——中国绿色能源产业城。

　　该项目的主要风险集中在初期进购原料时的价格等成本风险。由于组件厂前期还未打开市场，且知名度不高，只能将产品卖给国际上的小经销商，因此价格也会偏低。

课堂讨论：

项目可行性分析需要注意的事项。

上面的案例告诉我们，在进行项目分析时，需要注意的事项见图 11-2。

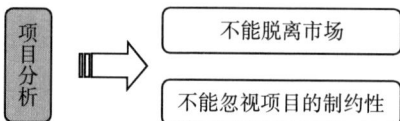

图 11-2　项目分析

　　为什么这么说呢？首先，项目的好坏创业者说了不算、投资者说了也不算，只有放到市场当中，被市场认可了才能称得上是一个好项目。因此，在进行项目分析时，只有充分考虑市场因素、经反复调研得出的结论，才最令人信服。

　　另外，不争的事实表明：任何项目都不可能做到十全十美，或多或少都存在一些制约性。这些制约可能来自国家政策，也可能缺乏一定的技术支持。例如：开发火星旅游表面上看起来是个绝好的项目——填补市场空白、吸引力大、利润可观，然而在目前的条件下，这个项目却没有任何意义。

二、产品、服务定位分析

　　无论你的创业项目多么与众不同，都必须要推出产品。当然，服务也是一种产品。日本经营之神、松下电器公司的创始人松下幸之助曾说："不要卖给顾客吸引他们的产品，而是要卖给顾客对他们有用的产品。"简简单单一句话道出了产品的真谛，也是创业者在进行产品分析时必须遵循的黄金法则。

　　产品、服务质量是一个企业能否在激烈的市场竞争中博得一席之地的关键因素。

　　一般而言，在选定产品、服务之后，创业者需要在创业策划上如实写下这些基本信息，见表 11-2。

表 11-2　产品、服务定位分析表

产品/服务概念	用简单易懂的语言介绍你的产品是什么，最好附上产品原型或照片
产品/服务性能	该产品都有哪些功能（尽量避免使用专业术语），适用于哪类人群
产品技术原理	该产品在系统设计上有何优势，技术难点是什么，目前处于何种阶段
产品品牌专利	有关产品专利、许可证、商标、著作权、政府批文等相关信息
产品成本分析	产品的生产成本包括哪些方面、大概多少，售价多少较为合适
产品营销渠道	该产品拟通过哪些渠道投向市场，采用何种方式打开市场
产品市场预测	产品投放市场后预计有何反响，大概会有多大的收益和发展空间

　　若要你的投资者和合伙人对产品产生兴趣，单靠上面的基本信息介绍是远远不够的，你应该把他们拉到你的产品或服务中来，让他们有理由相信，你的产品将会引发史无前例的抢购热潮，并对整个世界产生革命性的影响。当他们读了创业策划中关于产品、服务的介绍，会不由自主地感慨说："这种产品（这项服务）真是妙不可言，鼓舞人心！"

　　要做到这一点并不难，你只需认真思考并回答好如下几个问题，如图 11-3所示。

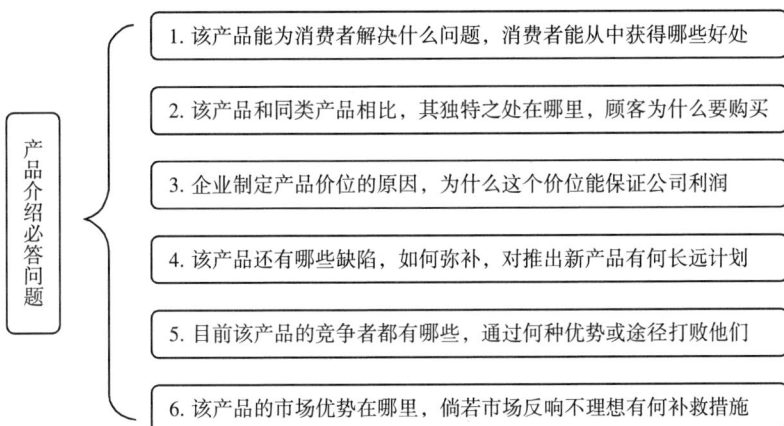

产品介绍必答问题

1. 该产品能为消费者解决什么问题，消费者能从中获得哪些好处

2. 该产品和同类产品相比，其独特之处在哪里，顾客为什么要购买

3. 企业制定产品价位的原因，为什么这个价位能保证公司利润

4. 该产品还有哪些缺陷，如何弥补，对推出新产品有何长远计划

5. 目前该产品的竞争者都有哪些，通过何种优势或途径打败他们

6. 该产品的市场优势在哪里，倘若市场反响不理想有何补救措施

图 11-3　产品介绍必答问题

三、市场分析

企业的根在于市场，假如选择的市场方向错误，无论多么优秀的产品，都将面临难以销售的局面。因此，在创业策划中，市场分析绝对是相当重要的内容。

要进行市场分析，首先要做的便是确定分析的内容。通常来说，创业者需要在创业策划中体现的市场分析内容有三种：

（1）市场现状分析——对整个产品市场的描述，诸如可能的顾客群体、市场需求量和增长潜力预测、市场的发展方向等。

（2）目标市场分析——将市场细化，确定自己产品的目标客户，集中注意力，投其所好，去吸引他们。这是市场分析中最为重要的一环。

（3）产品优势分析——面对形形色色的同类产品或者商店，顾客们凭什么购买你的产品、光临你的商店？

【案例赏析】

美国"天美时"钟表公司市场分析

"二战"时期，美国钟表公司对可能的顾客群进行了一次调查，将顾客们细化为三类：

第一类顾客是追求实用型的。他们需要的只是钟表的计时功能，追求价廉物美的产品。这类顾客占据了市场的23%。

第二类顾客是具有一定消费能力的。他们希望用更高一点的价格购买一块走时更准、样式也更加新颖好看的表。这类顾客占据了市场的46%。

第三类顾客则是具有相当消费实力的上流人物。他们购买手表往往是作为礼物或者身份的象征。因此不求最好，只求最贵。这类顾客占据了市场的31%。

然而，当时美国钟表企业大多把精力放在了第三类顾客的身上。也就是说还有69%的顾客市场仍处于饥渴状态。于是，美国钟表公司便决定将所有注意力集中在第一类和第二类顾客之上。很快，他们推出了一种叫作"天美时"的手表，造型较为美观，做工也还不错。不久，这种价廉物美的手表便快速在消费者中流行开来。

课堂讨论：

谈谈该公司的市场定位、市场细分。

四、风险分析

世界上没有百分百安全的事，创业亦然。然而，风险对于聪明的创业者来说并非坏事。因为许多成功的机会就隐藏在风险之后，而且往往风险越大，成功的机会也就越大。既然如此，创业者要做好充分准备，抵御前面的风险，迎接紧随其后的成功。

市场分析偏重于获取利润的途径，而风险分析的重点则在于企业创办之后某些可能导致危机的情况。

或许很多人会觉得，在创业策划中涉及风险问题，会使得未来的投资者和合伙人丧失信心，因此在创业策划中有意弱化这一部分的内容甚至根本不涉及风险分析。事实上，这种做法无异于缘木求鱼。道理很简单："凡事预则立，不预则废"，世界上没有绝对的安全，何况是充满陷阱与机遇的商场？没有风险分析，就说明创业者还没有对市场有着充分的调查与了解，反而会降低创业策划的可信度。同时，对于创业者自己而言，对风险没有充分的认识，就意味着一旦出现突发事件，就会变得手足无措，严重时可能导致企业的夭折。

对于刚刚诞生的企业来说，风险可能来自于各个方面，如图 11-4 所示。

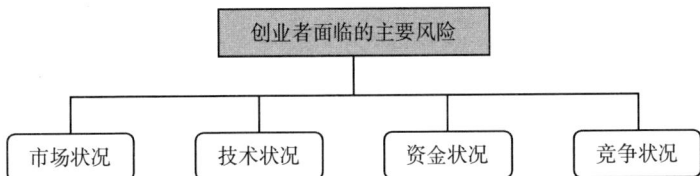

图 11-4　创业者面临的主要风险

【案例赏析】

倒霉的小厂主

有一个小型化肥厂的厂主，为了使工厂能够有更大的发展，他看中了一种新型肥料的生产项目。这种新型肥料成本低廉、利润却十分高，而且市场需求也十分广泛。厂主认为，只要化肥能够生产出来，自己的厂必定将有所作为。于是，他便将自己所有的资金用来购买生产设备和技术。正当厂主开始雄心勃勃地准备大展宏图时，政府环保部门的官员却找上门来。原来，环保部门规定，要生产这种化肥，企业必须先增设价值 15000 元的防治污染设施。然而，此时厂主为了引进这一项目，已经把手头可用的钱全部投入了进去。最终，厂主因无法筹集这笔资金，被迫关门停业。

课堂讨论：

根据案例试讨论厂主失败的原因，他在哪些方面欠缺考虑，其中最主要的是什么？

五、竞争者分析

商场之中，最直接的敌人莫过于竞争者。从你的企业诞生的第一天起，他们就在抢夺你的资源、拉拢你的顾客。同样，从你的企业诞生的那天起，他们也将你视为眼中钉。创业者要做的是清楚自己的竞争者，然后超越他们，把顾客从他们手里抢夺回来，这便是商战。

在开始创业之前，为了最大程度地减小风险，管理者必须了解自己的竞争者，发现他们的优点、缺点，从而找到提高自身、消灭或者压制对方的方法。这便是竞争者分析。毫无疑问，进行竞争者分析，最首要的一点便是明确竞争对象（如图 11-5 所示）。

通常来说，确定了竞争对手，创业者下一步要做的，便是制定相应的竞争策略，以求战胜对手。不过，在制定竞争策略之前，创业者还要多做一件事——分析竞争对手情况。一般情况下，创业者对未来的竞争对手进行调查时，应当关注的地方很多，例如地理位置、产品性能、产品价格、市场份额、销售手段、内部管理方式、企业特色、融资能力等。

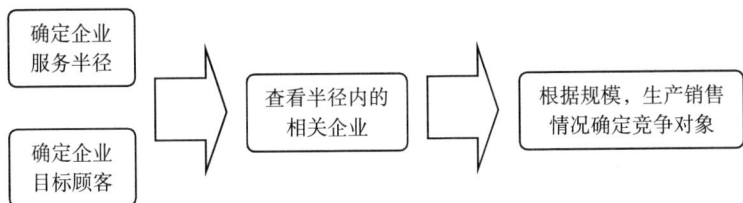

图 11-5 明确竞争对象

创业初期应主要关注如下几个要素，如图 11-6 所示。

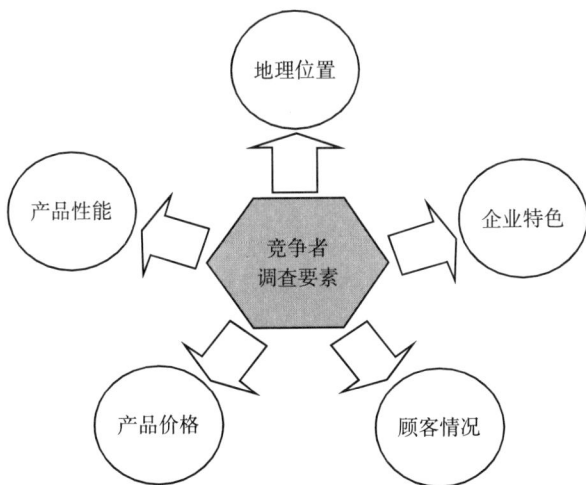

图 11-6 竞争者调查要素

六、融资分析

"巧妇难为无米之炊"。哪怕拥有再好的构思，再详尽的市场、风险、竞争分析，假如没有资金，一切都是空谈。且不说企业开办后的原料、货品需要钱，就是开办之前的场地租金、企业注册、员工招募……哪一样也少不了钱。

可以有以下三种途径来解决资金问题：

（1）合伙经营。事实上，合伙创业也并非是人们想象的那么艰难，因为即使是 80% 的失败率，通过合伙最终成功的也大有人在。而且，这些成功地走出合伙散伙怪圈的企业，往往都能比别的企业更加健康，因为他们充分利用了合伙的资金、技术优势，自然比单打独斗要强许多。

（2）贷款。除了合伙，目前创业者们最为常见的融资方式便是贷款了。许多成功的商人在创业之初都是靠贷款才抓住了某些难得的项目，从而实现了自己的财富之梦。船业大王丹尼尔·洛维格的发家史，其实就是一次次贷款的历史。

【案例赏析】

丹尼尔·洛维格用另类方式成为船业大王

当丹尼尔·洛维格准备开创自己事业的时候，由于没有经济基础，于是他只得每天穿梭于各个银行中，希望能够找到资助他的人。然而，跑了很久还是没有人愿意将钱借给这个穷小子。不过洛维格没有灰心，他想到自己还有一艘老油轮，虽然很残破，但尚能航行。于是他拿出了自己所有的积蓄将它重新装修打扮了一番，以低廉的价格租给了一家大石油公司。随后，他便拿着租约来到了纽约大通银行，希望以租约作为抵押申请贷款。当然，每月的租金由银行直接收取作为偿还贷款的一部分。考虑到这家石油公司的经济实力，银行相信他们能够按时收回租金，于是便答应了洛维格的贷款请求。凭借着这笔贷款，洛维格买下了一艘新的油轮，然后通过改装加大了装载量，同样以较低的价格租给了这家石油公司。随后，凭着这份租约他又得到了一笔为数不小的贷款。如法炮制了几次后，丹尼尔·洛维格拥有的船只越来越多。几年过后，随着一笔笔贷款的偿还，那些租金逐渐从银行流入了洛维格自己的账户上，而洛维格也渐渐成为了有名的船业大王。

课堂讨论：

船业大王如何实现创业梦想的？

（3）求助身边的投资者。所谓身边投资者，主要是我们的父母、亲友。既然有这层关系，那么如果创业者看好的项目真的能打动他们的话，他们对于我们的创业活动自然也会相当支持。因此如果能从他们那里得到资金的援助，自然再好不过了。

需要注意的是：这种融资方式的基础是我们与亲友之间的关系，因此我们在融资之前承诺过的事情，例如按时还款、相应的股权、利润分红等一定要加以兑现，绝不能因为投资者是自己的父母、亲友就无故拖欠。应当将他们同外界贷款者一视同仁，对于初期的投资者应给予高额回报，哪怕是自己的父母。

当然，其他途径的融资方式也有很多，创业者在采用之前，一定要仔细加以分析，确定其优劣，通过综合比较，选择最适合自己当前情况的融资方式。只有符合最大化减少风险的原则，才是适合自己的融资渠道。

七、选址分析

企业的选址，是个需要仔细考虑的问题。有人这么说：有了好的地理位置，企业不一定能成功。可是，没有好的位置，企业一定无法成功，此话虽有些绝对，却形象地反映出了地理位置对于企业的重要性。同时，作为企业操作的第一步，选址直接决定了成本的估算、服务半径的划分以及竞争对手的确定。

因此，如何选址，成为企业生存的第一道难题。

通常来说，工厂的选址，最重要的一点要求就是交通必须方便。因为顾客需要从工厂中购买货物，如果交通不便，运输成本过于高昂，对于顾客来说，损失的利润也就过大，工厂就无法再期望对方能够第二次跟自己合作。因此对于工厂、仓储而言，为了减少中间环节，降低企业生产成本，选址的时候就应该以提高运行效率作为基本原则。所以如果开办这类企业，最好把地址选在便于运输的开发区。而商场、店铺的创业者们在选址的时候，应当注意以下几个因素，如图11-7所示。

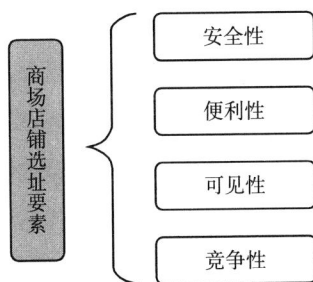

图 11-7　商场店铺选址要素

八、人力资源分析

经过一段时间的精心准备，创业者的企业已经诞生了（至少在创业策划的演练中是这样）。那么接下来，需要面对的一项关键任务，就是如何使企业正常运作起来——组建团队。

那么，如何能够招募到优秀的员工呢？其实方法并不难；我们首先要做的，就是了解自己的企业，做出一套合理的招聘决策。

所谓招聘决策，简单地说就是创业者（管理者）针对企业的员工招聘所制定出的一套决策过程，包括招聘流程、各个岗位的招聘要求以及相关表格的制作和评审标准。

对自己企业的了解，主要应当集中在以下四个方面：①企业的主要发展方向；②企业需要哪类人才；③目前空缺的位置；④对每个岗位的具体要求是什么。

诚然，目前各个地方都会或多或少地面临劳动力过剩的问题。不过，选择多了，要从中挑出真正对于企业发展有所帮助的人才，就更加困难，这将耗费创业者很大的精力。因此，为了使这些精力的消耗物有所值，在进行招聘时，创业者应当遵守以下几点原则，如图 11-8 所示。

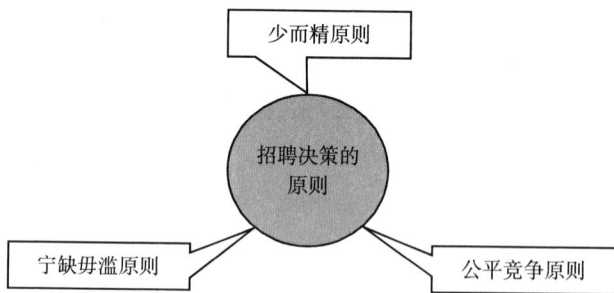

图 11-8 招聘决策的原则

1. 少而精原则

如上面所说，企业招聘是一项浪费精力的事情，因为创业者不光需要制作相关招聘表格，还需要对应聘者进行初审、面试、笔试等考察。即使录用，也需要继续对其进行聘用考核。因此，对于企业来说，能不招聘的时候尽量不要招聘，能减少招聘人员的时候尽量减少，避免因为招聘耽误企业的正常运作。

2. 宁缺毋滥原则

有个企业因为人员短缺，因此大范围地进行招聘。其管理者的思路是这样的：不管员工能否胜任当前的岗位，只要符合一定条件就先招进来再说。如果行就让其继续干下去，如果不行就再接着招，直到找到合适的人选为止。

这种招聘思想是极端错误的。首先，这种思想跟少而精的原则相违背，会浪费企业大量的精力。其次，通过一两次招聘，很难遇上适合于某一岗位的员工，尤其是那些比较重要的岗位。如果让不称职的人先干着，说不定会给企业带来一些负面影响。即使没有产生不良影响，倘若企业要将其开除再次招人，就会使得该员工心生不满，严重时可能会在企业内部甚至外部到处宣扬管理者无故开除员工的消息，造成不必要的麻烦。因此，对于某些暂时找不到合适人选的岗位，创业者应当抱着"宁缺毋滥"的思想，宁可暂时不安排人员，也不能让不称职的人占据。

3. 公平竞争原则

公平竞争是选拔人才的基础，只有公平、透明的考核机制，才能使创业者找到真正适合自己企业发展的宝贵人才。

第四节 创业策划书示范

创业策划书

一、概要（所谓概要，是指一个非常简练的策划及商业模型的摘要，介绍你的商业项目，一般 500 字左右）

二、公司描述（对公司大致情况的介绍和你的基本创业构思）

1. 公司的宗旨

2. 公司的名称、结构

3. 公司的经营策略

三、产品与服务策划（企业的产品/服务策划，这是企业将来生存和发展的源泉）

1. 产品/服务

（1）产品优势描述

（2）技术描述

2. 技术发展环境

3. 产品的研究与开发策划

4. 产品/服务的发展策划

5. 产品/服务的售后支持

四、市场分析策划（未来市场的构成，以及自己如何能够打入这些市场）

1. 市场描述

（1）自己的目标顾客是谁

（2）当前市场的大致情况如何

2. 目标市场综述

3. 销售战略分析

4. 销售渠道分析

五、竞争性分析（企业的竞争对手是谁，他们的优势在哪里，自己如何打败对方）

1. 竞争描述

2. 市场进入障碍分析

3. 竞争战略策划

六、营销策略及销售（采用哪些具体方法进行销售）

1. 市场营销总思路

2. 销售战略策划

3. 分销渠道及合作伙伴

4. 定价策略

七、财务策划（企业财务状况的策划，这一部分不是创业之前能够涉及的内容，因此创业者可以在公司成立后请专业会计人员帮助自己进行策划）

1. 财务汇总

2. 财务年度报表

3. 资金需求

4. 预计收入报表

5. 资产负债预计表

6. 现金流量表

八、附录（创业策划的补充，如果有相关资料便可以列出）

1. 公司背景及结构

2. 团队人员简历

3. 竞争对手资料

4. 顾客资料

5. 行业关系表

【案例分析】

茁壮成长的红孩子

北京红孩子信息技术有限公司成立于 2004 年 3 月，这是一家以母婴用品为主打产品，同时利用互联网和传统邮购目录为用户提供方便快捷的购物方式和价廉物美的产品。成立伊始，红孩子以低价方式杀入母婴用品销售市场，半年实现盈利，一年成为北京市场同业冠军。2006 年 10 月开始在异地扩张，五个月后就进入了六个城市，到 2007 年 12 月，进入城市超过 16 个，预计 2008 年年底会完成 26 个城市的全国布局。红孩子成立三年多来发展速度迅猛，现在已经拥有母婴用品、化妆品、健康产品、自选礼品、家居产品五条产品线，成为全国规模最大的目录销售企业。红孩子凭借独特的业务模式、良好的发展势头和优秀的核心团队顺利吸引到美国著名风险投资公司 NEA 和 Northern Light 等三轮共计 3500 多万美元的投资。

红孩子的诞生源于其创始人的切身经历。红孩子的创始人中有三个都是刚刚做了一年多的爸爸。此前，令初为人父的他们感到颇为尴尬的一个事实是，很难方便地买到称心如意的母婴用品。他们经常要奔波于店铺之间买纸尿裤、玩具等各种用品，习惯到卓越网和当当网购物的年轻人突然敏锐地意识到，如果有一个类似的婴幼儿用品网上商城，那可以省多少事。这个市场无疑是窄众的，但是对市场的调查和研究显示：它的用户群集中，而且容易把握。几个年轻人一拍即合，创业者们很自然地为自己的创业项目确定了大致的方向：目录直销+电子商务+传统物流。并写出了四五十页的商业计划书。项目启动以后，他们开始在妇幼医院等地方设立广告牌，派发购买产品的代金券；有身孕或是要照顾孩子的妈妈们不方便外出，从网上和通过目录直销就可以订购，通过口耳相传，红孩子的声誉迅速建立。

在此之前，红孩子销售团队并没有任何销售经验，他们借鉴了沃尔玛的"薄利多销"和"注重用户感受"的信条。那时候，丽家宝贝、乐友等已经成为这个行业里业绩较好的公司，作为市场后进入者，红孩子的策略是低价+优质产品和服务，所有商品都从厂家直接进货，保证质量；打破原来均衡的市场价格，尽量降低利润来占领市场。有时候这种竞争已经细化到送货环节：当竞争对手声称在北京四环以内购物满 200 元才免费送货时，红孩子则承诺五环以内满 50 元就可以免费派送。

创业不会一帆风顺。在最初的三个月，由于规模太小，红孩子出现了意料之中的亏损。由于缺乏销售的经验，公司还面临着一系列的问题：与其他竞争者不同，红孩子一开始便希望开发一个完全满足电话销售和物流管理的软件，使得从电话订货到配货完全实现无纸化。但刚开始他们自己也说不清楚需要一个怎样的软件，开发出来的软件无法适应真正的需求。而整个物流过程中的问题更是错综复杂，因为缺少熟悉仓库和货物的人，红孩子配错货率高。低价打破了市场均衡，于是很多厂家开始封杀红孩子，不给其供货，强迫其调高价格。这是一个艰难的探索过程，在公司初建的一年中，创业者们几乎从来没有休息过，由于承诺天天营业，2005 年的大年三十，创业者们带着公司半数的员工坚守在岗位上。

与传统的婴幼儿专卖店不同，红孩子并没有自己的店面：一方面通过目录直销，每个季度面对会员、社区、医院和合作单位发送产品新目录，用户通过电话订购，送货上门；同时也结合了卓越和携程的优势，拥有自己的网站，用户在上面挑选产品，发表评论；为了聚敛人气，红孩子不失时机地开办了育儿论坛和育儿博客，人气最好的时候，有 700 个母亲或父亲同时在线，分享孩子的照片，交流彼此经验。

红孩子的创业模式和良好的市场发展前景，很快就引起了风险投资的关注。并在短短的三年多时间里完成了三轮私募资金。

第一次是 2005 年 11 月，距启动创业仅仅一年多的时间，红孩子出让公司 30% 股权，融资 250 万美元；第二次是 2006 年 9 月出让公司 10% 股权，融资 300 万美元；第三次是 2007 年，出让公司 20% 多的股权，融资 2500 万美元。

如今红孩子已经在 16 个省市设立分公司，注册会员 30 万人。红孩子的日订单量达 5000 张，日销售额超过 120 万元。

根据上述案例，试分析：

1. 红孩子的创业项目对客户的价值是什么？

2. 红孩子在创业发展中都遇到了哪些问题？创业者们是如何解决的？

3. 红孩子的创业项目策划对你有何启示？

4. 红孩子在今后的发展中可能会遇到哪些问题？应该如何应对？

【本章小结】

● 创业者必须合理安排每一个环节，同时确保各环节的衔接与整个工程的协调，这样创业策划就显得非常重要且意义重大了。

● 创业策划的前期准备——选定行业：生意的季节性，受宏观经济形势的影响程度，产业的受管制程度，行业的成长性，盈利能力。

● 创业策划考虑因素：可行性、定位分析、市场分析、风险分析、竞争者分析、融资策划、团队策划、选址策划。

【思辨题】

1. 创业策划可以避免哪些方面的问题？

2. 创业策划的前提是什么？

3. 一次完整的创业策划需要考虑哪些方面？

4. 有了创业策划就一定会创业成功吗？